FRANZ MICHAEL FELDER

EINE ÖSTERREICHISCHE BIBLIOTHEK

Gesamtleitung
Wendelin Schmidt-Dengler

Satz: Fotosatz Rizner, Salzburg
Printed in Austria by Wiener Verlag, Himberg
ISBN 3-7017-0863-0

FRANZ MICHAEL FELDER

„Ich will der Wahrheitsgeiger sein“

Ein Leben in Briefen

Herausgegeben und mit
einem Nachwort von
Ulrike Längle

Residenz Verlag

„Ich konnte aber trotzdem nicht mehr schweigen. Ich will auch dieses Gold nicht, und wenn ich wieder fliehen und Brot und Recht betteln müßte von Tür zu Tür im neuverjüngten Österreich, ich will der Wahrheitsgeiger sein und bleiben, wenn man mir auch die Geige am Kopfe zerschlagen sollte, worauf auch wirklich immer mehres hinzudeuten scheint."

Franz Michael Felder, „Grobe Federzeichnungen aus dem Bregenzerwalde" (1868)

Franz Michael Felders (1839–1869) Autobiographie „Aus meinem Leben", die er 1868/69 nach dem Tod seiner Frau verfaßte, reicht bis zu seiner Hochzeit am 4. Februar 1861. Aus der Zeit davor sind einige wenige Briefe vorhanden, vor allem von und an Johann Josef Felder, genannt Seppel, seinen Cousin, an seinen Freund Franz Xaver Jochum und an seine Braut Anna Katharina Moosbrugger. Schauplatz des Geschehens ist Schoppernau, eine Gemeinde mit ca. 500 Einwohnern im Hinteren Bregenzerwald in Vorarlberg, das letzte Dorf vor dem Weg auf den Hochtannbergpaß, wo Felder gemeinsam mit seiner damals 57jährigen Mutter ein kleines Bauerngut bewirtschaftete.

„Geld, das ist ein schöner Anfang", diese Worte aus einem Bettelbrief von Franz Xaver Jochum könnten auch über Felders Leben stehen, das nie frei von materiellen Sorgen war.

Franz Xaver Jochum an Franz Michael Felder

[Feldkirch, ohne Datum]

Liebe Einfalt!

Geld, so habe ich auch den Brief an meine Mutter angefangen, Geld, viel Geld schicke mir, oder Du bist ein Halunke. Weißt Du wer ich bin; nun gut, so schicke mir Geld. Geld, das ist ein schöner Anfang. Geld brauche ich, daher schicke Geld. Geld Du schickst mir viel Geld. Du kannst dabei im Briefe schreiben, ich soll Dir Bücher schikken, was für Bücher du willst, das irrt mich nichts, aber schicke mir Geld. Du kannst dafür verlangen, was Du willst, das ist mir alles gleich, wenn Du nur Geld schickst. Aus diesen kleinen Andeutungen wirst Du wohl herausziffern können, daß Du Geld schicken sollest: Geld regiert die Welt. Du Einfaltspinsel, merkst Du noch nicht, daß ich Geld haben will; man wird Dir doch nicht mit dem Schlegel winken müssen. Wenn Du mir kein Geld schickst, so muß ich denken, Du seiest ein rechter Narr, daß Du nicht herausgebracht hast, daß ich Geld will. Es sind etwa 14 Professoren hier, sie haben Geld. und etwa 250 Studenten, und viele sollten Geld haben. Die andern Wichtigkeiten sagt Dir meine Mutter für Geld.

Ich möchte Dich nur noch zum Schluße erinnern, daß Du mir Geld schicken solltest, denn Geld ist Geldswerth.

Ich habe Dir versprochen, einmal um Geld zu schreiben, dafür will ich Geld. Wenn Du kein Geld schickst, so bist Du ein Esel, davon ist überzeugt Dein

Gelddürstiger Freund

Jochum Xaver

Da, am heutigen Tage des laufenden Monats im heurigen Jahre.

Franz Xaver Jochum: geboren 1836 in Hochkrumbach, Sterbedatum nicht ermittelt. Lediger Sohn der Magd Veronica Jochum, Jugendfreund Felders. Gymnasium in Feldkirch, Matura 1858. Jusstudium an der Universität Wien, das er sich unter großen Entbehrungen durch Nachhilfestunden verdiente, später Rechtspraktikant und Notaranwärter. Felder sorgte immer wieder für finanzielle Unterstützung.

Der früheste erhaltene Brief von Felders eigener Hand ist ein Bestellungsschreiben für Zeitschriften:

Franz Michael Felder an die Matthias Rieger'sche Buch- und Kunsthandlung, Lindau

Schoppernau am 15/6 1856

Der M Riegerschen Buchhandlung!

Der Unterzeichnete bestellt für das 2 Quartal 1856,

1. Gartenlaube
1 Dorfbarbier
2 Exempl. Familienjournal
1 Aus der Fremde
Auf die Bilder der Zeit abonniere ich nicht mehr.

Franz Michel Felder.

Ich bitte, mir obige Zeitungen alle 3 höchstens 4 Wochen einmahl zu schiken.

Der obige

Matthias Rieger'sche Buch- und Kunsthandlung: Der Inhaber Johann Thomas Stettner betrieb auch einen Verlag und eine Leihbibliothek und wurde Felders erster Verleger. Felder bezog von dort den Großteil seiner Bücher und Zeitschriften.
Die Gartenlaube, Der illustrierte Dorfbarbier, Illustriertes Familienjournal, Aus der Fremde, Bilder der Zeit: in Leipzig erscheinende Familien- und Wochenblätter.

Eine der wichtigsten Personen in Felders Leben, deren Einfluß auf seine politischen Anschauungen von Anfang an beträchtlich war, ist sein Cousin, der Uhrenmacher Johann Josef Felder, genannt Seppel (1835–1873), der Sohn einer Schwester von Felders Mutter. Auf diesen Cousin kommt Felder in „Aus meinem Leben" öfter zu sprechen; auch hat er Züge Seppels in die Figur des Klausmelker in den „Sonderlingen" einfließen lassen. Johann Josef Felder verließ Schoppernau fluchtartig 1852 nach einem Zerwürfnis mit seinem Vater Johann Jakob Felder, der Schulaufseher war, aber seinem Sohn ein Studium verboten hatte und ihn mit 17 Jahren noch der Prügelstrafe unterzog, und arbeitete in Rosenheim und München bei der Eisenbahn. Im Frühjahr 1854 kehrte er für zwei Jahre nach Schoppernau zurück; seit 1856 war er für längere Zeit als „Fremdler" im Ausland tätig: Im Bregenzerwald arbeitete seit Beginn des 19. Jahrhunderts ein beträchtlicher Teil der männlichen Bevölkerung als Saisonarbeiter (zwischen April und Oktober/November) in der Schweiz, im Elsaß und in Frankreich, vor allem im Baugewerbe. Diese „Fremdler“ brachten aus den Ländern mit moderneren Staatswesen neue politische Ideen in den konservativen Bregenzerwald, so auch Seppel, der Felder schon früh mit seinen antiklerikalen und antiaristokratischen, d. h. gegen jede Art von Oberschicht, auch die Bregenzerwälder „Käsgrafen“, die Käsegroßhändler, gerichteten Ansichten versorgte. Er arbeitete 1856 zuerst in Baar in der Schweiz, dann in Zürich und in der Telegraphenwerkstätte in Bern, wo er in einem liberalen „Verein Teutscher Handwerker“ verkehrte, dessen Bibliothek er häufig benutzte. Im Herbst 1858 reiste er weiter nach Frankreich, arbeitete zunächst in Niort und La Rochelle und übersiedelte im Herbst 1860 nach Bordeaux. 1866 kehrte er aus Frankreich nach Schoppernau zurück, heiratete 1867 Maria Anna Muxel und übersiedelte mit seiner Familie im Oktober 1868 nach Alberschwende, 1869 nach Dornbirn, wo er 1873 mit 38 Jahren an Lungentuberkulose starb.

FRANZ MICHAEL FELDER AN JOHANN JOSEF FELDER [UV.]

Schoppernau am 16 Juli 1856

Theurer Freund

Ich finde mich veranlaßt Dir zu schreiben und in der Eile einen Verweis über Dein langes Ausbleiben zu geben. Ich habe mir vorgenommen, Dir

kein Geld zu schiken, und zu geben
bis Du es selber holest.

Alle Welt wartet mit Verlangen auf Dich, auch sollst Du dem Nagler eine neusilberne, u. dem Joh Josef Mosbrugger a messene Uhr Sakuhr mitbringen, alle Deine bekanten lassen Dich grüssen u erwarten Deine baldige Ankunft vorzüglich aber Dein

Ewig treuer Freund

Franz Michel Felder

ich habe schreiben gelernt lerne Du auch lesen!

meinen Vorsatz wirst Du verstanden haben

bei Deiner Abwesenheit hat sich sehr vieles zugetragen das ich dem Papir nicht anvertrauen darf. Der erste u letzte meiner Wünsche ist daher Deine baldige Ankunft.

Die Heuernte das Wichtigste was in diesem Monath die arbeitende Menschheit beschäftiget ist vorbei u ich wüßte keine geeignetere Zeit einen Ausflug in unser Thal zu machen. jetzt, wo Berg und Thal in üppigem Grün steht u wo man nicht Morgen und Abends die Zeit im Kühstall todtschlagen muß

was Du im übrigen von mir zu erwarten hast habe ich Dir bereits geschrieben. Wenn Du als Uhrenrichter auftretten willst, wirst Du Arbeit genug finden, Dir das Reisgeld zu verdienen

Wer dieses Lebens Unverstand
Mit Wehmuth will genießen
Gehe nur nach Schoppernau
U trample mit den füssen

beiliegender Katerschmus [Lesung unsicher] hoffe ich werde Dir gefallen

lebe wohl! schreibe oder komme bald.

a messene Uhr Sakuhr: eine Uhr aus Messing, eine Sackuhr (Taschenuhr)

Johann Josef Felder an Franz Michael Felder

Bern den 30ten August 1858

Freund!

Schon längst hatte ich die Absicht Dir zu schreiben, aber immer riefen Zeit u Geschäfte mich in den Musestunden wo anders hin. Heute nun plagt mich Mißmuth u. langweile, auf meinem Zimmer herum wie der Wind ein Laubblatt. Den Ich habe seit ein paar Tagen wieder, wie im Frühjahr, am Backen eine Geschwulst, Beschert vom laufe des Schicksals erhalten, welche mich geradezu noch Arbeits unfähig macht. Im übrigen lebe ich so, wie ein Tauber u. Stummer unter dem Gewimmel von Menschen. Alles was hir Ergözendes vorfält fahrt an mir vorbei, wie ein Dampfroß. Und so bin ich mir ganz aleinig überlaßen. Ich lese od. Sinne u denke in meinen Feierstunden, gar verschiedenes, u so schwebe ich immer auf dem großen Erdball u. im Geisterreich herum, ohne je mein Zil zu erreichen.

Das größte Vergnügen bietet mir der Verein Teutscher Handwerker. Du verstehst vileicht diese Worte nicht im wahren Sinne. Der Verein besteht aus lauter Lieberalen Mitgliedern. Aristockraten, wie sie Gott seis geklagt, der Bregenzerwald häufig hat, sind hir nicht zu finden. Außerdem besitzt der Verein Eine Bibliotheke von 180 Bänden, 4 Politische Tagblätter Gesangstunde, Diskusionsstunde, u Zeichnungsstunde. Am meisten stecke ich in der Bibliotheke, dan solche Lieberale Werke wie sie hat, sind im Lande der Aristockraten selten. Da kanst Du Dier gut einbilden, daß ich wenig herum lauffe. Übrigens gefält meinen Philosofischen Betrachtungen das Statleben gar nicht, dan es ist erstens überall belauscht 2ten Enge zusamen gedrückt 3t Drückt der Stolz u Hoffart der Grossen die Kleinen ganz zu Boden u zudem gelten unter der großen Menge der Einwohner die Gesetze der Natur u Moral so zu sagen gar nichts. Ich habe an Verschiedenen Orten die Erfahrung gemacht, daß die Beste von Religion nicht im Stande ist zu leisten, was Natur u Moral zu leisten fähig sind. Das andere in diesem Satze überlege selber. Übrigens wil ich Dier als einem Jugendfreund, keine, villeicht nie gedachte u überlegte finten in Kopf jagen, nur wünsche ich sehr, daß Du nie den Bau der Aristokraten, dieser Weltverdummer u Lügner betretest, sondern als ein an Geist u Leben selbständiges Wesen leuchtest. Der Druck der Pietisten u Jesuwitten soll Dir gleichgültig erscheinen, u nur dann Umarme ich Dich bei meiner Ankunft als mein wahrer Bruder u nicht als Freund.

Von Meinem Teuersten Vatter habe ich von meinen Letzten Schreiben vor 6 Wochen noch keine Antwort erhalten warte daher noch immer auf solche.

Bern verlaße ich diesen Herbst mag gehen wie es will gets nicht in Frankreich so gehe ich wo mich der Wunder hintreibt.

Ich schließe nun es ist 3½ Uhr ich muß noch Blutigel aufsetzen lassen, o wan es nur schon geschehen währe. Schreibe mir so bald möglich wie es in unserem Fammilienleben zu u herget grüße meine Schwester Tausendmal so auch meinen Vatter u bekante Basen deren ich unzählige besitze. Auch einen Gruß der Freundschaft u Liebe Deiner Werthen Mutter, die ich weis es für mich mehr besorgt ist als ich selber. Grüße mir auch den Xafer Simma Schuster, u sage ihm ich hätte eine gründliche Stifel-Reperatur notwendig.

Mit
Allen mit Bruder Gruß u. Handschlag
Joh. Jos. Felder
Uhrenmacher

in der Telegrafenwerkstätte in Bern
a Suis
Hiezu Anleitung zum Bern Teutschlernen

der Wunder hintreibt: die Neugier hintreibt.
Suis: Suisse, Schweiz.

FRANZ MICHAEL FELDER AN JOHANN JOSEF FELDER [UV.]

Schoppernau, am 9/9 1858

Lieber Freund

Wie wunderbar sind die Fügungen Gottes, oder des Zufalls, im Grund ists ja eins! An dem Tage An dem ich Dein Schreiben erhielt, hatte ich von meinem Herzensfreund Jochum Auf 2 Jahre Abschid genommen, u. ihm von Herzen Glück gewünscht auf seiner Reise nach Wien, wo er von nun [an] Juris studirt; traurig ging ich den Weg zurük nach Hause sah keinen Menschen an, alles rings um war für mich tod, da erschien Dein Brief wie dem in dunkler Nacht im Wald verirrten Wanderer der Mondschein. Wie traurig lebt sichs doch, auf der Welt ohne ein Wesen, das Leid und Freud mit uns theilt

kein Glük der Menschen ist vollständig, wen er nicht dem ihm vom Schöpfer und Erhalter des Alls ins Herz gelegten Drang sich mitzutheilen, folgen kann und darf.

Es ist nicht gut, daß der Mensch alein sei sprach Gott, und durch die folgenden Worte bestimmte er ihm seine Gesellschaft. – Doch ja – jetzt habe ich mich wieder, verzeihe es meinem – Dichterkopfe, wenn er zuweilen ins Romantische geräth. Wie ich lebe, fragst Du mich – Göthe sagt in seinen Aphorismen: „unser Schiksal bestimmt unsere Denkungsart“, nun suche mein Schiksal in den Tönen die Dir dieser Brief vororgelt, oder wenigstens die Noten gibt.

Nachmittags 3 Uhr

Kreuzhimmelheiduken malefizschockschwerenothsbombengranatensternsaperment, jetzt komm ich vom Heuen und bin – Pudelnaß, ist das ein Wetter und auf den Bergen schmiltzt kaum der Schnee der vor 8 Tagen das Vieh auf 3 Tage aus den Hochalpen trieb

mein Kopf der noch naß ist, ist so wenig zum Schreiben aufgelegt, als ein Baum zur Annahme eines vernünftigen Gedankens ich gebe Dir daher hier einen Brief Deines Vaters: — — — Lieber Sohn! — ?—?—!

Aus Deinem Schreiben vom 25/7 habe ich Deine Verhältnisse und Gesinnungen vernommen, aber Dir dieses zu rathen u. jenes zu mißbilligen steht nicht in meiner Macht weil meine Einsicht im tiefen Thale vonn verschneiten Bergen gestört ist, aber Du wirst ja selbst am beßten wissen, das das Beste ist. Jedoch wenn Du Dir getrautest, dem Geschäft vorstehen zu können und auch Deine Gesundheitszustände Deiner Reise und dem Leben unter Fremden hinderlich sein sollten so sollst du heim kommen u hier die Früchte deiner Kunst Ernten, gedenkst Du aber Dich noch mehr [zu] bilden u glaubst das es Dir Nothwendig sei so reise im Nahmen Gottes, und ich werde Dir mit der Antwort auf den Brief in dem Du mir Deinen Entschluß mittheilen wirst (Thue also was du Willst aber entschließe Dich bald und schreibe es mir) „noch einmahl" Geld schiken.

Dein Vater

Liebes Bürschlein hast Du jetzt das noch einmahl verstanden?

Abends 8 Uhr

Die Erdäpfel, die dieses Jahr nicht zum besten gerathen, sind geschält – aber nicht alle die nicht gut gerathen sind

wie still ists rings herum vor mir in der Komode stehen

die Werke von Schiller, Göthe, Wieland, Lessing, Spindler, Lavater Fichte Herder Zimmermann u. a. u du wolltest mich Filosofie u Moral lehren, du traust Dir also fast mehr zu als unser Pfarrer

Doch zu solchen Dingen habe ich hier zu wenig raum um über solche Dinge zu schwazen

Übrigens bin ich der welcher mein Kopf bei obigen Schriftstellern, den besten aller Zeiten u Arten werden mußte aber noch immer Dein Freund, und als solcher wäre es seinem Herzen sehr lieb wenn du heim kämest. Der Verstand aber sagt: geh nach Frankreich wenn Du es für besser erkennst, der Vater wird noch ein mal pumpen aber frage auch Du Deinen Verstand u Deinen kranken Körper um Rath u dann schreibe bald Deinen Entschluß worauf Dir nöthigen falls der Vater das Geld schiken wird, wir alle sind gesund u lassen Dich freundlich grüssen vor allem läßt mein Bruder Kaspar Oberhauser den Freund seines Bruders Felder grüßen ich aber drüke Dir die Hand u sage wehmuthsvoll: Lebe wohl!

u schreibe mir Bälder wieder als das letzte mahl

„unser Schiksal": Wörtlich ist dieser Satz in Goethes aphoristischen Schriften nicht nachzuweisen.
Spindler: Karl Spindler (1796–1855), Romancier, Novellist, Dramatiker. Einer der meistgelesenen Verfasser historischer Romane und breitangelegter Sittengemälde im 19. Jahrhundert.
Zimmermann: Johann Georg Zimmermann: „Von der Einsamkeit", 1784 erstmals erschienen. Felder schildert in „Aus meinem Leben" den tiefen Eindruck, den dieses Buch auf ihn machte.

Seine spätere Frau Anna Katharina Moosbrugger, genannt Nanni, erwähnt Felder in den Briefen erstmals zu Beginn des Jahres 1859. Er hatte sie im Sommer 1857 auf dem Vorsäß Hopfreben im Kreise ihrer vier Geschwister kennengelernt. Anna Katharina Moosbrugger (1838–1868) war die jüngste Tochter aus einer kinderreichen Bauernfamilie im Nachbardorf Au. Sie hatte, wie Felder, nur die Volksschule besucht, war aber die beste Schülerin und las während einer längeren Krankheit in den Büchern ihres studierenden Bruders Kaspar. Sie kannte Werke von Goethe, Herder und Wilhelm von Humboldt und schrieb auch Gedichte. Felder beschreibt sie in „Aus meinem Leben“ zur Zeit ihres Kennenlernens: „[...]sie war so frisch und gesund an Leib und Seele, so freudig zu jeder Arbeit, so sicher und kräftig in ihrer Redeweise, wie ich mir ein Mädchen nicht vorstellen konnte, welches im Bregenzerwalde gelebt und viel gelesen und nachgedacht haben soll.“ (Kap. 18).

Franz Michael Felder an Anna Katharina Moosbrugger [Entwurf]

Wingolf den 5 Jänner [1859] Abends

Hier habe ich meine Gedanken beim neuen Jahr in Verse gebracht die wahrlich schlecht genug sind, ich hätte sie auch gern verbessert wenn es mir nicht ganz an Zeit u. Gelegenheit fehlte ich habe zu nichts mehr Zeit als zum Rechnen u. so habe ich heute ausgerechnet, daß es jetz 52 tage sind seid ich von Jemal abreißte.

Wenn ich Dir zum neuen Jahr alles Gute wünsche so habe ich es auch mir selbst gewünscht, denn:

Mein Herz schlägt für das Deine
Mein Sinn denkt nur für Dich!
Dein Glück ist auch das meine
Dein Unglück trifft auch mich.

Mit diesen mit einer papiernen Zunge ausgesprochenen schwarzen Wünschen betrette ich das Thal des Jahres 59.

Dein NN

Der Brief ist ein Zusatz zu Felders Gedicht „Hoffnung und Erinnerung am letzten Tage des Jahres 1858“.

Wingolf: Freundeshalle. Bezeichnung Felders für sein Arbeitszimmer nach dem gleichnamigen Odenzyklus von Klopstock.
Rechnen: Zum Jahreswechsel machten die Bauern ihren Jahresabschluß.
Jemal: Bezeichnung Felders für das Vorsäß (Alpe auf mittlerer Höhe, wohin das Vieh im Frühsommer und Herbst getrieben wurde) in Hinterhopfreben, wo er Nanni kennenlernte.
NN: nomen nominandum (lat.), der zu nennende Name.

Johann Josef Felder an Franz Michael Felder

Niort le 10 Juli 1859

Mon cher ami!

Eine fürchterliche Hitze stellt sich hir allmählig ein, nur der Wind vom Meere sollte ausbleiben u. ich währe ein verlorener, gebratener Östreicher. Schon lange ja sehr lange ist es, daß ich Dier geschriben habe, auch meinem Vatter aber die Antwort ist nicht zu erhalten. Ich habe daher eine Gelegenheit benützt die Du villeicht hoffe ich, auch benützen wirst. Da jetz nämlich Waffenstillstand ist, wie eine Depesche von gestern sagt, so wird auch Garibaldi sein vorrücken einstellen u Euch feigen Tirolern u Vorarlbergern wird einmahl Zeit gegönnt wieder zu athmen. Eigentlich begreiffe ich nicht warum unsere so guten u vrüher so tapfren Tiroler dem Garibaldi keine Kugel geschickt haben, die in ins Paradis versetzt hätte. Wie es mir aber scheint, so ist die Tapferkeit meiner Landsleute seit der Erfindung des Kafees u dem eintreten der Erdäpfelkrankheit, ganz verschwunden; Ich sage Dir Freund, wenn ich zu Hause währe, ich würde gewis nicht der letzte sein, so aber ist das Hinderniß größer als meine Tapferkeit. Darum schreibe mir bald aber nur was so oberflächlich bei uns vorgeht u stecke die Feder nicht zu weit in die Politick. Ich befinde mich sehr wohl u harre mit Sehnsucht das Ihr Tiroler od. die Östr. Armee auch einmahl einen herrlichen Sieg über die Rothhösler gewinnen werden. Den da wo die Kanone gut u am besten gerichtet ist, gewinnt die Ungerechtigkeit. Darum ergreifet im Ernste das Schwert ladet fest Eure Stutzen, u laßt die Klosternonnen, an denen es in Östreich nicht fehlt, mit dem Rosenkrantz fechten. Dann werdet Ihr mit Ruhm bedeckt, sonst aber sind u bleibt Ihr Sklafen des Klerus.

Es grüßt Dich in der Ferne so auch meine Eltern u Geschwister

Mit Brudergruß u. Handschlag

Seppel.

Mein Vetter u Base lassen alle ihre verwanten vilmahl grüßen u hoffen daß sie sich so gesund u zufrieden wie sie befinden. Je tu comprie, oubliet pas.

Schon längst warte ich auf krigsgefangene Tiroler aber sie kommen nie. Jedoch nicht weit von hier hat es gefangene Östreicher von allen Raßen.

Waffenstillstand: Vorfriede von Villafranca di Verona vom 11. Juli 1859 im Krieg zwischen Österreich, Frankreich und den aufständischen Italienern.
Rothösler: französische Armee.
Je tu comprie, oubliet pas: Je t'ai compris, [ne l'] oubliez pas – Ich habe Dich verstanden, vergessen Sie es nicht.

Franz Michael Felder an Franz Xaver Jochum [Entwurf]

Schoppernau am 17 Juli 1859

Theuerster Freund

Düster und immer düsterer gestaltet sich der politische Himmel, u auch die Welt wird, oder ist schon so voll Nebel geworden, daß Niemand mehr weißt, wie die Sachen an jenem Himmel stehen; in unserm Tirol wurde zur Landesvertheidigung eine Armee von 24000 Man ausgehoben; man spielte in jeder Gemeinde, Schoppernau stellt

13 Mann; von dem Zwek u der Stellung dieser Landesvertheidiger wirst Du durch die Zeitungen unterrichtet worden sein? Hochkrumbach stellte 1 Mann, für Dich hat ein „Ungenannter“ 10 fl K Mze. angelegt.

Vieles hätte ich Dir zu vertrauen, aber ich weis ja nicht ob u wo Dich diese Zeilen finden werden. Bist Du noch in Wien. Wie geht es Dir, über diese und noch viele Fragen wünschte ich Antwort. oder darf man aus Deinem Stillschweigen, wie aus dem meinen, allemal schließen, das es Dir gut geht u daß Du im alten Trott fortlebst?

Ich u all die Deinen sind gesund u wohl nur ist Deine Mutter ungemein bekümmert um Dich.

Hr Johann Rüscher *soll* in Insbruck fortgeschikt worden sein u *ist* jetzt Landesvertheidiger geworden.

Sobald Du geschrieben hast wo Du bist schreib ich Dir mehr bis dahin aber nehme die Versicherung daß ich ewig bleibe

Dein treuer
Freund

Franz Michel Felder

Ich habe hier eilig geschrieben da ich nicht weiß wer es lesen wird noch vergaß ich zu schreiben, daß Dich Deine u meine Mutter grüssen läßt erstere unter – Trähnen! O schreibe bald!

in unserm Tirol: Vorarlberg gehörte damals administrativ noch zu Tirol.
man spielte: Vor der Einführung der allgemeinen Wehrpflicht erfolgte in Österreich die Aushebung zum Militärdienst folgendermaßen: Die stellungspflichtigen jungen Männer mußten am Ort des Bezirksgerichtes erscheinen und das Los ziehen („spielen“). Die untersten Nummern bis zur Höhe der zu stellenden Anzahl waren „verspielt“, jene, die sie gezogen hatten, mußten „zu den Soldaten“. Reiche Bauernsöhne stellten gewöhnlich einen Ersatzmann, dem sie mehrere hundert bis tausend Gulden für den zehn Jahre dauernden Militärdienst zahlten.
10 fl K Mze: 10 Gulden Konventions-Münze, damals gültige Währung.

Hr Johann Rüscher: Johann Rüscher, geb. 1838 in Schoppernau, gestorben als Missionar in Haiti.

FRANZ MICHAEL FELDER AN FRANZ XAVER JOCHUM

Schoppernau den 4 September 1859

Theuerster Freund!

Als ich Dein letztes Schreiben vom 29 Juli gelesen hatte, wünschte ich nichts so sehr, als: daß ich Dir einmal einen Brief schreiben könnte, der Dich wie mich der Deine freuen würde, u – ich fürchte, ja ich weis es gewiß, daß, wenigstens *dieser* meinen Wunsch nicht erfüllen wird, so wenig als mein letzter, den Du nur als einen Aufruf ansehen mußt.

Zuerst also von mir: die ungetrübteste Zufriedenheit; fortdauernder Frohsinn, Gesundheit u Jugend, zeitweiliger Umgang mit lieben guten Freunden vereinen sich, mein Leben zu einem angenehmen Wechsel zwischen Arbeit, die mir die immer wachsende Freude an meinem Berufe leicht macht, u Ruhe u Beschäftigung mit Literatur, oder Umgang mit den Wenigen, die ich von Herzen meine Lieben nenne mit Oberhauser und – – So verlebe ich meine Jugend, ausruhend vom Kampfe zwischen Neigung u Pflicht (Nothwendigkeit) mit den *besten* Kräften auf meine Kammer u einen oder 2 Menschen angewiesen die mich verstehen.

Das ist das Bild meines gegenwärtigen Lebens; Ich könnte über nichts klagen, u doch bliebe so vieles zu wünschen übrig. Doch gibt mir das Glück immer mehr als ich verdient habe, u ich mache mir so in der Stille oft das Bekenntniß, daß ich mehr Glük habe als Verstand!

Kurz nachdem ich Dir im Februar geschrieben hatte bekam mein Auge eine Entzündung, die mir weder hindernd noch gefährlich schien; als ich nun im Frühling der Operation zimlich mutig entgegen ging sagte mir der Dir in jenem Brief gelobte Artzt beiläufig folgendes Dir meldenswerthe:

Jene Entzündung war für Ihr Auge eine entscheidende Krisis u ist so glaube ich Sie versichern zu können glüklich vorübergegangen, da aber das Auge von jener Entzündung noch nicht ganz hergestellt ist so wäre jetzt jede Operation gefährlich ob sie in spätern Jahren noch „nothwendig" u Ihnen von Nutzen sei werden wir ja sehen. Seien Sie also ganz unbekümmert für die Zukunft u.s.w.

Manchmal, wie es auch heute der Fall ist, kann ich den ernsten Gedanken über Vergangenheit und Zukunft nicht los werden, wen ich so hinein blike ins wechselvolle Schiksal der Menschen u wie wir, so manches treue Herz verlierend, immer mehr auf uns selbst beschränkt sind, auch Dir, theurer Freund, schlägt nun ein treues Freundesherz weniger, der Dir seid Deiner frühen Kindheit so liebe Kaspar Willam auf Hochkrumbach ist nach einer 8 tägigen Krankheit am 1 September versehen u im Beisein des Pfarrers in Wart[h] gestorben.

Friede seiner Asche!

Deine Mutter ist gesund u. wohlauf lacht wieder so laut u herzlich wie früher, auch das ganze Siebersche Haus, alle bitten zu grüssen, auch ich habe Deine Grüsse ausgerichtet u besonders dem Oberhauser sehr viel Freude damit gemacht, der mir *der* liebste meiner hiesigen *Freunde* ist, ich habe mich sehr gefreut daß es Dir wohlgeht. Aber daß Du die *Erneuerung* unserer Freundschaft von mir erwartest, wollte mir nicht gefallen, u ich versichere Dich meiner *immerwährenden* Freundschaft u Treue.

Ich hoffe daß Dir unser Freund Johan Josef F. nächstens schreiben [wird]. Sein adresse schreibe *ich* Dir nicht, weil er seinen gegenwärtigen Aufenthaltsort *Niort* baldigst zu verlassen gedenkt. Und so lebe denn wohl Du lieber. Gedenke neben Deiner zärtlichen besorgten Mutter, Gedenke, ich bitte Dich auch draußen in der weiten Welt, in frohen u trüben Stunden zuweilen Deines Freundes in der Heimat, Deines Dich wie ein Bruder liebenden

Freundes

Franz Michel Felder

Ist es Dir möglich so schreib auch ein Briefchen es würde mich sehr freuen

Abends 10 Uhr

Oberhauser: Mit der Schoppernauer Schreinerfamilie Oberhauser war Felder ganz besonders eng befreundet; er hat der ganzen Familie in „Aus meinem Leben" ein Denkmal gesetzt. Die früh verstorbene Tochter Maria Anna (Mariann) war seine Jugendliebe. Die ältesten Söhne Josef Wolfgang und Johann Kaspar waren, wie der Vater, Schreiner. Josef Wolfgang verdankt Felder sein Leben nach dem Sturz in die Bregenzerache 1860, Johann Kaspar übernahm 1867 die Betreuung der Lesebibliothek des Schoppernauer Handwerker-Vereins. Vor allem Johann Josef, ehemals Senn auf der Alpe Schiedlen, dürfte einen großen persönlichen Einfluß auf Felder ausgeübt haben und hier vermutlich gemeint sein.
mein Auge: Felders rechtes Auge war von frühestem Alter an durch eine Starerkrankung geschädigt. Ein Arzt im Paznauntal operierte ihm im September 1840 in betrunkenem Zustand irrtümlich das gesunde linke Auge und ruinierte es so.

Johann Josef Felder an Franz Michael Felder

Niort den 8t Janvier 1860

Mein lieber Freund!

Beim Wechsel des Jahres habe ich das Vergnügen Dier zu schreiben u Dier herzlich ein gutes neues Jahr zu wünschen. Dan gerade nach einer Schmachvollen verhängnißvollen vergangenheit entsprießt die Blume der Hoffnung, möge sich das Sprichwort bewähren, alsdan siegen wier: Heil für Dich, Heil für mich. Fast habe ich schon geglaubt, Du habest Deinen Freund für Pollitick vertauscht bis ich etliche halbleserliche Zeilen auf dem Papier eines zweiten erhielt. Auch ich sage Dier die Pollitick hatt mir vill Arbeit gemacht. Zudem auch Verdruß, indem ich sah wie meine Landsleute so elend geschlagen u zurückgedrängt wurden, hoffen wier, daß es das letzte mahl seie. So lange aber das Pfaffenthum kraft von Rom aus hatt, u der gemeine Man im Kothe der Dummheit auferzogen wird, so bleibt es hübsch beim Alten. Verstanden. Es hat aber den Anschein das man den Heil. Vatter in eine andere lage setzen wird, wir wollen Hoffen.

Übrigens befinde ich mich sehr wohl u gesund u hoffe das nämmliche auch von Dier. Eine kleine Bitte, die einer großen Börse nicht schaden bringt, hätte ich an Dich zu richten, u das währe damit abgethan wan Sie für mich die Ill. Leipziger Zeitung abonieren würden, für 3 Monath nämmlich v. 1 Jänn. bis Ende März 1860. Bei meiner zurückkunft wird sich das finden. *Verstanden.* aber nicht *Vergessen.*

Ich wünsche auch meinem Vatter u der ganzen Fammile so auch der Nachbarschaft u Deiner theuren Muter ein guttes neues Jahr, gute Gesundheit, u recht viele Maus i der Sinnari.

Ich erwarte mit Ungeduld einige Zeilen u hoffe sie werden mir entsprechen.

Mit Brudergruß u Handschlag Seppel

Janvier: Jänner.
den Heil. Vatter in eine andere Lage setzen: Anspielung auf die schwierige militärische Situation des Kirchenstaates gegenüber den Truppen Garibaldis und Viktor Emanuels.
Ill. Leipziger Zeitung: „Illustrierte Zeitung“, begründet von J. J. Weber, Leipzig 1843. Erschien jeden Samstag. Die erste Bildzeitung großen Stils in Deutschland.
Maus i der Sinnari: Mäuse in der Sennerei, boshafter Wunsch.

Auf Felders Verhältnis zu seiner Braut Nanni fiel ein Schatten, als diese am 9. Jänner 1860 auf Drängen ihrer Familie mit einem Burschen aus einer angesehenen Auer Familie („der Schwarze", auch „der schwarze Götz" genannt, dessen Identität nicht ermittelt ist) zum Zunftfest der Handwerker ging, an dem Felder als Bauer nicht teilnehmen durfte.

ANNA KATHARINA MOOSBRUGGER AN FRANZ MICHAEL FELDER

Au, den 5 Februar 1860

Innigstgeliebter!!

Meinem unwiederstehlichen Drange folgend, setze ich mich mich heute, mit rascheren schlägen des Herzens, als gewöhnlich, zum Schreiben, weil ich mich entschloß, es an *Dich* zu richten [...]. Obgleich erst 4 Tage seit unserem letzten beisamensein verstrichen, so ging doch während, so manches in meiner Seele vor. Du wirst auch nicht fragen warum, wenn ich Dir sage, daß ich Dein Tagebuch gelesen habe. Ach Gott! Dieses Buch! so voll Leiden, Liebe und Schmerz, so voll, und in so hohem Grade, daß ichs grenzenlos nennen darf. O guter, leidender, liebender, großmüthiger, opfernder *Petrarka* u. ich leichtsinnige, schwache, harte *Laura.* Dieses Buch, es machte mich unruhig, u. zwar aus Furcht, Du könntest vielleicht auch noch nicht ganz beruhiget sein. Ist dies wirklich der Fall, so komme wieder zu mir, hoffentlich bin ich nächster Tage noch zu Hause, u. dann will ich Dir vieles, vieles, ja alles sagen. Der Dienstag glaube ich, wäre der geeignetste Abend, weil am Montag in der Sonne Hochzeit ist, u. dan alles, auch der Schwarze, früh Ruhe suchen wird. Steht Dir aber ein Hinderniß im Wege, oder fällt der Gang Dir im Geringsten beschwerlich, so lasse meinen Wunsch unbefriedigt, denn ich ließ Dich auch mit Deinem Schmerze allein. Kommst Du nicht, so seien Dir diese Zeilen ein Beweis meines festen Entschlußes, ewig Dein zu bleiben. Ich bitte, sei ruhig, ich kann Dich nicht mehr solch quälenden Zweifeln überlassen. Eine Ursache meines Schreibens ist auch die: damit meine Mutter und Geschwister, indem ich ihnen den Brief zeige, nicht mehr glauben, daß unser Verhältniß schwächer, sondern das Gegentheil, noch inniger sei. Es ist nun Zeit in die Kirche, ich werde Dir dann alles bald mündlich, u. wenn nicht, doch in den Fasten sagen, u. bis dahin unaufhörlich im Geiste.

lebe wohl Deine Nani

FRANZ MICHAEL FELDER AN ANNA KATHARINA MOOSBRUGGER

Wingolf, 7. April [1860]

Innigstgeliebte!

Es ist mir vielleicht morgen gegönnt, Dich zu sehen, aber gewiß findet sich keine Gelegenheit, mit Dir, dem Drange meines Herzens folgend, zu reden. Ich *muß* Dir daher diese Zeilen schreiben, um die Gelegenheit so gut als möglich zu benützen. Ich lebe einsam, ganz einsam, die Zeit, seitdem ich bei Dir war, ist für mich nur ein einziger Gedanke an Dich, das heißt, ich hörte keinen Augenblick auf, der Deine zu sein, und werde nie aufhören, solange dies Herz schlägt. Gern hätte ich mit Dir noch einen Abend verlebt, ehe Du auf so lange fortgehst, wo ich nicht mehr zu Dir *darf*, nicht, weil mir der Weg zu weit wäre, sondern – der Jakob ist, so viel ich weiß, gut gestimmt, wenigstens war er es am 26. März, wo ich zu Dir wollte. Der Schneider lud mich ein, einmal in den Adler zu kommen. Ich käme, wenn ich hoffen dürfte, Dich nur eine halbe Stunde allein zu sehen; ich komme am Sonntag, den 22. April, oder – nein. Weißt du eine andere Gelegenheit, uns eine einsame Stunde zu verschaffen, so melde es mir, denn ich komme auch am nächsten Sonntag nach Au.

Ich habe hier vier Sonette beigelegt, die ich im März schrieb. Nimm sie als Beweis, daß ich an Dich, stets nur an Dich denke. O könnte ich Dir Lieder machen, wie Petrarca seiner Laura. Wie lebst Du? Bist Du froh? Diese und tausend andere *Fragen* möchte ich an Dich richten. Denn ein Vierteljahr ist lang und vom 7. März bis nach Hopfreben ist es so lang. O wie viel mußt Du dulden und tun für die Deinen, und wie wenig erkennen sie es. Daß ich für Dich etwas tun könnte, gelitten hab' ich viel um Deinetwillen, aber noch so wenig getan. Ich lebe, wie gesagt, ganz einsam, nur Du bist meine Gesellschafterin, der ich alles mitteile, was ich fühle und erlebe. Oh, ich habe niemand mehr als Dich, und Du bist mir mehr, als die ganze Welt und alle meine Freunde. Ach! Gedenkst wohl auch Du dessen, der nur durch Dich sich glücklich fühlt? Könnte doch auch Dir, wie mir die Erinnerung an so manche schöne Stunde, die wir zusammen verlebten, Deine Einsamkeit froh machen.

Es ist mir leider noch nicht gegönnt, Dir zu helfen, wie sehr es auch mein liebendes Herz wünscht, nur raten kann ich Dir. Hast Du mir etwas mitzuteilen, so schreibe es, ich komme am nächsten Sonntag wieder und dann kannst Du mir das Geschriebene schon geben, glaube aber ja nicht, Du wissest nichts Wichtiges. Ach, dem liebenden Herzen ist von Dir alles wichtig. Ich bitte Dich, die Vergangenheit ruhen zu lassen. Was geschehen ist, ist geschehen. Der Gedanke: Du bist Meine, tröstet mich, und auch ich bin und bleibe Dein, einzig Dein. O könnte dieses Wort auch Dein Herz erfreuen! Ich sehe in unserm ganzen Schicksal die Wege der waltenden Vorsehung. Hoffe auch Du auf Gott. Er ist es, der die Gefühle unserer Herzen kennt. Er schuf uns zur Liebe. Ich fürchte, daß Du jetzt, wie ich, lange Tage habest. Suche in den Büchern Dein Herz zu erheitern.

Liebe Anna Katharina! Die Bücher und Du sind jetzt auch mir meine einzige Unterhaltung. O ich hätte Dir so viel Dinge zu sagen und habe so wenig Gelegenheit, es macht mich oft traurig, daß ich so wenig die schönen Jahre benützen kann, und dann suche ich wieder Trost im Gedenken an Deine Liebe. Jetzt muß ich schließen. Verbrenne dieses Blatt oder bewahre es gut auf. Ich kann Dir nicht alles schreiben, was ich wollte, ich muß es Dir selbst sagen.

Leb wohl! Und liebe auch ferner

Deinen Franz Michael Felder

Dieser Brief ist nur in einer Fassung in normalisierter Orthographie erhalten.
der Jakob, der Schneider: Brüder Nannis.
vier Sonette: nicht erhalten.

Johann Josef Felder an Franz Michael Felder

La Rochelle den 10ten Mai 1860

Lieber Freund!!

Heute Morgen bin ich hier in La Rochelle angekommen u bin bis jetzt immer herumgeloffen u gearbeitet, denn ich habe Logis gesucht, Ein Kosthaus, die Kisten ausgepackt, meine Neue Wohnung eingerichtet, u jetz bin ich so müde, den es ist jetz 4 Uhr abend, das ich Dier weder von Politik, noch vom Pabst nichts zu berichten weis. Ich habe daher nur das vergnügen Dier zu sagen, daß ich hier glücklich u wie immer ohne vill Geld angekomen bin. Der Brief meines Vatters hat mich ein wenig warm gemacht davon aber später, zudem versichere ich, daß ich so gut Katholisch bin wie der Pabst u seine Angestelten. *Begriffen?*

Ich weiß Dier Heute gar nichts zu sagen den ich bin demoralisiert u spüre schon bald apetit. Grüße meinen

Vatter recht schön u sage Ihm, daß er im betreff meiner ruhig schlaffe, den jetz heißt [es] wieder arbeiten unausgesetzt bis ich wieder etwas Kisel habe, u da wirdt weder Politesiert noch andere Ceremonien gemacht. Seit ich in Niort vort bin habe ich 100 Frcs mit meinem hin u herreissen in die Hände anderer gelifert. Aber jetz kan ich sagen ich bin am Ufer des großen Weltmeres u da kann ich am Sontag auf den Fischfang gehen zugleich auch Gelegenheit finden mich von hir nach allen gegenden von Europa u —— Einzuschiffen. Dan gute gelegenheit kostet kein od wenig Geld.

Sobald Du mein Schreiben gelesen hast mache mir die Antwort, den ich weis nicht wo ich eigentlich bleiben werde für längere Zeit.

Jetz gehe ich zu meinem Meister u werde meine Werkzeuge an Ort u stell placieren.

Es grüßt Dich u alle Verwanten Achtungsvollst
Mit Brudergruß u Handschlag Seppel

Die Adresse
Monsieur Felder horloger chez
M. Lemoine à La Rochelle
Charente infre France

horloger: Uhrenmacher.
Charente infre: richtig: inférieure.

Am 6. Juni 1860 stürzte Felder auf dem Weg in das Vorsäß in Hinterhopfreben in die hochwasserführende Bregenzerache, als der sogenannte Schalzbachersteg unter ihm und acht Kühen zusammenbrach. Einige ihr Vieh vorbeitreibende Bauern und Knechte kamen ihm nicht zu Hilfe, so daß er erst nach einer dreiviertel Stunde von seinem Freund Josef Oberhauser vor dem Ertrinken gerettet wurde. Fel-

der hat dieses Ereignis in „Aus meinem Leben" ausführlich geschildert; dort interpretiert er es so, daß ihm dieses Unglück doch wieder zum Heile wurde, weil ihn die Dorfbevölkerung seit damals mehr respektierte und vor allem, weil sich Anna Katharina Moosbrugger nun endgültig entschloß, ihn auch gegen den Willen der Familie zu heiraten. Am 7. Juni 1860 verlobten sich die beiden, doch die Schwierigkeiten mit der Familie waren immer noch nicht aus dem Wege geräumt; vor allem die Mutter wehrte sich gegen die Heirat ihrer jüngsten Tochter.

FRANZ MICHAEL FELDER AN ANNA KATHARINA MOOSBRUGGER

Wingolf 29 Juni 1860

Innigstgeliebte!

Nicht um Dir zu sagen, was ich diese Woche dachte u fühlte, schreibe ich diese Zeilen. Aber es könnte möglich sein, daß ich Dich eine Zeit lang nicht mehr alein sprechen könnte. Z B wenn heute der Götz bei der Mari wäre – darum will ich Dir etwas schreiben.

Nur wer die Liebe *kennt*
Weiß *was* ich leide
Alein, u abgetrennt
Von aller Freude.

O hätte doch Deine Mutter nur *einmal* in ihrem Leben *einen,* ach! nur *einen* Menschen wahrhaft geliebt, aber – das hat sie nicht. Jetzt weis ich es gewis, weder ihren Gatten noch ihre – Kinder. Und darum versteht sie uns nicht. Ich hätte ihr wahrlich nicht so viel Herzlosigkeit zugetraut. „Geig ich, oder geig i nit, *d Geige gehört mein.*" Das sind ihre Worte, als ich sie um das letzte Wort bath. Ich habe noch Hoffnung auf Jakob Mit dem ich heut sprechen werde wenn es mir wo möglich ist. Von Deiner Mutter hoffe ich nichts, gar nichts mehr, als Herzlosigkeit Kälte. Wenn sie vernünftig gesprochen hätte, hätt ich mir alles gefallen lassen, aber – Himmel Ich verspreche Dir u allem wer will, daß ich mit Deiner Mutter nie ihr Lebenlang nie mehr über diesen Punkt anfangen werde, denn ich weis nun genug u *will* nicht mehr wissen ich *fürchte* sie weil es Deine Mutter? – ist aber lieben kann ich sie nicht recht, weil ich sehe, daß sie in Dir nicht ihr Kind, sondern ihren Vortheil liebt. O hättest Du eine Mutter wie ich, u diese möchte gewiß gern auch die Deinige sein. Ach Gott nun weis ich, nun fühle ich warum Du so oft Deinen toten Vater mit heißen Trähnen beweintest. O was fühle ich wenn ich an Dich u Dein Loos denke. Ich wollte Dir ein Namenstag-Sonett dichten, aber es war zu einer Klagode u ich will es daher zu Hause behalten weil es ja ungeschrieben Klagen genug gibt. Nicht die fast abschlägige antwort der Mutter, nein *nur* ihre *Kälte* that mir so weh, daß mich heute noch friert, wenn ich daran denke. Aber Du, Deine Liebe O die machen mich dann doch wieder froh u. glücklich. Du bist doch mein u ich Dein u so lange *das* ist, sind wir doch glüklich. O Geliebteste! Festes Gottvertrauen und treue Liebe werden uns tragen und dulden helfen, u uns am Ende doch noch zusammen bringen. Und ist nicht auch unser Verhältniß so, wie es jetzt ist, recht schön u glücklich. Wir haben alles mit einander alles vertrauen wir uns. O Gott! laß es so bleiben, und gib uns Mut im Kampfe mit den Feinden unseres Glükes! Sollten wir gehindert werden, Anno 61 unseren Plan auszuführen, – nun – so müssen wir uns ins unvermeidliche zu fügen suchen. Deine Mutter, Mari, und der Schneider werden alles anwenden uns zu trennen, aber Du bist doch frei u. ich vertrau auf Dich u Deine Treue. Und indem ich diesem Vertrauen auf Dich mich hingebe mit Herz u Seele, bin ich auch ferne von Dir glüklich. Glüklich durch die Liebe u Dich. Auch Du darfst mir trauen, ich werde Dich nie verlassen, werde Dich treu u innig lieben, so lange dies Herz schlägt, das schon so oft glüklich sich fühlte, wenn es an dem Deinen ruhte. Ja Geliebte, bei der Seligkeit jener Augenblike u bei allem was mir heilig ist, schwöre ich Dir, Dich treu u so wie jetz zu lieben, so lange als Dich diese meine Liebe, mein Herz u mein Alles glüklich machen kann. O so bleibe auch Du die meinige, u dann O dann bin ich immer glüklich. Liebe sei unsere Begleiterin u. *Treue* unser Losungswort!

Wenn Du glaubst, daß es zu etwas gut sei, der Mutter aus der Welt des Herzens vorzulesen, so thue es, das steht Dir frei. Mein Humor war diese Woche just so wie dieses Blatt, ich traue auf Dich u sonst ist mir alles gleich was keine Beziehung auf Dich hat, ich lese im Shakspeare u denke an Dich Du bist mir immer gegenwärtig. O daß ich Dir alles sagen könnte, was ich fühle – aber das kann ich nicht. Also lebe wohl, ach vielleicht auf lange u bleibe stetz Deinem

Franz Michel Felder

Grüß mir die Mutter u alle wenn – Du willst, wolle!

Mari: Maria Moosbrugger, ältere Schwester Nannis.
Nur wer die Liebe kennt: Anspielung auf das Lied „Nur wer die Sehnsucht kennt“, das Mignon und der Harfner am Ende des 11. Kapitels von Goethes „Wilhelm Meister“ singen.
Deinen toten Vater: Johann Martin Moosbrugger, gestorben 1857.
Anno 61 unsern Plan auszuführen: zu heiraten.
aus der Welt des Herzens: Bezeichnung für die von Felder seit 1856 zum Teil gemeinsam mit Nanni geführten Tagebücher.

Franz Michael Felder an Johann Josef Felder [uv.]

Schoppernau den 10ten August [1860]

Theurer Freund!

Als wir vor 4 Jahren Abschid nahmen, Himmel

Eher hätte ich ans Sterben gedacht, als daran, einmal einen so kalten Brief von Dir zu erhalten. Nein *Freund,* ich muß Dich *Du* nennen, also höre, hier in meinem Schreibpult ligt die Abschrift eines Briefes den ich am 27 Maj unfrankirt an Dich schikte u hernach glaubte ich: das Antworten sei an Dir. Ich bin noch imer der Alte

O ich hätte Dir so viel mitzutheilen, aber, großer Gott! Wenn ich an Deinen Brief denke so kann ich nichts thun, als mich u Dich Anklagen. Bisher zählte ich Dich mit Freude u Stolz zu den Wenigen, die ich *Freunde* nenne u die, ohne sich vom Herr Pfarrer Brillen zu holen, ganz gut sehen, das weis nicht Schwarz ist, u nun??? Ja es thut mir in der Seele weh, so von Dir verkannt zu werden, denn verdient habe ich, bei Gott, das nicht

Wenn Du mich noch ein wenig liebtest

Aber Dein Brief verleugnet jedes Gefühl dieser Art, also *wenn* Du mich noch *liebtest* so würde ich Dir bald mehr schreiben heute bin ich zu aufgeregt, denke Dich einmal in meine Lage, ich las eben u studirte in der Flugschrift: der Pabst u der Kongreß, u dachte an Dich u verwunderte mich daß Du mir so lange ein

da kommt der Both u bringt Deinen Brief ich erbreche ihn das war vor 10 Minuten u noch zittert die Hand die diese Zeilen schreibt. Also von etwas anderm jetzt

Ruhig armes Herze Du hast schon mehr erfahren. Schon vor drei Jahren stand ich am Grabe eines Mädchens das ich liebte – o so innig – doch es ist vorüber u nun ist auch mein Freund tod für mich. Im Frühling dieses Jahres habe auch ich die Reise bis an die Grenzen der Ewigkeit gemacht aber, Gottlob ich lebe noch!

Theuerster Unvergeßlicher!

Villeicht nimmt Dein Herze doch noch einigen Antheil an mir undieser [sic] Voraussetzung will ich Dir erzählen das ich im Frühling in die Ach gestürtzt wurde. Ich trieb am 6 Juli 8 Kühe über den Schalzbacher Steg als ich auf der Mitte des Steges war brach dieser unter der Last zusamen u ich u die Kühe stürzten ins Wasser das zu jener Zeit ungewöhnlich groß war

Ich wurde mitten zwischen Balken fortgeschwemmt hielt mich dann an ein Holzstük 3 Viertelstunden lang

Ja Freund, so stand Dein Michel am 6 Juli Morgen von ¼ u fünf bis 6 Uhr mitten in der reißenden Ach auf einem Stein jeden Augenblik den Tod erwartend, wenn nicht schnelle Hülfe käme, sie nahte aber eben in dem Augenblik verlies mich

Alle Kraft u ich stürzte von neuem ins Wasser. Josef Oberhauser Rettete mich mit eigner Gefahr aber es dauerte 2½ Stunden ehe der Doktor das Schlagen meines Pulses bemerkte. Ich wurde neben dem Bade Unteründtschen aus dem Wasser gezogen

Ich hatte Löcher im Kopf u war sonst verletzt, aber jetzt ist alles wieder gut

O ich möchte Dir noch viel schreiben

Aber ich bin heut zu aufgeregt. Aber ich nenne Dich doch Freund, ich verzeihe Dir alles. Aber ich *bitte* Dich wenn Du noch mein Freund bist so schreibe mir recht bald ich habe hier Viele die mich lieben Aber wenig Freunde. Die Leute sind so Philisterhaft u voll Vorurtheile u ich freute mich schon so oft auf die Zeit wo ich Dich wiedersehen würde. Dein Vater ist gesund u all die Deinen, meine Mutter laßt Dich *freundlich* grüssen.

Sonst Neues weis ich nichts ich bin hier völlig einsam, die Leute sagen ich werde Am Herbst heirathen – das ist nicht wahr, aber, doch davon das nächste Mahl wenn ich keine alten Freunde mehr hätte so würden mich auch die neuen Bekantschaften nicht mehr freuen, eh?

Wie lebst Du, bist Du glüklich? kommst Du bald heim? O Tausend Fragen möchte ich an Dich thun. Schreibe doch las das vergangene vergangen sein

Lebe wohl Lieber Seppel
Mit Brudergruß
Dein Einzig treuer
deutscher Freund Franz Michael

am Grabe eines Mädchens, das ich liebte: Mariann Oberhauser, eine Tochter der Oberhauser-Familie, die am 10. April 1856 an Tuberkulose starb.
undieser: vermutlich: unter dieser.
am 6. Juli: Irrtum Felders, das Unglück ereignete sich am 6. Juni.

Offensichtlich wegen Versäumnissen der Post erhielt Seppel lange keine Nachricht mehr von Felder und hatte ihm am 5. August deshalb einen sehr kurz angebundenen Brief geschrieben.

JOHANN JOSEF FELDER AN FRANZ MICHAEL FELDER

La Rochelle le 26 Août 1860

Mon cher ami!

Dein Schreiben vom 18 d. M. habe ich nun ganz gelesen, u ich beeile mich Dier zu antworten. Warum Du einen so kalten Brif, wie Du Dich ausdrückest, von mir erhalten hast, wahr wahrhaftig nicht Deine Schuld, wie ich in Deinem Schreiben vom 12 lese, sondern die Schuld der Postverwaltung, die Dein schreiben vom 27 Mai weis der Gugu wo hin spediert hat, einmahl ich habe es nicht erhalten. Jedoch dieses Misgeschick wird sich hoffentlich bald herstellen et parlons plus. Unter anderem bedaure ich sehr, daß Du das Unglück hattest, am Grabe eines Amour bien émmé zu stehen, was Deinem Freund noch nicht begegnet ist, denn ich halte an den Französischen Grundsatz (Ein anderes Städchen, ein anderes Mädchen). Jedoch empfinde ich sehr wohl, daß es das größte Glück des Menschen ist, geliebt zu sein. amour, amour, la nuit comme le jour. Noch mehr aber bedaure ich Deine schreckliche lage, in der Ach am 6 Juli. Und ich beeile mich, Dier Glück zu wünschen u Dich zu Umarmen als meinen gereteten Freund.

Weiter lese ich in Deinem schreiben, wie immer, daß Du mir vieles u Wichtiges mitzutheilen habest. Seit ich in Franckreich bin, jeder Deiner Briefe verspricht mir diese Wichtigkeit auf das nächste mahl u gerade dieses hofen u nicht antworten hatt mich zum letzten schreiben veranlaßt. Jetz aber werde ich Dier Erzählen was mich anbelangt: Ich befinde mich wohl u bin so zufriden, nur das schlechte Wetter spilt mir hie u da Possen. Ich wollte die Meer-bäder benützen, aber es ging bis daher fast immer ein fölliger Krumbacher Wind u das gesalzene Wasser ist dann auch kalt. Seit 2 Tagen haben wier nun gut Wetter u es scheint anhaltend. Heute Morgen 9½ Uhr habe ich tief im großen Weltmeer gestanden u erinnerte mich, wenn die Wellen über meinen Kopf schlugen, an Deine nasse lage in der Ach. Das Baden im Meer schlägt mir gut an. Jedoch muß ich Dier anzeigen, daß ich La Rochelle bald verlaße. Künftigen Sonntag wo Du diese Zeilen lesen wirst, befinde ich mich wahrscheinlich auf offenem Meer, vortgetriben von einem Dampfer, der mich an ein anderes Ufer trägt. Ich verreise nach Bordeaux u schlage den Weg zu Meer über Royan ein. Seie jedoch ohne Kumer, den das Schiff ist fester gebaut als der Schalzbachersteg. Es trägt den Namen: Admirale Dupéré. Übrigens bemerke ich Dier nichts u behalte für das nächste mahl etwas. Die Pollitick wird, wie es scheint die Östreichischen Papier Helden noch einmahl in Schlachtordnung stellen, wo ich dann schreien muß vivat liberté vivat *Garibaldi.*

Ich bitte Dich schreibe mir das nächste mahl auch etwas von meiner Schwester. Ich weis wahrhaftig nicht ob sie noch am Leben ist, oder ist Dier die Schwester Deines Freundes gleichgültig, nein das glaube ich wahrhaftig nicht. Grüße mir auch Deine Mutter, um welches besitzthum ich Dich wahrhaftig beneide den ich kenne heute, in der weiten ferne, daß mir dieses Glück geraubt ist. Alle meine Freunde grüße ich Tausendmahl u hoffe ein Wiedersehen wenn es mir vergönnt ist. Mein reisen in Franckreich rückt seinem Ende [zu], jedoch kann es der Fall sein, daß mich die Neugirde über den Kanal treibt wo ich dann den großen Kohlendampf von England einathmen werde, jedoch dafon das nächstemahl. Ich bitte Dich die parr beigelegten Zeilen an meinen Vatter zu übergeben.

Adie.

Mit Brudergruß und Handschlag Seppel

Bis auf neue order adressire den Brif Post Reste. aber antworte sogleich den in 14 Tagen werde [ich] in Bordo auf die Post gehen u nachsehen. Du machst die Adresse

Monsieur
J. Felder horloger
Poste restante
à Bordeaux France

Vergesse aber nicht den Brif zu *frankiren.*

Août: August.
18. d. M.: richtig: 10. d. M.
et parlons plus: richtig: et n'en parlons plus – und sprechen wir nicht mehr davon.

Amour bien émmé: amour bien aimé – einer Geliebten, eines geliebten Mädchens.
amour, amour, la nuit comme le jour: Liebe, Liebe, bei Nacht wie bei Tag. Der Schneider Natter, der spätere Vorleser Felders, erinnerte sich im Jahre 1920 in einem Brief an Franz Michel Willam an einschlägige Erfahrungen Seppels: „Aber im Wirtshause sprach er besonders in der ersten Zeit seines Hierseins oft von den Freudenhäusern in den Städten, vom Unglauben daselbst, der aber von der Furcht vor dem Strafgesetze in Schranken gehalten werde und anderem mehr. Ja, er hat mir, dem damals Achtzehnjährigen, förmlich Unterricht in lasziven Dingen gegeben und Abenteuer dieser Art erzählt, die er schon im ersten Jahre seines Hierseins im Walde selbst erlebt oder besser herbeigeführt hat."
Krumbacher Wind: Hochkrumbach ist ein hochgelegener Ort auf dem Weg zum Hochtannbergpaß.
Admirale Dupéré: Victor-Guy Duperré (1775–1846), franz. Admiral.
vivat Garibaldi: bezieht sich wahrscheinlich auf die militärischen Erfolge Garibaldis in Süditalien, die am 7. September 1860 zur Einnahme Neapels und zur Flucht des Königs von Neapel nach Gaeta führten.
Deine Mutter, ... wahrhaftig beneide: Johann Josef Felder hatte seine Mutter, eine Schwester von Felders Mutter, 1849 verloren.

Franz Michael Felder an Johann Josef Felder [uv.]

Schoppernau am 3 September 1860

Mein theurer Freund!

Ich beeile mich, Dir auf Dein werthes Schreiben vom 26 /7 zu antworten. Den ich sehnte mich sehr nach Deinem Schreiben, damit ich den vorigen Brief wieder vergesse, bei dessen Kälte mich noch fror. – Du schreibst mir, daß Du entschlossen bist, weiter zu reisen, u da möchte ich Dich fragen, Wirst Du nicht bald heimkommen ins Land, wo liebende Herzen Dir entgegen schlagen u – wo nun die Erdäpfel wieder zeitig sind, wo jeder Esel ein – Philosof ist, u jedes Schaf Gedankenfreiheit hat. O so gern möchte ich wieder einmal bei Dir sein. Ich habe hier viele Kamerathen aber – wenig Freunde. Ich habe Bücher u bin bei ihnen lieber, als in der lautesten Gesellschaft, aber etwas findet dann doch jeder, der sucht Ich weis nicht ob Du den Joh Kaspar Mosbrugger aus Au gekannt hast, er war Student als Du noch hier warst u seine Arbeit, wenn er zu Hause war bestand darin, seine jüngste Schwester, die sehr viel Talent zeigte, etwas mehr auszubilden, als dies sonst bei Mädchen hier geschieht. Aus dem Studenten ist nun ein Hr Aktuar geworden, er ist in Ungarn, und Nannj ist allein obschon sie noch 4 Geschwister hat, ist sie doch alein wie – ich. In Hopfreben lernten wir uns vor 4 Jahren kennen.

Du hast gewis schon Romane gelesen u ich darf daher mit dem meinigen hier reden, nur noch so viel: ich habe in ihr ein Herz gefunden, das mich ganz versteht u dem ich alles mittheilen darf. Gott Amor wird weiter helfen! ——————

Entschuldige mich, mein Freund, nun kommt eine kleine Schwätzerei! Bei den Geschwistern deiner Stiefmutter ist Krieg ausgebrochen weil es sich darum handelt das gesammte vermögen zu theilen. Ferdinand verehelicht sich ganz bestimmt noch dies Jahr mit der Tochter des Bekmülers am Ünschen (Musmehlenpedder) der Alte ist am 26 April *endlich* gestorben. Auch der Joh Jakob Albrecht Bruder des Lehrers heiratet die Margaretha Tochter des Xaver Albrecht.

Sonntag den 26 Aug. war Kirchweih in Au. Ich war auch dabei, habe mich recht gut amüsirt. Die Musik in der Sonne war – süperb, würdest Du sagen. Das Wetter war schön was sonst selten der Fall ist imer Regen u Schnee. Seit dem 1. Juli hat es 19 Mal in die Berge geschneit. Es gibt wenig Heu u viele Engerlinge die in Schoppernau großen Schaden thun. Im Walserthal wurde der Ztner Käse für 33 fl Papier (gut) verkauft. Die 1858 geschlagenen Mautmünzen haben Ihren Glanz verloren wie die Verfassung.

Unserm freund Jochum geht es auch nicht immer gut, er war lange krank in Wien, ich bitte Dich, schreibe ihm einmal, seine Adresse werde ich Dir mittheilen. Dein Vater ist gesund u wohl doch hat er sehr gealtert, er lebt zufrieden mit seinem Weibe, u raisoniert zur Unterhaltung alle Werktage auf Napoleon. Vorarlberg ist auch um 180 Jesuiten – reicher geworden die sich weis Gott wo, flüchten mußten, u sich im Oberlande einzubauen gedenken. ——

Der Napoleon ist aber doch ein rechter Grossprecher, hast Du die stolze Rede gelesen die er an das Volk zu Lion hielt. Die allgemeine Zeitung hat sie für ihn schlecht ausgelegt.

Doch

Verloren ist der Augenblik
in dem Du redst von Politick

Nicht mehr, dieser Brief ist so zerstreut [als] ob ich das darin enthaltene beim Mondschein zusamen geworfen hätte. Verzeih mir, ich habe gestern wenig geschlafen u würde Dir heut gar nicht schreiben wenn ich hoffen dürfte den morgigen Tag frei zu haben. Deine Schwester lebt u ist gesund sie spricht recht oft u gern von Dir u es würde der schönste Tag ihres Lebens sein wenn sie Dich wieder hörte, sähe, sollt ich sagen, aber das Licht ihrer Augen nimmt scheint es mir leider stets ein wenig ab. Ich war eben bei den Deinen u alle wünschen Dich recht bald zu Hause in ihrem Kreise zu haben auch ich wünschte das wie viel hätten wir uns zu sagen denn auch ich habe viele Erfahrungen gemacht ich darf sagen ich bin nicht mehr, der ich war

Ich habe auch die ernsten Seiten des Lebens kennen gelernt. Ich hatte viel zu kämpfen mit mir selbst u dem Schiksal, doch ich habe Ruhe gefunden, nachdem ich mich ganz mit Herz u Seele an ein liebes Wesen anschmiegen durfte. Ich habe erfahren, was es heist dem Tod ins Angesicht zu sehen. All das ist nun vorüber, nach meiner Ansicht ist ein stilles ruhiges Famillenleben das schönste. Selbst Sorgen u Arbeiten für die, die man liebt ist süß. Ich habe meinen Theil an der Schiedeln an die Andern verkauft u habe nun Weid auf Aufeld, ich habe mir dadurch ein ruhigeres Leben angeschafft u bin jetzt beinahe Schulden frei, u kann also sorglos sein wegen meinem Fortkommen: Möchtest Du es nicht auch so? –

Deine Mutter! (so erzählte mir neulich Deine Schwester, sagt dem Vater immer Du kommst nie mehr. Du wirst wissen warum sie das sagt.

Du schreibst mir, Du wollest noch nach England reisen. Das freut mich natürlich wenig, weil ich Dich lieber Heim kommen sähe.

Aber thue was du für das Beste hällst, nur vergiß nicht, zuweilen an mich zu schreiben, ich habe Dir nun manches mitgetheilt, das mir wichtig schien, u auch meinem Freunde nicht gleichgültig sein wird. Sonst weis ich wenig andres von hier der Viehpreis ist immer hoch es werden 3 Jahre alte Rinder für 214-230 Gulden verkauft Kühe mittler Art 120 fl Kälber 3/4 Jahr alt 40-50 fl.

Hochzeiten habe ich Dir schon 2 geschrieben, und mehr weis ich nicht. Josef Oberhauser hat von der Regierung 15 fl dafür erhalten daß er mich mit eigner gefahr aus dem Wasser zog, also ist mein Leben 15 fl werth! – Am selben Tag als mich jenes Unglück traf hat man den Joh Josef Bischofberger vergraben. Wenn du wieder an Deinen Vater schreibst so bitte ich Dich, folgendes nicht zu vergessen: das Gugarbüable ist uns auch heuer [...] Sonntag [...] u dieses Paar karesirt hinter seinem Rücken nach Herzenslust, mache ihn daher im Scherzen auf seine Pflicht als Herr des Hauses aufmerksam.

Lebe wohl u schreibe bald wieder wie es Dir geht u wo Du bist bleibe der Alte das heißt mein Freund, nochmahl, lebe wohl lieber Seppel

Mit Brudergruß u Handschlag

Dein ami F M Felder

Alle Deine u meine Freunde
lassen Dich grüssen vor allem
Dein Vater, Mutter u Schwester
auch meine Mutter u auch
viele viele viele

Jochums Adresse
F X Jochum
Jurist in Wien
(Abzugeben auf der
Universität)

26/7: Schreibfehler Felders, richtig: 26. August.
um 180 Jesuiten reicher: In Feldkirch bestand seit 1856 das Jesuitenkolleg Stella Matutina, das von aus der Schweiz ausgewiesenen Jesuiten begründet worden war, die von dort aus eifrig ihren Einfluß auf die Bevölkerung auszuüben versuchten.
Der Napoleon: Napoleon III.
im Oberlande: Gebiet zwischen Götzis und Feldkirch.
meinen Theil an der Schiedeln: Felder besaß einen Anteil an der Alpe Schiedeln oberhalb von Hopfreben.

Johann Josef Felder an Franz Michael Felder

Bordeaux le 2ten Oktobr 1860

Liebes Vetterchen!

Dein letztes Schreiben habe ich bei meiner ankunft in hier richtig gefunden, u ich beille mich dasselbe zu beantworten. Wie Du wohl wissen wirst, ich bin hier den 13 v. M. angekommen u nach einigen Tagen hernach hat das arbeiten seinen anfang genommen, dan die rante ist auf O gesunken, u da muß dann der Körper andere maßregeln ergreiffen. Wie es mir scheint so ist mir der Mittägliche Himmel nicht hold, dan die letzten verflossenen 8 tage wahr ich etwas unpäßlich u habe nicht gearbeitet; daß solche kleine Übel bei einer Lage wie ich sie kenne von keinem Vortheil sind, kannst Du leicht begreiffen. Doch heute bin ich so stark wie nie, u befinde mich perfete. Jetz aber will ich Dier ein wenig etwas erzählen von Bordeaux. Bordeaux ist eine Stadt von 160.000 Einwohner, hatt sehr schöne Plätze, u das schönste Teather von ganz Franckreich, hier siht man Weisse, Schwarze u Braune Gesichter, von allen Natzionen. Der fluß der 10 Stund von hier ins Mer fält, heißt Gironde u ist sehr groß. Es hat auf dem Cai im [Hafen] hier immer 1000 bis 2000 Schiffe von allen Größen u. Ländern. Ich habe Ein Dampfschiff gesehen von 8000 P[f]ertekraft. Übrigens weis ich noch nicht fiel zu erzählen, denn ich habe noch auf keine Art bekanntschaft gemacht, warum se por mich.

Die Arbeit ist hier schlecht bezahlt, u ich werde bald mich anderwo hin begeben, vorher aber werde ich mir etwas zusammen suchen. Es kann der Fall sein, daß ich in 14 [Tagen] Bordeaux verlasse u mich in der Umgebung Platziere.

Grüße mir meinen Vater u Schwester u alle meine Verwanten. Wenn Du mir schreibst adresse den Brief wie das letzte mahl

M. Felder Joseph horloger
Post restante à Bordeaux
France
Es grüßt Dich u. Deine Mutter Tausentmahl

Joh. Joseph

Journal Polli[ti]ck

Eine Depesche von heute meldet daß die Päpstlichen Truppen mit Ihrem General Lamoricière in Ancona kapituliert haben u als Krigsgefangene nach Piemont geschickt werden. Bethet also nicht mehr für den Erfolg der Päbstlichen Truppen, denn es ist zu spät. Übrigens hatt die

Pollitick eine spizige Nase u ich möchte mir den Kopf an derselben nicht verstossen.

Garibaldi u Vicktor Emanuel scheinen mir wie Hund u Katzen, die mit einander dasselbe Haus bewohnen, verstanden.

rante: rente – Einkommen.
perfete: parfait – vollkommen.
se por mich: richtig: se por nu – c'est pour nous – das bleibt unter uns.
Journal polli[ti]ck: Journal politique – politische Zeitschrift.
General Lamoricière: belgischer General, der sich um den Aufbau eines päpstlichen Söldnerheeres zur Rettung des Kirchenstaates gegen Garibaldi und Victor Emanuel bemühte. In den katholischen Ländern Europas wurden Truppen für den Papst geworben, Anleihen gezeichnet, der Peterspfennig eingehoben und für den Papst gebetet. Im September marschierten piemontesische Truppen ohne Kriegserklärung in den Kirchenstaat ein. Die päpstlichen Truppen unterlagen, Lamoricière wurde zur Kapitulation gezwungen.

Den Ausschlag zur Beendigung der Schwierigkeiten in Anna Katharina Moosbruggers Familie (vgl. „Aus meinem Leben", Kap. 25) gab unter anderem ein nicht erhaltener Brief ihres Bruders Kaspar Moosbrugger, an den Nanni sich im Herbst mit folgendem Schreiben nach Ungarn gewandt hatte:

ANNA KATHARINA MOOSBRUGGER AN KASPAR MOOSBRUGGER

[Au, im Herbst 1860]

Vielgeliebter Bruder!

Schon kehret wieder nach kurzem, kurzem Sommer der Herbst, od. gar schon der Winter. Schnee deckt schon unsere Felder, die Blumen u. alle Schönheiten, welken unter seiner Last. Nur das Kronhaupt falber Wälder, schaut noch über das weitausgebreitete Leichentuch der Natur. Genau diese Gebärde, diesen Wehmuthsvollen Ausdruck hatte sie auch vor 5 Jahren, als Du unsere Haimath verließest. Ich erinnere mich recht lebhaft daran! Welche Kluft zwischen dort u. jetzt! welche Erlebnisse sind hinter uns! Vieles hat sich im Ganzen, viel um uns u. Dich verändert. *Du* bist wirklich in sehr dauerlicher Lage. O wie gerne möchten wir Dich dem unseligen Ungarn entführen, wie gerne Dich sicher machen, wie es nun Deine Münzen sind, u. Dich bei uns in der lieben Haimat sehen. Zwar würdest Du alles um vieles anders treffen. Ein Theil der Geschwister, wirkend, für ihre Lieben, ihre angehörigen, sind fern, wie Du, vom Väterlichen Hause, aber glücklich. Ein Theil, wirkend für alle, jedes aber im Stillen für seine Zukunft, für sein Glück besorgt. Die Mutter allein, ohne ihren Gatten, den Vatter ihrer Kinder, im öde gewordenen Hause. Und ich, ich nun in einem Alter von beinahe 23 Jahren, nicht groß aber doch erwachsen, auch ich fühle, wie die ganze Menschheit den Durst nach Glück. Und ich habe Dir zu gestehen, Bruder, das ich den Schleier der Zukunft schon zimlich weit gelüftet habe. Ich habe ein Herz das, wie ich sagte glücklich sein will, u. dieses Glück fand ich in der *Liebe*.

Ich fand ein Wesen, das mir dieses Gefühl erwiederte. Ich liebte und wurde geliebt, u. bin nun Glücklich, u. entschloßen einen Bund auf ewig zu schließen. Die Zeit rückt schon schon schnell, wo ich mich von den Meinigen, von meiner lieben Mutter trennen muß, an die ich bisher durch die Bande der Natur fest geknüpft war. Wirst Du mich vielleicht auch lieblos, wie meine Mutter, nennen, weil ich sie schon so schon so früh, zu früh, wie sie sagt verlaße? Ich verlaße sie nur deßhalb, damit *der, den ich liebe* nicht verlaßen sei. Du kennst ihn villeicht ihn --

Er ist von Schoppernau, der einzige Sohn einer alten Mutter, mit Bauernwirthschaft. Er war in Hopfreben oft bei uns, weil er dort unser Nachbar ist, [Du] erinnerst Dich villeicht noch an ihn: Die Natur hat ihm den Gebrauch des einen Auges entzogen, hingegen ihn aber mit großen u. schönen Talenten begabt. Hat vieles vieles durch sich selbst gelernt, mit beihilfe seiner Bücher, von den ersten deutschen Männern, kennt das Leben, die Welt, die Menschen, wie nicht leicht einer. Er ist ein originaler seltener Kopf des Bregenzerwaldes. Und dazu so gut, voll Mitgefühl, u. gutherzig. Er ist halt, wenn ich ihn ganz nenne, ein *Man*, sein Name ist Franz Michael Felder, 14 Monate jünger als ich. Ich habe Muth genug, die Reise durchs Leben mit [ihm] zu wagen. Schon 3 Jahre stehe ich mit [ihm] im trauten Verhältniß, daher gebe ich mich ihm gerne als eigen hin, u. [bin] recht glücklich, wenn nur Du u. alle meine Geschwister auch so glücklich wären. In der nächsten Fastnacht wird uns[er] Bund gemacht.

Deine Schwester

Ich könnte Dir noch vieles vieles von ihm, dem guten schreiben, aber der Raum u. Tag geht zu Ende.

Der Brief ist oben und unten abgeschnitten und trägt weder Datum noch Unterschrift.
in sehr dauerlicher Lage: Moosbrugger, der damals Beamter in Ungarn war, wurde durch das „Oktoberpatent" von 1860 aus Ungarn ausgewiesen.
Münzen: Kaspar Moosbrugger war Münzensammler: im Jahre 1864 oder 1865 bot er seine Sammlung, die 600 Stück seltener Münzen aus römischer Zeit bis in die Gegenwart umfaßte, zum Kauf an.

Zur Hochzeit am 4. Februar 1861 erhielt Nanni von ihrer drittältesten Schwester Maria Barbara einen Zettel mit Kochrezepten. Die Gerichte dürften eher der festlichen Küche angehören, die normale Nahrung bestand hauptsächlich aus Kartoffeln, Getreide- und Milchprodukten. Die erstaunliche Angabe von Zitronen als Zutat wird von der Köchin auch gleich geradezu philosophisch kommentiert:

„Zwiebeln u. Zittronen ist an allem gut wenn mans hat u. sonst ißt mans doch.“

KOCHZETTEL FÜR ANNA KATHARINA MOOSBRUGGER [UV.]

Hirnknedel.

Das Hirn wird ganz fein zerrürt, um 2 Kr. Brod gerieben ein Löffel voll Weißmehl gewürz dan wird es zu einem Teig verrührt dan mit einem Löffel in kochendes Wasser geschöpft.

Wildpret.

Es muß ganz mageres Fleisch sein, dann wird es in ein Geschirr fest aufeinander gelegt gesalzt, dan wird eine Zwiebel verschnitten wekatobeer verknistet in ein Thüchlein gebunden u zwischen hinein gelegt auch Rosmarienstauden dazu wenn mans hat, dann Essig dazu daß es drüber geht, dann wird es gut verdeckt u. mit einem stein zusammen gepreßt. Bis in 8 Tagen kann mans kochen, u. wird folglich gekocht. Man nimt ein stück Schwarzbrod oder weißes zerreibt es, dann nimt man wenn mans gut machen will zimmlich viel Schmalz u. röstet das Brodmehl u. noch soviel Weißmehl dazu, u. röstet es ganz braun, dann giest man Wasser daran zu einer ganz dünnen Brühe, daß Fleisch darin, dann wird es gekocht, bis das Fleisch gesotten ist, wenn es bald gekocht ist noch Essig dazu u. wie mans gerne ißt will mans gut machen noch Butter, daß der Essig nicht vorzieht.

Blutmus.

Man nimt beinahe so viel Milch als Blut in eine Schüssel wenn man sie nicht hat Wasser Salz u. Gewürz, verrührt es untereinander, dan nimt man Schmalz in eine Pfanne, nimt man Milch so braucht es weniger Schmalz, damit röstet man Mehl gelb, dan gießt man das Blut darin, rürt fleißig am Boden, dan läßt man es nicht länger sieden bis es nirgends mehr blutet. Zwiebeln u. Zittronen ist an allem gut wenn mans hat u. sonst ißt mans doch. Jetzt fällt mir nichts mehr ein

das wird alles sein.

Dieses geschrieben am 2 u. 3 Hornung, ich hab es vergessen sonst hät ich es auf die Hochzeitsfeier mitgebracht.

Mit Gruß u. achtung verbleib ich Deine Dich aufrichtig, inig liebende Schwester,

Maria Barb. Moosbrugger, in Mellau 1861.
Gedenke mein in nah u. fern,
Es möge hell es möge trübe sein,
Besonders im Gebeth,
Denn man weißt nicht wan die letzte Stunde
Schlägt: –.

wekatobeer: Wacholderbeeren.
verknistet: zerstoßen.
Der Kochzettel ist gekürzt wiedergegeben; er enthält noch Rezepte für „Kartoffelsuppe, Leberknedel, Fleischmus und Brodfischlein."

Von seiner Heirat berichtet Felder seinem Jugendfreund Seppel erst im April 1861, also erstaunlich spät, wenn man bedenkt, für wie wichtig er dieses Ereignis in seinem Leben einschätzte. Dieser Brief enthält auch eine Analyse von Felders eigener isolierter Situation in Schoppernau („in der Heimath ein Fremdling") und preist die Ehe und das „Sich-in-die-Leute-Fügen" etwas forciert als Ausweg. Vor seiner Hochzeit hatte Felder auch seine dichterischen Versuche verbrannt, unter anderem ein Drama über Seppel im Stil der Schillerschen „Räuber". Die letzte Seite des Briefes fehlt.

Franz Michael Felder an Johann Josef Felder [uv.]

Schoppernau 14 April [1861]

Mein theurer Freund!

Dein Schreiben vom 6 April hat mir Deine Schwester soeben (jedoch uneröffnet) gebracht. Ich wollte, Du hättest gesehen, mit welchem Verlangen sie da saß u wartete, ich las den Brief in der Stille. u O was sollte ich ihr daraus vorlesen, ich mußte lügen.

Aber mit Dir will ich nun aufrichtig sein

Wer an einem Orte in einer Gesellschaft mit seinen Ansichten Alein ist, mit dem ist es traurig bestellt, denn wer sich seinen Vorstellungen überläßt wird nur zu leicht ein Schwärmer; das haben ich u Du nur zu gut erfahren! Unser Beruf u die verschiedenen Verhältnisse haben uns getrennt. Aber wir konnten uns ja schreiben, u das wollte ich auch schon im Dezember; aber mon dieu ! da schrieb „Vetter Hans“ das Du Bordeaux vermuthlich bald verlassest u da erwartete ich immer ein Schreiben. O wie gern hätte ich Dir im Feber geschrieben, aber ich wußte ja nicht wohin!

und Du bist mir die Antwort auf mein letztes Schreiben auch schuldig geblieben.

gute Nacht für heut.

Am 18 April

Ich hatte diese Tage beim besten Willen nicht Zeit, weiter zu schreiben; aber oft habe ich an Dich gedacht. Oft wenn ich die Stellen betrat, wo wir einst so froh unsere schönen u stolzen Pläne für die Zukunft machten, O ich hoffte stets daß sie wieder kehren würden diese schönen Stunden: Und nun …

So willst Du denn nimmer heimkehren ins theure Heimathsland, nimmer aufgehen sehen die Sonne über dem

Schauplatz Deiner ersten u schönsten Jahre, nimmer fühlen und erwiedern der treuen Freundschaft warmen Händedruck?

Unter fremden Menschen willst Du umher irren O es ist so schön daheim! Doch ich erinnre Dich hier an Dinge die [Du] doch nicht vergessen haben kannst. Wir in Vorarlberg sind jetzt in jeder Beziehung freier als früher das sage ich nur, damit Du nicht glaubst ich sei ein *Sklav* meiner Verhältnisse geworden.

Du fragst mich, ob ich in Deinen Augen tot sein wolle um bei Andern lebendiger zu – scheinen?

Nein lieber Seppel u abermals nein! Und das kann mir mein Seppel zumuthen. Ich mag nicht scheinen ich will *sein* – aber nicht für die Schoppernauer Philister, sondern für mich u die, die ich liebe.

Auch ich hatte manchen harten Kampf auszustehen, seid Du fort bist, zwar nicht gerade um mein Fortkommen, aber desto mehr um meine moralische Freiheit

ich habe oft gesucht u selten gefunden.

Ist das nicht aller Menschen Schicksal, die einmal im Leben zum Suchen kommen. Schließlich dachte ich immer mit mir selbst

Wisse! ein erhabner Sinn
Legt das Große selbst ins Leben
Und er sucht es nicht darinn   Schiller

Was hatten edlere Menschen nicht alles vom Leben zu tragen u zu dulden u sie haben es getragen u sind Männer geblieben. Aber die schönsten Arbeiten der *besten* sind schlecht belohnt worden.

Aber ein Schweis eine Sorge wird stets belohnt. – O Du kennst nicht das süße Gefühl, für eine Gattin, für eine geliebte Familie zu leben wenige Bilder einer heiteren Vergangenheit haben Dir hinaus folgen könen in die weite fremde Welt. Du warst selbst, so wie ich, in der Heimath ein Fremdling. Aber mit mir ist es doch nicht mehr so wie früher; ich habe meine Denkungsart etwas *gebildet* (erlaube dem Offenherzigen dieses etwas anmassende Wort) *nicht verändert.* Ich bin glüklich geworden durch die Liebe, durch die Musen u durch das mich in die Leute fügen. Ich suche mir das selbst zu werden, was mir andere Leute nicht sein können u wollen. Und Du mein Freund, irrst herum in der Welt, ach von keinem gekant, von keinem geliebt.

O kehre heim zu Deinem Freunde, zu Deiner Schwester ins gemüthliche Deutschland.

Wer wollte einem Bauren jedes unüberlegte Wort übel nehmen. Das letzte Schreiben deines Vaters war sehr hart.

Man sagte mir kein Wörtlein davon nur Deine Schwester hat mir, ihrem einzigen Vertrauten auf der weiten Gotteswelt, mit weinenden Augen davon erzählt. Aber der Brief Deines Vaters war doch nicht härter u kälter als der Deine vom 6/4 an mich.

20 April

Du siehst, wie langsam mir das Schreiben geht es fehlt mir nicht am Willen, aber an Zeit das Feld fängt an zu grünen u ich mus die Frühlingsarbeit thun, die mich keinen Augenblik in der Stube läßt; heut will ich Dir Neuigkeiten schreiben.

Mache Dich nur auf etwas merkwürdiges gefaßt: Rathe? Am 4 Februar 1861 habe ich mich mit Anna Katharina Mosbrugger in Au, der jüngsten Schwester von Martins Schneider *verheirathet,* u Du darfst überzeugt sein, daß ich Dir das geschrieben hätte, aber Vetter Hans hatte Deinem Vater geschrieben, daß Du Bordeaux verlassest, u da wußte ich ja Deine Adresse nicht. Jetzt will ich es Dir aber mittheilen, u ich hoffe, daß Du nun überzeugt bist, daß ich nicht tot bin u daß ich nicht *scheinen* mag. Denn die Leute sagten mir u ihr, daß wir zu jung seien. Zum Anfang mag ich nichts unangenehmes Neues schreiben aber jetzt kommt etwas, das Dich angeht u nicht ganz angenehm sein wird [Fortsetzung fehlt]

Wir in Vorarlberg sind ... freier als früher: Österreich wurde mit dem „Oktoberdiplom“ vom 20. Oktober 1860 eine konstitutionelle Monarchie, seit Dezember 1860 war der Liberale Schmerling Staatsminister, der im „Februarpatent“ 1861 eine neue Gesamtverfassung verkündete.
daß wir zu jung seien: Felder mußte sich für seine Heirat vorzeitig für mündig erklären lassen.

Der Briefwechsel mit Kaspar Moosbrugger, Felders Schwager, der auch sein wichtigster Briefpartner werden sollte, setzt im Jahr von Felders Hochzeit ein: der erste Brief datiert vom 4. November 1861. Kapar Moosbrugger wurde am 6. Jänner 1830 als dritter Sohn der vierzehn Kinder des Bauernpaares Johann Martin und Maria Christina Moosbrugger in Au geboren, von denen neun das Erwachsenenalter erreichten. Von Kind auf an einer Hand verkrüppelt, war er für die Bauernarbeit nicht geeignet und wurde aufs Gymnasium geschickt, das er in Feldkirch, wo er sich durch Freitische und Monatsgelder, später durch Unterrichtserteilung ohne Hilfe von zuhause durchbrachte, und in Innsbruck absolvierte. Seine Lieblingsgebiete waren deutsche Literatur und Weltgeschichte. 1851–1855 studierte er an der Universität Innsbruck Rechts- und Staatswissenschaften und legte im Juni 1855 die erforderlichen drei Staatsprüfungen ab. Er arbeitete kurze Zeit als Rechtspraktikant am Bezirksgericht Bezau im Bregenzerwald, wurde aber kurz darauf nach Ungarn versetzt, da nach der Niederschlagung des Ungarn-Aufstandes von

1848/49 die Regierung ein Interesse daran hatte, Justiz und Verwaltung durch zuverlässige Beamte fest im Griff zu behalten. Er kam im November 1855 zuerst als Auskultant nach Leutschau bei Kaschau in Oberungarn (heute Slowakei), wurde im selben Jahr Aktuar in Tokay und 1857 Adjunkt in Beregszaz bei Munkacs. 1858 legte er in Eperies die Richteramtsprüfung ab. Moosbrugger sollte zeitlebens ein großer Freund der Ungarn bleiben. Das „Oktoberdiplom" von 1860, mit dem Österreich eine konstitutionelle Monarchie mit föderalistischer Verfassung wurde, brachte die Ausweisung der deutschen Beamten aus Ungarn mit sich: Moosbrugger traf Mitte Jänner 1861 wieder in Vorarlberg ein. Seine Ungarnbegeisterung, die in der Habsburgermonarchie ein Synonym für Freiheitsliebe und Obrigkeitsfeindlichkeit war, stellte auch 1867, als Felder und Moosbrugger wegen der Gründung der „Vorarlbergischen Partei der Gleichberechtigung" ins politische Kreuzfeuer gerieten, der Bezirksvorsteher von Bludenz, Mathis, in einem Geheimbericht an den Statthalter für Tirol und Vorarlberg, Ritter von Toggenburg in Innsbruck, nachdrücklich fest: „Schon während seines Aufenthaltes in Ungarn schrieb er mir einmal einen Brief voll Begeisterung über die Zähigkeit, mit welcher die Ungarn an ihrer alten Verfassung festhalten. Als Moosbrugger im Jahre 1861 das Schicksal der deutschen Beamten theilte u. in sein Vaterland zurückkehren mußte, sprach er sich, sein nunmehriges Schicksal ganz ignorierend, in ganz gehobener Stimmung über die Ungarn aus u. ließ schon damals durchblicken, den Ungarn werden u. müssen am Ende ihre Wünsche erfüllt werden. Einem gegebenen Wink von meiner Seite folgte seine Erklärung, daß er während seines Aufenthaltes in der Heimath ein ganz loyaler Unterthan sein werde. Die Begeisterung für die ungarische Verfassung brachte Moosbrugger aus seiner dienst-

lichen Stellung aus welcher er verdrängt wurde, mit sich und sie blieb allen etwaigen Einwürfen gegenüber unauslöschbar. Der Umschwung der Gegenwart, die vollkommene Gewährung der Wünsche Ungarns erfreut diesen Mann, wie solches bei einem gebornen Ungar in kaum höherem Grade der Fall sein dürfte." (Walter Methlagl: Franz Michael Felder – Kaspar Moosbrugger, Briefwechsel. Kommentar. Bregenz: Kommissionsverlag H. Lingenhöle, 1975, S. 371 f.)

Moosbrugger verbrachte Frühjahr und Sommer 1861 in Au und auf den Vorsäßen und Alpen der Familie, reiste Ende Oktober nach Innsbruck, um sich als „disponibler Beamter" dem Oberlandesgerichtspräsidenten vorzustellen, fand jedoch keine Anstellung und kehrte Anfang 1862 nach Au zurück. Ende November kam er zur Aushilfe an das Bezirksamt in Bludenz, ein Jahr später nach Schruns. Im Frühling 1864 entschied sich seine Zukunft: Jedes Kronland hatte seine Angehörigen wieder zu übernehmen, Moosbrugger behielt Rang und Gehalt und wurde Aktuar in Dornbirn und Ende 1865 Adjunkt in Bludenz, wo er als solcher am 1. Juni 1889 in den Ruhestand trat. Er starb hochbetagt 1917 als einer der Ahnherrn der Sozialdemokratie in Vorarlberg in Nüziders bei Bludenz, wo er sich 1870 ein bäuerliches Anwesen gekauft hatte, das er mit seiner großen Familie bewohnte.

Kaspar Moosbrugger an Franz Michael Felder

Innsbruck 4 / 11 861

Lieber Schwager!

Da auch der Himmel seine Capriçen hat und es ihm heute gefällt, seine lieben Menschen- und andere -Kinder, ob gut oder böse mit winterlichen Regen- u. Schneeschauern zu traktiren, so mache auch ich mir mein Çapricechen und bleibe, statt ihm, wie sonst meine Huldigung von Angesicht zu Angesicht darzubringen, innerhalb meiner 4 Wände, um meinem lieben Schwager einige der Bilder, die sich mir in dem in neuerer Zeit wieder historisch merkwürdig gewordenen Landl Tirol präsentirten, aufzurollen. – Meine Herreise, Ankunft und daiger Aufenthalt haben so wenig Poetisches an sich, als das Leben eines Bregenzerwälders überhaupt; was hingegen die Prosa nur Rührendes und Erbauliches leisten kann, das leistet sie getreu und gewissenhaft. Als ich den Staub von meiner Fußreise durch das langweilige, unfruchtbare, industrie u. erwerbslose und eher im Rückschritt als Fortschritt begriffene obere Oberinnthal abgeschüttelt hatte und mich im Posthause zu Imst an den Honoratioren-tisch zu setzen anschickte, wurde gerade von einer lachenden Gesellschaft jener Tiroler Zeitungsbericht verlesen, wonach in jenen Tagen ein sächsischer Student gerade wie vor mehreren Jahren sein König August unter Imst lebensgefährlich verunglückt sei. Den Bericht wirst aus einer Tiroler Zeitung wissen. Hier bekam ich nun gleich einen Vorgeschmack, wie die jetzigen Zeitungsschreiber Tirols die Wahrheit respektiren. Die lachende Gesellschaft waren die angeblich sächsischen Studenten, diese waren aber zufällig jute Preußen; Der für lebensgefährlich verletzt und einen Spitäler ausgegebene Student aber war der ärgste Lacher, hat sich stets auf der Post verpflegen und von zwei Ärzten behandeln lassen und war so unbedeutend beschädigt, daß er andern Tags mit mir nach Innsbruck reisen zu wollen erklärte. Auch über den Anlaß des unglücklichen Sturzes war unwahr berichtet. – Innsbruck hat so zimlich das Aussehen von anno $\overline{855}$. Mit dem gepriesenen Fortschritt u. der Verschönerung ist es nicht weit her. Es sind wohl einige sogenannte Prachthäuser mehr da, aber diese sind in ausländischen undeutschen Stylen erbaut und dann theilen sie mit den vielbekrittelten Juppen der Wälderinnen gerade die schlechteste Eigenschaft, nämlich die, daß sie ungestümes Wetter und unzarte Behandlung gleich aus Putz u. Ansehen bringt. Eine neue Eisenbahn ist auch da mit einer großartigen, massiven Brücke über den Inn und einem schönen Viadukt. Sie bringt und vermittelt schnell alles Neue der Welt und vermehrt so den Lebensgenuß, man verzeiht ihr daher ihre ohrbeleidigenden Pfiffe. – Die löbliche Inwohnerschaft ist von dem Zeitgeiste aus der früheren Ruhe aufgerüttelt worden. Es haben sich, wie überall Parteien gebildet, die hiedurch vermehrte Thätigkeit hat aber bis nun wenig Erfreuliches zu Tage gefördert. Die Altkonservativen entpuppen sich als Föderalisten und die Ultramontanen stehen mit ihnen im Bunde. Das Bewußtsein einiger relativen Vorzüge des Tirolers u. seiner frühern geschichtlichen Thaten hat in der jetzigen Generation den Stammes- u. Heimatstolz erzeugt, der allein den Erklärungsgrund so mancher anachronistischer Prätension bildet. Wir Vorarlberger erscheinen dem ächten Tiroler nichts weniger als ebenbürtig. Diese Alten und die hohe u. niedere Klerisei möchten eine rein tirolische Gesetzgebung, ähnlich wie die Ungarn eine eigene wollen, darum congruiren sie auch in so manchen Bestrebungen. Daneben hat sich in den größern und mittleren Städten schon seit Jahren eine sogenannte liberale Partei gebildet, welche dermalen unter dem Schutze des Ministers Schmerling ihr Haupt nicht wenig hoch erhebt. Ob Schmerling aber immer mit seinen Schützlingen zufriden sein wird, ist eine andere Frage. Diese Leute haben zu wenig Vertrauen auf die Lebensfähigkeit des Östreichischen Staatsgedankens und werden zu leicht von einer Strömung der Zeit, wie sie dermalen vom Nationalverein ausgeht, weggespült. Ist ja schon unser Landesblättle /: Feldkircher Zeitung :/ diesem traurigen Loose verfallen. Diese Partei wird am 1. k. J. ihr neues Blat „Innsbrucker Zeitung“ herausgeben. Mein ehemaliger Professor Daum wird sie redigiren und der alte Widemann mitarbeiten. Die Art, wie die Fonds zu dieser Zeitung zusammenkamen, gäbe ein intressantes Bild moderner Spießbürgerlichkeit, womit ich dich verschonen will. – Zwischen beiden Parteien steht eine kleine, vermittelnde, aus meist wissenschaftlich gebildeten Männern bestehende, gut östreichisch tirolische Partei. Diese hat kein eigenes Organ, wirkt aber durch Schriftwerke und in Zeitschriften. Hieher gehörig ist das eben im Buchhandel erschienene Werk, das ich Dir auch sehr empfehlen möchte „Das deutsche Kaiserthum in seinen universalen und nationalen Beziehungen“ Innsbruck Verlag der wagnerischen Buchhandlung $\overline{861}$. – Wenn ich nun diesen Skizzen noch beifüge, daß ich hier von den alten Bekannten gut aufgenommen worden, daß mich diese gleich über die dermaligen Verhältnisse aufklärten u. jeder mich, als verwahrlostes Dorfkind auf die Höhe der Zeit d. h. auf seine Ansichten bringen wollte, daß ich weiter ein angenehmes Quartier mit Kost und Verpflegung habe und täglich ein Paar Dutzend Paragraphen zum Rigorosum im kommenden Monat verkaue, im Übrigen gesund und wohl bin und alle Vortheile des Stadt- und Caffehaus-lebens wieder schlürfe – so wirst du wohl für jetzt mit mir zufriden sein und mich gern allein in die Neuigkeitskonventikel gehen lassen, um das düstere Gewölk in Ost und Süd, unter dem heute der Wiener Reichsrath seine Sitzungen wieder beginnt, zu studiren. – Ich hoffe, Du werdest recht bald Dein Wort bezüglich des Briefwechsels einlösen. Falls mir jemand nachfragt, kannst Du diesen Brief zeigen wem Du willst, besonders dem Doktor und Kurat. Daß Du ihn mit Deinem Wible theilen wirst setze ich voraus. Jedenfalls grüße mir nebst Deiner Mutter und den Unsrigen die

Herren in Au u. Schoppernau nebst den betreffenden Wirthsleuten und Aristokraten.

Addresse:

K.M.kkGerichtsadjunkt in Innsbruck. –

Dein Freund

Kaspar Moosbrugger

855: 1855.
Juppen: Juppe: steifer, schwarzer, vielfach gefältelter Rock aus Glanzleinen mit ärmellosem Mieder, Teil der Bregenzerwälder Frauentracht.
Altkonservativen: Nach dem zentralistischen „Februarpatent" von 1861 sahen die Konservativen, die die Mehrheit im Landtag hatten, die ererbten Rechte und Eigentümlichkeiten des Landes bedroht, woraus sich ein jahrelanger, heftig geführter Verfassungskampf zwischen Konservativen und Regierung bzw. Liberalen ergab. Die Liberalen befanden sich in der Minderheit, behaupteten aber vor allem in den Städten wichtige Schlüsselpositionen. Der Föderalismus war damals eine konservative Bewegung, die Liberalen waren zentralistisch.
Ultramontanen: liberaler Kampfbegriff für klerikale, romtreue Strömungen.
Schmerling: Anton Ritter von Schmerling (Wien, 1805–1895), Jurist, Minister, bedeutendster Staatsmann des österreichischen Liberalismus, der maßgeblich an der Neugestaltung Österreichs vom absolutistisch gelenkten zum konstitutionellen Staat beteiligt war.
Nationalverein: Deutscher Nationalverein, gegründet 1859 in Frankfurt a. M. zur Erneuerung des Programms der liberalen erbkaiserlichen Partei von 1848/49, forderte die bundesstaatliche Einigung Deutschlands unter preußischer Führung.
Feldkircher Zeitung: Organ der liberalen Partei Vorarlbergs, finanziert vom Fabrikanten Carl Ganahl. Erschien seit dem 3. August 1861 jeden Mittwoch und Samstag.
Innsbrucker Zeitung: Zwischen 1848 und 1853 existierte eine liberale Zeitung gleichen Namens, die geplante Wiederbelebung mißlang.
Daum: Josef Daum (1823–1872), Gymnasialprofessor, Privatdozent für griechische Sprache und Literatur. Vertreter der liberalen Fortschrittspartei, satirischer Publizist.
Widemann: Franz Wiedemann (1812–1884), ab 1840 in der Redaktion des „Tiroler Boten". 1848 Gründer und Leiter der „Innsbrucker Zeitung".
gut österreichisch-tirolische Partei: vermutlich Anspielung auf den Zirkel „Noricum", in dem sich seit 1860 Universitätsangehörige, Gymnasiallehrer, Geschäftsleute, Literaten und Künstler in Innsbruck

zur Diskussion kultureller und politischer Fragen zusammenfanden, etwa Julius von Ficker.
Das deutsche Kaiserthum ...: „Das deutsche Kaiserreich in seinen universalen und nationalen Beziehungen. Vorlesungen gehalten im Ferdinandeum zu Innsbruck von Julius Ficker." Innsbruck 1861. Darin versucht der Innsbrucker Professor für Rechtsgeschichte Julius von Ficker (Lehrer Moosbruggers), einen historisch permanent wirksamen germanischen Staatsgedanken nachzuweisen, der – als föderalistisches Prinzip – durch Jahrhunderte den Bestand des deutschen Kaiserreichs gewährleistet habe.
Gewölk in Ost und Süd: Weigerung Ungarns und Kroatiens, sich verfassungsmäßig dem „Oktoberdiplom" zu unterwerfen und ihre Abgeordneten in Landtag und Reichsrat zu wählen.
Wiener Reichsrath: Am 4. November trat das Abgeordnetenhaus in Wien erstmals zusammen.
Wible: Weiblein, Weibchen. Koseform, die auch Felder für seine Frau verwendete.

Felders Antwort auf Moosbruggers historisch-soziologisch-politische Epistel könnte den Gegensatz der Charaktere nicht deutlicher machen: Er beginnt gleich mit einem Witz, der auf das „Heulen und Zähneklappern" beim Jüngsten Gericht anspielt, und kleidet die höchst prosaischen Ereignisse des kommenden Katharinentages (25. November), an dem traditionellerweise die Bauern ihre Schulden bei den Geldgebern aus dem Lechtal und bei den Käsegroßhändlern bezahlen mußten – dabei wechselten Summen zwischen 50.000 und 100.000 Gulden die Besitzer –, in ein Gedicht, das in Versmaß und Duktus das „Dies irae" der Totenmesse parodiert.

Bei dieser Gelegenheit tritt auch zum ersten Mal in den Briefen Felders Gegenspieler Gallus Moosbrugger (1810-1886) auf, Gemeindevorsteher und Adlerwirt in Schnepfau (Hausname „Jöckles Galli"), von Felder auch als der „Donnerer von Schnepfau" bezeichnet, einer der bedeutendsten Käsehändler im Bregenzerwald und ein Kapitalist manchesterliberaler Prägung. Er gründete mit seinen Brüdern Josef Ambros und Leopold die Firma Gebrüder

Moosbrugger mit Sitz in Schnepfau und Filialen in Wien, Mailand, Prag, Triest usw., die bis 1930 bestand. Gallus Moosbrugger war im Hinteren Bregenzerwald der Hauptabnehmer für Milch, deren Preis er diktierte und die er vorschußweise bezahlte; die Bauern waren sowohl bei ihm als auch bei den Lechtalern ständig verschuldet. Durch seine Genossenschaftsgründungen und die Selbstvermarktung der Produkte wurde Felder zu einem ernsten Gegenspieler des Monopolisten Moosbrugger, der durch die europaweite Ausdehnung seiner Firma ebenfalls „moderne" Ideen in den Bregenzerwald brachte. Bei seinem Tod schrieb „Der Landbote": „Schnepfau beklagt den Tod eines echten Wäldermannes, des Käsehändlers Gallus Moosbrugger, unter dem Namen ‚Galle' im ganzen Land wohlbekannt. In religiös-politischer Beziehung neigte er anfangs zu den Liberalen, bis er sie kannte, nachher wählte er stets konservativ."

FRANZ MICHAEL FELDER AN KASPAR MOOSBRUGGER

Schoppernau den 30 / 11 1861

Geliebter Schwager!

Dein Schreiben vom 4 d M. habe ich erhalten, u unter Zähneklappern gelesen. Den in meiner Stube war es damahls so kalt, wie bei einer Wälder-Liebschaft! Diese kälte in meiner Stube war die Ursache meines bisherigen Stillschweigens das Dir, ich fürchte fast, ebenfalls kalt erscheinen könte. Diese Zeit her trank ich meinen Kafee in Hopfreben, u daher konnte ich Dir aus 2 Ursachen nicht schreiben: 1 Weil ich nicht viel erlebte und dann 2. Weil ich mit Schreiben warten wollte, bis *jener* Tag vorüber sei, der so schwer auf meiner Seele lag, wie ein Erdäpfelsack auf meinem Rücken. Am letzten Freitag bin ich heimgezogen, u bald darauf ist er gekommen jener Tag, der mir und noch manchem als ein jährlich wiederkehrendes jüngstes Gericht erscheint. Als ich am Morgen dieses Tages erwachte sah zu meiner Verwunderung die Welt gerade aus, wie an jedem andern unfreundlichen Herbsttage. Trotz der Sorgen der armen Menschlein stand der Mond so voll am Himmel, wie ein Bräuer, u ich stimmte mit Göthe ein:

unfühlend ist die Natur!

Ich sah dann dem Verlaufe dieses Gerichtstages zu, u stimmte dan mein Dies ila an:

Tag des Schreckens u. der Trauer
Der so manchen Schoppernauer
Und auch andre füllt mit Schauer.

Fünfundzwanzigster November!
Dem schon mancher im September
Buße that, als wärs quatember.

Denn an den *Kathrinentagen*
Werden Bücher aufgeschlagen
Wo die Schulden eingetragen. –

Was die Väter einst verbrochen
Wird an Kindern nun gerochen
Fünf Prozente sind gesprochen. –

Hilf mir Himmel, helft mir Engel,
Denn beim Adler sitzt der *Dengel**
Und enthüllet meine Mängel.

Ach was soll ich armer sagen
Wenn selbst Martins Jok zu zagen
Angefangen, u. zu klagen? –

Dokus mit den theuren Gulden
Kommt von Mellau u die Schulden
Wollen nicht mehr länger dulden.

Welche Freude wird entstehen
Wenn wir Gallus kommen sehen
Wir mit ihm ins Gaden gehen.

Keinem wird er Trost versagen
Der in schönen Maientagen
Seine Milch ihm zugetragen.

Alle hat er aufgeschrieben
Denen gute Werke blieben
Für den Tag den Trähnentrüben.

Alle die sein Buch erquicket
Eilen froh und hochbeglücket
Wo kein Dengel* sie erblicket.

* Dengel ist der Nahme eines Lechthalers der sehr viel im Bregenzer Wald einzuziehen hat. Am d Schr

Das ist so beiläufig das Bild dieses Tages Wie es nur zu viele Beispiele dafür gibt. Die Stickerei ist schlecht und daher machten die Händler schlechte Geschäfte. Die Güter steigen immer mehr im Preiß, wie die Versteigerungen im Oktober u November beweisen, Aber auch die Schulden wachsen. Ich hörte von mehreren *Kapitalisten* daß sie noch nie wie heuer mit Darlehnungs-Gesuchen geplagt worden seien. In den Wirthshäusern war wenig leben, obschon man an 3 Orten Spielleute hatte. Deine Schwester Mari hat nichts aus der Lotterie gezogen, u mußte daher bei der Mutter u den 5 gekalbeten Kühen zu

Hopfreben bleiben.Wenn an diesem Tage eine Predigt gewesen wäre, würde ich Dir *villeicht* etwas daraus mitgetheilt haben da aber keine war, so folge zum Ersatz ein ganz kleiner Auszug aus einer Predigt des Pfarrers von Reute gehalten in Au am Leonhardefest 6 Nov 1861

Als diese Kirche in der Gegenwart euerer Väter eingeweiht wurde waren eure Väter fest am wahren Glauben man wußte noch nichts von den *verdammten* Kezern u ihren verfluchten Irrlehren. Damals wollte noch nicht jeder *Rotzbube* ein Gstudirter sein. Noch las keiner von ihnen die vermaledeiten Schriften der Lutherischen u ihre giftigen Lügen, die aus der Hölle stammen. Heilige Mäner Haben es gesagt, daß der Lutherische Glaube nicht der wahre sei u was wird das für ein Leben sein bei solchen Leuten, die nichts glauben u auch wie sie es stets gethan haben, gegen *Staat* u Kirche aufwiegeln. Und ihr sagt: Ja! Die Reformiorto bringod Geld! Den Teufel u seinen Anhang bringen sie, *ein Volk* das viel Geld hat ist das elendste! – ????

Sieh obiges Gedicht u den Bericht.

Mit dem übrigen will ich Dich verschonen, es ging in diesem Tone fort, u wurde dabei schonungslos auf die Kanzel losgehämert. Unser Pfarrer läßt der Sache so zimlich seinen Lauf, aber der Kronenwirth muß ihm geplaudert haben, er wollte mich letzthin examenieren, der Pfarrer nämlich, aber ich gab dem Gespräch so viel wie möglich eine gemüthliche Richtung u es gelang mir, ihn nach u nach auf andere Dinge zu bringen er ärgerte sich über den Reisenden der Riegerschen Buchhandlung, daß dieser jedem Mädchen nachlaufe, Er war nämlich auf der Hochzeit der Wurznerin aber er beklagte sich furchtbar über die Auerinnen, daß sie so scheu gegen ihn gewesen seien u keine mit ihm getanzt habe.

So viel ich später erfuhr, hatten noch mehr Leute, als

der Buchhändler Ursache, unzufrieden zu sein, unter Anderen Wisgäbarles Theres, sie wartete den ganzen Abend auf Ritters Josef u er kam, – blos nicht zu ihr (dieses Verhältnis soll aus sein) endlich nahm sie Ritters Sefanton da kam Schmids bub und sagte: er zahle ihm eine Halbe, wenn er sie stehen lasse, u er that es. Später kam Schuhmacherles Pius aber Schmiedsbub versprach wieder eine halbe u Pius ließ sie stehen, endlich erbarmte sich Piusles Kasper in Rehmen ihrer u brachte sie heim. Mit dem Buchhändler würde Willis Mari schon gegangen sein; aber ihre Schwester Theres und Philomena lagen schon damals schwer krank im Nerfenfieber u sind noch nicht besser.

Ich bitte dich nur noch mir bald zu schreiben, auf das unser Briefwechsel lebendig werde, u dann bitte ich dich auch, mir aufrichtig zu sagen wie oft du bei diesen langweiligen Berichten gegehnt habest.

Der Ankauf des Anwesens von Matis Strolz an die Deinigen ist vom Gerichte Genehmiget worden. Der Sattel u Hopfreben sind noch nicht verkauft. Indes hat Jok den besten Humor Er u wir alle befinden uns wohl u grüssen dich recht herzlich I......a S...a wird dir vermuthlich bald schreiben, Ich habe ihr einen Gruß von Dir ausgerichtet, u da sagte sie daß Du ihr geschrieben habest. Lebe wohl u Gedenke stets freundlich – u in Kristlicher Gedult – u Demuth Deines Freundes

F Michel Felder.

Hopfreben: Im Hinteren Bregenzerwald wird das Vieh Anfang Juni in die Vorsäße (Voralmen) getrieben, wo es bis Anfang Juli weidet. Am 8. Juli erfolgt der Auftrieb auf die Hochalpe, wo nur männliches Personal, Senn und Pfister (Hüterbub), das Vieh betreut, während unten die Familien die Heuernte besorgen. Am 14. September ist Alpabtrieb zurück ins Vorsäß, von wo man am 8. Oktober heimzieht und das Vieh bis Ende Oktober weiden läßt. Anfang November zieht man wieder in die Vorsäße, um das dort geerntete Heu zu verfüttern, Ende November geht es endgültig heim ins Dorf.

unfühlend ist die Natur!: J. W. von Goethe, „Das Göttliche“: „Denn unfühlend/ Ist die Natur:/ Es leuchtet die Sonne/ Über Bös’ und Gute/ Und dem Verbrecher/ Glänzen wie dem Besten/ Der Mond und die Sterne.“ Felder besaß (später) eine vierzigbändige Goetheausgabe.
Dies ila: Dies irae, dies illa, „Tag des Zornes“ aus dem Requiem.
der Dengel: Johann Dengel aus Steeg im Lechtal, berühmter Geldgeber im Bregenzerwald. Die Verzinsung überschritt angeblich nie 5 Prozent, bei unverschuldeter Notlage galten die Lechtaler als sehr geduldig und freigebig.
Gaden: eheliches Schlafzimmer, neben der Wohnstube.
die Stickerei: Im Bregenzerwald arbeiteten vor allem Frauen, aber auch ältere Männer, in Heimarbeit als Handsticker für Verleger („Fergger“) aus St. Gallen in der Ostschweiz.
Predigt des Pfarrers von Reuthe: spielt auf die damals aktuelle Debatte über die freie Religionsausübung für Nichtkatholiken, vor allem Protestanten, in Österreich an.
Die Reformiorto bringod Geld!: Die Reformierten bringen Geld! Die Stickerei wurde etwa von protestantischen Fabrikanten bezahlt.
Nerfenfieber: Nervenfieber, eigentlich Typhus, aber auch allgemein hohes Fieber bei Tuberkulose, Bauchfellentzündung, Hirnhautentzündung usw.
der Sattel: Alpe, die von Moosbruggers Familie bewirtschaftet wurde.

Der folgende Brief gibt einen Eindruck von den Ereignissen, die die „Höhepunkte“ im Alltag im Bregenzerwald bildeten: eine größere Überschwemmung und eine Reihe von Hochzeiten. Von der Prosa dieser Ereignisse hebt sich Felders hier erstmals geäußerter Plan ab, sich selbst als Schriftsteller an eine Dorfgeschichte zu wagen und damit seine Umgebung in Literatur zu verwandeln. Die Dorfgeschichte war damals eine literarische Modegattung, in der von Schriftstellern, die oft nicht vom Lande oder, wie Gotthelf, Pfarrer waren, das Dorfleben in idyllischer Verklärung und mit moralisierender Absicht geschildert wurde.

Franz Michael Felder an Kaspar Moosbrugger

Schoppernau den 11 Jänner 62

Geliebter Schwager!

Ich glaube, daß die aufrichtigen Glückwünsche nicht zur Unzeit kommen, wenn man sie auch nicht gerad am 1ten Jänner sauber in Versen geschrieben erhält, u hoffe daß auch Du meine Ansicht theilest, wie der Richter zu sagen pflegte.

Nur in dieser Voraussetzung bringe ich Dir heut, erst am 11 Tag des Jahres meinen herzlichsten Glückwunsch zum neuen Jahr, mögest Du es gesund und froh durchleben, dieses Jahr, das Dir recht viel Samen künftigen Glückes säe, u den schon gesäeten Dich fröhlich genießen lassen wird – wenn der Himmel dem Wunsch Deines Freunds Gewährung verleiht.

Unser Vorarlberger Himmel weint häufige Trähnen über die finanziellen Verhältnisse Österreichs. Aber „blos Weinen hilft net", u es ist bei uns eine Sündfluth in Miniatur entstanden; aber um der 10 Gerechten willen wurden wir grettet. In Gemeinden, wo nicht mehr 10 Gerechte waren, seid Du und Deine Schwester Nanni ausgewandert sind, nämlich in Au ist es nicht so gut abgelaufen. Nachdem es 2 Tage ununterbrochen geregnet hatte, hob das Wasser den Schnee vom Boden u wo dieser nicht ganz flach war, rutschte alles fort, so z B in Argenau, wo an mehreren Stellen solche Lawinen entstanden. wo sie nun ein Haus trafen, türmte sich der Schnee vor dem selben bis auf das Dach u riß etwa einen Schopfen oder so etwas vom Haus hinweg wie beim Fuchs, bei deinem Firmgötti, wo der Schopf zur Brugg hinabrutschte u mit der ihm folgenden Schneemasse die Ach schwellte, bis sie neben der Brücke hinaus gegen den Platz lief bis es wieder Bahn gebrochen hatte, gleiches Schicksal mit Muxels bubens Schopf hatten

Argenau der Wagenschopf beim alten Muxel Verolars Brunnen samt Zubehör Wisgäbarles Loorstampf.

Hüslers Immenhaus.

Im Argenzipfel

Wittwers Gärbe

und langen Micheles Buben den halben Stall. u so weiter, denn das ist noch nicht alles es sind blos Beispiele, in Bezau, als am noblern Orte ist es, wie es der Sache gemäß, noch ärger gewesen, dort hat es 2 bis 3 Schuh dicke Tannen samt der Wurzel mit bis zur Kirche geführt, in Bizau saß ein altes Weiblein bei seiner einzigen Kuh im Stall, weil sie eben kalben sollte, als nun die Stallthür vom Wasser aufgerissen u das Wasser zu ihm in den Stall kam nahm das Weiblein die Kuh an ein Seil u führte sie — in die Stube u hier brachte sie während Sturm u Wetter ganz bequem das Kalb zur Welt, diese Berichte sind sicher u Du kannst es erzählen wo Du willst. In Schrecken hat das Wasser keinen Schaden angerichtet, u der Rudler hatte ein ungetrübtes Hochzeiterleben denn er heirathete mit der jüngern Magd, er lis sich in der Frühe trauen ging zuerst nach Hause, u dan hatte er beim Sonnenwirth ein kleines Mahl, wobei er in der Stallschlutte erschien. Auch Rufles Hans Leonhard heiratete mit einer Bizauerin.

Der Schneider Pius ist mit den Kühen vor 10 Tagen gesund u wohl von Krumbach auf Berngart gezogen, wo sich noch jetzt all die Deinen befinden. Den Sattel u Hopfreben hat Jakob noch nicht verkauft, aber an Bekles Toni Deinen Schwager u seinen Komp. Hans Martins Pius zum Trübenbach auf ein Jahr verpachtet u zwar sehr theuer, u er kann nun mit verkaufen die Gelegenheit erwarten, ohne Schaden zu haben.

Der Uhrmacher Seppel in Bordeaux hat mir auf einen warmen und gemüthlichen Brief mit einem echt französisch kalten geantwortet – u mir auch das beiliegende geschickt welches ich Dich, zu übersetzen bitte wenn es der Mühe werth ist u Du Zeit hast, ich wünschte diese Übersetzung um zu sehen, was ihm so gut gefällt daß er es mir schickt. Übrigens schreibt er, daß er gesund u wohl sei, u jetzt ohne Meister für sich selbst arbeite von meinen Pollitischen Ansichten gefallt ihm keine, er sei in Frankreich gescheider geworden.

„Vive Rebublik.“ !!!

So viel von Seppel. Seinem Vater schreibt er nicht.

Einen wärmern Brief hat mir der Jochum aus Wien geschrieben, ich hätte fast Lust, ihn Dir zu schicken u doch hat mich dessen Inhalt gerührt u traurig gemacht, u ich möchte Dir diese Rührung gar gern mittheilen. Mit den einfachsten Zügen u ohne zu klagen entwirft er ein Bild von Entsagen Mangel u Noth, daß es mich fast fror, als ich mir seine Lage vorstellte, er hat nur eine einzige Instrukzion Wöchentlich 2 Mal u auch die geht ihm am Frühling aus; er hat, wie Du weißt, keinen Vater, seine 60jährige arme Mutter mus ums Essen Magd sein, u Knechtdienste thun, er hat kein Stipendium, *er hat nichts!* – O möchtest nicht auch Du einer der wenigen werden, die ihm Gutes thun. Auch die Isabell S...a habe ich für ihn angesprochen, u sie hat mir Gelegenheit gegeben, ihre Herzensgüte kennen zu lernen nachdem ich Ihr seine Lage schilderte, Dir brauche ich aber die Lage eines solchen dabei so guten redlichen Menschen nicht zu schildern.

Solltest Du so gut sein, Ihm durch eine Gabe seine Lage etwas erleichtern zu wollen, so könntest Du es an mich schicken, aber dann bitte ich Dich, thus bald, oder wenn Du willst so schicke ich Dir seine Adresse u dann kannst Du ihm selbst schreiben !–!

Hier in meiner Gemeinde ist wenig neues vorgefallen, das Dich intressirte. Das Befinden der Willis ist besser, das von Lehrers Joh Jakob schlechter, er wird den Frühling wol nicht mehr erleben. Die Kronenwirthin ist schwer, aber endlich doch Glücklich von einem Gebhard entbunden worden, also 8te Auflage in klein Oktav. —

Der Schiedler Senn u die Hanso Motal sind Brautleute, auch der groß Seflar am Ünschele wird diesen Winter noch heirathen er hat das Anwesen des Feurstein an der Halden, ein Haus u 2 Kühwinterungen gut um 5000 fl gekauft. Die heurige Fastnacht scheint sehr still zu werden, das Sticken ist schlecht, u man braucht das Geld zum Spielen – zu den Soldaten nämlich, wenn einmal das vorbei, wird es schon lustiger werden. –

Der Moosmann, von dem ich Dir oft erzählte (er war früher in Ungarn) ist auch aus Preußen gekommen, er ist noch so sentimental wie früher, u die Wälder sehen ihn u sein Wesen, das sie natürlich nicht verstehen, für eine Art Schauspiel an, u er zählt sehr wenig Freunde, obschon er der beste Mensch von der Welt ist. Ein gerader Gegenfüßler zu ihm ist der Pius Bär in Au der samt dem Neffen aus Frankreich nach Au gekommen ist ich habe ihn letzthin gesehen u gehört. Er fragte den neuen Vorsteher, Indem er ihm zum „neuen Amt" Gratulierte: „Nun Hr Vorsteher wie gehts?" „Schlecht, es hat uns mehr als 300 Gulden Schulden gethan, der Wagenschopf 10 Säcke Bettlaub 16 Wägen das Holz u alles ist im *Wasser*, u hin."

„Heh sei froh das es nit in der Luft ist, denn du hättest dan gar nix mehr, u wärst nie vor dem Herunterfallen sicher".

Der Vater des Uhrenmachers Felder hat das Resoniren noch nicht entlernt, u ich hab noch die Ohren davon voll. Es fängt an, zum Sprichwort zu werden Er resonirt wie Koarado Bub, doch davon ein ander Mahl —

Denn ich weiß aus Deinen Schach-Lektionen, daß die

Bauern sehr wenig Züge machen könen, ich möchte daher mit den Bauern wieder zurück, aber eben! ich kann nicht mehr darum will ich lieber für jetzt schließen, Ade unterdessen! Ich lege jetzt die alten Zwilchenen No 4 an u geh in den Stall. Morgen ein mehreres.

13 Jäner

Vorgestern Abends, als ich aus dem Stall ging in die Sennhütte u dachte, was ich Dir noch neues zu schreiben hätte, fiel meine Mutter in den Kehrhals neben der Stubenthür, sie hat den linken Arm gebrochen, u den linken Fuß so verdreht, daß sie auch jetzt noch nicht gehen kann, sonst befindet sie sich jetzt so wohl, als es in diesen Verhältnissen möglich ist, bisher hat man ihr den Arm noch nicht richten können, da er noch zu geschwollen war.

Hiezu eine Beilage

19 Jäner

Beilage auf ordinärem Papier

Das Befinden der Mutter ist etwas besser sie hat zimlich gut geschlafen, der Doktor wird heut kommen u ihr den Arm vermuthlich richten, das Weiblein puzt u scheuert u ich sitze am Tisch u warte auf den Arzt u habe gerade Zeit u Stoff, ein wenig zu plaudern u Dir einen närrischen Einfall von mir zu erzählen:

Du wirst dich villeicht noch erinnern können, wie ich im Sommer stets nach einem Gegenstande suchte, an den ich eine Schilderung der hiesigen Verhältnisse knüpfen könnte. Aber nichts wollte mir gefallen.

Ich habe Auerbachs Werke dieser Art aufmerksam gelesen u sie haben mir sehr gefallen u den Gedanken in mir erregt: Ob man nicht auch BregenzerWälder Dorfgeschichten machen könnte

„Ja Auerbach schon aber du?"

Nun ich will probieren, dachte ich.

Ich erfand nun eine Handlung, erfand Karakter, oder besser, ich zeichnete solche, die ich kannte, u zu der Handlung paßte, u arbeite jetzt daran der Plan ist fertig, u zum Theil auch schon ausgeführt.

Ich schildere hier drei angehende 1 Bauern, der erste ist der Sohn des berühmten Schwarzhannes der gegen das Vorurtheil kämpft das auf dem Bettler lastet. er ist 23 Jahr alt wo die Handlung beginnt

2 Der zweite ist ein herabgekommener Handelsmann der 60 Jahr alt ist seine Kinder verdienen sich Geld u kaufen ein gut.

3 Der dritte ist ein reicher Bauernsohn, der alles schon hat, was die andern sich erstreben

Das sind die Hauptkarakter, die ich durch eine Geschichte in Zusamenhang gebracht habe. So viel ich kenne, ist der Plan ganz gut ob er mir ein bizle gelingt, magst Du beurtheilen, es ist eine zimlich schwere Aufgabe für mich, ihn auszuführen, aber ich hab nun einmal Lust u Lieb zum Ding.

Ich bitte Dich, mir zu schreiben was Du von der Sache haltest. Du würdest z B ganz gut sagen können wie eine Abhandlung über Petrarka u seine Werke, vom Rudler in Au geschrieben, ausfallen müßte wenns Dich intressirte, würde ich Dir mit meinem nächsten Brief ein Heft davon schicken, Du mußt mir aber zuerst deine Meinung darüber sagen, den Oberhausern habe ich die ersten 2 Kapitel vorgelesen u sie haben ihnen gut gefallen ich hab das Haubtsächlich wegen der Sprache gethan, die mir sehr viel Arbeit macht, denn sie sollte das Naive des Sinns behalten, ohne unverständlich zu werden.

Nach dem Urtheil der Oberhauser u des Weibleins war nun alles recht gut, aber —

Und nun lebe recht wohl, ich wünschte sehr, bald eine Antwort von Dir zu haben.

Gedenke auch ferne zuweilen Deines Freundes

F M Felder

Bekantmachung

Wir Unterzeichnete bitten um Verzeihung für unser so zahlreiches Erscheinen Unser Schöpfer hat uns hieher geordert, u damit wir auch etwas zu thun haben, bringt jeder von uns tausend Grüsse von Deinen Bekanten u Verwandten.

Schoppernau am 19 Jäner 1862

die sämtlichen Ortografischen Fehler dieses Briefes.

Argenau, Argenzipfel, Schrecken, Bärngath, Trübenbach: Parzellen der Gemeinde Au.
Schopfen: häufiger: Schopf. Anbau am Haus zur Aufbewahrung von Holz, Arbeitsgeräten, Wagen, im Bregenzerwald auch Laubeneingang an der Sonnseite des Hauses (früher für Brennholz, heute mit Tisch und Bank).
Firmgötti: Firmpate.
Brugg: Brücke. Damals führte noch eine gedeckte Holzbrücke über die Bregenzerache.
Loorstampf: Anlage, in der die Gerberlohe hergestellt wird.
Gärbe: Gerberei.
drei Schuh: ein Schuh = ca. 31,5 cm.
Rudler: Hausname für eine andere Familie Moosbrugger in Schrecken.
Stallschlutte: Schlutte: gewöhnlicher, abgetragener Männerrock aus blauem Leinen, bei groben Arbeiten getragen.
das beiliegende: ein Paket mit französischen Arbeitergedichten, die verschollen sind. Moosbrugger schrieb dazu in seinem Antwortbrief vom 24.Jänner 1862: „Dein französisches Gedichtpaquet hat wirklich reellen Werth u. ist äußerst charakteristisch für die Strömung der Geister im französischen Arbeiterstande. Es bereitet sich daselbst ein großartiger Kampf gegen die Geldmächte vor u. Dein Freund schwimmt jedenfalls mit über den Fluthen erhobenem Kopf. Pflege den freundschaftlichen Umgang mit ihm, solange es angeht."
Hanso Motal: Motl, pl. Motla: Mädchen, Tochter, meist (parallel zu: Bub) die älteste Tochter. Hier: die älteste Tochter des Hans.

Ünschele: Berglehne, Wiese und Wald am Fuße der Ünschenspitze.
Kühwinterungen: Futtermenge, die eine Kuh über den Winter braucht bzw. der dafür nötige Wiesengrund (ca. 30 Ar).
Gegenfüßler: Antipode.
entlernt: verlernt.
Koarado Bub: Seppels Vater war der Sohn eines gewissen Konrad Felder, von dem sich der Hausname „Koarado-Bub“ (ältester Sohn des Konrad) ableitet.
Zwilchenen No. 4: An den Rand des Briefes hat Kaspar Moosbrugger mit Bleistift hinzugefügt: „Die vielen von unzähligen Flecken zusammengehaltenen alten Zwillichhosen Felders hatten einst lokale Berühmtheit.“
Kehrhals: Kehr = Keller, Kehrhals = Kellerstiege.
Auerbachs Werke: Berthold Auerbach (eigentlich Moses Baruch Auerbacher, 1812–1882), liberaler Journalist, Schriftsteller, bekannt als Verfasser der „Schwarzwälder Dorfgeschichten“ (1843–1854),die das Landleben idealisierend und moralisierend für ein bürgerliches Publikum darstellen.

In seiner Antwort vom 24. Jänner 1862 ermuntert Moosbrugger Felder zum Schreiben der Geschichte, die sein erstes gedrucktes Werk, „Nümmamüllers und das Schwarzokaspale“ werden sollte: „Mit Deinen Dorfgeschichten stehst Du auf gutem Boden u. verlier nur nie die Schätze, die unsere Bregenzerwälder Sprache in sich birgt aus den Augen, manche Wörter derselben entsprechen dem deutschen Geistesleben viel besser, als die analogen Ausdrücke im Hochdeutschen. Wir Wälder sprechen das Allemannische viel reiner als selbst die Auerbach'schen Schwarzwälder. Wir dürfen uns auf unser Volksleben jedenfalls was zu Gute thun. Mit der Ortografie darfst Du es nicht zu genau nehmen, dafür wird schon der Verleger Deiner Arbeiten nöthigenfalls sorgen.“

FRANZ XAVER JOCHUM AN ANNA KATHARINA FELDER

Wien 25/4 1862.

Wohlgeboren
Frau Anna Katharina Felder
pr bonté

Geehrte Freundin!

Schon lange sehnte ich mich, Dich, die Gemahlin meines alten Freundes, kennen zu lernen. Daher war es mir sehr angenehm, von Dir einige Zeilen zu erhalten. Wenn es wahr ist, was manche behaupten, daß man aus einem Briefe eine Person, besonders ein Frauenzimmer, richtiger beurtheilen kann, als durch längeren persönlichen Umgang, und wenn diese Gabe auch mir inne wohnt, so habe ich mich an dem guten Geschmacke meines Freundes auch nicht im geringsten getäuscht. Damals als ich mit der Marie auf Krumbach mich mit etwas Vorliebe beim Tanze beschäftigte, ist es auch mir nicht eingefallen, daß ich einmal ihrer Schwester schreiben werde, noch viel weniger, daß eine solche sich mit dem Franz Michel verheirathen werde. Hätte ich vor der Abreise aus unserer Heimat gewußt, daß Deines Mannes Besuche in Rehmen so ernster Natur wären, und daß ich so lange nicht mehr nach Hause kommen werde, so würde ich mir die Freiheit genommen haben, ihn einmal wenn auch ungeladen bis in Dein väterliches Haus oder auf die Alp zu begleiten, oder ich hätte ihn einmal *so im Vorbeigehen* abgeholt, um Dich persönlich kennen zu lernen. Daß dies bei meiner nächsten Reise in die Heimat geschehen wird, indem ich Deine freundliche Einladung mit Freuden annehme, braucht wohl kaum erwähnt zu werden. Die Zeit kann ich aber leider noch nicht genau bestimmen.

Aus Euern Briefen ersehe ich, daß Du mit Deinem

Manne häufig gemeinsame Lektür betreibst, wohl auch vielleicht an seiner schriftstellerischen Thätigkeit Theil nimmst. Dies ist Beides sehr schön, u. es wäre zu wünschen, daß es mehr Nachahmung finden würde, als wirklich der Fall ist. Ich weiß auch, daß Dein Mann schon vor Jahren mit Geschick kleinere Stücke schrieb, die vermuthlich noch unter seinen Pappieren zu finden sind. Ich würde an seiner Stelle nun einmal etwas an die Öffentlichkeit befördern, und dieses würde ich auf folgende Weise angehen: Zuerst würde ich einige ganz kurze sorgfältig bearbeitete Stücke an eine oder mehrere Zeitungs-Redactionen schicken, welche ähnliche Sachen herausgeben, und würde ihnen die Wahl lassen, ob sie davon Gebrauch machen oder nicht; ist dies einmal gelungen, so kann man später auch größere Stücke z. B. „Die Dorfgeschichte" unendgeldlich herausgeben, u. wird mit der Zeit, wenn die Arbeit gefällt, auch honorirt. Ein Versuch kann nichts schaden, u. es ist höchstens die Briefmarke hin.

Mir geht es im Ganzen gut. Ich hoffe, daß es nicht mehr lange dauern wird, bis ich Gelegenheit finden werde, Dich in Schoppernau zu besuchen und persönlich kennen zu lernen. Indessen grüße ich Dich vielmals

Dein Freund

Jochum Franz
Jurist.

pr bonté: par bonté, gütigst. Der Brief liegt einem Brief an Felder bei.

Am 13. Juni wurde Felders ältester Sohn Jakob August geboren. Hauptthema der Briefe dieses Jahres ist jedoch die Arbeit an der Dorfgeschichte, die unter dem Titel „Nümmamüllers und das Schwarzokaspale. Ein Lebensbild aus dem Bregenzerwalde." schließlich von Johann Thomas Stettner (1812–1888) aus Lindau verlegt wurde, dem Inhaber der Matthias Rieger'schen Buchhandlung, von der Felder seine Bücher und Zeitschriften bezog. Stettner hatte Einwände wegen der Sprache: Er schlug vor, daß der Erzähltext strikt auf Hochdeutsch und die Dialoge im Dialekt geschrieben werden sollten und daß ein Glossar mit Erklärungen der Wälderbegriffe angefügt würde. Felder bestellte bei Moosbrugger einen Brief, in dem dieser seine Prinzipien verteidigte, die Verwendung einer „Mischsprache", bei der in den hochdeutschen Text Bregenzerwälder Ausdrücke und ganze Lieder eingeflochten sind; auch die Dialoge sind in derselben Sprache verfaßt. Auch an Seppel in Bordeaux berichtete Felder über sein erstes Buch:

FRANZ MICHAEL FELDER AN JOHANN JOSEF FELDER [UV.]

Schoppernau den 9/12 1862

Geliebter Freund!

Du wirst Dich erinnern, wenn Du Dich überhaupt auch an frühere Zeiten noch erinnerst, daß ich im Jahre 1855, als Du von Hause abreistest, schwer krank lag: von jener Krankheit wurde ich dann wieder vollkommen hergestellt, nur eine Abneigung gegen das Kalte ist mir, vermuthlich von dem Eise, welches Du, zärtlich für mich sorgender! täglich für mich aus der Himmelrise holtest, geblieben.

Ich kann noch jetzt nichts kaltes essen als Fleisch, u auch nichts kaltes trinken kurz jede Erkältung von außen wie von innen macht mir Krämpfe, Du wirst es mir daher glauben, daß ich Deinen letzten Brief, welcher ebenfalls sehr kalt war, nur schwer verdauen konnte, u etwas lange Zeit dazu brauchte.

Doch nun kein Wort mehr davon! Ich habe mich damit getröstet, daß ich diese Kälte wenigstens nicht verdient hatte.

Ein Jahr ist nun vorüber, seiddem Du die letzte Kunde aus Deiner Heimath erhieltest, u Du wirst nun erwarten, daß ich Dir recht viel Neues mitzutheilen habe, das ist nun aber im Ganzen nicht der Fall, es ist verteufelt wenig vorgefallen, was für Dich Intresse hätte, denn ob eine Abgehende Stikerin oder drei sich zu Tod gehustet haben, wird Dir vermuthlich so gleich sein als mir, im Ganzen sind in unserm Dorf seid Neujahr 62 6 Personen gestorben, 15 geboren u 4 eingewandert, also aussterben thut unser Dörfchen Gottlob noch nicht. Geheurathet haben: „Beterlis Josef" mit einer Auerin, der „gros Sefler" am Üntschen auch mit einer Auerin! u Hironimus Moosmann (Gäbars Muttile) ebenfalls mit einer Auerinn.

Die Schoppernauer mögen einander nicht mehr, u da haben sie ganz recht! Mein Weiblein ist auch aus der Au, u ich habe alle Ursache zu bekennen: Es ist ein „scharmantes Weible", willst Du das nicht glauben, so komm u sieh! Denke nur! Ich bin schon „Väterle" eines gesunden Buben geworden, der jetzt schon ein halbes Jahr alt ist.

Meine Mutter ist gesund u wohl, letzten Winter hatte sie einen Arm gebrochen u mußte längere Zeit auf dem Kanapee zubringen. Da kam es mir recht Wohl, daß ich geheurathet hatte. Du mußt wegen dem aber noch nicht glauben, daß ich blos geheurathet habe, um mir eine Magd dadurch zu ersparen. Nein zu dem bin ich zu wenig Bauer, unsere gemeinsame Losung sind die Worte Herders:

„*Zur Arbeit, Liebe u. Veredlung* war
„Das Leben uns gegeben – fehlen diese
„Was hat der Mensch am Leben? – hat er diese,
„Was fehlt ihm noch? worüber will er klagen?"

Die besten Schriftsteller Deutschlands sind unser Gemeingut, meine Bibliothek ist mir ein wahrer Schatz u zwar kein kleiner, wärest auch Du da, so würde zu meinem Glük nichts mehr fehlen, u freudig würden wir Dich begrüßen u aufnehmen als den dritten im Bund, aber deswegen nicht als den letzten.

Ich habe eben gesagt, ich wüßte Dir nicht viel neues zu schreiben u das ist im allgemeinen wahr, aber etwas weis ich Dir doch noch, das Dich, wenn Du an mir noch so lebhaften Antheil nimmst als früher, sehr überraschen wird, höre also mit Gedult u Aufmerksamkeit!

Ich habe in meinem Leben schon manches gute Buch gelesen, aber ich habe dabei auch immer ein offenes auge gehabt für alles was um mich her vorging, ich bin kein Bücherwurm geworden habe mir meine eigene Ansicht von allem bewahrt u dadurch, daß ich auch fremde Urtheile hörte u laß, meine Ansicht nicht verloren sondern nur ausgebildet. (Ich schreibe das nicht aus Stolz, sondern weil ich offen sein will gegen meinen Freund, wie es bei uns ja immer gewesen.) Ich habe meine Heimath, ihre religiösen u sozialen Verhältnisse kennen zu lernen versucht. Ich habe ihre Sprache studirt, so weit mir dies mit den Sprachwissenschaftlichen Schriften, die ich besitze, möglich war. So habe ich nach richtiger Auffassung aller Verhältnisse gestrebt. Und was ist nun die Folge? Ich habe manches gute, das gefördert zu werden verdiente, gefunden, aber auch viele Übelstände, die sich wie schwarze Schatten über das liebliche Bild des jdillischen Wälderlebens hinziehen. „Wer hier etwas thun könnte durch Wort u That zur Förderung der Volksbildung u mithin das gemeinen Wohls! der," dachte ich oft, „der hätte nicht umsonst gelebt"

Schluß folgt auf B 2

B 2

„Immer noch das alte Schwärmen!" Wirst Du Dir denken u lächeln. Ja lieber Freund! u immer noch der ältere, u schon so alt, daß er in diesem Stük schon von Erfahrungen reden könnte, doch davon ein ander mal oder gar nie!

Kurz u gut, ich habe, offen u geheim gekämpft gegen Irthum u Verdummung u habe dabei die bittersten Erfahrungen gemacht. Auch mit Deinem etwas Konservativen Vater bin ich zerfallen, u habe seines Hauses Schwelle seid dem 29 Dezember 1861 nicht mehr überschritten. –

Nur Gedult, lieber! Denn Dein Nahme ist *Deutscher!* Also habe deutsche Gedult mit meiner langen Einleitung! Sie ist nun zu Ende – sobald ich damit fertig bin.

– Mein Nahme ist „*Michel*" u ich werde daher die Sache nicht übereilen.

Du erinnerst Dich doch noch, daß ich früher nichts Höheres kannte u wünschte, als Dichter u Schriftsteller zu werden, u noch jetzt schätze ich mich glüklich, daß mir nun dieser Wunsch erfüllt wird. Ich habe nämlich im letzten Jahr* eine Dorfgeschichte aus meiner Heimath geschrieben, da ich mich dieser Aufgabe gewachsen glaubte, u habe dann meine Litterarische Arbeit an eine Buchhandlung zur Beurtheilung geschikt. Die Buchhandlung übergab das Manuskript einem Litteraten u ich erhielt nach genommener Einsicht einen Brief beiläufig folgenden Inhalts:

„– – Was Charakterschilderung u Durchführung derselben durch das ganze Werk, was Anlage u innern gehalt betrifft, haben Sie den Zweck einer Dorfgeschichte vollkommen erreicht, nur in der Sprache würden vielleicht einige Änderungen wünschenswerth sein jedoch stelle ich ihnen das gänzlich anheim, jedenfalls ist unsere Verlagshandlung bereit, Ihr Werk zu kaufen u zu verlegen!"

Ich hatte in meinem Werke sehr viele Wälderausdrücke stehen lassen u das ist alles, was man mir zu ändern anräth, aber man macht diese Änderung durchaus nicht zur bedingung der Annahme, ich habe mein Werk nun wieder

* Sie wurde vollendet am 15 April 1862.

zu einer nochmaligen Durchsicht zurükverlangt, was ich dann ändern werde, weiß ich noch nicht. Ich muß Dir noch bemerken daß ich ein Hübsches Honorar für meine erste Arbeit für meine Erstlingsarbeit erhalte, was sonst bei manchem, später beliebten Schriftsteller nicht der Fall war. Mein Werk führt den Tittel:

„Nümmamüllers u das Schwarzokaspale"

„Ein Lebensbild aus dem Bregenzerwalde."

Sobald es gedrukt ist, also in ein par Monaten, werde ich Dir wieder schreiben u Dir ein Exemplar meiner Arbeit schiken; aber bis dahin hoffe ich eine Antwort auf meinen heutigen Brief von Dir erhalten zu haben, in der Du mir schreibst, auf welchem Wege ich es Dir zu schiken solle u könne. Schreibe mir dann auch wie es Dir geht u was Du alles erlebt hast u noch zu erleben hoffest.

Deine Beilage, das Gedicht, hat mir ganz gut gefallen, Du wirst Dich in meiner Dorfgeschichte überzeugen, daß meine Ansichten völlig dieselben sind. Nicht nur Kristus, auch die besten unserer Nation sind barfuß gegangen u haben mit der größten Armuth zu kämpfen gehabt.

Schiller, Fichte, Herder, Lessing, Bürger, u Auerbach, das arme Schwarzwälder Judenkind, alle diese konnten ein Lied singen von Armut u Not, u von den Anmassungen ihrer reichern Zeitgenossen u jetzt sind diese Männer der Stolz unserer Nation.

Ich sehe, daß mein brief wieder achtseitig geworden ist, aber wenn er Dir auf einmal zu lang sein sollte, so kannst du ja 8 Tage daran lesen. Mir ist es lieb u würde mich freuen, wenn Du mir auch eine 8seitige Antwort schiktest.

Mein Weiblein u meine Mutter sind gesund u wohl u lassen Dich freundlich grüssen. Dir ein recht gutes Neujahr herzlich wünschend, auch die Deinen sind gesund.

Sonst neues weis ich diesmal nichts, als daß heute der vorarlberger Landtag in Bregenz wieder eröffnet wird;

Weißt Du auch schon, daß man dort jetzt eine evangelische Kirche baut?

Wie geht es Dir? Wie lebst Du? Was thust Du? Das sind Fragen, die ich gern beantwortet wüßte.

Lebe wohl, theurer Seppel ich bin u bleibe imer
Mit Brudergruß u Handschlag,
Dein treuer freund

F M Felder

PS. Unsern Vetter Gabriel würde ich bedauern wegen seim unwohl sein, aber ich kämme sicher zu spät ich benütze daher diese Gelegenheit, ihm zu seiner hoffentlich indes wieder erlangten Gesundheit zu gratuliren u im Voraus meine Freude darüber auszusprechen

der Obige.

1855 … schwer krank lag: Im 14. Kapitel von „Aus meinem Leben“ schildert Felder seine Erkrankung an einer Bauchfellentzündung im Frühling 1855.
Himmelrise: Himmelriese, Schlucht der Bregenzerache oberhalb von Schoppernau.
Abgehende: hinfällige, dem Tode verfallene.
meine Bibliothek: Felder hinterließ bei seinem Tod eine Bibliothek mit ca. 800 Titeln.
B 2: Bogen 2.
Mein Nahme ist „Michel“: Anspielung auf den bekannt langsamen „deutschen Michel“.
hübsches Honorar: Felder erhielt ein Pauschalhonorar von 100 Gulden. Der jährliche Ertrag aus seiner Landwirtschaft (4 Kühe) betrug im höchsten Fall 200 Gulden.
vorarlberger Landtag in Bregenz: Am 6. April 1861 erhielt Vorarlberg nach dem „Februarpatent“ Schmerlings wieder einen Landtag, der in Bregenz tagte.
evangelische Kirche: Am 7. Juli 1862 stimmte der Bregenzer Gemeindeausschuß nach heftigen Protesten selbst von liberaler Seite mit zehn zu acht Stimmen dem Bau einer evangelischen Kirche zu, die in neugotischem Stil errichtet und 1864 eingeweiht wurde. Die Evangelische Kirche Augsburger und Helvetischer Konfession hatte mit dem Protestantenpatent vom April 1861 in Österreich die weitestgehende Gleichberechtigung mit der Römisch-katholischen Kir-

che erhalten. Im „Heiligen Land Tirol“ und in Vorarlberg wurde dagegen eine heftige Agitation zur Aufrechterhaltung der vermeintlichen katholischen „Glaubenseinheit“ in Gang gesetzt.

Johann Josef Felder an Franz Michael Felder

Bord[e]aux le 19 Dezember 1862

Werther Freund!

Dein schreiben vom 9/12 habe ich heute, gegen 1 f bar geld richtig erhalten. Du bist, scheint es mir sehr reich an papir, daß Du so große bogen mit wenig worten in die fremde schickest, den in Frankreich zahlt jeder Brif das doppelte welcher mehr als 20 gramm wigt, merke Dir das für das nächste mahl. Du schribst mir daß gar nichts neues in unseren alten Bergen letzes jahr vorkam u das glaube ich, denn wo Pfaffennebel ligt entsprist keine neue pflanze. Ich hörte mit vergnügen Deine gesundheit so auch das wohlbefinden Deiner für mich so guten mutter u hoffe, daß Du noch lange das Glück habest dieselbe zu besitzen, den ich kann Dier sagen daß ich den Verlust der meinen tief ja sehr tief entp[f]inde. Auch freute es mich sehr zu vernehmen, daß Du schon etwas lebendiges gemacht hast, in diesem Falle beneide ich Dich, den ich sage Dier aufrichtig, daß ich nur habe wollen machen.

Jetzt etwas von mir. Ich mache Dier bekannt, daß ich seit dem monat mai ein magasin gelehnt habe u ich bin daher ein mann auf meine rechnung. Der mithzins kostet mich jährlich 480 Francen 50 Franc patent zusammen 530 Francen – um den Zins Kost u Kleidung zu verdinen kannst Du Dir einbilden daß ich Geld gewinnen muß den ich rechne 3 Franc par tag für Kost, trotzdemm geht es gut u ich habe vil arbeit, u trinke hie u da ein gutes glas auf Deine Gesundheit.

Ich bin gesund u munter u stoltz ein deutscher Uhrenmacher zu sein in einer Stadt wo es so ville tausende Fremde hat. Zudem spreche ich mit Holänder u no[r]vegern auch mit Engländer ich bin der einzige Uhrenmacher der sich mit allen diesen zu verstehen machen kann. Bis dahin hatte es mir fast immer an geld u Credit gemangelt, aber Gott sei gedankt, ich habe mir Credit erworben u das ist besser als geld. Übrigens geht der Handel sehr schlecht, besonders der Seehandel, denn in Bord[e]aux wo es immer viele Americanische Schiffe hatte, sind bereits keine mehr. Die Arbeit fehlt häufig, u der Geldmangel ist unter der arbeitenden Classe sehr groß. Zum neuen Jahre nun wünsche ich Dir, was ich mir selber wünsche u damit kannst Du zufriden sein. Ich überschicke Dier einen Fächer, den ich von einem Indianer gekauft habe, u Du kannst versichert sein, daß er in Indien gemacht worden ist. Auch schicke ich Dier meine Kart d'adresse. Mache mir das vergnügen meiner Schwester ein gutes neues Jahr zu wünschen, u sie für mich Herzlich zu grüßen u zu umarmen. Wenn Du mier Deine *Dorfgeschichten* überschicken willst so mache nur die adress darauf ohne sie zu versigeln, grade wie eine Zeitung, u ich hoffe daß ich das Vergnügen haben werde sie zu lesen.

Zum ende sage ich Dier, daß ich diesen Sommer eine lustreise gemacht habe, nämlich nach Biarritz wo der Kaiser der Franzosen alle Jahr hin geht. Auf dem rückweg habe ich meinen Vetter Hans in Dax besucht so auch Gabriel u Anton seine 2 Söhne, im oktober hatte ich das vergnügen seine Frau zu bewirten wo Sie nach 2 tagen nach Niort zurück reiste. Grüße mir alle bekannte u Verwante so auch meinen Vatter.

Mit Brudergruß u Handschlag

Felder horloger allées d'Orleans
Bord[e]aux

etwas lebendiges gemacht: ein Kind.
ein magasin gelehnt: ein Geschäft gemietet; „gelehnt“ für „gemietet“ ist ein Übersetzungsfehler aus frz. „loué“, „gemietet“, aber auch „geliehen“.
Americanische Schiffe: Der amerikanische Seehandel war infolge des Bürgerkriegs in Amerika ins Stocken geraten.
Indianer: Inder
Kart d'adresse: Visitenkarte.

Anfang 1863 tat sich Felder zum ersten Mal in der Gemeindepolitik hervor: Am 7. Jänner schrieb er an Moosbrugger: „Es ist fast, ob unser Dörfchen heuer imer von Stürmen heimgesucht werden solle, der Anfang wenigstens ist stürmisch genug. An der Gemeinderechnung kamen die Oberdörfler mit warmem, die Herrn Unterdörfler aber mit kaltem Wind zum Kronenwirth, aus diesen ungleichen Winden entstand natürlich ein tüchtiger Sturm. Dieser Sturm riß schonungslos die deckenden Wände von den hiesigen Verhältnissen hinweg u wer Augen hatte, konte sehen, wer Ohren hatte, hören u – lieber Freund! ich sah u hörte." Felder hatte im Schoppernauer Gemeinderat gemeinsam mit Johann Jakob Felder, Seppels Vater, der auch das Amt eines Armenvaters (Verwalter des Armenfonds) bekleidete, eine neue Verteilung der Gemeindelasten zwischen den reicheren Unterdörflern und den ärmeren Oberdörflern nach dem Vermögen und nicht mehr nach Köpfen und Häusern beantragt. Der Antrag wurde einstimmig abgelehnt, doch ging diese Ablehnung erstmals unter dem Protest der Bewohner des Oberdorfes vor sich.

FRANZ MICHAEL FELDER AN KASPAR MOOSBRUGGER

Schoppernau den 10ten März 1863

Geliebter Freund.

Ohne noch länger auf eine Antwort auf meinen letzten Durcheinander vom 6ten Jäner zu warten, schreibe ich Dir wieder nicht etwa um Dir einen Haufen Neuigkeiten mitzutheilen sondern nur um so ein Viertelstündchen zu plaudern, wozu ich mich gerade heute besonders aufgelegt fühle. Weder das Zahnweh, noch sonst einer der unzähligen Wehtagen, von denen die Menschheit drangsalirt wird, raubt mir den guten Humor, denn ich bin, dank dem Himmel! gesund und mager, wie gewöhnlich. Meine Nachbarn, die Schoppernauer sind gerade jetzt mit Husten, Bauchweh u dergleichen geplagt, u es ist ein halbes Wunder, daß mich einmal ein Übergang übergangen hat. Die Feldarbeit für den Winter ist gethan u ich sitze meistens daheim in meinem Zimmer beim Schreiben oder lesen. Nur am letzten Freitag ging ich, da ich seit Neujahr nie mehr in der Au war, nach Rehmen zur dritten Josefsandacht. Da ich alles, was ich Dir aus der Au mitzutheilen weis, an diesem Tage erfuhr, so werde ich Dir jetzt meine Wallfahrt genau beschreiben.

Das Wetter war herrlich, der Frühling hatte bereits die muntern Waldessänger aus ihren Nestern geschickt, um der Welt sein Nahen zu verkünden u kurz alles war so schön u lieblich, als man es Anfangs März nur wünschen kann. Ich dachte an den letzten Frühling, wo ich u mein lieber Schwager so gemüthlich mit einander umherstiefelten, u ich wünschte recht herzlich, wieder einmal mit Dir zu plaudern. Da war es, wo ich mir vornahm, Dir so bald als Möglich zu schreiben. Ich war nicht der einzige Wallfahrter, hinter mir waren Schoppernauer Motla, u redeten von der Faschnat u vom „zur Stubat gau" u wie lustig es da u da gewesen sei, während die Auerinnen vor mir von dem Faschnatziestag erzählten, u wie es beim neuen Löwenwirth so prächtig gewesen u alles so friedlich abgelaufen sei. Jetzt kam mir in den Sinn, daß ich dem Rehmer Organisten Greußing das versprochenen Lied von Rehmen noch nicht gemacht habe. Während die Motla vor u hinter mir fröhlich plauderten, zündete ich eine frische Pfeife an, schaute hinein in das freundliche Dörfchen, daß schon von der Sonne beschienen war, während

Schoppernau noch in dunkelm Schatten lag, dann stimte ich meine Dichterharfe u sang:

Nicht Städte voll stolzer Gebäude
O Freunde besingt mein Gesang
Dort schlugen den Frohsinn die Freude
Einst goldene Fesseln in Zwang;
Doch sind sie entflohen, verschwunden
Und ließen die Fesseln zurück,
Sie haben ein Thälchen gefunden
Dort weilt nun die Freude, das Glük.

Ihr werdet das Thälchen wohl kennen?
Verschlossen dem Treiben der Welt;
Doch will ich das Dörfchen Euch nennen
Wo s Ihnen am besten gefällt
Und keiner brauchts übel zu nehmen
Sag ich auch die Wahrheit genau:
Es ist dies das freundliche Rehmen
Ein kleines Örtchen bei Au.

Großer Gott: Auf dem rehmer Kirchthurm sah ich die Göttin der Wahrheit stehen: Sie drohte mir mit dem Finger, machte ein Gesicht wie der Kurat Stöckler, wenn er gegen das Tanzen u die Liebschaften predigt, oder über die jetzige gottlose Zeit Zeter u Mordio schreit. Die Göttin machte meiner Muse, die da stand, als ob sie das Öhl verschüttet hätte, eine Faust u sprach die zornigen Worte: „Dichter sollen nicht lügen!“ Ich stimmte meine Harfe um zwei ganze Töne niederer u sang wieder:

Die glücklichen Rehmer! Sie leben
In ewigem Sonnenschein
Von – Erdäpfeläckern umgeben
Die ihnen recht prächtig gedeihn

Die Männer u Buben verdienen
Die Weiber gehn gern zum Gebeth
Die Mädchen sind fleißig wie Bienen
Und sauber u freundlich u nett.

Sie haben nicht stolze Paläste
Und tauschten mit keinem darin;
Denn ihnen fehlt ja nicht das Beste:
Genügsamkeit, fröhlicher Sinn.

So leben sie fröhlich u munter
Genießend das häusliche Glück
Sankt Josef schaut segnend herunter
Vom Himel mit lächelndem Blick: ? – ! – ?

Ich wagte nicht mehr auf den Kirchthurm hinauf zu sehen, was die Göttin der Wahrheit für ein Gesicht mache, sondern ging in die Kirche so schnell ich konnte, mich tröstend mit dem Gedanken, daß selbst der *dreimalgroße* Schiller öfter gesungen habe, wie es sein sollte, als wie es war. Die herrschenden Übelstände eines ortes können nicht besungen werden, wenn man sich nicht mit allem verfeinden u so – das Zutrauen der Leute leichtsinig verscherzen will.

Nach dem Gottesdienst, von dem ich Dir nichts mitzutheilen weis, als daß er ungemein lang währte, u daß der Kapuziner, der jetzt in Schnepfau ist, gepredigt hat, während in der Gegend wo ich war, *einige* schliefen, ging ich zu den Deinigen hinab u traf alle gesund beieinander an. Nur Jok war, wie gewöhnlich, nicht daheim. Er hat jetzt, wie der Schneider sich auszudrücken beliebte: „s Füdla voll Kopfarbeit." Ich fragte, ob ich Dir nichts von ihnen schreiben könne, wenn ich Dir allenfalls schreibe, da sagte die Mutter: zu schreiben hätte man Dir viel, worüber Du lachen müßtest. „Was?“ Vom Jok, der hat kein Ruhigs mehr, wegen den Schulden u wegen dem Kühkoufen u wegen allem. Er hat keinen guten Humor, brummelt daß man lachen muß u wenn man ihn auslachen will, wird er wild. Jetzt sei er ins Lechthal u habe im Sinn, Kühe zu kaufen wenn sie nicht gar zu theuer seien (Vom Sattel u das übrige, was zu den häuslichen Angelegenheiten gehört, wird er Dir in beiliegendem wohl selbst geschrieben haben.) Ich blieb den Nachmittag dort u trank Most mit dem Schneider, der einen guten Humor hat. Ich erfuhr da daß der N. Feßler, der Dich den letzten Herbst besuchte als Pfarrer nach Schnepfau kommen Werde. Man redet auch wieder davon, daß der Schoppernauer Pfarrer fort kommen werde. Und da gibt es Leutes genug, die sich *fürchten,* der Stöckler könnte kommen, u den wollte man halt nicht. In Bezau sind die Jesuitten wieder gewesen u haben geschaut, was sie wohl für früchte der Buße dort finden u was ihr Predigen vor zwei Jahren gewirkt habe. Sie sollen, sagt man, nicht absonderlich zufrieden gewesen sein. Da ich gerade von Bezau rede, muß ich Dir auch meine Gedanken über unsern Herren Landtagsabgeordneten Egender mittheilen. Schiller sagt: „Adel ist auch in der sittlichen Welt; *gemeine* Naturen Zahlen mit dem was sie *thun, edle* mit dem was sie sind.“ Nun Hr Egender hat auch blos das was er ist, einmal thun thut er schon, sauber gar nichts. Mir kommt es vor, ob solche edeln Naturen sogar zu edel seien, um auf den Landtag als Abgeordnete geschickt zu werden. Doch Du wirst den bericht ja selbst lesen: Am Schwarzenberg ist der Landskassier gestorben. Gott gebe ihm die ewige Ruhe u ein Weltmeer Rothen! Auf dem Heimwege von Au kaufte ich mir noch Papir um wieder schreiben zu können. Denn ich bin immer noch mit meiner Dorfgeschichte beschäftigt, u erlaube mir nun, ein wenig mit Dir über meine gegenwärtige Arbeit, mit der ich jetzt bis zum 7ten Kapitel gekommen bin, mich zu unterhalten, denn ob es auch Dich unterhalten wird ist noch sehr zweifelhaft.

Als ich vor zwei Jahren Koopers „Lederstrumpf-Erzählungen“ las da schwärmte ich förmlich für den Wildtöter, diese schöne Dichtung, aus der ein kräftiger Waldduft entgegen wehte, begeisterte mich zu meinem Schwarzokaspale, u doch würde kein Mensch eine bedeutende Ähnlichkeit zwischen beiden finden. Aber das ist nicht nötig, ich wollte ja nicht nachschreiben. Später, als ich den Plan zu meiner Dichtung gemacht hatte, las ich den Auerbach, u ich glaube, es wäre für mich fast besser gewesen, wenn ich ihn nicht gelesen hätte. Doch habe ich seine Richtung kennen gelernt, seine Bauern sind so fein herausgebürstet u gewichst sie haben Uhlandische u Auerbachische Gedanken u sind ganz gemacht für die Noble Welt aber – Schwaben sind es keine mehr d h es sind verklärte Schwaben wenn ich so sagen darf, wie die Schillerschen Gestalten. Nun habe ich in meinen Liedern: „die Stickerinn“ und „Rehmen“ auch ideal gemahlt, aber ich glaube, daß das beim Liede eher sein solle, als bei der Dorfgeschichte, der Sänger soll auch edle Gefühle wecken, wo sie schlumern, der Romanschreiber aber sollte die Menschen mahlen, wie sie sind; er darf zwar einzelne Karaktere als gegensatz u Muster etwas besser machen, als man sie im gewöhnlichen Leben antrifft, aber das Volk im allgemeinen welches den Hintergrund bildet, sollte ein Dichter der nützen u nicht blos schmeicheln will gerade so zeichnen, wie man es alle Werktage sieht u hört.

So dachte ich, als ich meine jetzige Dorfgeschichte zu schreiben anfing, die mit der frühern wenig oder gar keine Ähnlichkeit hat. Ich habe hier auch die Schattenseiten des Bauernlebens darzustellen u ich will Dir nur mit ein paar Worten sagen Wie ich das zu thun gedenke.

Du wirst selbst gesehen haben, daß es im „Wald“ Bauern gibt, die hübsch beim alten bleiben wollen, ich möchte das die Schoppernauerhaftigkeit nennen, es gibt aber auch Fortschrittler, die alles alte über den Haufen werfen wollen, man könnte das den Auerismus nennen, z B. gestern sagte dein Bruder Jok: „Wer blos bei seinen 4 oder sechs Kühen hucke u sich wohl sein lasse, der sei nichts, man sollte etwas anfangen.“ Er meint, es solle alles zappeln u springen wie er. Und ich weis ganz gut, was bereits alle Schoppernauer sagen würden, wenn sie das gehört hätten.

Nun diese beiden Richtungen, Schoppernauerhaftigkeit u Auerismus habe ich zu schildern versucht, u habe im Sinn, eine dritte als die versöhnende, dazu zu thun. Wie ich das in der Geschichte die ich schreibe, machen werde, weiß ich noch nicht aber ich schreibe keinen Roman, bei dem der Schluß, sondern ein Werk, daß an sich selbst die Haubtsache ist – wenn ich es kann wie ich möchte. Ich habe mir den ganzen Gotthelf angeschafft, u lese sehr fleißig darin. Da habe ich mich mehr als einmal verwundert, wie ganz Regellos er seine Sachen geschrieben u wie kunstlos u einfach abgeschlossen hat. bei ihm ist das Werk die Haubtsache. Mir gefällt er gut, mit Auerbach hat er gar nichts gemein, als daß beide Dorfgeschichtschreiber sind, u wie mir die Naturdichtung Göthes mehr zusagt, als die Kunstdichtung Schillers, so gefällt mir auch Gotthelf besser als Auerbach. Dir würde auch Auerbach besser gefallen, glaube ich, wie Dir auch Schiller besser gefällt.

Du würdest Dich aber irren, wenn Du glaubtest, ich wollte unsern größten Dichter im Ganzen mit den beiden Dorfgeschichtschreibern vergleichen. Ich brauche diesen Vergleich nur, um Dir meine Gedanken mitzutheilen. Nun möchte ich Dich bitten, mir darüber u über das Rehmerlied auch die Deinen zu schreiben.

So! Wenn Du endlich bis daher gelesen hast, so bist Du

glücklich zum Schluß dieser Abhandlung gekommen, u nun will ich Dir, damit die Sehnsucht nach einem nächsten Brief bei Dir nicht zu groß werde, noch versprechen, daß ich dort meine Abhandlung wieder fortsetzen werde u nun hoffe ich, es werde Dich nicht mehr grob darauf „blangoro".

Hast Du Dir Liebigs „Geschichte des Feldbaues" schon angeschafft? Wie gefällt sie Dir? Ich u die meinen sind gesund u wohl u alle Welt läßt Dich grüssen.

Lebe wohl, lieber Freund, u vergiß nicht Deinen aufrichtigen Freund

F M Felder

Wenn Du Zeit dazu hast, so bitte ich Dich mir wider ein paar Zeilen in meine Einsamkeit zu schicken.

Übergang: Unpäßlichkeit, vermutlich das, was heute als „Grippe" bezeichnet wird.
Feldarbeit für den Winter: Ausführen der Jauche (Gülle) auf die Wiesen. Im Bregenzerwald gab es kaum Ackerbau.
dritten Josefsandacht: Seit 1803 wurde an acht aufeinanderfolgenden Freitagen eine St.-Josefs-Andacht mit Predigt abgehalten, deren Besuch mit der Gewährung von Ablässen verbunden war, um vor allem die jungen Bauern anzusprechen, die im Sommer monatelang fern dem Einflußbereich der Kirche auf Vorsäßen und Alpen lebten.
Faschnat: Fasnacht, Fasching.
zur Stubat gau: zur Stubat gehen. Stubat – gemütlicher Hausbesuch bei Bekannten, speziell der Besuch des ernsthaften Freiers bei seiner Angebeteten.
Faschnatziestag: Faschingdienstag.
Greußing: Josef Greußing (1844–1908), Organist und Leiter des Kirchenchores in Au, Begründer zahlreicher Musikkapellen, einer der aktivsten Anhänger Felders, der auch Gedichte von ihm vertonte.
Sankt Josef schaut...: Der heilige Josef war der Hauptpatron der Kirche von Rehmen.
s Füdla voll Kopfarbeit: den Hintern voll Kopfarbeit – eine Menge Sorgen und Probleme.
Egender: Johann Kaspar Egender (1805–1884), Hirschenwirt und Gemeindevorsteher von Bezau, Landtagsabgeordneter, besonderer Förderer des Bregenzerwälder Brauchtums.

mit meiner Dorfgeschichte: Felder hatte Moosbrugger am 6. Jänner 1867 von einer neuen Arbeit, dem späteren Roman „Sonderlinge", berichtet, die ursprünglich den Titel „Der Dorffreimaurer" tragen sollte.
Koopers „Lederstrumpf-Erzählungen": vermutlich nach der Ausgabe James Fenimore Cooper: „Lederstrumpf-Erzählungen. Für die Jugend bearbeitet von Franz Hoffmann." 2 Bde. mit 20 Stahlstichen. Stuttgart: Schmidt, 1845.
Gotthelf: Jeremias Gotthelf (Albert Bitzius, 1797–1854), Pfarrer, Schweizer Verfasser von Dorfgeschichten. Felder kaufte die 24bändige Ausgabe „Jeremias Gotthelfs (Albert Bitzius) gesammelte Schriften", Berlin: Verlag von Julius Springer, 1861, für seine Bibliothek.
blangoro: sehnsüchtig erwarten.
Liebigs „Geschichte des Feldbaues": Moosbrugger hatte Felder von seiner Lektüre von Justus von Liebigs „Einleitung in die Naturgesetze des Feldbaus", dem Einleitungskapitel zu dessen Hauptwerk „Ideengeschichte der Agrarwirtschaft und Agrarpolitik" (7. Aufl. 1862), geschrieben. Liebig revolutionierte die Landwirtschaft durch die Einführung von chemischen Düngemitteln.

In seinem Antwortbrief vom 24. April (St. Georgi) erwähnt Moosbrugger zum ersten Mal den deutschen Arbeiterführer Ferdinand Lassalle (1825–1864), der 1863 auf Aufforderung der deutschen Arbeitervereine ein Programm für einen allgemeinen deutschen Arbeiterkongreß entworfen hatte und nach dessen Programm am 23. Mai 1863 in Leipzig der Allgemeine deutsche Arbeiter-Verein gegründet wurde, die erste Parteibildung der Sozialdemokratie in Deutschland mit Lassalle als Präsidenten: „Die durch Lasalle hervorgerufene Arbeiterbewegung in Deutschland zieht jetzt meine Aufmerksamkeit besonders auf sich u. ich habe Lust, mir dessen Schriften komen zu lassen. Er behandelt die wichtigste Frage unserer Zeit, die sociale, auf eine Weise, die alle Beachtung verdient." Moosbrugger und Felder waren stark von Lassalles Ideen der Produktivassoziationen der Arbeiter mit staatlicher Unterstützung und der Forderung des allgemeinen und gleichen Wahlrechts beeinflußt.

FRANZ MICHAEL FELDER AN KASPAR MOOSBRUGGER

Schoppernau den 24 April 63

Geliebter Freund

Nachdem der Himmel gestern Nachmittags häufige Thrähnen weinte, über die „*Ritter* ohne Geist“, hat die Erde heute das schneeweiße Kleid der Unschuld angezogen als ob sie sagen wollte: Ich bin nicht schuldig, daß ich alle Leute tragen u ernähren muß die auf mir wachsen. Die Schoppernauer „Ritter ohne Geist“ fassen aber das anders auf u meinen: das u die im Lechthal ausgebrochene Klauenkrankheit seien neue Strafen des erzürnten Vaters im Himmel. Natürlich! Gott hat wohl gewußt, daß die Schoppernauer kein Heu mehr haben! Warum hätte er also *schneien* lassen, wen er sie nicht „schagenioro“ wollte?! Dein alter Freund hat über so etwas andere Gedanken doch sagt er die nicht jedem, sondern sitzt ganz gemüthlich in seinem Arbeitszimmer, u denkt über das nach, was er erlebt hat, seid er von Dir (Abschid genomen kann ich nicht sagen) gegangen ist. Und ich muß sagen, ich habe damit Arbeit genug. Letzten Sonnabend kam der Handlungsreisende der M Riegerschen Buchhandlung von Lindau zu mir, u brachte den ersten gedruckten Bogen meines Nümamüllers mit.

Was ich in dem Kämmerlein
Still u fein gesponnen
Kommt, wie sollt es anders sein?
Endlich an die Sonnen.

Goethe

Verlange nicht von mir, daß ich Dir schildere, mit welchen Gedanken u Gefühlen ich diesen Bogen durchlas. O Freund! Es ist ein großer Gedanke, der: Ich will Volksschriftsteller werden. Und dieser Gedanke beschäftigte mich, so daß ich die ganze Nacht wachte. Die Griechischen Dichter stellten sich unter den Schutz der Muse, wir Christen glauben an den heiligen Geist, u wirklich, es gibt etwas hohes Göttliches oder Dämonisches, dessen Werkzeug der Dichter ist, diesen Glauben habe ich ganz fest. Du kannst lachen, wenn Du willst, aber es ist wahr: In jener Nacht habe ich diese Macht gefühlt u ich habe wieder bethen können, so andächtig und demüthig, wie vorher lange nie. – – –

Ja ich will schreiben u mich ausleeren! Eine ungeheure Kraft, der ich, wie gesagt, keinen Nahmen zu geben weiß, drängt mich dazu u läßt mir Tag u Nacht keine Ruhe.

„Der gute Schwager ist heute ungewöhnlich aufgeregt!" Nicht wahr so beiläufig denkst Du? „Ja, ich bin aufgeregt u auch *aufgelegt* für das zu leben, was ich nun als meinen Beruf erkannt habe." Nicht um Lob u Ehre, nicht um Geld will ich schreiben nie will ich meine Feder entweihen aber ich will *nützen,* wenn es mir möglich ist. Das ist das heilige Gelöbniß, das ich in jener Nacht meiner Muse abgelegt habe, u seiddem ist sie, die göttliche, immer bei mir. O ich habe noch keinen so schönen Frühling erlebt als diesen! Glaube aber nicht, daß diese Stimmung davon kommt, weil ich mich gedruckt gesehen habe, ich habe ja das schon lange vorher gewußt u ich weiß oder ahne auch, daß mein Weg nicht nur mit Rosen, sondern auch mit Dornen bestreut ist, u zwar sehr dick. Ich hoffe die Kraft zu haben, daß mich weder Freude noch Leid schwach machen wird. – ? – !

Meine erste schriftstellerische Arbeit, oder eigentlich der erste Bogen derselben, welchen der Reisende jederman sehen ließ, machte besonders in Au großes Aufsehen, der Reisende ließ mir sein Notizbuch sehen u ich zählte schon 48 Bestellungen, meistens aus der Au. Der Doktor Walser ist, wie mir Isabell Simma erzählte, ganz begeistert dafür, es soll ihm *„ausgezeichnet"* gut gefallen haben. Gestern

Gratulirten wir ihm zum Nahmenstag. Kapellmeister Greußing hatte ein Gelegenheitsgedicht kommponirt. Die Musikanten haben ihre Sache gut, ich die meinige nicht gerade schlecht gemacht. Wenigstens wurde mein Gedicht mit Beifall aufgenommen. Auch der Ritter war dabei u erzählte, daß er sich noch nicht gebessert, u immer noch ein hart u immer härter gesottener Sünder sei, den beiden Lehrern hielt ich eine scharfe Predigt, wobei auch die anwesenden Gemeindsausschüsse nicht ganz ungewaschen wegkammen. Es war drei Uhr, als die Gesellschaft auseinander ging, mir war es zu dunkel zum heimgehen, u Isabell sagte: „Ich soll da bleiben bis es etwas heller werde."

Sie fing nun ein Gespräch mit mir an, wie sie es sonst wohl mit wenigen ja mit niemand geführt haben würde, weil sie mich als Deinen Freund betrachtete. Neues habe ich dabei nichts erfahren, aber ihre Urtheile über das Alte gehört, einiges davon werde ich Dir auf Verlangen mündlich mittheilen. Wenn sie offen sich gegen mich aussprach, so kann ich sie darum nicht tadeln, denn ich selbst kann mir Dein Betragen nicht recht erklären. Sie läßt Dich grüßen u Dir als Antwort auf dein letztes Schreiben an Sie sagen. „Wenn Du es am Montag (6 April) nicht so hättest machen *wollen,* so würdest Du es wohl anders gemacht haben." So glaube ich wenigstens ihre Worte zusammenfassen zu müssen, um mit Wenigem alles zu sagen.

Ich mische mich nicht in Deine Angelegenheiten u habe mich auch der Isabell nicht aufgedrungen aber ich verarge es ihr nicht, daß sie mich zu ihrem Vertrauten gemacht hat. Es wäre mir lieb wenn ich über die Angelegenheit Deine Meinung hörte. Ich habe die Isabell auf einer Seite kennen gelernt, auf der Du sie gewiß noch nicht kennst, doch gehört das nicht in diesen Brief blos spielen solltest Du doch nicht mit ihr! Sie hat sich nicht über Dich beschwert, nein nicht im mindesten sondern sie hat mir gesagt: Sie sei froh, daß sie einmal mit mir, Deinem Freund reden könne! Sie habe niemand, dem sie mehr trauen thät, als mir. Villeicht hat sie mich ausforschen wollen? ich weiß es nicht aber ich thät es ihr auch nicht verargen, wenn sie schon Alle Mittel anwendet, um ins Klare zu kommen. Also genug für heut! Ich habe noch nie mit Dir über so etwas geredet, du mußt mir daher verzeihen, wenn es mir etwas schwerfällig heraus kommt. Villeicht bist Du so gut, mir in deinem nächsten Schreiben etwas darüber mittzutheilen. Wenn ich die Isabell nicht möcht, so würde ich ihr absagen u sonst würde ich – nicht so thun.

Ende dieses Kapitels
Das zweite Kapitel folgt

25 Aprill

Mit meinem Dorf Freimaurer komme ich nur langsam vorwärts. Die Arbeit im Feld ist angegangen u ich werde daher die nächsten Wochen wenig Zeit zum Schreiben haben. Gestern war der Dokter bei mir zur Stubat. Er läßt Dich freundlich grüßen. Die Auer die zu den s g gebildeten gehören, schließen sich immer fester an mich, in Schoppernau hat die Nachricht daß ich ein Buch gemacht habe beim – Opium – wollte sagen Publikum nichts zur Folge gehabt als ein zimlich allgemeines Schütteln des Kopfes. Das Rehmerlied hat statt der Erdäpfeläcker einstweilen folgenden Vers erhalten:

Durchs Dorf rauscht ein Wildbach ein schneller
Und ladet zum Bade sie ein
Er soll auch für Löwenwirths Keller
Zuweilen verhängnißvoll sein.

Am Ostermontag bin ich mit dem Hrn Akurat wohl u gut heraufgekommen, u zwar, ohne lange Weile zu haben, ob wohl wir etwa eine halbe Stunde auf Dich warteten, er hat mir manches mitgetheilt, wofür ich ihm dankbar sein muß, wie es *scheint* mag er mich recht gern. Auch vorgestern versprach er zu kommen, aber vermuthlich ist ihm das Wetter zu schlecht gewesen. Den Liebig habe ich bisher noch nicht erhalten. Ich hoffe, Du werdest ihn mir bald schicken u mir dann villeicht auch über den Ostermontag Aufklärung geben.

Dein Vertrauen werde ich nie mißbrauchen, so wenig als das, welches mir die I S geschenkt hat. Sie ist nicht gerade meine Freundin, aber Du bist mein Freund, der theuerste den ich habe, u eben darum habe ich so offen mit Dir geredet. Früher einmal habe ich gesagt: Ich glaube, daß ich im Stand wäre, auch abgerundete Gedichte in unserm Dialekt zu machen, hier habe ich eine Probe beigelegt welche jetzt vom Greußing in Musik gesetzt wird Lebe wohl theurer Freund u vergiß nicht

Deinen treuen Freund

Franz Michel Felder
Litterätle

Ritter ohne Geist: vermutlich Anspielung auf Karl Gutzkows Roman „Die Ritter vom Geiste", Leipzig: Brockhaus, 1852.
schagenioro: stören, belästigen.
Was ich in dem Kämmerlein: J. W. von Goethe, „Die Spinnerin".
Herr Akurat: Scherzhafte Verdrehung von Kurat.
Der Brief enthält als Anlagen das Mundartgedicht „Die vorliobt Wäldari" (Die verliebte Wälderin) und eine „Extra-Beilage" über Moosbruggers mutmaßliche Liebesgeschichte mit Isabell Simma, die hier weggelassen wurden.

Philipp August Bopp aus Lindau, der Handlungsreisende der Matthias Rieger'schen Buchhandlung, besuchte regelmäßig die Familie Felder und erfreute sie immer wieder durch die Übersendung von Äpfeln in Kistchen, von Blumensamen und ähnlichem.

Philipp August Bopp an Franz Michael Felder

Walserschanz 19. 5. 63.

Mein lieber Herr Felder nebst Familie!

Bei meinem jüngsten Besuche in Ihrem lieben Hause habe ich leider 1 Paar Socken bei Abreise vergeßen mitzunehmen, dieselben müßen sich auf dem Ofen oder sonst irgendwo vorgefunden haben u bitte ich Sie nun freundlichst das Paar aufzubewahren bis zu meinem Herbstbesuch.

Bis Samstag werde [ich] wieder zu Hause eintreffen, dann auch nicht versäumen das neugedruckte Ihres Werkes zu lesen.

Nebst den herzlichst ergebensten Grüßen an Sie, Frau, Jacob u Mutter

August Bopp

Oberhauser pr. Gelegenheit auch bestens zu grüßen.

Felders schriftstellerische Tätigkeit begann erste Erfolge zu zeigen, wie er am 1. Juli an Moosbrugger schrieb: „Seid ich ein Büchermacher bin, sehen mich die Schoppernauer Freunde und Gegner mit ganz andern Augen an u es hat, wie alles auf der Welt auch sein Gutes, wenn es etwas Gutes ist daß ich etwas mehr Einfluß habe als früher, entweder weil man mir Einsicht zutraut oder auch weil man mich nicht zum Gegner haben mag. Ich glaube den Schoppernauern schuldig zu sein Dir folgendes zu erzählen: Du wirst Dich noch erinern daß ich letzten Winter vereint mit meinem Vetter J J Felder eine andere Vertheilung der Gemeindekosten beantragte u daß mein Antrag einstimig verworfen wurde. Im letzten Monat wurde dieser Antrag auf mein Drängen hin nochmahls vorgelegt, ich war selbst bei der Verhandlung. Die Hr Gemeinderäthe sahen mich mit großen Augen an, aber keiner sagte ein

Wort dagegen weil sie, wie ich nachher vernahm fürchteten sie könnten sonst in ein Buch kommen. Mein Schriftstellerthum trägt also Früchte, wo ich es gar nicht, oder wenigstens nicht so schnell erwartete, u mein Ärger über das Schoppernauertum ist mir nun wenigstens in etwas vergangen."

Der Sommer 1863 brachte Felder auch eine Reihe von Bekanntschaften, die der Verbreitung seines Namens als Dichter sehr förderlich waren. Die wichtigste war der Leipziger Professor Rudolf Hildebrand, der auf einer Ferienreise zu Fuß im Bregenzerwald Station machte. Der Reuthener Badearzt Dr. Gallus Greber machte ihn auf Felder aufmerksam. Zufällig kam es zu einer Begegnung im Gasthaus „Rößle" in Au, wo Hildebrand und seine Begleiter beim Mittagessen im Herrenstüble saßen, während Felder sich in der bescheideneren Bauernstube aufhielt: „Herein gebeten kam er denn, fast scheu beobachtend, mit seinem Bierglase an unsere schwelgerisch aussehende Tafel, eine schmächtige Gestalt, nicht in der echten Landestracht, ein junger Mann in der Mitte der Zwanziger, mit hoher Stirn und klar ernstem Gesichtsausdruck, die Spuren von schweren Geisteskämpfen, ja Leiden in den festen, hageren Zügen, durch die doch beim Sprechen ein eigener Humor spielte, wie auch aus der klaren, männlichen Stimme tiefer Ernst und selbstsicherer Humor zugleich herausklangen." (Rudolf Hildebrand, „Ein Bauer als Dichter". In: Die Gartenlaube, Jg. 1867, Nr. 15, S. 234–238).

Eine weitere, allerdings nur briefliche Bekanntschaft war die mit Josef Ritter von Bergmann in Wien, an dessen Sammlung des Vorarlberger Sprachschatzes Felder mitarbeitete.

Franz Michael Felder an Kaspar Moosbrugger

Schoppernau den 5 August 1863

Geliebter Freund!

Dein letztes Schreiben habe ich mit Freuden gelesen. Die Mittheilung Deiner Büreau-Geheimnisse habe ich Dir gerne erlassen, da ich durch eine andere Mittheilung dafür reichlich entschädigt wurde. Hoffen wir, daß der in Schruns angefangene Roman zu einer glüklichen Lösung komme, Dein Freund wünscht dies von ganzem Herzen. Dieser herzliche Glükswunsch ist die Antwort auf das in dem letzten Schreiben mir mitgetheilte – *für heute.* Später werden wir hoffentlich wieder Gelegenheit haben davon zu reden. Heute aber sei so gut u verlasse Dein Schruns auf eine Viertelstunde u komm zu Deinem Freund in sein Zimmer. Da laß uns wieder einmal nach Herzens Drang u Lust eins plaudern!

Eigenlob stinkt, sagt ein Sprichwort, ich möchte nun fragen, wie es riecht, wenn man zwar selbst sich nicht lobt, aber giftböse wird wenn andere tadeln? – Ich habe die Gewohnheit, herzhaft zu sagen, das bin ich u das kann ich, werde ich von andern dann herabgesetzt, so macht mir das auch kein Kopfweh. Doch zur Sache.

Mein, u wen auch unbedeutender, Ruf als Dichter hat mir bereits zwei nicht ganz unbedeutende Bekanntschaften verschaft, nämlich die des Professor Dr Hildebrand in Leipzig u Professor Kapf von St Gallen beide sind, wie sie versichern, Mitarbeiter mehrerer Zeitungen. Zufällig war gerade ein Correcturbogen meines Nümamüller von Lindau gekommen, als sie mich besuchten. Auf ihr Bitten las ich ihnen den selben vor, u ich hatte mich eines lebhaften Beifalles zu erfreuen. Kapf versprach mir, er werde mein Werkchen in einem Litteraturblatt besprechen u von ihm darf ich ein günstiges Urtheil erwarten. Wenn man auch nicht gerade stolz ist, so thut einem doch ein aufmunterndes anerkenendes Wort wohl u ich habe mich mit neuer Freude wieder an den Freimaurer gemacht, der nun bereits 29 Bogen füllt, er dürfte also beinahe halb fertig sein u das beste ist, ich fühle es, daß ich ihn vollenden kann, woran ich sonst fast oft zweifelte, mit meinen Aufgaben wachsen auch meine Kräfte.

Schoppernau den 8 August 1863

Geliebter Freund

Dein letztes Schreiben habe ich erhalten u mit Freuden gelesen. Als Dein aufrichtiger Freund kann ich nicht unterlassen, Dir zu deiner „*Geschichte*“ einen glüklichen Ausgang zu wünschen, denn schon als Romanschreiber weis ich ganz gut, wie viel Mühe einem die glückliche Lösung einer recht schön angefangenen Geschichte machen kann, u auch im wirklichen Leben hat man Exempel von Beispielen. Dein Bruder Pius zum Beispiel ist auch der unfreiwillige Held einer Tragödie geworden, die für ihn ein Trauerspiel, für mich ein Schauspiel u für die Philister u Philisterinnen Schoppernaus ein Lustspiel zu werden scheint. Höre u – staune! Als Joh Jakob Albrecht starb, sagte seine Wittwe: Wenigstens ein *halbes Jahr* lang werde sie keinem Mann mehr nachsinnen, u das sagte die trauernde Wittwe mit – einem Strom von Trähnen. Nun, das halbe Jahr ist vorüber, ob sie Wort gehalten, weiß Gott wenn – er sich um so etwas kümert, nun auf einmal erzählt das Margrethle der staunenden Welt: „Der u der u dieser u jener u noch einige hätten mich grausam gern!“ denn eine Plaudertasche ist das Margrethle, wie es – den Kronenwirth, dessen Schwager ausgenommen keine ärgere gibt, so weit man warm kocht. Nun neulich zeigt das Margrethle einen Liebesbrief von – – *Mathis Schnidar* beiläufig folgenden Inhalts: „– – Schon als Du noch ledig warst, bist Du mir die liebste gewesen, oft war ich bei Dir auch als Du schon verlobt u versprochen gewesen bist, nun ist es villeicht doch noch – Gottes Wille, daß wir zusamen kommen“ (Nun fragt er in aller Form, ob es ihn nicht heirathen möchte, dann zum Schluß:) „wenn Du willst so thu es mir zu wissen u sonst verbrenn diesen Brief auf jeden Fall wirst Du von diesem Brief niemand etwas sagen.“ – Man siehts! sagt der Wälder. Aber Verschwiegenheit! das war von so einem Margrethle doch zu viel verlangt. wenn du dem Schneider schreibst, so lache ihn aus, doch nur so, daß es die andern nicht merken. dieses Margrethle macht jetzt überhaubt – u seine Verehrer insbesonders so merkwürdige Streiche, daß ich später davon eine Dorfgeschichte unter dem Titel Die Wittwen-Geier schreiben werde, doch für jetzt habe ich mit dem Freimaurer noch Arbeit genug, derselbe ist jetzt beilaufig zur Hälfte vollendet. Jetzt habe ich nur wenig Zeit zum Schreiben, das Wetter ist immer schön, ja viel zu schön, u da gibt es immer wieder Arbeit in Feld u Wald. Dieß zur Entschuldigung, daß auch mein Brief an Dich, den ich schon vor mehr als einer Woche anfing, immer noch nicht fertig ist.

Daß auch Herr Willam (Assams Josef) von Wien gekommen ist, u bis Mitte September im Bregenzerwald bleibt (beim Bruggmüller in Egg) wirst Du wohl schon wissen er war auch bei mir, erzählte mir, daß er von mir als Dichter gehört habe, lobte mein Streben, u versicherte mir, daß ich Herrn Josef Bergman, Kustos in Wien, durch übersendung eines Exemplars der ersten Arbeit eine große Freude machen könnte.

Willam war vor etwa einem Monath bei mir, u nun habe ich von ihm einen Brief erhalten, beilaufig folgenden Inhalts – – Kustos Bergman in Wien „beabsichtigt die Herausgabe eines zimlich umfangreichen Werkes über Vorarlberg seine Geschichte, Sprache Sitten u d g herauszugeben u hat mich (Willam) beauftragt: Ihm Mitarbeiter zu suchen. Da ich Sie (nämlich „mich") nun für hiezu *besonders* befähigt halte, so übersende ich sein Program u ersuche Sie, an der Arbeit theil zu nehmen u. s. w."

Nun habe ich bereits zu arbeiten angefangen, sammle Idiotitia, ordne sie Alphabetisch, füge eigenthümliche Reden u Sitten bei u finde diese Arbeit sehr angenehm. ich arbeite genau nach der mir gegebnen Vorschrift aber für wen? – Was werde ich davon haben, wenn ich meine Arbeit, die sehr genau u gründlich werden wird, Herrn Bergman zu benützen gebe? Was habe ich davon? Ich meine mit dieser Frage nicht nur das Honorar, etwas Anderes macht mir weit mehr bedenken. Was ich für Herrn Bergmann mache ist, fürchte ich, für mich verloren, u wenn ich das was ich jetzt für ihn arbeite, später auch für mich in einem meiner Werke benützen wollte, so müßte ich ja ein Nachschreiber sein, denn wer glaubte es, daß ich nur mein Eigenthum benütze. Ich bitte Dich, mir über diese Bedenken deine Meinung mitzutheilen. Die Arbeit mache ich nun jedenfalls, die Frage ist nur noch: für wen für was? Mein Dichter Ruf oder eigentlich Lärm hat mir schon mehrere intressante Bekanntschaften verschafft, z B die des Professors Kapf von St. Gallen u des Professors Hildebrand von Leipzig. Da beide Litteraten sind unterhielten wir uns sehr gut; es war gerade ein Correctur Bogen von Lindau da, ich las ihnen denselben vor u ich will die Wahrheit sagen – ich erhielt von ihnen u ihrer Begleitung großen Beifall.

Schon früher schrieb ich Dir, glaube ich, von meinem Wunsch ein Vermittler zwischen Gotthelf u Auerbach zu werden Du kannst Dir daher meine Freude denken, als einer dieser Herren sagte: die Erzählungsart zeugt von großem Dichtertalent, u scheint die glükliche Mitte zwischen Gotthelf u Auerbach einzuhalten! – natürlich wußten die Herren nichts von meinem stillen Wunsch. Hr Kapf versprach mein Werk in öffentlichen Blättern zu besprechen u mir zuweilen zu schreiben. Nenne mich nicht stolz daß ich das alles Dir so erzähle, wem sollte ich sonst Freud u Leid mittheilen, als meinem besten Freund? Man lebt erst recht wenn man auch mit andren lebt, also sei u verbleibe es bei uns jetzt u allezeit Amen.

Einen Tag nachdem mein letztes Schreiben an Dich abgegangen war, ist auf Krumbach bei den Deinigen die Klauenseuche ausgebrochen, doch soll es ganz gnädig abgelaufen sein, u jetzt ist schon wieder Alles besser, auch sonst kommt die Seuche immer weiter den größern Theil der Hinterwälderalpen hat sie schon heimgesucht u kommt bei dieser furchtbaren Hitze immer weiter.

Hr Elmenreicht, der mir recht lieb wurde, ist am nämlichen Tage abgereißt an welchem die Ludmilla gekommen ist. Isabell war im Bad ist aber wieder heimgekommen. Seit Eorgotag ist man bei Leouosa ungemein freundlich gegen mich, ich weis wohl warum; u das ist genug.

Den Liebig habe ich richtig erhalten u dieses nur im letzten Schreiben zu erwähnen vergessen. Müllerles Tunile, der Auer Geiger ist an einem Schlagfluß gestorben.

Mein Wible ist gesund u wohl, es ist eben am aufräumen u singt dazu, es wird aber nicht mehr lange gehen bis es wieder ins Gado muß, hoffentlich wird alles gutgehen u ich werde dir nächstens mittheilen daß ich entweder ein *Mikle* oder ein Kaspale erhalten habe.

Auch dein Onkel, Gruebar Anton, ist gestorben. sonstige Neuigkeiten, die intressant – weis ich keine, obschon heuer ungewöhnlich viel passirt. Jochum ist jetzt in Lustenau bei einem Studirkammerathen. Er läßt Dich grüssen.

Pfarrer Feßler in Schnepfau ist sehr beliebt weil er „so bürisch ischt".

Lebe wohl u schreibe bald Deinem aufrichtigen Freund

Franz Michel Felder

angefangene Roman: Die Liebesgeschichte Moosbruggers mit seiner späteren Frau Theresia Biedermann.
Dr. Hildebrand: Heinrich Rudolf Hildebrand (1824–1894), Philologe in Leipzig. Bis 1869 Lehrer an der Thomasschule, dann Universitätsprofessor. Mitarbeiter, nach dem Tod Jacob Grimms Herausgeber des Grimmschen Wörterbuches, Arbeiten zum deutschen Sprachunterricht.
Professor Kapf: Franz Kapf, Professor an der Kantonsschule St. Gallen.
Herr Willam: Josef Willam aus Au, k. k. Ingenieur in Wien.
Josef Bergman: Josef Ritter von Bergmann (1797–1872) aus Hittisau, zuerst Kustos, dann Direktor des k. k. Münz- und Antikenkabinetts in Wien. Prominentester der in Wien lebenden Vorarlberger. Zahlreiche Veröffentlichungen, darunter Editionen aus den Handschriften der Ambraser Sammlung, ca. 50 Publikationen zur Erforschung der Vorarlberger Geschichte. Plante ein Idioticon (Wörterbuch) des Vorarlberger Sprachschatzes, das allerdings nicht gedruckt wurde.
ins Gado: ins Schlafzimmer zur Geburt.
Mikle: Koseform für Maria Katharina.
so bürisch ist: so bäurisch ist.

Franz Michael Felder an Kaspar Moosbrugger

Schoppernau 22 August

Verehrtester Herr Götti!

Ich beeile mich, *Ihnen* die Mittheilung zu machen, daß mein Wible, dero Frau Schwester wohlgebohren, in verflossener Nacht von einem Knäblein männlichen Geschlechts glüklich entbunden wurde. Die Entbindung ging glüklich von Statten, u ohne die Hülfe der Hebamme, die erst später kam, wurde obgemeldetes Knäblein in die große Welt geschikt. Sittemalen u alldieweilen nun unser viel u hochgeehrter Herr Götte sich in der Abwesenheit befindet, so hat einer meiner Vetter Ihre Stelle Verehrter Herr

Götti, zu übernehmen die Güte gehabt. Vielerwähntes Knäblein ist in die Kirche getragen worden u wird jetzt in aller Form getauft u mit dem mir so lieben Nahmen Kaspar in die Welt geschikt. Es zeichnet sich mit aller Hochachtung u Verehrung der Vater

Geliebtester Freund!

Wie Du aus obiger Meldung ersehen haben wirst, ist meine im letzten Brief ausgesprochenen Profezeiung sehr bald eingetroffen. Es ist, dem Himmel sei Dank, wieder alles glüklich abgelaufen. Das geborne Kind ist gesund munter u wie die Hebamme sagt, viel größer als Jakob war. Villeicht wirst Du mich in dem Jahre noch einmal besuchen u Dich selbst überzeugen, daß Jakob jetzt wirklich einige Buchstaben ausspricht. Die vorige Woche war die Hitze ungeheuer warm u die Dürre sehr troken. In Ünsche, einer Alp mit 102 Kühen, ist die Klauenseuche ausgebrochen, u wird, d[a] es jetzt schneit, u man alles Vieh in den Ställen haben muß, sehr schnell alles ansteken.

Diese Woche konnte ich wieder einmal in meinem Zimmer bleiben u kritzeln u ich habe es auch gehörig gethan u die Gnadenzeit benützt. Meistens arbeite ich an dem Werkchen Bergmanns, u habe zu seinem vorarlberger Lexikon bereits mehr als 500 Nummern geschrieben. Ich finde [mehr] an dieser Arbeit, als ich anfangs glaubte. Das Studium der Sprache eines Volkes ist das Studium des Volkes selbst. Ich gewinne durch diese Arbeit jedenfalls sehr viel, auch wenn ich sie, sobald sie vollendet ist, verbrennen würde, wozu ich aber natürlich keine Lust habe. „Und wo bleibt der Freimaurer?“ „Der geht ganz gemüthlich nebenher.“ Vormittags arbeite ich an diesem, u Nachmittags für Bergmann. Abwechslung macht Apetit! sagt der Wälder u ich habe erfahren daß er Recht hat.

„Es ist dafür gesorgt, daß die Bäume nicht bis an den

Himel wachsen“ sagt Göthe u ich will Dir als Beweis dafür eigene Erfahrungen mittheilen, aber Gedult. Ich komme wieder mit der alten Leier Sittemalen der Mund von dem überläuft, dessen das Herz voll ist. Also zur Sache:

Wie ich Dir schon mehrmahls mittheilte, findet mein gegenwärtiges Streben u Schaffen hie u da Beifall u zwar gerade von solchen, deren Beifall ich vor allen mir wünschte. Aber was thut die Menge: 1) staunen, daß ich so etwas dürfe 2) schimpfen weil man fürchtet, daß auch ich über gewisse Personen u Verhältnisse schimpfen werde.

Nicht weil ich mich darum kümmere, sondern nur um Dir unsere Landsleute auf einer Seite zu zeigen, die – die Rückseite ist, werde ich Dir das, was man sagt im Auszug mittheilen. Durch den Umstand, daß ich – ein Buch mache, habe ich sechs Todsünden u noch eine begangen

1) schrieb ich es aus Hoffart (sagt der Pfarrer)

2) aus Geiz (der alte Vorsteher, weil ich es ums Geld schrieb)

3) aus Unkeuscheit – es sei eine Liebsgeschichte

4) aus Zorn u Ärger über die Schoppernauer

5) aus Fraß, daß ich den Freaßtobak vermöge zu zahlen

6) aus trägheit (natürlich!)

8) sagt man, ich habe alles aus andern Büchern zusamengeschrieben u *Du* habest mir geholfen

9) – doch es ist mehr als genug. Du hast nun gehört aus welcher Tonart man orgelt u mehr bezweckt mein Herzählen nicht, denn Kummer machen mir natürlich diese Redereien nicht den mindesten. Man sieht aus diesen Vorurtheilen, was man für Vorurtheile hat, bestellt wird das Werkchen hier sehr häufig u in Au ebenfalls. Mit Kurigiren werde ich hoffentlich bis ende September fertig. Da das Werkchen in Augsburg gedrukt wird, geht viele Zeit mit Hin u herschiken der Bogen verloren. Deine Mut-

ter ist jetzt beim Buabo, die Motol auf Krumbach. Auch im Sattel ist die Klauenseuche.

Kaspar ist getauft, No 14 in diesem Jahr u noch etwa 10 Stük folgen nach. Die Einwohnerzahl von Schoppernau wächst u – die Jungfrauen vermindern sich, ohne daß viel geheirathet wird. Mit dem Brief des Schneiders ans Margrethle ists richtig. – Willis Motla haben ihn gelesen doch wird der Schneider noch ledig bleiben müssen, einer meiner Vetter könnte der glükliche sein doch sagt er ih raut ih mug nüd!

Ludmilla ist noch imer in Au. Einmal hat sie mich als ich nicht zu Hause war, mit einem Besuch erfreut. zu denjenigen, die meine Witze nicht mehr gemüthlich kitzelnd, sondern kratzend u beißend finden gehört nun auch Kurats Köchin! Nun wegen meiner!

Doch ich fange an, immer langweiliger zu werden u will daher schnell aufhören. Ich habe heut noch für Greußing das Kathrinenlied umzuschreiben u zu verbessern, wenn Du heim kommst, wird man Dir den Kathrinentag singen, doch ich klimmpere schon wieder mit meinem Handwerk nun kein Wort mehr. Lebe wohl u schreibe gelegenheitlich (das liebste wäre mir recht bald) Deinem Freund

Franz Michel Felder

„Es ist dafür gesorgt“: J. W. von Goethe, „Dichtung und Wahrheit III“, Motto.
Freaßtobak: Kautabak.
No 14 in diesem Jahr: im kirchlichen Taufregister von Schoppernau.
ih raut ih mug nüd: Ich habe das Gefühl, ich mag nicht.

Anfang November 1863 erschien endlich die 231 Seiten starke Druckfassung von Felders Dorfgeschichte „Nümmamüllers und das Schwarzokaspale. Ein Lebensbild aus dem Bregenzerwalde von Franz Michael Felder“ im Verlag von

Johann Thomas Stettner in Lindau. Das Werk erregte im Bregenzerwald großes, nicht nur positives Aufsehen, was Felder in tiefe Verzweiflung stürzte, da er den Zwiespalt zwischen seiner ihn auch körperlich bis zur Erschöpfung anstrengenden Existenz als Bauer und seinem Leben als Dichter damals besonders schmerzlich empfand.

Franz Michael Felder an Kaspar Moosbrugger

Schoppernau 17 /11

Geliebter Freund!

Willst wissen, Du mein
lieber Christ
Wie einem dann zu Muthe ist
Wenn ihn verbrüllt ein jeder
Brüller
So schreibe einen Nümma-
müller!

Oder wenn Du glüklicherweise etwas besseres zu thun weißt als das so setze Dich auf ein Minütchen, u lese mit Gedult u Aufmerksamkeit, was ich, der in diesem Stük Erfahrene Dir mittheilen werde.

Am 1 d M ist das Werkchen im Bregenzerwald erschienen. Trotz allem Vorhergegangenen hätte ich doch nie geglaubt daß *hier* ein *Buch* so viel Aufsehen machen könnte, freilich war es nur die Neugirde, die fast jeden Bemittelten trieb es zu kaufen u zu lesen, u wer keines kaufte, der entlehnte u wer nicht las, der redete wenigstens davon u die am liebsten, die am Wenigsten davon verstanden.

Aber wie wurde es dann aufgenommen? – Die Bibel gibt darauf Antwort:

1) „Kann von Nazareth etwas Gutes kommen?“

2) Kein Profet ist angenehm in seinem Vaterlande. Zuerst mußte es den u den u diese gemeint sein, u da zuletzt auch die, welche keine Brillen hatten, einsahen daß eben alles gemeint sei – da ging das Be- u Verurtheilen an. Wo sollte ich Zeit u Papier hernehmen, Dir alles mitzutheilen was die Leute aus dem Buch heraus u in das Buch hinein gelesen haben, doch von s. g. Gebildeten muß ich Dir einiges sagen u als guter Schoppernauer fange ich mit unserem Pfarrer an. Dem gefiel das Buch außerordentlich gut, was mich Anfangs sehr überraschte. „Die Witze", äußerte er sich „sind ausgezeichnet u die über die Unterdörfler die besten die Gemeindsräthe, die Greth u mehrere sind unübertreflich gezeichnet."

Jetzt lacht der Pfarrer die Unterdörfler aus, wo er einen antrifft u sagt, sie sollen nur recht Exemplare kaufen, denn die Bücher welche sie kaufen kommen nicht mehr in die Welt hinaus, das sei noch ihr einziges Rettungsmittel. –

Der Doktor ist im Ganzen mit dem Buch zufrieden, nur hätte ich – o Kunstansicht !!! – Das Reute Wirthle – u mit hin die Winkeladvokaten nicht so loben sollen. Ist den mein Wirth das Lümple von Reutte? Oder ist es nicht viel mehr mein Ideal von einem Man, wie wir wirklich recht viele haben sollten?

Ähnlich der Behauptung des Doktors ist auch die des Kurats. Ritter u Genossen haben natürlich gar kein eigenes Urtheil.

Ein Schoppernauer ist böse auf mich weil er sich u weil andere ihn für den rothen Michel halten – u wirklich! wenn ich an ihn gedacht hätte so würde ich ihn nicht ganz so gezeichnet haben, so überraschend trifft alles ein. Als er am vorigen Sonntag in der Predigt saß u – schlief fing fast alles zu lachen an. Heut hat der Adlerwirth in Au Hochzeit, u ich muß Abends den Abdanker machen u das

Wible hohlen, bei dieser Gelegenheit hoffe ich dann zu erfahren, was man weiter draußen über mein Buch sagt.

Ein gedruktes Urtheil habe ich bisher noch keines gelesen. Und nun lieber Freund neige Dein Ohr zu mir u höre meine Worte:

Ists nicht eitel u vergebens
Thorheit nur u leerer Wahn
durch den Wüstensand des Lebens
sich zu wühlen eine Bahn

Denke nur, Dein Freund ist schwermütig worden, nicht des Unangenehmen wegen, das er die letzte Zeit her erleben mußte, sondern aus ihm selbst kommt all die Bitterkeit, an der er jetzt zu schluken u zu würgen hat.

Für den verirrten, oder in eine unbekante Gegend gekommenen Wanderer auf dem Lebenswege ist es gut, zuweilen einen Hügel zu ersteigen, u von da zu sehen, woher er eigentlich kommt u wohin er soll. Auf so einen Hügel habe ich mich hinweg vom lärmenden Markt des Lebens, geflüchtet u sehe mich. Zurükschauend erblike ich eine Vergangenheit, wo ich zwischen zwei Berufen stand, wie zwischen Thür u Angel, zwischen zwei Gegensätzen, wo jeder den andern verdrängen u mich mitreißen will, u wenn das noch lange so fort geht, dan bei Gott! werden sie mich zerreißen!

Nicht wahr, es ist ein eigenes Wort mit dem ich meinen jetzigen Zustand u meine Gefühle bezeichne, aber es ist das rechte.

Nun so entschließe Dich zu dem einen, u laß das andere, könnte man mir sagen, Du aber sagst das hoffentlich nicht.

Ich habe als Dichter mein Glük versucht, was ich geleistet, mögen andere beurtheilen, aber nicht nur die die mich zu kennen glauben u von Vorurtheilen sich leiten lassen, von meinen Landsleuten, für die ich wirken u meine beste Kraft brauchen wollte, werde ich, das merke ich schon nur Stank ernten für Dank, u dieser Gedanke wirkt wie ein Nasenstüber, den man einem Sänger gibt.

„Kehre dich nicht an die Urtheile der Dummköpfe u die Vernünftigen sind ja auf deiner Seite.“ Das ist ganz schön gesagt u auch beinahe wahr, aber eben so wahr ist, daß ich gerade mit denen, die Du Dummköpfe nennst, leben muß, so lang diese miserable Maschiene noch zusamenhält. Da muß ich leben u so manche Arbeit verrichten, die meinem nicht gerade zum Holzknecht eingerichteten Körper fast zu streng ist u des Geistes Kräfte lähmt, lähmt, aber nicht tötet! O daß ich sie töten könnte u ein rechter Klotz von Bauer werden könnte!

So weit kann einer im Bregenzerwalde, in Vorarlberg, im Lande der Inteligenz kommen, u villeicht noch viel weiter, ich will für heute abbrechen, da Du Dir alles einbilden kannst, was ich noch sagen möchte, wenn ich es sagen möchte.

Fragst Du noch, was ich seid Deiner Abreise in dem gemüthlichen Hopfreben geschrieben habe, so antworte ich Dir kein Wort, u Hopfreben ist nur gemüthlich, wen man es selbst auch ist.

Mache mir nur nicht den Vorwurf, es sei Schwäche u Feigheit, müssig dazustehen u zu hadern. O ich bin nicht müssig dagestanden, gearbeitet habe ich, daß mir die Hände bluteten u jeden Abend hundsmüde heimkam wie jeder Taglöhner oder noch müder. Und in anderer Beziehung bin ich doch auch nicht müssig da gestanden, habe gekämpft mit der Umgebung, u kein Mensch weiß mit was Allem. Und was habe ich nun errungen erkämpft? Ich habe Dir versprochen, aufzuhören, u ich werde auch Wort halten

18. Nov

Gestern Abends holte ich das Wible, das ist die kurze Lösung des gestern angefangenen – Romans aus der Wirklichkeit, es wäre mir heute noch gerade wie gestern, wenn ich – daran denken möchte. Auf Adlerwirths Hochzeit ging es lustig zu, ich machte aber nicht mit, am liebsten war mir – das Heimgehen. Daheim ist mir am wohlsten, ich sah in Au manches Lächerliche. Gegen mich waren alle Hochzeitsgäste freundlich, hie u da hörte ich von meinem Buch reden gutes u Böses, richtiges u falsches. Im ganzen darf ich mit der Aufnahme zufrieden sein, u mein Ärger kommt nicht von dieser Seite her, gegen Dich habe ich ihn ausgesprochen, Du kannst mich nun auslachen oder bemitleiden. Ich werde indes fortleben, u sehen ob es mir wieder anders zu Muthe wird.

Den Liebig habe ich erhalten, werde ihn aber wenn Du nichts dawieder hast, zuerst lesen u ihn Dir dan zusenden. Wo bist Du? Wie gehts Dir? Was macht s Moatle? Grüsse es mir herzlich. Der Gropper ist Hochzeiter, am kommenden Montag werde ich ihm beim Sonnenwirth abdanken. Den beiliegenden Bogen bitte ich Hrn Vonbun zu geben, damit er das ganze Werkchen hat. Höre was er sagen wird u wie man es sonst aufnimmt. Kaplan Sieber findet es unreligiös auf Seite 52 – 53. Willam in Wien hat mir eine günstige Aufnahme in einem eigenhändigen Schreiben zugesichert. Bald mehreres. Von Dir hofft baldige Antwort Dein Freund

Felder.

Das beiliegende Buch ist für Dich. Lese es im Frieden mit Deiner Therese.

Ists nicht eitel: Nikolaus Lenau, „In der Wüste", Zitat von Felder leicht verändert.
den beiliegenden Bogen: aus dem „Nümmamüller".
Vonbun: Franz Josef Vonbun (1824–1870) aus Nüziders. Mitarbeiter

an verschiedenen Editionen Josef von Bergmanns, Landarzt in Schruns, Lyriker, Erzähler. Sammler der Märchen und Sagen Vorarlbergs, die er 1847, 1850, 1858 und in einem nachgelassenen Manuskript in jeweils erweiterten Fassungen vorlegte, teilweise in Mundart gereimt.
unreligiös: An dieser Stelle schläft der rote Michel am Sonntag in der Kirche bei der Predigt.

Das Jahr 1864 brachte mehrere entscheidende Weichenstellungen in Felders Leben: Einerseits festigte sich sein Ruf als Schriftsteller durch die vorwiegend günstigen Besprechungen des „Nümmamüller“ in verschiedenen deutschen, österreichischen und Schweizer Blättern, andererseits nahmen seine politischen und sozialreformerischen Aktivitäten konkretere Formen an. Im März verfeindete Felder sich mit dem „Käsgrafen“ Gallus Moosbrugger und faßte erstmals den Plan zur Gründung einer Käsehandelsgesellschaft; im April organisierte er in Au ohne jede Vorbereitung eine große Feier zu Shakespeares 300. Geburtstag, bei der er eine Rede hielt, über die später Peter Rosegger in seiner Zeitschrift „Der Heimgarten“ berichten sollte. Der bisherige Pfarrer Aloys Stockmayr (1815–1897), ein Tiroler aus der gemäßigten Altbrixner Schule, verließ im Juli Schoppernau, sein Nachfolger wurde Johann Georg Rüscher, der sich nach anfänglich zurückhaltendem Verhalten Felder gegenüber zu einem seiner erbittertsten Gegner entwickeln sollte. Im Oktober wurde Felder in Schoppernau in den Gemeinderat gewählt. Literarisch arbeitete er an den „Sonderlingen“, las intensiv die Bibel und verschiedene Zeitschriften und studierte sozialpolitische und ökonomische Werke, darunter vor allem Wilhelm Heinrich Riehls Abhandlung über „Die Familie“ und die Schriften von Ferdinand Lassalle.

Seine angespannte Finanzlage zwang Felder, bei Kaspar Moosbrugger um Geld zu bitten; die Geldnot machte Felder auch in einem Brief an seinen Schwager vom 20. Jänner zum Gegenstand einer sarkastischen Bemerkung, wenn er von seinen gemeindepolitischen Erfolgen berichtet: „Die Gemeinderechnung ist nun nach meinem Kopf gehalten worden d. h. man hat die Unkosten nicht mehr auf Köpfe und Häuser vertheilt. Ich selbst war nicht dabei, habe mir aber alles genau von Ohrenzeugen erzählen lassen. Die Gemeinderäthe sollen als Einzige das lobend anerkannt, was ich vor einem Jahr gesagt, sich beiläufig so geäußert haben: ‚Er hilft ja den Ärmeren, das ist wahr, aber er thut es nur, weil in unserem Dorf fast lauter Bettler sind. Diese will er sich zu Freunden machen, um recht bald Vorsteher zu werden oder so etwas, denn stolz ist er wie wenige, wenn man es auch seinen Hosen nicht ansieht.' – – – – Wenn diese Männer gewußt hätten, daß ich nur deßwegen nicht zur Rechnungssitzung ging, weil – es mir an Geld fehlte, meinen Theil sogleich zu zahlen, das würde ein Triumpf für sie gewesen sein. – – – –". Am 11. März 1864 schrieb er über seinen Kampf gegen den Käsgrafen Gallus Moosbrugger: *„Aus der Wintermilch habe ich 14 1/2 und im besten Fall 15 Pf. gelöst und eine Brummelsuppe als Zugabe erhalten, weil ich das Unerhörte wagte, dem Donnerer von Schnepfau die Wahrheit zu sagen. ‚Lauser' und ‚Versmacher' war das Beste und wenn nicht meine Schoppernauer gezischelt hätten: ‚er hat doch nicht ganz unrecht', so würde er mich wohl haben hinauswerfen lassen. Ich weiß nicht, welcher Widerspruchsteufel mich regiert. Mit allen ‚goldenen' Kälbern komme ich noch in Händel, denn ich kann nicht mehr anders. Im letzten Herbst dachte ich zuweilen: ‚Bin ich nicht eine Einfalt, ich will immer zum Wohle Anderer reden und Niemand wills hören, ich werde bei denen, die ich vertheidige nicht beliebt, bei den Anderen verhaßt, wie wohl wäre es mir, wenn ich mich, wie die Andern auf Vaters Misthaufen stellte und mich um Gott und die Welt nichts mehr kümmerte.' – – So dachte ich wirklich und wenn ein Schoppernauer meine Gedanken gewußt hätte, so würde er gesagt haben: ‚So das ist nun einmal vernünftig.' Aber des Volkes Stimme* *ist nicht die des Gewissens. Ich will das Meine thun, das macht mich, wenn es auch sonst keine Früchte trägt, glücklicher, als der Beifall und die Zuneigung Anderer mich machen könnte. Die Besseren stehen wenigstens auf meiner Seite und ich erleb nichts, was nicht schon Andere und Bessere erlebt und wenn sie Männer waren, männlich ertragen haben, ohne sich durch solche Armseligkeiten vom rechten Weg ableiten zu lassen.*"

Franz Michael Felder an Kaspar Moosbrugger

[April 1864]

Geliebter Freund!

Mein letztes Briefchen sammt Beilagen wirst Du hoffentlich durch H Bopp erhalten haben. In Deinem vorletzten Schreiben profezeihtest Du: „Auf Eorgotag werde es wol wieder großartig zu u hergehen – „und Du hast es errathen. Ich saß nicht mehr bei der Isabell, um ihren Jammer u ihre Noth zu hören wie vor einem Jahr, nein dießmal ließ man Dich völlig in Ruhe, aber einem armen Poetlein wärs bald passirt, daß es sich selbst ein Trauerspiel, den andern aber ein Lustspiel nicht aufgeführt, aber mitgespielt hätte. Doch ich will der Erzählung nicht den Kopf nehmen. Lasset uns ruhig den Knoten schürzen und dann sehen ob und wie sich das Wichtlein mit seinem Bischen Witz wieder heraushelfen wird.

Das Volksfest. Eine Dorfgeschichte

1. Kapitel

Am 24 April 1864 wanderte nach der Zeit des Kaffee ein mageres Männchen nach Au. Stolz richtete es das Köpflein auf so daß sich leicht vermuthen ließ es sei eines jener glüklichen Wesen, die noch ohne Herzklopfen von den hohen Heupreisen erzählen hören. Särvis Schwaugar!

witt zum Doktar ga Eorgo haulto? wurde der auf dem Wege fort eilende gefragt der aber kaum zu einer Antwort Zeit hatte u den Fragenden zum Mitgehen einlud, vermuthlich weil ihm das das einzige Mittel zu sein schien, nicht zu lange aufgehalten zu werden.

2. Kapitel

So grüß gott Felder, und Gott Lob und Dank daß du kommst geh nur in die Stube du wirst Durst haben, so rief dem Ankommenden die kluge verständige Hausfrau des Rößlewirths entgegen. Dieser aber (der als Schoppernauer mehr Neugierde als Durst hatte) that den Mund auf u sprach die fragenden Worte „Ist *er* daheim?“ „Nei – jabo nüd“ hieß es und Nei – jabo nüd hieß es wieder, als der Schoppernauer fragte ob er nämlich der Doktor, heut einen guten Humor habe. „Man hätte gestern kommen sollen, gestern wär der Vorabend seines Nahmensfestes gsin.“ sagte Isabell, der Schoppernauer aber sprach „am Samstag bleibt ein guter Christ daheim und ein Glückswunsch kommt auch heut noch recht“. Sein Begleiter aber der seines Zeichens ein Schneider, ging ihm schweigend in die Stube nach.

3. Kapitel

Franzmichel soll auf den Tanzplatz kommen. Franzmichel ging hinauf.

Da standen, wartend der Dinge
Die kommen sollten im Ringe
Die Musikanten – von Blech.
Schon Monathe mußten sie leiern
Sankt Eorgotag würdig zu feiern
Sich ledig zu blasen der – Zech.

Wißt ihr wo er ist fragte der Schoppernauer. „*Nei – jabo nüd*“. hieß es u einige fragten zurük, hast wieder etwas lustiges?

Nichts Wichtiges.

Nun wurde das Program entworfen und öffentlich bekannt gemacht. Alles, Felder an der Spitze, wollte zu Eorgo Wohnung, dann sollte er zuerst die Rede halten, worauf die Blasinstrumentmusikanten 8 Mann das Ihre zu thun versprachen.

4. Kapitel

Die im Tanzsaal befindlichen wurden gerufen u purzelten mehr als sie gingen.

Ischt ar itz dau?

Nei jabo nüd!

Warum ruft man aber? fragte das Poetlein mit einer Stime, die man einem solchen Männlein nicht zugemuthet hätte.

Er ist daheim, sagte die Wirthin, u Isabell ist zu ihm u will ihm sagen: *Er solle kommen man wolle ihm gratilieren!* – –

Es gab Leute, die über diese Rede lachen mußten.

Man kam in frohem Übermuth
Bei Doktors Wohnung an
Die Musikanten stimmten gut
Und Felder schritt voran
Ist die Thüre offen? Nei jabo nüd.

5. Kapitel

Wer am besagten 24. April im Schopf beim Doktor gewesen, der wird sich auch vorstellen können, wie es möglich war, daß einst Jerichos Mauern zusamenstürzten. Die Fenster zitterten, alles was sich bewegen konnte, bewegte sich u wenn der Doktor daheim war oder nur eine halbe Stunde weit fort, so wird er sich nicht damit entschuldigen können, daß er es nicht gehört habe. Es kamen Kinder, weiße u rothe, es kamen Weiber alte u junge, aber Eorg kam nicht, unverrichteter Sache mußte man zurük, u das Poetlein, welches voran herstolzirt war, folgte in wehmütigen Erinerungen versunken dem Zug.

6. Kap
Mit selbstbezahltem Biere
Stillt Felder seinen Durst
Verbeißt dabei den Ärger
An einer dürren – Wurst.

Und wo ist wohl der kalte nüchterne Philosof, der es ihm verargen würde, wenn sein Ärger größer wäre als die Wurst. Schön auf himmelblaues Papir geschrieben staken seine frommen Wünsche und Hoffnungen in der Roktasche, von niemand noch gesehen, von niemand gehört. Das war noch nie dagewesen. Jetzt galt es sich zu retten, zu zeigen, daß man nicht von so einem Eorgo abhängig sei. Große Gedanken dämmerten in des Poetleins Seele, all die Geister seiner großen Vorfaren rief es um Hülfe an u da stand auf einmal Sakspeare vor ihm. Der nämliche, dessen 300jähriges Geburtsfest an diesem Tage in ganz Europa gefeiert wurde.

Jetzt richtete sich das Männlein auf und sprach von dem großen Dichter, zeigte dessen Bildniß u redete davon, wie schön es wäre diesen Abend sein Geburtsfest zu feiern. Und siehe da: Alles war einverstanden. Eilig gingen die Burschen den Wäldern zu u holten Tannenreiser, um zwischen Argenau u Argenzipfel ein Festfeuer Anzuzünden. Jetzt hieß es nicht mehr: Nei jabo nüd, sondern imer: „Vorstaut si!“

7. Kapitel

Um 9 Uhr wurden die Fakeln angezündet u unter Begleitung der feierlichsten Musik bewegte sich der Festzug, zuerst Greußing u Komp dan die Fakel und Kerzenträger dann das Volk. Auf dem Festplatz angekommen sang man „Wir hatten gebauet“ u zündete das Festfeuer an, das bald hoch auf loderte u in Schoppernau u Au gesehen war, so daß sich eine große Menge Nachtbuben hier versammelte u die Rede mit anhörte, die vom Poetlein gehalten wurde.

Leider kann hier nicht wieder gegeben werden was in der Stunde der Weihe gesprochen wurde. Um 10 Uhr kehrte der Zug zum Rößle zurük u um 12 Uhr endete das Fest. Hie u da hörte man sagen: Gottlob, daß der Doktor nicht kam. Das Poetlein ging glüklich u zufrieden heim.

So entstehen Volksfeste!!!. Was werden die Schwarzen dazu sagen. Es wäre zu wetten, ein Norddeutscher hätte Respekt vor der Wälderbildung gekrigt, hätte wohl gar der staunenden Welt in der Zeitung davon erzählt. Das Poetlein aber hat dabei seine eigenen Gedanken u beeilt sich, seinem Freunde die Geschichte mitzutheilen.

Am 28. April

Am letzten Sontage redete man auch von Deiner Entgegnung auf Vonbuns Kritik, u der Kurat in Rehmen fand dieselbe etwas zu stark. Er habe die Vonbunsche Besprechung für gutgemeint u lobend gehalten u begreife nicht, wie Du so gegen ihn habest zu Felde ziehen können, sagte er. Nun, die Geschmäker sind verschieden. Ich würde die Stelle: „Herr Felder ist ein Gesunder" nicht geschrieben haben. Sie mag zum Theil in der von Dir gebrauchten Anwendung richtig sein – aber – aber! –

Sehr begierig bin ich, wie Deine „Schreibereien" in Lindau aufgenommen werden u hoffe von Dir bald etwas zu erfahren. Der Pfarrer Kohler im Lech hat seine „*Reise nach Rom*" beschrieben u wird dieselbe nächstens bei Stettner erscheinen. Wenn Du den Mann kennst, wirst Dir das Büchlein anschaffen. Es soll ganz eigenthümlich geschrieben sein. Herrmann Schmid ist in München Redakteur des seid Neujahr erscheinenden Heimgarten (belletristische Wochenschrift), den ich sehr gern lese. hie u da erscheint auch eine Arbeit von ihm, z B der Schütz fo 1–6, sein Almenrausch u Edelweis in der Gartenlaube 63 wirst Du gelesen haben. Der Heimgarten ist entschieden besser als das Familienjournal. Die Holzschnitte sind oft prachtvoll u übertreffen sogar die der Gartenlaube. Ich lese jetzt die kleinen Klassiker, die ich in diesem Winter antiquarisch anschafte, u kann Dir daher mit den bessern alten u neuen Dichtern aushelfen. Für mich waren diese Bücher fast so nothwendig als ein – Conversations Lexikon, nach dem ich mich schon lange sehnte. Ich habe nun die 11te Auflage des Brokhausischen bestellt, das in Wochenlieferungen erscheint u bis 1869 vollständig wird. Du brauchst Dir also kein ähnliches Werk anzuschaffen, denn ich zweifle nicht, daß mein Brokhaus Dir gute Dienste thun wird. Es ist wirklich staunenswerth, was da alles zu finden ist u ich gäb etwas wenn ich ihn schon vor 10 Jahren gehabt hätte. Deine Schwester Barbara ist von einem Mädchen glüklich entbunden worden und hat dasselbe in der Taufe den Nahmen Margreth erhalten. Ich erlaube mir auch, Dir jetzt schon zu deiner Vaterschaft meinen herzlichsten Glückswunsch zu bringen.

In Schnepfau ist letzthin ein etwa 80jähriges Weib gestorben, das noch in dem letzten Jahre seine Schalkjuppe am Sonntag trug, also etwa 62 Jahre die gleiche Juppe. Das wäre etwas fürs Antiquariat! Soeben habe ich in der A. Allgemeinen Zeitung fo 105–106 Beilage eine Besprechung der Auerbachschen Schriften gelesen in welcher die Frage: Was u wer ist naiv beantwortet wird. Ich hätte Lust Dir mehr über diesen Artikel zu schreiben, aber sicher hast Du ihn schon lange gelesen. In demselben wird behaubtet:

Kein Dorfbewohner kann eine Dorfgeschichte schreiben, das soll wohl heißen, man soll objekiv schreiben, soll nicht bei der oder jener Partei stehen wie J Gotthelf, denn daß die Dorfluft dem Schriftsteller schädlich sei, kann ich nicht begreifen, obwohl ich recht gern eingestehe, daß einem alles Lesen das noch nicht ersetzt was man Welterfahrung nennt. Es muß eben am Holz sein wenns spalten soll – glaube ich, meine dabei aber durchaus nicht daß etwa ich ein so spältiges Holz sei. Den Allioli wirst Du im Sommer bei mir finden u ich werde Dir dann mittheilen, warum ich Dir so lange nichts darüber mittheilte. Meine Bibliothek hat sich bedeutend vermehrt u ich studirre jetzt bei weitem mehr als ich schreibe, denn ich fühle immer mehr wie viel mir noch mangelt, um nur ein ordentlicher geschweige denn ein auserordentlicher Mensch zu werden.

Thümmel sagt: Unsere verwahrlosten Felder unsere magern Kinder unsere schlechten Schuhe wollen nicht beschrieben gemahlt u besungen sein, sondern die müssen gedüngt ernährt u geflikt werden, wenn der gemeine Mann vorwärts will. Das andere ist eigentlich Sache derjenigen, die an der runden Tafel sitzen. Hat unsereiner eine freie Stunde so nascht er lieber von dem was da ist, als das er der Zukerbäker wird, so denke ich jetzt wenn ich hundsmüde von der Feldarbeit heimkomme. Ich habe jetzt mehr Genuß von den Büchern als früher, denn ich will nicht mehr alles auf einmal. Villeicht bist Du später so gut mir den Lassale zu geben, jetzt habe ich wenig Zeit u noch vieles ligt unaufgeschnitten, das eigentlich gelesen sein sollte, doch es geht nicht mehr so schnell als früher, wobei ich aber nur gewinne. Das Nämliche gilt auch von meinen Schreibereien. Ich habe diesen Winter fast nichts gethan, als einige hundert Blätter für Bergmann geschrieben und das am Freimaurer zusamengesudelte wieder umgearbeitet. Das Ganze war wirklich zu formlos u da ich nicht hoffe, daß meine Schriften je das Lobenswerthe der J Gotthelfschen haben werden, so möchte ich auch, so viel als möglich seine Fehler vermeiden. Es fällt mir immer wieder etwas ein, das ich Dir mittheilen möchte u mein Brief wird dabei da ich täglich nur ein paar Zeilen zu schreiben komme, ein merkwürdiger Durcheinenander werden. Von den neuen Wahlen habe ich hier noch nichts gehört. In Au wird es dismal vermuthlich fridlicher, im conservativen Schoppernau etwas stürmischer zugehen als das letzte Mahl – ausgenommen, wenn man mündlich wählt u der – – Pfarrer dabei ist. Jedenfalls wird aus Deiner Vermuthung, daß ein Poet u. s. w. nichts werden, als eine Enttäuschung, denn bei den Diken bin ich in Ungnade gefallen, u die kleinen werden mich liegen lassen wo ich liege u wo mir – im Vertrauen gesagt – am wohlsten ist.

Es gibt jetzt auch in Schoppernau zwei Parteien aber mit Haine kann man ausrufen.

Ich schaute rechts ich schaute links
Es stank auf beiden Seiten.

Kurz am wohlsten ist einem, wenn man unbeachtet u unbeneidet daheim lebt u für die lieben Seinen Erdäpfel pflantzt u Kälber aufzieht zu Kühen. Hat man Lust u Lieb zum Ding, so mag man nebenbei treiben u schreiben was man will, aber wohl dem, der nichts dabei sucht, als seine Unterhaltung u Bildung. Das Wirken fürs gemeine Wohl ist nicht jedermanns Ding, und ich glaube keiner sollte anfangen, bis er alt u kalt genug ist, um ruhig Stank für Dank hinnehmen zu können. Mich hat die letzten Jahre manch' rauher Wind angeweht, u ich darf sagen, ich habe mich im ganzen noch nicht verkühlt, leide noch nicht am Schnupfen der Selbsucht, denn ich meine, wenn man von den Leuten Anerkenung u Dank will, muß man thun, was sie nicht was unsereiner für gut hält. Die Bauern sind am rohsten, wenn sie in Masse beisamen sind, weil da nur die Leidenschaftlichkeit zum Wort kommt, nimmst du aber Theil an Freud u Leid des Einzelnen so weht es dich an, wie ein göttlicher Hauch „Ich will nicht der Mann aller, sondern, der Freund der besseren werden".

Was macht Deine Therese? Wir alle lassen sie recht herzlich grüßen. Hr Stettner hat mich benachrichtigt daß er mich im Somer einmal besuchen werde. Mein Nümamüller scheint in Norddeutschland mehr Glük zu machen, als im Süden, wie ich Dir schon mitgetheilt habe. Von Jo Jos Felder habe ich Nachricht, er ist noch in Bordeaux. Jochum ist noch hier und wartet auf seine Schriften, um die er schon längst nach Wien schrieb. Über das Viehsalz mechte ich Dir einen Artikel in den deutschen Blättern empfehlen. Der L Z könnte man antworten. Im Stenn bei Schoppernau wurde 1862 das Vieh mit k k Viehsalz gefüttert u im selben Jahr starben 11 Rinder am Durchfall, was sonst in 15 Jahren nicht vorgekommen war (so sagt der Hirt). Lebe wohl u schreibe bald wieder

Deinem Freund

Franz M Felder.

Servis Schwaugar! ... haulto?: Servus Schwager! Willst du zum Doktor den Georgstag feiern? (= zum Auer Gemeindearzt Johann Georg Walser)
Nei-jabo nüd: Nein, eben nicht.
gsin: gewesen.
Ischt ar itz dau?: Ist er jetzt da?
Sakspeare: Shakespeare.
Vorstaut si!: Versteht sich.
„Wir hatten gebauet": politisches Studentenlied von Binzer, das die Enttäuschung über die Auflösung der Burschenschaften 1819 ausdrückt.
Nachtbuben: in der Nacht herumschwärmende, oft lärmende Burschen.
Entgegnung auf Vonbuns Kritik: Franz Josef Vonbun hatte Felders Buch im März in der „Vorarlberger Landes-Zeitung" im großen und ganzen freundlich besprochen und als „fleißige, verdienstvolle Arbeit" gelobt, allerdings bemängelt, daß keine Sagen vorkämen und „daß die debütirenden, blonden ungekämmten Wälder in den Zipfelkappen in gar zu bukolischer Natürlichkeit auftreten und etwas Stallgeruch in das schmucke, lichte Lesezimmer bringen." Moosbrugger hatte im April in derselben Zeitung eine Entgegnung unter dem Titel „Zur Vaterländischen Literatur" veröffentlicht, in der er Felder verteidigte und ihn als „Gesunden" hinstellte, der das schwärmerische Naturgefühl der Städter nicht kenne.
Deine Schreibereien: Moosbrugger hatte Ende 1863 eine umfangreiche zeitkritische Abhandlung unter dem Titel „Stimmungslaute eines ungarischen Beamten aus Vorarlberg" zusammengestellt und Stettner

in Lindau zum Druck angeboten. An Felder schrieb er am 16. April 1864: „Ich habe hiebei den Zweck, den Eindruck kennen zu lernen, den derartiges in unseren bureaukratischen Kreisen macht und was die Leute überhaupt zu diesen meist ungehobelten und ungezähmten Gebilden sagen. So was würde gewis Niemand hinter einem Beamten suchen und namentlich hinter mir nicht. Jedenfalls wird man meinen, Einer von dieser Gemüthsart werde unmöglich ein rechter Beamter sein."
Herrmann Schmid: Hermann Schmid (1815–1880), populärer Schriftsteller, Werke z. B. „Der Schütz von Pertisau" (1864), „Die Mordweihnacht" (1864), „Almenrausch und Edelweiß" (1864), seit 1864 Herausgeber der Zeitschrift „Der Heimgarten. Ein Haus- und Volksblatt mit Bildern" in München.
fo: hier: Seite.
die kleinen Klassiker: eine Ausgabe „Deutsche Classiker" in 150 Bändchen, die in Stuttgart bei Cotta und in Leipzig bei Göschen zwischen 1853 und 1858 erschien und Goethe, Klopstock, Lenau, Lessing, Platen, Pyrker, Schiller, Thümmel und Wieland enthielt. Teile der Sammlung sind in Felders Bibliothek erhalten.
Schalkjuppe: Tracht, bestehend aus Bluse mit Ärmeln aus Glanzstoff (Schalk) und Rock aus steifem, gefälteltem Glanzleinen, die die Mädchen im Bregenzerwald ab dem 18. Lebensjahr trugen.
Allioli: Eine dreibändige Ausgabe des Alten und Neuen Testaments, die von Josef Franz Allioli herausgegeben und erläutert wurde.
Thümmel: Moritz August von Thümmel (1738–1817), Jurist, Schriftsteller mit Vorliebe für das Erotische und Ironische. In Felders Bibliothek hat sich erhalten: „A. M. von Thümmels sämtliche Werke." 3. – 4. Band. Leipzig, 1853.

Kaspar Moosbrugger an Franz Michael Felder

Dornbirn 28/7 $\overline{864}$

Lieber Freund!

Also von meinem Bub. – Mein Bub ist am 18ten d. Ms. lärmend und schreiend wie Buben zu thun pflegen in unsere Staatsbürgerschaft eingetreten. Am 19ten trat er auch in den Verband der kath. Kirche u. legte sich, damit er nicht vergesse, wann er geboren sei den Namen Julius bei. Seither ist Lärmen, furzen, schlafen u Muttermilch trinken seine Hauptbeschäftigung. Wie Er ist auch das Wiebl wieder ganz gut. –

Die Zahlen 3 u. 6 oder durch diese theilbare Zahlen machen sich mir auf meinem Lebensgange bemerklich. Anno 830 u. zwar am 6ten Tag jenes Jahres d. i. am 3 Königtag wurde ich geboren d h einfacher Mensch, anno 863 am 12ten des drittletzten Monats wurde ich verdoppelt u. 9 Monat 6 Tag nachher d i am 18ten d. Ms. kam mein Bub als Produkt meiner Verdoppelung u als der 3te im Bund zur Welt. Ist das nicht intresant? – Nein, aber was sich aus obigem ergibt. Als ich nämlich verdoppelt wurde, war ich gerade 33 Jahr, 9 Monat u 6 Tag alt! von meinem Geburts- bis zum Verdoppelungstag 863 verfloß also gerade soviel Zeit, als ich zur Herstellung eines Menschen brauche d. h. 9 Monat u. 6 Tag. Auch in anderer Richtung läßt sich dieß Thema durch mein Leben verfolgen:

Anno 836 kam ich auf die hohe Schule in Au, anno 842 kam ich zum Studiren nach Feldkirch, anno 848 lief ich im Zorn davon u. wurde Schullehrer in Au, anno 854 beendete ich meine Studien, anno 860 kam das Oktober Diplom u verlor ich meine Stellung in Ungarn. – Unter meinen Geschwisterten bin ich dem Alter nach das 6te u. hab noch 3 hinter mir. Und so ließ sich die Sache weiter fortspinnen doch genug. –

Du machst Bibelstudien, das ist gut. Unsere Zeitfrage aber ist die sociale Frage, die allerdings mit der Bibel zusammenhängt. Du hast im Nümmamüller zwar ein Verständniß dieser Frage gezeigt und es wundert mich nur, daß Deine Kritiker dieß nie hervorhoben. Diese Frage aber geht mit Riesenschritten nun ihrer Lösung entgegen. Die deutschen Arbeiter nehmen schon in Masse Partei, sie wurden schon handgemein mit den reichen Fabrikanten. Der Name Lasalle's wird noch die Welt erfüllen, obwohl ihn ein preußisches Gericht nach dem andern jetzt aburtheilt. Seine Sache ist eine große u. hat unbedingt eine Zukunft. Er ist ein Feind Östreichs, ein Feind unserer Kirche u. ein Feind

Großdeutschlands, aber eine großartige Erscheinung im deutschen Volk von unvergleichlicher Gesinnungstüchtigkeit u. wissenschaftlicher Schärfe. Bischof Ketteler in Mainz, dessen Werk gegen Lasalle etc ich eigens kommen ließ, macht sich beinahe lächerlich, wo er den Lasalle corrigiren will! Dieß Werk ist die größte Lobrede auf diesen größten Demokraten, den ich kenne. Daß Bismarck, Rechberg u. Rußland vor der deutschen Demokratie zittern, davon haben sie bereits Belege abgelegt. – Dieß alles führe ich nicht deßhalb an, weil ich für die deutsche Demokratie eingenommen, im Gegentheil, sie ist mir eine objektive Erscheinung wie eine andere! Ich wollte Dich nur aufmerksam machen, daß außer dem Bregenzerwald keine fridlich biblischen Zeiten mehr sind, u. es sollte mich wundern, daß bei dieser Lage Deiner Sache, wofür Du schon eine Lanze gebrochen, Du unberührt bleiben solltest! –

Bist Du etwa schon auf den Standpunkt des Objektivismus gerathen? – Traun das wäre für Dich zu früh. Studire unser Steuerwesen u. was dran hängt u. Deine Liebe zum Volk, erwärmt durch die Liebe zur Bibel, wird Deinen Subjektivismus, um den es wirklich schade wäre, zu neuen u werthvollern Thaten entflammen. –

In der östreichischen Wochenschrift habe ich vom Hefele, der mein Mitschüler, sogar mein Quartiergenosse war, noch nichts gefunden. In derselben Zeitschrift war auch die Notiz, von der ich Dir schrieb. Ich ginge sehr gern in den Bregenzerwald aber es ist hier sehr viel Arbeit u. ich weiß nicht, ob u wann ich los werden kann. –

Wenn Du mir wieder schreibst u ich hoffe daß es bald geschehe, theil mir auch mit, wie es den Brüdern auf Krumbach geht. –

Ich muß Dich noch auf das merkwürdige Urtheil des Innsbrucker Landesgerichts im Prozeß des Kunz in Feldkirch u. der Doktoren gegen den Tiroler Both aufmerksam machen. So was ist noch nie vorgekommen. Ich werde Dir die Broschüre schicken. – Mit 1000 Grüßen an alle lieben Wälder

Dein Freund

K. Moosbrugger

Sag meinen Brüdern, sie sollen sich schämen, daß ich, den man daheim nicht hat brauchen können, der erste der Brüder bin, der einen Buben herstellt u. so für Fortsetzung des Stammes „Haghansomati" – wahrlich nicht zu zeitlich – gesorgt hat. –

Das macht alles Nummer 3

Bischof Ketteler: Wilhelm Emanuel Freiherr von Ketteler (1811–1877), Bischof von Mainz, äußerte sich streitbar zu kirchenpolitischen und sozialen Fragen. Sein Werk „Die Arbeiterfrage und das Christentum" (1864) wurde von Lassalle beifällig zitiert; später sprach sich Ketteler jedoch ablehnend gegen Lassalle aus.
Rechberg: Johann Bernhard Graf Rechberg (1806–1899), Staatsmann in österreichischen Diensten, 1859–1864 Außenminister, Schüler Metternichs.
Prozeß des Kunz: Ehrenbeleidigungsprozeß zwischen Carl Kunz, Redakteur der liberalen „Feldkircher Zeitung", und dem klerikalen „Bothen für Tirol und Vorarlberg". Kunz verlor den Prozeß und wanderte 1867 nach Amerika aus.
„Haghansomati": Hausname der Familie Kaspar Moosbruggers in Au.

Franz Michael Felder an Kaspar Moosbrugger

Schoppernau den 4/8 64

Geliebter Freund!

Vor allem meinen aufrichtigsten Glückswunsch! Ich hätte Dir eigentlich ein Gratulations Schreiben in Versen verfassen sollen, doch warum diese mühsame Silbenstecherei? Möge das Leben Deines Buben so froh und heiter sein wie der Tag, der ihm sein Dasein gegeben, – heiterer als der Monath, in dem er zur Welt kam. Alles was mir fehlt, wünsche ich ihm und daß er doch durch sich selbst groß sei und alles Andere entbehren könne. Wann mein Weible zum Gottloben kommt weis ich nicht. Es ist gesund und hofft, in diesem Jahr Deinen Buben noch zu sehen. Jetzt hätten wir schon Zeit einen Ausflug zu machen, aber ich erhielt gestern ein Schreiben von Stettner in Lindau worin er mir mittheilt, daß er mich nächstens besuchen „und mir einige in letzter Zeit eingegangene Besprechungen meines Nümamüller mitbringen werde." Also daheim bleiben und – Bibel lesen! Du scheinst Dich zu wundern, daß ich so ganz aus dem Strom der Gegenwart hinweg auf eine sagenhafte Insel (nicht Jamersäule) gekommen, aber Freund! auf der Insel ists schön, alles blüht u lebt und ich hoffe da manches Korn manches Gewächs zu finden und mitzunehmen, das auch an andern Orten Früchte trägt, wenn mir das Mitnehmen dieser Körner und Pflanzen auch so beschwerlich werden sollte, als einst Hans Dracke die – Einführung der Erdäpfel in Europa. Kurz auf meiner Insel bin ich vergnügt das ist das erste, dann habe ich auch einige papirne Schiffe, genannt: „Deutsche Blätter" „Franzels Unterhaltungen", „Illustrirte Zeit", „Glocke", „Heimgarten", „Gartenlaube", „Allgemeine Zeitung" u s w auf denen ich u zwar nicht ganz gefahrlos für meine innere Ruhe in die ärgsten Strudel hinausfahre, und – doch dißmahl sollst Du kein drei mehr bekommen! Du verstehst schon sonst wie ichs meine. Mein letzter Brief wird Dir merkwürdig trocken vorgekomen sein? Ich hatte Dir in früheren Briefen immer von mir selbst geschrieben, das dachte ich nun, müßte doch endlich jedem zu viel werden u da ich gerade in der verarbeitetesten Stimung war, hatte ich Zeit zum Schreiben jenes Heuerbriefes, der Dir wie es scheint aufgefallen ist. Ich habe mich um offen zu reden, seid den schönen Tagen des Nümamüller villeicht in manchem Stück geändert, aber ich meine die Hitze des Lebenssomers, die ersten 2 *Julitage* haben mich doch nicht dürr gemacht wie unsere Kirschbäume, sondern nur feuriger, reifer – wie die Trauben. Ich bedaure, daß die Krankheit der feinen Selbstsucht so um sich greift, erfreue mich aber stets an der Hoffnung, daß sie *uns nie* aufhalten hindern schwächen soll für das allgemeine Beste zu wirken. Es ist wahr, im letzten Jahr kam ich so zu allerlei Gedanken, hätte zuweilen nicht ungern all mein Dichten u Trachten alle mein Ideale um ein Malter Mehl und ein Paar gute Hosen hergegeben. Doch ich fand einen Freund an Dir, ich fand gute Menschen wo ich sie nicht suchte und das Elend jener Tage ist hoffentlich für imer vorbei.

Du kennst mich genug um zu wissen, daß es in meinem Leben Augenblicke gibt und gab, in denen ich nicht gehen sondern nur springen kan, ligt mir dann etwas im Wege, so schlage ich meinen Kopf an und das thut – weh.

Gebückt und mit dem Hut in der Hand
Kommt man durchs ganze Land.

Das ist ein wahres Sprüchwort! aber der Teufel ich mag so nicht durchs ganze Land komen. „Gerader Weg fahrt sicher." Das ist meine Losung. Die Abwehrsteine, an denen ich die Knie anstieß werde ich mir schon merken.

Ich rede hier, wie Du wohl merken wirst, nicht nur von meinem Leben, sondern auch von meinen Schriften. Nach *meiner* Ansicht wird der Nümmamüller von dem *Roman* „Sonderlinge" bei weitem übertroffen werden. Ich werde viel frohe Stunden bei der Arbeit haben, weiter rechne ich jetzt nicht! Beim ersten Werke waren die Freuden des stillen Schaffens die schönsten. Mein jetziger Roman ist nicht das Werk eines Jahres, mein Leben mit allem geherte dazu, ihn zu schreiben. Als ich ihn anfing, war der Plan für mich zu groß, aber nun ist er kleiner u ich – dem Freunde wird diese Rede nicht eitel scheinen – ich bin ein wenig größer wenn auch noch lange nicht der Große geworden. Seit einem Jahr bin ich mit der Arbeit nicht vorgerükt, sondern habe nur das geschriebene verändert verkürzt und ich meine verbessert. Das was vor einem Jahr in 9 Kapiteln auf 32 Bogen stand mußte machen so gut es konnte, damit es in 6 Kapiteln auf 26 Bogen Platz finde. Ich wollte ich könnte Dir einige Kapitel vorlesen. Der Gedanke des Ganzen nach meiner jetzigen Auffassung ist: Es sind nicht die Großen, die die Fäden des Geschiks halten. Auch sie können zum Glück nicht alles was sie wollen. Kampf und Streit, nicht siegen und unterliegen hilft vorwärts. Doch ich sehe daß sich das im kurzen nicht so leicht sagen läßt und füge daher nur noch bei: Ein Geistlicher u ein Weltlicher, beide wollen, keiner wie der Andere die Welt bessern, daraus entsteht „Auerismus und Schoppernauerhaftigkeit“. Don Quixoto sagt: Mancher wird glauben zu schieben und wird geschoben werden und – der Bregenzerwälder sagt: „Jesus wählte darum zwölf Apostel weil er meinte Einer könne mit sammt dem Heiligen Geist nicht alles alein richten und machen wie es sein sollte“. – Das wär so kurz als möglich der Inhalt, das Ganze wird aber meine Ansichten aussprechen, nicht in Abhandlungen u Reflexionen sondern durch den Verlauf einer Dorfgeschichte in des Worts verwegenster Bedeutung. Nicht blasse Mückenfänger und Grillenmännchen sondern Mäner fest u starr wie unsere Berge zwischen denen die Mädchen wie Blumenhügel stehen, wirst Du finden, Kämpfe sollst Du sehen, die ich selbst u meine Freunde u Freundinnen die Sonderlinge gekämpft haben u doch wird das ganze nicht Portraitmalerei sein. Ich bitte Dich, mir Deine Gedanken über meine Gedanken bald, recht bald mitzutheilen.

Die letzte Woche war ich mit meinem Wible auf Krumbach. Jok hat von 46 Kühen die Milch gekauft und das Sennen gelernt er hat große Lust am Ding und es scheint ob er in Zukunft die ruhigere Sennerei fast lieber als den Viehhandel betreiben möchte. Gesennt wird bei „zsch Leousa". Pius mit den Kühen lebt auf der Hochalp frisch und gesund. Er hat zwei Knechte wovon aber der eine bisher immer Heuerdienste zu versehen hatte. Auf der Hochalp ists Ossianisch prächtig. Als wir kaum droben auf der Hütte waren, krachte zischte rasselte es als wie im Nümamüller S 144. Ein Gewitter mit Hagel verziert, verderbte mir die Freude in der Alp herumzulaufen, doch das Meiste haben wir gesehen u so ein Gewitter ist auch etwas. In der Hütte wurde uns hungrigen Kaffeemenschen frische Butter Milch Kaffee u was für einer vorgestellt und

Ich bin zu alt um bloß zu spielen,
Zu jung um ohne Wunsch zu sein.

In den meisten Alpen hat man wenig Milch, dafür aber soll sie besonders ergibig sein, was die welche auf eigene Rechnung sennen, sehr hoch anschlagen können. Sonst habe ich auf Krumbach nicht viel Neues erfahren. Das Bauen zu Schröcken geht der schlechten Witterung wegen sehr langsam. Auch scheint der hl. Geist des Friedens zu fehlen obwohl man eine Kirche baut. Mich ermahnt diese katholische Kirche fast an die katholische Kirche, wobei aber der Umstand, daß der Pfarrer am 2ten Juli davon lief, nichts zu thun hat. (der Pfar kam nicht weiter als nach Andelsbuch – ja so! Hast Du auch von dem dortigen Streit wegen einer Kapelle gehört??) Im Schröcken will alles eine Kirche, aber man will sie nicht auf die gleiche Art gebaut. Zuerst gab es Streit, weil der Pfarrer u Einige die Stiege zu der 2. Emporen in, die andern aber vor der Kirche haben wollten. u.s.w. Mit dem Wirthshaus, welches die Oberhauser bauen gehts besser. Dem Streit Liebigs wirst Du sicher mit so großem Intresse als ich gefolgt sein. Die Norddeutschen sind selbstverständlich auf Liebigs Seite hübsch u gründlich war die im letzten Winter in der Allg. Z. erschien. Abhandlung von Riehl „Die politische Partei". Ich habe die Beilagen hübsch beisamen, da ich die Zeitung mit dem Wirth von Schröcken halte der sie doch nur verpacken würde. Das Brockhausische Lexikon leistet mir dem Ungeschulten sehr gute Dienste ich kann nun auch wissenschaftliche Werke mit Intresse lesen u habe mich vor Fachbüchern nicht mehr so ängstlich zu hüthen. Manche Artikel sind meisterhaft – alle ganz objektiv gehalten. Auch uns Katholiken läßt er leben, während andere Werke dieser Art mit allem Glauben aufräumen wollen.

Jetzt wieder einmal etwas Geistliches.

Der Pfarrer ist fort, das ist nicht gut. Ein Kapuziner ist da das ist traurig. *Pater Zeno* ist da, das ist das traurigste. Wer ist Pater Zeno? Wirst du fragen. P Z ist ein langes 28 Jahr altes krankhaft aussehendes Stück Mann, so groß ist er, daß er in meinem Studirzimer den Kof überall anschlagen würde !!! Es ist schade! Schade um Schoppernau, Stockmajr hatte wenigstens den Ablaßunfug etwas abgeschafft, hatte dem Aberglauben gewehrt u die Leute nicht mit verschimmelten Klosterbrocken u dünem Weihwasser sondern mit gesunder Kost genährt. Jetzt pfeifts Anders! Pater Z hält die Sünder bei den Haaren über den Rachen der Hölle u überschüttet sie mit Weihwasser, bedekt sie mit dem Skapulier u macht Kreuze, damit sie nicht verbrenen. Wer ist ein Sünder. Alles! Todsünde über Todsünde. In den Jesuitenpredigten ist wenigstens Logik aber hier ist – Alfons v Liguori, drum noch einmal: Schade um Schoppernau! Schulze Delitzsch wird in der Gartenlaube gegen Keteler auftretten. In den „Deutschen Blättern 29-30" ist ein hübscher Aufsatz „Ein Imortellenkranz" von

Prof Häfele. Ich habe in letzter Zeit wieder einen Sonderling kennen gelernt der von Schoppernau gebürtig 18 Jahr alt und seines Zeichens ein Schneider ist. Ich sage Dir heut nicht mehr über ihn stelle Dir den jungen Wilhelm Meister vor u Du hast ihn beinahe. Ich hoffe Dir später recht viel Gutes von ihm mittheilen zu können. Ich bitte Dich, mich recht bald wieder mit einem Brief zu erfreuen

Mit tausend Grüßen an Dich u die lieben Deinigen
Dein treuer Freund

Franz Michael Felder

Gottloben: Brauch, die Nachbarin anläßlich der Geburt eines Kindes zu besuchen.
Hans Dracke: Sir Francis Drake (1540–1596), englischer Weltumsegler, dem fälschlicherweise die Einführung der Kartoffel in Europa nachgesagt wurde.
Mancher wird glauben: J. W. von Goethe, „Faust“, 1. Teil.
Dorfgeschichte in des Worts verwegenster Bedeutung: „in des Worts...“ nach Schiller, „Don Carlos“, I/9, als Posa und Carlos den Freundschaftsbund gegen den absolutistischen Philipp schließen.
„zsch Leousa“: bei Leos.
Ossianisch prächtig: Anspielung auf die Lieder eines angeblichen keltischen Sängers Ossian (in Wahrheit von James Macpherson, 1765), die wegen ihrer Naturschilderungen als „Volkspoesie“ galten und großen Eindruck auf Herder, Goethe usw. machten.
Nümamüller S 144: Schilderung eines Gewitters.
Ich bin zu alt: Zitat aus Goethes „Faust“.
Streit Liebigs: Liebig war seit 1864 in eine Polemik mit dem bayerischen Professor Dr. Fraas verwickelt, in der er der bayerischen Bürokratie vorwarf, sich hinsichtlich der Landwirtschaft zuwenig an seine Erkenntnisse zu halten.
Riehl: Wilhelm Heinrich Riehl (1823–1897), Kulturhistoriker und Novellist, einer der Begründer der wissenschaftlichen Volkskunde in Deutschland. Die Zelle des sozialen Lebens sei die Familie, alles soziale Leben sei aber auch durch das Wechselspiel von „Land und Leuten“ bestimmt. Die „bürgerliche Gesellschaft“ baue sich über diesen Grundgegebenheiten auf, entscheidend sei das Problem, ob sich auch das Proletariat zu einem Stand, zur „Arbeiterschaft“, sammeln oder ob es die ständischen Kerne auflösen würde.
Pater Zeno: Zeno Big, Mönch des seit 1655 bestehenden Kapuzinerklosters in Bezau.

Alfons v Liguori: (1696–1787), Kirchenlehrer, kasuistischer Moraltheologe und Verfasser von Beichtspiegeln, Heiliger.
Schultze-Delitzsch: Hermann Schulze-Delitzsch (1808–1883), Jurist, Genossenschaftsgründer, Begründer der Kreditgenossenschaften (Volksbanken). Suchte die soziale Frage durch Bildung von selbstverantwortlichen Assoziationen von Arbeitern und kleinen Gewerbetreibenden zu lösen, im Gegensatz zu Lassalle und Raiffeisen lehnte er staatliche Unterstützungen ab.
einen Sonderling: Josef Natter (1846–1928), Schneider, Vorleser Felders.

Im August 1864 berichtete Felder an Moosbrugger erstmals von dem Eindruck, den die Lassalle-Lektüre auf ihn gemacht hatte: „Im Lassale habe ich gelesen und bin so verhitzt, daß ich auch die andern Schriften später von Dir verlangen werde“ und schließt seinen Brief mit den Worten: „Erlauben Sie Herr Adjunkt nun noch die Frage: Gibt es etwas Erbärmlicheres, als diese Artikel einiger Kriecher und Speichellecker in der Landeszeitung über ‚das allerhöchste Geburtsfest Sr apost. Majestät?‘ Das ist noch ärger als der ‚Höchstselige König von Baiern‘. Die konservativen Schriftsteller haben es ungemein bequem, den ihre Erbärmlichkeit ist Patriotismus u – ihr Patriotißmus – Erbärmlichkeit. Muß den ein Österreicher noch immer wie sich Gilm ausdrükt wie der Wurm im Staube kriechen, um als guter Unterthan zu gelten? Ich glaube, Dein: ‚Demokrat‘ und: ‚verlorenes Kind des Vaterlandes‘ schon zu hören. Aber dennoch muß ich sagen: Ich schäme mich zuweilen fast ein Vorarlberger zu sein, ein Bauer zu sein habe ich mich noch nie geschämt. Trotz dieser unpatriotischen Gedanken erlaube ich mir mich zu nenen Dein treuer und aufrichtiger Freund F M Felder, der sich über manches ärgern würde wenn es nicht zu lächerlich wäre.“

Am 3. Oktober 1864 zog der Sohn des Engelwirtes in Reuthe, Johann Georg Rüscher (1829–1907) als neuer Pfarrer in Schoppernau ein, nachdem der frühere Pfarrer Aloys

Stockmayr nach siebzehnjährigem Wirken nach Altenstadt versetzt worden war. Felder würdigt in „Aus meinem Leben" Stockmayrs gemäßigte Haltung, obwohl er gerade in den Briefen auch immer wieder dessen Neigung kritisiert, die Bauern in ihrem Unwissen zu belassen: „Er pflegte sich und seinen Rat niemand aufzudrängen, er hatte das aber auch nicht nötig, weil er überall aufgesucht wurde. Fast jeder seiner Gänge durchs Dorf war jemandem zum Segen."

Mit Rüschers Amtsantritt brachen andere Zeiten an: Fortan wehte ein schärferer Wind durch Schoppernau. Dahinter steht nicht bloß ein Generationswechsel, sondern die Linie des neuen Pfarrers war gleichzeitig Ausdruck einer Radikalisierung in der Kirchenpolitik und der Priesterausbildung. Das Protestantenpatent von 1861 erregte in den Kronländern Tirol und Vorarlberg heftigen Widerstand der vorwiegend katholisch-konservativen Bevölkerung und der Geistlichkeit, deren Agitation darauf abzielte, die sogenannte „Glaubenseinheit" zu verteidigen, das heißt den Anspruch, die katholische Kirche müsse die einzige offizielle Konfession mit weitgehenden Machtansprüchen im Unterrichtswesen und bei der Eheschließung sowie mit Zensurbefugnissen gegenüber nicht genehmen Druckwerken bleiben. Im Priesterseminar in Brixen wurde nun der Klerikernachwuchs militant auf Kulturkampflinie geschult. Rüscher war ein Vertreter dieser sogenannten „Jungbrixner Schule", im Gegensatz zur gemäßigten „Altbrixner Schule", in deren Geist Stockmayr noch studiert hatte, und zur ebenfalls gemäßigten „Konstanzer Schule". Außerdem stammte er aus einer einflußreichen Gastwirtsfamilie – Felder nennt den Vater Rüschers, der auf vielerlei Weise in bäuerliche Rechtsgeschäfte verwickelt war, einmal den „Winkeladvokaten von Reuthe" –, war also ein Vertreter der „Aristockraten" des Bregenzerwaldes, vor denen Seppel seinen Freund schon früh gewarnt hatte. Persönlich zeichnete er sich durch ein cholerisches Temperament und durch einen ausgesprochenen Machtwillen aus.

Franz Michael Felder an Kaspar Moosbrugger

Schoppernau am Nahmensfest Sr Maijestät,
[4. Oktober 1864]

Geliebter Freund!

Mit ein wenig Katzenjammer behaftet, setze ich mich heute gähnend an den Schreibtisch und rufe alle guten Geister an, daß sie mir zu dem Kraft und Gedult geben, was ich zu berichten habe. Heute wird wohl im lieben Ländel wieder manches Pfund Pulver verpfufft, wir Schoppernauer aber haben bereits gestern das Unsrige gethan. Ja Freund, gestern war ein Fest, wie ich wirklich noch nie Eines gesehen habe. Pfarrer Rüscher ist angekommen, der lange Erwartete. Ich will Dir nicht erzählen von den Kränzen, den Pöllerschüssen, den geschmückten Jungfrauen dem schönen Wetter mit dem der Himmel sein Wohlgefallen bewies und ähnlichem Durchenander, aber ich habe Jünglinge u Greise gehört, welche behaupteten daß das Ihr schönster Festtag sei. Die Mittheilung einiger, theils geschriebener, theils gesprochener Verse wirst Du mir erlassen, und so eilen wir denn von der festlich geschmükten Kirche, in der Herr Dekan eine lange langsam gesprochene, langweilige Predigt hält, zum Kronenwirth, wo ein Mahl der Gäste wartet. Durch den gegen uns etwas unhöflichen, vor der Thür aufge*stellten* Satz: Der *Herr Pfarrer* sei willkommen! lassen wir uns nicht zurückhalten. Ja komm nur mit, denn heute führe ich Dich in keinen Schmollwinkel! bin ich doch vom Vosteher u Rath als Gelegenheitsdichter und – – zum Festmahl eingeladen! Platz ist genug für uns beide u für noch zehn, die aber nicht kommen. Ja nicht einmal Stöckler und Feßler bleiben da, die Famillie Rüscher weilt bald im Kreise der gemeindsdräthe alein, und die laute Unterhaltung ist so still daß der leiseste Laut gehört wird. Die Gemeinderäthe unterhalten sich, von einer Strasse die verbessert, von einem Zaun der gemacht werden soll, Rüscher hört zu. Wahrlich sage ich euch, trockenere und langweiligere Männer, als die Gemeinderäthe hat es gestern in Schoppernau keine gegeben, der Tag war so schön u die Freude so allgemein u ungeheuchelt gewesen daß Dein empfindsamer Freund, sich einer solchen Gemeinde *Vertrettung* zu schämen anfing, und, wenn auch mit schwacher Hand in die Speichen des Schicksals Rades einzugreifen beschloß. Es war schon spät, als ich einen „Toast" „ausbrachte". Willi gestand sehr naiv, daß man das beinahe vergessen hätte. Man sagte nun dem neuen Gast, daß ich Felder heiße u s w worauf er ein Gespräch über alles Mögliche mit mir anfing wobei er sich sehr freisinnig zeigte. Ich traute dem Manne nicht recht, den er ist so weich u – fast fürchte ich – kalt wie Schnee. Ich bin villeicht heute zu streng, aber mir schien sein gewinendes Wesen, seine wirkliche erstaunliche Freundlichkeit ein wenig berechnet zu sein.

Ich war offen gegen ihn, aber nicht vertraut, ich sagte ihm was er fragte u das war viel: Über Pater Zeno, über mein Leben, über die Gemeinde usw zum Beispiel

„Wie gefiel Ihnen die heutige Predigt?" „Ich weis nicht was ich sagen soll."

„Warum".

„Ich war zu weit davon, um es genau im Zusamenhange zu hören."

„Also der Zusammenhang fehlte?"

„Ja wenigstens mir".

Später wurde unsere Unterhaltung gemüthlicher, wir schieden? recht freundlich. – Nun was meinst? –

Villeicht würdest Du zuweilen meine Geradheit Unvorsichtigkeit genannt haben. Ich aber dachte: Jetzt sieht mans ihm an, daß er alles *gern* so nimmt, wie es ist, u am Ende wäre ein offener Gegner noch besser, als ein falscher Freund, daß ich ihm nicht gleichgültig sei, hatte ich schon mehrfach Gelegenheit zu bemerken. Er sagte: Er werde mich oft u gern besuchen u „mit mir Bibel lesen". Nun wir werden sehen.

Der mehrbenannte Schneider J Natter will seinem Vormund entlaufen und zu mir in Kost u Quartier kommen. Ich habe es ihm auszureden versucht. Du glaubst gar nicht, wie der lese u lernbegierig ist. Mir scheint, daß die Geschichte sein Lieblingsstudium werden wird.

Der Mensch kommt mir, um Dir ihn kurz zu zeichnen gerade so vor, wie ich mir die Berliner bisher eingebildet habe. Von den Wahlen hört man hie u da reden. Es ist, da *drei* Wahlkörper sind, etwas zweifelhaft, ob es ganz ruhig ablaufen wird – Das letzte Mal hatte man nur zwei. Da ich jetzt hier mehr Anhänger – Gönner u Freunde habe als früher, so wäre es mir leicht zu Ehre u Amt zu kommen, wenn ich so ängstlich als andere mich darum bemühte. Aber ich denke so: Am liebsten will ich gar nichts dergleichen, sollte ich aber wirklich etwas Gutes thun können, das sonst unterbliebe, so würde ich meine Bequemlichkeit opfern daher macht mir die Wahl wenig Sorge. Das Volk ahnt sicher besser, was ihm zum Heile dient, als ich es weis. Unser Pfarrer wird heute schon *laut* gelobt was wird wohl das Ende von diesem Hosanna sein? Mir will fast scheinen, das gestrige „Willkomen" sei tiefer gefühlt worden, als das Heutige Lob. Mir ist Ofenheit noch lieber als Freundlichkeit, am besten aber sind beide, u ich wünschte auch beide. Es gibt nach meiner Ansicht keinen erbärmlichern Menschen, als wer im Augenblicke der Gefahr seine Grundsätze verläugnet – wenn er überhaupt eigene Grundsätze hat. Ich rede da vom Gegentheil eines Pfarrers, nämlich von Karl Kunz. Mein Urtheil, oder eigentlich meine Ansicht will ich Dir hier ganz kurz sagen. So lange der Tiroler nur den Standpunkt, die Richtung der F. Z. bekämpft oder kritisirt ist er im Recht, aber Ausdrücke wie „das verkommenste Blättchen der Monarchie" sind Injurien. Der Beweis der Wahrheit, wie er in jener Schrift geführt wurde, hat, wie Du Dir denken kanst, mir nicht „gehörig" scheinen wollen.

Ursach halber!. Nur deßwegen, weil eine Zeitung nicht gut öster ist, nenne ich sie nicht die schlechteste. Wer die Schäden u Fehler eines Staats kritisirt, ist oft der größere Vaterlandsfreund, als ein Lobhudler der Landes Z. Die Klage des Herrn K ist freilich zu empfindsam zu gesucht. Ich an seinem Platz hätte gar nicht geklagt, oder ich hätte nur den Satz: Daß das verkommenste u s w. festgehalten.

Ich war nie ein fleißiger Leser der F. Z. Nur hie u da las ich eine Nummer, wie ich hie u da auch Nummern von Wiener Witz- und anderen Blättern las u mit der ersteren verglich.

Der „gerade Michel" vom berühmten (leider wurde ers) E [Breier] ist im politischen Theil miserabel, und der belletristische Theil ist *schlecht.* Diejenigen Aufsätze die er aus den Klassikern u aus norddeutschen Blättern stiehlt ausgenomen. Diesem Michel fehlt zum verkommensten Blatt nach meiner Ansicht nichts als daß er zu kaiserlich ist. Die Romane darin sind nur darum von unschädlichem Einfluß, weil sie gewöhnlich zum Einpaken besserer benützt werden. Das ist mein Urtheil über die Numern dieses Michel, die ich las.

Und die Tirolerstimen! Ihre Abnehmer sind: Bedienstete der Eigenthümer des Blättchens, einige Wirthe oder solche, die sich an den Sprüngen desselben ergötzen u s w. wie oft sind diese Stimmen gestraft worden? Und endlich unsere Zustände unsere Konstitution was sagen andere Zeitungen, was sagt der gesunde Verstand dazu.

Und nun heraus aus der verkehrten Welt! Nachdem ich meinen Rechtsbegriff *zu Deinem Ergötzen* seine Sprünge habe machen lassen, frage ich: Was sagst *Du?* Dann fragt der Bauer den Juristen: Was sagen Sie zu der Sache?"

Den Lassalle habe ich Dir bestellt. Die Bibel u das andere werde ich Dir gelegenheitlich schicken.

Deine Mahnung, imer offen zu sein habe ich meines Wissens stets befolgt, werde sie, wie Du auch aus diesem Brief *und* dem zuerst Erzählten siehst, auch ferner befolgen. Ich wage daher, sie Dir wie ein Eho an Deinen Schreibtisch zurükzurufen und erwarte eine recht baldige Antwort.

Jochum hat geschrieben: Er befinde sich wohl, habe einen Freund und Gönner gefunden, der ihn, so hoffe er sicher nicht verlassen werde, so lange er Unterstüzung nöthig habe.

Mit den herzlichsten Grüssen von mir u den Meinigen an Dich u die Deinigen

Dein aufrichtiger Freund

Franz Felder

„das verkommenste Blättchen der Monarchie": So hatte der „Bothe für Tirol und Vorarlberg" die „Feldkircher Zeitung" genannt, worauf der Redakteur Carl Kunz einen Prozeß anstrengte.
Der „gerade Michel": „Der G'rade Michel. Wochenbote für Politik, populäres Wissen und Unterhaltung. Eigenthümer und verantwortlicher Redakteur: Eduard Breier." Wien: im Selbstverlag des Eigentümers. Jg. 3 (1864). Gliederte sich in einen politischen und einen belletristischen Teil mit Fortsetzungsromanen und satirischen Gedichten zu Politik und Lokalereignissen.

Felders Kampf gegen die sozialen Übelstände in seiner Heimat ging Hand in Hand mit einem wachen Interesse an der Entwicklung der politischen Verhältnisse in Öster-

reich. Schon in den Tagebuchblättern des Jahres 1859 hatte er die Ansicht seiner Landsleute, der Staat sei nur eine Geld- und Blutsteuererpressungsmaschine, bedauert. Er beklagte immer wieder, vor allem im „Nümmamüller“ und in „Reich und Arm“, die Aufhebung der freien Verfassung des Bregenzerwaldes, der sogenannten Bregenzerwälder Bauernrepublik, in der napoleonischen Zeit. Das Metternichsche Polizei- und Spitzelsystem nach dem Wiener Kongreß und das Bachsche Gendarmenregiment der fünfziger Jahre hätten eine Haltung großgezogen, die jeden Gemeinsinn abtöte und dem einzelnen nur die selbstsüchtige Besorgung der eigenen Geschäfte oder ein reines Genußleben ermögliche. Bei Landtagswahlen beteiligten sich meistens nur die Wohlhabenderen von denen, die durch den Steuerzensus wahlberechtigt waren, und das Ergebnis war fast immer, daß Männer von Ansehen, has heißt Besitz, mit gemäßigten Anschauungen in den Landtag entsandt wurden. Mehr Interesse erweckten die Gemeindewahlen, bei denen durch ein Gesetz von 1863 drei Wahlkörper eingeführt wurden, die Felder im folgenden humoristischen Wahlbericht die „Spitzigen“, die „Dicken“ und die „Großen“ nennt. Durch die „Dicken“, den Mittelstand, kam er selbst bei dieser Wahl in den Gemeindeausschuß.

FRANZ MICHAEL FELDER AN KASPAR MOOSBRUGGER

Schoppernau den 24 Oktober 64

Geliebtester Freund!

„Wir haben einander nun schon ganz ordentlich kennen gelernt und ich sehe wohl, daß ganz gut mit *ihm* auszukommen ist!“ –

So hörte ich vor 2 Jahren am Morgen nach der Hochzeit eine Tannbergerin sagen. Mir will diese Rede nicht mehr aus dem Kopfe, seid ich täglich lange Lobreden über unsern Pfarrer höre. Seine Antrittsrede war wirklich gut, später aber hörte ich 2 Vorträge von ihm, denen es hie u da anzumerken war, daß er sich nicht mehr 2 Monathe dazu vorbereiten konnte. Das freundliche Wesen des Pfarrers thut jedem wohl und ich glaube fast, seine Bemühungen um neue Kirchenglocken wird nicht vergebens sein. Nun: Neue Besen kehren gut – aber – die Alten wissen die Winkel *besser.* Klug war es von ihm daß er an den nun vorgenommenen Wahlen sich in keiner Weise betheiligte, sondern im Ofenwinkel mit Bopp von Lindau das Publikum vorstellte.

Ja richtig! von dem Wählen
Da laß Dir was erzählen.

Ich habe Dir im letzten Schreiben mitgetheilt, daß ich von den Wahlen etwas mehr als früher erwarte, weil die Wähler in 3 „Körper" vertheilt sind. Zum Theil hat sich meine Erwartung bestättigt. Um trockene Zahlen zu vermeiden nenne ich hier den dritten Wahlkörper „die *Spitzigen*" den zweiten „die *Dicken*" und den ersten „die *Großen*".

Nun ist – um mit dem Pfarrer zu reden – der Sache so:

Die Dicken d h der Mittelstand oder die ureigentliche Schoppernauerhaftigkeit gefällt *mir* am besten. Bei 2 Wahlklassen würden aber die guten Dicken theils von den Spitzigen überschrien, theils von den Großen erdrükt worden sein. So aber geschah folgendes:

In derselben Zeit ging der Vorsteher in die Schule, um da aufzuzeichnen diejenigen, die wählen würden die Spitzigen. Zwei der Männer kamen (Jodok heißen die beiden Unvergeßlichen) und halfen ihm verkürzen die Zeit bis vorüber war die Stunde der Gnade.

Und siehe kein Mann mehr kam denn

Der Herr hatte prächtiges Wetter aufgehen lassen über Israel damit die Menschen ausgratzeten ihre Wälder, niederhaueten die jungen Tannen*[1] umgrüben ihre Erdäpfel und den Tannbergern abhülfen von ihren bösen Wegen.

Als nun die Stunde des Harrens um war, da that der Vorsteher den Mund auf und sprach: „Wir wollen gehen". Alles Volk aber, so das sahe, lobte Gott und sprach: „Wir sind doch noch eine zufriedene Gemeinde". Die Wahl wurde aber auf den Sonntag verschoben.

Die Dicken hatten sich zwar besser eingestellt, aber die Spitzigen hatten den ganzen Spaß verdorben. Der Sonntag kam. Von der *Kanzel* aus wurde die Wahl publizirt und den Spitzigen ans Herz gelegt „recht zahlreich zu erscheinen". Die Ausrede man lasse sie nichts gelten sei wie das Ausbleiben eine Schande. Nun ein Wort im Vertrauen: Meinst Du daß das nur Gleichgültigkeit war? Nein sage ich, hätte man das Volk den Vorsteher „machen lassen" so wäre Alles ganz anders gekommen.

Um den Pfarrer nicht zu beleidigen und ihre verdammte „Schuldigkeit" zu erfüllen erschienen die Spitzigen zimlich zahlreich d h von 81 Man kamen 31. u wählten?

Ja mein Gott! Wer wurde da Alles genannt, auch Dein Freund bekam sechs Stimmen von guten Freunden Vier der großen u größten. Selbst der wahre Armenvater Koarode-Buob bekam nur 2 Stimen.

Hier sind die Nahmen der ersten vier:

Der Alte (Vorsteher)

---

1 * Anmerkung. In Schoppernau sollte der schöne Gemeindewald im Bahnholz unter dem Weg, meistens aus jungem 9-12 Zoll dikem Holz u kleineren Stämmen bestehend, niedergehauen und ohne wissen u willen des Försters u der Gemeinde niedergehauen werden. Es wurde leider zu spät, vom Förster auf seiner Durchreise gesehen u streng verbothen. Die Nase wird folgen Da hier noch Raum ist, so benütze ich ihn um Dir mitzutheilen, daß im Unterdorf mehrere neue Brunnen gelegt werden, wozu die jungen Stämme im Bahnholz prächtig passen u wohlfeil sind.

Der Neue ditto Rößlewirth
Der kleine Willi.

Die Dicken erschienen zahlreicher. Außer mir waren 18 Wähler beisammen es wurden von ihnen gewählt

Franz Michel Felder mit 16 Stimen
Michel Willam Adlerwirth mit 12 –
Joh Moosbrugger mit 8 –
Joh Josef Feurstein mit 7 Stimmen

Also zwei, die sich bisher ordentlich hielten. Den Adlerwirth habe ich Dir schon früher in mancher Hinsicht gelobt. Ich und Feurstein sind „Neufänge". Die großen? Nun die beißen einander nie sagt der Wälder. Es waren von allen Alpen u Vorsäßena nur Hinterhopfreben vertretten man wählte sich gegenseitig aus Höflichkeit u dgl. und ich mag dir das Resultat gar nicht sagen. Also

in Summa

Die Wahl hat mich nicht befriediget. Ich werde wenigstens 8 Gegner 2 Gleichgültige u einen Anhänger haben der nichts so reichlich hat als guten Willen.

Ein Bäuerlein kam zu einem Schneider und sagte: Da hab' ich ein altes Schaffell, mache mir ein paar neue Hirschlederne Hosen daraus. Ist das klug?

Gestern sagte der Vorsteher: In 8 Tagen müßt ihr aus den Heute gewählten einen klugen volksfreundlichen Man, der das Rechte weis u will, zum Vorsteher machen – Einen Mann der das Vertrauen aller Gemeindemitglieder hat u verdient.

Ist das klüger?

Ists besser, wenn Albrecht weg u ein Anderer an den Platz kommt? Gestern sagte ein Schoppernauer: Wozu wollt ihr doch neue Vorsteher? ihr Dummhüte! Dümmere als die jetzigen kann man nicht brauchen u klügere habt ihr keine. Aber wie ich hörte, will Albrecht durchaus nicht mehr u ich verarge dem Geplagten das nicht. Und wer nun? so frage ich, so ganz Schoppernau. Feurstein? gut aber schwach, richtige ansicht aber kein muth. Willam? Zaghaft aber er lieſse leichter den Feurstein reden u handeln. Ich wäre fast für Feuerstein, aber Willam wird wahrscheinlich Vorsteher wenn Albrecht durchaus Friede haben will um auf seinen Loobern auszuruhen.

Den Schulze-Delitzsch habe ich nun bis zum letzten Kapitel gelesen. Ich habe darin manches angestrichen, das nach meiner Ansicht zu seinem Zwek gar nicht oder anders gesagt werden sollte. Lege es mir nicht als Gleichgültigkeit aus, daß mich das Gähnen ankommt, sobald ich nur von dem Buche reden soll. Es ist darin so viel von aufklärung die Rede, daß es schwachen Augen zu hell (?) wird, so rascher Fortschritt, daß es mir schwindelt z B Seite 5: „Denn Arbeit ist eben jede in Voraussicht künftiger Bederfnisse auf deren Befriedigung gerichtete planmässige Thätigkeit" – Jede andere Thätigkeit nennt Schulze thierisch.

Da ist mir Riehl doch lieber. Wenn Dein Bastiat nicht kurzweiliger wird so weis ich nicht, ob ich ihn werde bis zu Ende bringen können. Doch nach dem Heft über „die Presse" zu schließen habe ich nichts zu fürchten. Bastiat sagt das Lexikon, war geboren 1802, es werden mehrere Schriften angeführt die ins Deutsche übersetzt wurden, die bedeutendste derselben sei: „Volkswirthschaftliche Harmonien" in Prince Smiths Nationalökonomischer Billiothek (Band 1. Berlin 1850). Bastiat war der Sohn einer angesehenen Kaufmannsfamillie u wird im Lexikon „einer der ausgezeichnetsten neuern Nationökonomen Frankreichs" genannt.

Dein Bruder, der Lehrer ist in Au zum Ausschuß gewählt und man sagt hie u da, er werde Vorsteher werden (?). Der „Pächter" ein Heirathslustiger von dem ich Dir im Sommer erzählte (wie ihm in Sibratsgfell kein Heimathsschein verweigert wurde, damit er nicht nach Rom gehe) will nun durchaus ans Brett.

Ich habe gehört, er beabsichtige bei Dir Rath u Hilfe zu suchen (er ist ein sehr gemeiner Mensch u seiner Geliebten vollkommen würdig.) Sonst weis ich nicht viel Neues. Etwa am Freitag ziehen wir nach Hopfreben. Nun aber glaube ich denn doch auch von Dir wieder einmal einen Brief erwarten zu dürfen u zwar *1* Eine Antwort auf meine Briefe. *2* Nachrichten von Dir selbst 3 Deinem Manuscript 4 Deinem allgemein trotz Muos mager genannten Julius u.s.w. Mit den Sonderlingen gehts gar nicht mehr vorwärts, denn ich bin fast nie daheim als Abends. Arbeit alle Hände voll! In Hopfreben wirds hoffentlich besser werden. Nun ist der Bogen fertig, u ich werde das Übrige für den nächsten Brief sparen. Lebe wohl u vergiß nicht

Deinen mit Ehren u Amt ausgezeichneten Gemeindeausschuß und Freund

F M Felder

welcher jedenfalls Achtung u Vertrauen verdient.

ausgratzeten: von dürrem Unterholz säuberten.
Schulze-Delitzsch: „Capitel zu einem deutschen Arbeiterkatechismus." Das Zitat stammt aus dem 1. Vortrag: „Die Arbeit".
Bastiat: Frédéric Bastiat (1801–1850), französischer Volkswirtschaftler, Mitbegründer von Freihandelsvereinen, konsequenter Bekämpfer sozialistischer Tendenzen.

Kaspar Moosbrugger an Franz Michael Felder

Dornbirn 11/12 864

Lieber Freund!

Ich bin schon lang Dein Schuldner u. von Gewissensbissen gedrängt rüste ich mich zur Antwort auf Deine letzten schätzbaren Briefe. –

Deine Auffassung des Preßprozesses ist sehr intressant

u. die *wissenschaftlichen* Juristen würden Dir Recht geben. Es ist hierüber eine Broschüre erschienen von einem *k.k.* Professor, der im Wesentlichen Deine Ansicht vertrit u. dem Rautenkranz beherzt zu Leibe geht. In den Urtheilen der tiroler Gerichte kannst Du ein Stück von Tirol kennen lernen. – Den Schulze-Bastiat wirst Du von meiner Schwester erhalten haben. glaubst Du noch, daß ich den Schulze studiren soll? Trotz des erbärmlichen Zeitungsgeschreibsels über Lasalle, insbesondere der allgemeinen Zeitung steht den Prinzipien dieses großen Mannes noch eine große Zukunft bevor. Den dumpfen Schritt der Arbeiterbataillone kan hören, wer nur einigermassen ein gutes Gehör hat u. den Bewegungen im deutschen Volke lauscht. Lasalle ist meines Wissens der Erste der im chaotischen Gewirre die Tonarten richtig erkannt u. treffend karakterisirt hat. Wie Du gelesen haben wirst, steht uns Östreichern eine durchgreifende Reform der direkten Steuern bevor u. auch eine theilweise der indirekten. Mir ist bei Betrachtung der Regierungsanträge vorgekommen, als ob man bereits der Lage des gemeinen Mannes Rechnung trage u. die Stimmen aus der Demokratie nicht überhört habe. Ich hoffe, daß Du die Verhandlungen unseres Abgeordnetenhauses fleißig verfolgst u. dann wenigstens einen Ansatz von Etwas Gutem bei uns entdeckst. Ich hoffe, daß selbst die Juristen noch sympathetische Anwandlungen in Dir erzeugen können. –

Von Eurem Pfarrer Rüscher kann ich Dir dann mündlich auch ein Historchen erzählen. Es betrift ein kleines Erlebniß dahier, während er die zur Begrüßung nach Schwarzach gekommenen Wälder auf sich warten ließ. Vorläufig kan ich nur bemerken, daß er die Frauenzimmer immer gern gehabt hat. Doch sollst Du nicht an eine Sünde denken. –

Seit der Winter die Naturkörper härter aneinander zieht,

rücken sich auch die Menschen etwas näher. Auf diese Weise haben wir jetzt eine intressante Abendgesellschaft im Oberdorf bekommen. Unter Andern kommt dahin auch Doktor Waibel, der Dir vielleicht in Zeitungen schon untergekommen ist, der Verfasser der Tragi-Comedie in Lautrach /:Gasser:/ u. Doktor Schmid, der Redakteur der einstigen Vorarlberger Zeitung, zwei Politiker ex asse, die ganz gut zu Dir passen würden. Da geht es dann manchmal hoch her u. wird fleißig disputirt. Das Üble für mich ist nur, daß ich deshalb, weil ich manchmal diesen höchst liberalen Männern zu viel einräume, mit unserm Amtschef, einem harten Mann aus der alten Schule, in Collision gerathe. Doch mein Objektivismus leistet gute Dienste. – Wir halten die „neue freie Presse“, eines der ersten Organe Östreichs, dessen Redakteur ein – Wälder ist – Lechner von Andelsbuch, den ich als Student wohl gekannt habe. Dieses Blatt brachte jüngst über Lasalle ein Urtheil, das an Wahrheit u. Verständniß der Sache die Kritiker des Auslands über diesen Mann weit überragt. – Die paar Hefte Heilige Schrift bereiten mir Genuß u. Erheiterung u. ich finde es nun erklärlich, daß unsere geistlichen Herrn diese Schriften nicht unter das Volk kommen lassen wollen. Der Heilige Geist, der dieses geschrieben hat kann unmöglich all das eindiktiren was diese Herrn als derartiges Diktat erklären. – Ich mache jetzt auch Studien über Schwurgerichte, doch das intressirt Dich nicht. – Mein Weibl ist gesund u. wohl u. der Julius auch, dieser ist sogar fett geworden u. nun in dem Stadium, das einmal einen Gelehrten des Waldes auf die Meinung brachte, die Kinder lernen instinktmäßig die Buchstaben aussprechen. –

Wie ist die Vorstandswahl in Schoppernau ausgefallen u. wie läßt sich die neue Regierung an? Baut man schon Arreste in den Gemeinden, oder läßt Ihr euch von unsern Gemeinden überflügeln? Ich hoffe bald hinein zu kommen zur Erbtheilung u da werde ich Eure Fortschritte in der Autonomie in Augenschein nehmen. Sage dem Bruder Jakob, ich habe über sein letztes Schreiben mich um Geld umgesehen aber bis nun keines erhalten. Die allgemeine Geldnoth ist derart, daß die gediegendsten Geschäftsleute sich nicht rühren können u. daß, wenn es noch lange so fort geht, großartige Krisen eintreten müssen. Mein Schwager Moosbrugger, der weit über 1000 fl nur Zinsen einzunehmen hat u den sein Geschäft mehr als nährt hat keinen Kreutzer entbehrliches Geld. Mir selbst hätten über 300 fl Zinse fallen sollen u. ich erhielt bis nun kaum 100 fl. Was ich übrigens noch zusammenbringen kann, werde ich schiken oder bringen. – Obwohl wir bald wieder mündlich konversiren können werden, ist es mir angenehm, wenn Du vorher noch schreibst, was Dir eben in die Feder komt. Ich bin überzeugt, daß ich dann bei meiner Ankunft Alles finde, wie wenn ich stets bei Euch gewesen wäre, was für einen Mann, der überraschende Eindrücke nicht mehr liebt, wie ich, immer von Werth ist.

Mit freundlichsten Grüßen an Alle
Dein Freund

K. Moosbrugger

Rautenkranz: Dr. Anton Rautenkranz, Verteidiger im Presseprozeß von Kunz.
Oberdorf: Ortsteil von Dornbirn.
zwei Politiker ex asse: heres ex asse (lat.) – Universalerbe; hier sinngemäß: Universalpolitiker.

Im Winter 1865 war Felder monatelang schwer krank, im März kam sein drittes Kind, die Tochter Maria Katharina, genannt Mikle, zur Welt. Ende August machte er mit seiner Frau trotz großer finanzieller Schwierigkeiten eine kleine Reise zu seinem Schwager nach Bludenz. Die Konflikte mit Pfarrer Rüscher spitzten sich immer mehr zu: Felders Haus war durch die vielen Zeitungen und Zeitschriften, die er teils selbst abonniert hatte, teils an andere Abonnenten weiterverteilte, und durch seine Bibliothek zu einem Treffpunkt der fortschrittlicheren und weniger kirchenhörigen Ortsbewohner geworden. Im Herbst führte Pfarrer Rüscher zwei neue Laienorganisationen ein, die Herz-Jesu-Bruderschaft und den St.-Seraphicus-Orden. Felder kritisiert die Praktiken dieser Vereinigungen in den „Sonderlingen", wo er den aufgeklärten Arzt berichten läßt: „Gleich von Wien her kam ich als unerfahrener Tropf in ein Dorf im Bregenzerwalde, aus welchem der damalige Kaplan mit Gewalt ein Kloster machen wollte [...] Da gab's bald Jungfernbünde und Bruderschaften und dergleichen, daß die Leute nicht einmal mehr zur Arbeit, geschweige denn zur Besinnung kommen konnten. Jetzt war die Scheinheiligkeit Mode; die lieben Weiblein und die immer vom Wind herumgetriebenen Männlein wurden so fromm, daß sie jeden verabscheuten, der nicht mit ihnen sprang, und die Besonneneren wurden unbesonnen im Widerstand, was ihnen auch gar nicht zu verargen war. Man hätte den Kopf verlieren können! Ältere Frauen ließen das einzige Kind pflegelos daheim und gingen zur Messe. Wenn ich als Arzt etwas dagegen sagte, hieß es: man könne nichts Besseres tun, als für das Kind beten; drohte ich, um die Mutter aus ihrer unnatürlichen Ruhe herauszubringen, einmal mit dem Tode des Lieblings […] dann wurde mir erwidert, das wär eben das Rechte, dann wär das Tröpfle wenigstens sicher vor der ewigen Verdammnis. Wenn doch wir alle als kleine Kinder gestorben wären!" (217/218).

Literarisch arbeitete Felder vor allem an den „Sonderlingen", deren ersten Teil er im Juli abschloß, und sammelte weiterhin Sprichwörter und Redensarten des Bregenzerwaldes. Im Herbst begann er, sich konkret für eine Käsehandlungsgesellschaft in Schoppernau einzusetzen.

Franz Michael Felder an Kaspar Moosbrugger

Schoppernau den 7. März 1865

Theuerster Freund!

Wie Du weißt, habe ich mich längere Zeit mit Sammeln von Bregenzerwälder Sprüchwörtern und Redensarten beschäftigt, u wird Dir daher hoffentlich nicht auffallen, wenn ich zu behaupten wage, daß ich auch die verlogenste Wälder-Redensart kenne: Sie lautet: Ich bin satt und wer satt ist, der ist selig! – ???

Mein Wunsch wäre zu hungern und – zu essen und ich stimme ganz mit dem überein was Lessing über das Suchen, Finden u Besitzen der Wahrheit sagt. In der letzten Zeit war ich wohl auch satt, von Seligkeit aber war gerade gar keine Rede. „Nun da hast Dus!" wirst Du sagen, „habe ich Dich nicht vor Übersättigung gewarnt?" Ja das hast Du, aber – warne Du Einen vor schlechten Hosen, wenn er keine bessern hat und siehe zu was das nützt! Ich mußte lesen, denn ich wollte viel lernen und – viel vergessen. In Schoppernau war mir alles – Knödel (ich als Liebhaber der Würste sage absichtlich so) der Pfarrer mit seinen Köchinen war mir so gleichgültig als Alles andere und so lebte ich zwischen und in meinen Büchern, bis es mir schwindelte und zu kalt wurde. Nun legte ich mich, der Schwäche nachgebend, zu Bette u „sahe“ zu, wie Herr Walser über meinen „sehr bedenklichen Zustand“ täglich den Kopf schüttelte. Zuerst sollte ich die Gelbsucht haben dann stellte man mir die Bauchfellentzündung in Aussicht, dann wieder sprach Walser von einer leichten Darmentzündung, von – Rhematismus u d g l.

Tatsache ist, daß ich während meines offenbar unaussprechlichen Zustandes immer satt, aber nie selig war, jetzt ändert sichs und ich werde allmählich wieder der Alte werden. Also genug von mir. Du wirst meinen Zustand von der Krankheit Dir wohl selbst erklären könen. Ohne Anregung, ohne Freunde die Mich verstanden, lebte ich u konnte Monathe lang nur mit Bauern von Kühen oder mit dem empfindsamen Natter von Bauern reden, und wo ist wohl der Wurm, der imer Seide spinnt, und keine Nahrung braucht. Ich meine zwar nicht, daß ich imer Loorberblätter haben müsse, aber ich möchte doch erkannt u verstanden werden, meine Freude u meine Ehre wäre es zuzuhören,

wenn kluge Mäner sprechen

das kann ich aber nur in Büchern und ich mag noch so müde sein, es bleibt mir nichts Anderes. –

Leouo Isabell soll also doch noch verkuppelt werden, und zwar an den Bruder ihres Schwagers des Röslewirths in Au. Also: Brosis Bathle wäre der glükliche. Die Sache ist schon so zimlich richtig und auf Ostern wirds losgehen, wenn nichts dazwischen kommt. Die gute Isabell! Ich bedaure sie.

Dein Vetter Gruber Peters Josef ist mit einer Flasche in einer Schlägerei so arg getroffen worden, daß er das eine Auge verlor, auch das Andere soll erst jetzt wieder die Tageshelle wahrnehmen. Mein Sistem von den Erstgebornen wird durch den Großen Franz Josef (Schandarmen) nicht umgestossen, den während seiner ersten Kindheit war er nur selten zu Hause, wo die Mutter krank. So war er auch eine Zeitlang bei Matisa z Schrecko, später kam er aufs Meßneramt zum Vater, während seine Brüder ins Schwabenland gehen mußten.

Den Socialdemokrat erhalte ich jetzt regelmäßig. Er erscheint 3 Mal Wöchentlich (Preis 1 fl Ö W) bisher las ich das Blatt sehr gern, weil es mir Erstaunten zeigte, wie mächtig eine Bewegung schon geworden, die die deutschen Blätter als „verstorben“ bezeichnen. „Wenn das Blatt nicht gemein würde, so hätte es eine große Zukunft“, dachte ich Anfangs weil mir die vielen Einsendungen von Arbeitern und z B das Schimpflied auf Schulze nicht recht gefallen wollten. Doch die Redakteure von Schweizer u von Hochstetten scheinen, wie sie sagen, wirklich eine Lassallesche Ader zu haben. Mich nimmt nur Wunder, daß das Blatt bei uns noch nicht streng verbothen wurde, daß es Bismark bestehen laßt, ist natürlich. Sobald ich kann, werde ich Dir einige Numern übersenden. Der deutsche Arbeiter Verein zählt schon über 60,000 Mitglieder, davon sind uns am nächsten die in Glarus und Mainz, das ist eine Macht, die am 22 Jäner auch das Abgeordnetenhaus kennen lernte. Wie möchten Lesner u Reichenheim gestaunt haben, unter Arbeitern solche Redner u solche Reden zu hören. Doch mag mir solche Bildung unter Arbeitern seltener vorgekommen sein, als diesen Herren. Ein Litterat – nicht jeder zwar – wäre in Arndts Lage verzweifelt wie Gutzkow, oder hätte einen Schnabel gemacht wie Herrmann Schmied in München, da er einmal eine Zurüksetzung erfahren mußte. Dieser Schmied, wie Du weißt mein Liebling, hat in der Gartenlaube eine Erklärung abgegeben, warum er nichts schreibe, und diese Erklärung war weniger satirisch, aber bitterer, erbärmlicher als mein Brief, den ich in der Hitze über Vonbuns Kritik an Dich geschrieben habe. Vonbun hat einen hübschen aufsatzt über die Montavoner Krautschneider mit „kirschblüthenweißem Tragsak“ in der Gartenlaube sammt einer Zeichnung veröffentlicht.

An meinen Sonderlingen habe ich wieder ein Kapitel geschrieben: „Folgen des Alpsontags.“ In diesem Kapitel ändert sich Lage u Stimung aller wichtigeren Personen, und ich glaube, damit den ersten Band des Romans geherig abgeschlossen, und den zweiten vorbereitet zu haben, wie es von den Regeln der Kunst gefordert wird. Gern wollte ich noch einmal – Rizenöhl einnehmen, wenn ich Dir dieses Kapitel vorlesen könnte, denn ich möchte gar zu gern hören was Du zu Franzens Demokratentraum u zu ähnlichem sagen würdest. Wenn ich einmal den ersten Band geordnet habe, wenn alles gehörig abgeschrieben ist, werde ich ihn Dir bringen, doch das könnte noch lange währen, jetzt bin ich noch zu schwach um 3 Stunden zu sitzen, die Stube verlasse ich gar nicht und nur mit Mühe vermag der Geist den miserabeln Körper zu beherschen. Eine Zeitlang dachte ich wirklich wir werden uns nie mehr sehen. Wenn ich nur das Gada u die Stube verlassen könnte, bis das Wible in die Federn kommt, was wohl nicht mehr lange anstehen wird. Der Fasching war in Schoppernau sehr lebendig, überall Stubata. Und wo 2 oder 3 versammelt sind, da ist der Pfarrer mit seinen 3 sage drei Hauskreuzern, Weiber genannt, mitten unter ihnen, nebenbei bethet er Rosenkränze und tirolerlet, daß es kracht. Der bischöfliche Hirtenbrief machte hier einen eigenthümlichen sicher nicht beabsichtigten Eindruk: So hieß es also erst jetzt wird es verbothen, an keinen Gott zu glauben u d g l, das Ding muß wohl nicht halb so scharf sein, als die Geistlichen lehren, das Verlesene weißt ja jedes Kind, und von der positiven Religion versteht niemand etwas, wir sind katholisch nicht positiv, das sollte der Bischoft wissen!!!

Der Schillerverein hat nun einen Süddeutschen Otto Roquette zum Sekretär gewählt, da Gutzkow verloren zu sein scheint. Hast Du auch gelesen, wie die Tiroler Stimmen über diesen Mann herfallen und seine Schriften tadeln und aus diesen seine That erklären. Der in der allg Zeitung so gelobte Prodhon wird im Sociademokrat fo 17 unter Bastiat gestellt, doch scheint der Artikel von einem offenen Gegner geschrieben.

Aber wie es Schnee macht, und Heukumer dazu. Auch Matis Buobo wen sie zum Heustock komen Sehen betrübt, wie er magert und schwindet. Dabei 5 Fuß festen Schnee, so daß in Schoppernau Heute und gestern fünf gesunde 1 Jahr alte Rehe darunter 2 tragende Ziegen mit leerer Hand hart hinter dem Dorf von einigen mit Wegmachen beschäftigten Buben gefangen werden konnten. Die Thiere sollen lebendig nach Bregenz gebracht werden.

Herr Stöckler wird nächstens von Rehmen nach Hirschegg als Pfarrer kommen. Die Rehmer fürchten schon, mit Pater Zeno beglückt zu werden. Sie sollen sich freuen, einen heiligen Wunderthäter zu bekommen! Wunderthäter? fragst Du. Ja man sagts und ich glaubs, denn ich glaube an die Macht des Glaubens. Er soll Augustinusso Theresa, die bei ihm Köchin war, als dieselbe schwer krank lag, etwa so angeredet haben: Glaube du, stehe auf und ich will bethen, daß du stark werdest zum Glauben u zum Aufstehen. Und siehe: Therese war stark und stand auf und war gesund und der Ruf hievon verbreitete sich im Land. Das ist 1865 in Bezau geschehen. Wenn man sich die Krankheit nicht gar zu gefährlich vorstellt, und an die Macht des Glaubens denkt so kann mans schon für möglich halten.

Natter der Schneider hat ordentlich Fastnacht gehalten doch bin ich mit ihm zufrieden. – „Zufrieden?“ Ja der

Mensch ist mir nicht ganz gleichgültig. Er hat sich wieder meinen Willen an mich gehängt, ich fühlte oder glaubte zu fühlen, daß wir nie Freunde werden könnten, aber ich sah, wie ich Dir erzählte, einen talentvollen Menschen, dem, wie Du bemerkt haben wirst, nur das Gehör fehlt, auf Abwegen, und ich sah auch daß ich mehr Einfluß auf ihn hatte, als der Pfarrer der betrügerische Vormund und Alles mit einander. Ich kann nicht sagen, daß mir das die Hoffartsader schwellte, aber ich wollte ihn auf andere Wege bringen und griff villeicht tiefer ein, als recht war und nun kann ich mit Goethes Zauberlehrling sagen:

Die ich rief, die Geister
Werd ich nimmer los!

Alles in Schoppernau würde mich für seine dummen Streiche verantwortlich machen wollen, doch für jetzt fürchte ich nichts. Du glaubst nicht, wie er so ganz an mir hängt, obwohl ich mir, wie gesagt, nie Mühe machte, ihn für mich zu gewinnen.

Hast Du schon eine Magd? Ich habe an ein Mädchen in Schoppernau gedacht, das Dir und Theresen sicher gefallen würde. Es ist nicht verwöhnt, hätte Lust, weibliche Handarbeiten zu lernen, und war auch im letzten Sommer an einem Dienst. Es könnte wieder zum Rösle von hier, aber – die Mägde sind aus Gründen worüber mein blaues Papier erröthen würde nicht gerne beim Röslewirth u bei der Wirthin von Schoppernau. Du wirst wohl schon davon gehört haben. Ich lernte das Mädchen in der Schule kennen, wo es sehr fleißig u geschikt zu werden versprach. Es war eine der besten.

Du kannst Theresen fragen, ob sie eine etwa 22 jährige Gräsalperin möchte, aus der s g Hudolar=Verwandtschaft, oder nicht, und ob ich sie bringen soll, oder mit ihr reden oder keines von beiden. Zugleich lasse ich Theresen recht herzlich grüssen und das Wible ebenfalls. Wir beide sind neugierig, ob man dieses Jahr von einer Julia zu hören bekomen werde, oder von einem Augustus.

Wie gehts in der Gans? Wird noch immer politisirt? Hier werden 20 Zeitschriften gelesen. „Und doch die Tirolerstimmen nicht!" rief der Pfarrer schmerzlich, als ich ihm das mittheilte. Er war einmal bei mir, begukte meine Bücher tadelte – Wielanden u die Gartenlaube, nicht weil er selbst geprüft, sondern im frommen Glauben an die lauten Tiroler Stimmen. Er selbst besitzt, wie ich mich zu überzeugen die Ehre hatte, nichts als Predigerkrüken und einen unaufgeschnittenen Band Tiroler Gedichte. Nun wer solche Nebenvergnügen hat und sucht wie Hr Rüscher dem fehlt es an Geld u Zeit zu Büchern. Bücherwürner sind ganz andere Wesen, als er, das bringt man ohne Mühe heraus.

Doch da kommt der Bothe. Lebe wohl

Dein Freund

F M Felder

wenn kluge Mäner sprechen: Zitat aus Goethes „Torquato Tasso".
ins Schwabenland gehen: Aus Vorarlberg mußten sich viele Kinder ärmerer Familien, die sogenannten „Schwabenkinder", im reicheren Schwaben als Knechte usw. verdingen.
Socialdemokrat: „Der Social-Demokrat. Organ der social-demokratischen Partei." Erschien seit 1865 dreimal wöchentlich in Berlin.
am 22 Jäner: Bericht über eine politische Versammlung der Arbeiter Berlins.
Reichenheim: Leonor von Reichenheim, Kommerzienrat, Baumwollfabrikant. Von Lassalle immer wieder als Prototyp des skrupellosen Kapitalisten apostrophiert.
in Arndts Lage: Der Bevollmächtigte des Allgemeinen Deutschen Arbeitervereins in Berlin, Arndt, griff bei der Versammlung die Fortschrittspartei an und bezichtigte mehrere Abgeordnete der Lüge, was heftige Reaktionen der Gegenseite hervorrief.
Gutzkow: Karl Gutzkow (1811–1878), führender jungdeutscher Schriftsteller und Publizist.
Rizenöhl: Rizinusöl, wirkt stark abführend.
Otto Roquette: (1824–1896), Literaturprofessor, als Nachfolger Gutz-

kows zum Generalsekretär der Deutschen Schillerstiftung gewählt, die hilfsbedürftige Autoren unterstützte, übte sein Amt nie aus.
Prodhon: Pierre-Joseph Proudhon (1809–1865), französischer Staatstheoretiker und Philosoph, Mitbegründer des Anarchismus. Von ihm stammt das Schlagwort „Eigentum ist Diebstahl."
Schnee macht: schneit.
in der Gans: Gasthaus in Dornbirn, Treffpunkt der prominenten Liberalen.
Tiroler Stimmen: Organ der konservativen Partei in Tirol, auch in Vorarlberg häufig gelesen.
Nebenvergnügen: vermutlich Anspielung auf Rüschers Neigung zum weiblichen Geschlecht.

Moosbrugger gab Felder in seiner Antwort vom 16. März den gutgemeinten, aber wohl vergeblichen Rat: „Ich muß gestehen, daß ich nach Deinem Brief und nach dem Zustand, in dem ich Dich das letzte mal traf, der Meinung bin, Deine Krankheit habe ihren hauptsächlichen Grund in psychischen Vorgängen. Du konsumirst durch Denken u. Studium zu viel Lebenskraft. Alles Übermaaß schadet. Man kann auch im Guten zu viel thun. Eigne Dir eine große Portion Leichtsinn an. Mache, daß Dir Alles wieder Wurst u. nicht Knödel ist. In Bälde wird Dir dann, wie die Wurst, so auch Schoppernau wieder lieb u. werth sein. Es ist gewiß ein krankhafter – überreitzter Zustand, wenn Du in dem schönen Bregenzerwald u. in Deinen glücklichen Verhältnissen unzufriden bist. Gegen dieses Gefühl, das Dir Deine Umgebung wiederlich macht, sollst Du ankämpfen. Versöhnung u. Harmonie soll Dein Loosungswort sein. Lieber gar keine Gemüthsstimmung – total gleichgültig – als Galle im Herzen."

Im Sommer hatte sich Felder wieder erholt: an Moosbrugger schickte er den ersten Teil der „Sonderlinge", an denen er während seiner Genesung eifrig gearbeitet hatte.

Franz Michael Felder an Kaspar Moosbrugger

Schoppernau den 30 Juli 1865

Geliebter Freund!

Vor allem meinen herzlichsten Glückswunsch. Möge auch euer Mädchen so viel Freude machen als ich von meinem Mikle wünsche und hoffe!

Schon hätt ich fast zu glauben angefangen, Du seiest beim lesen meiner Sonderlinge eingeschlafen und seitdem nimmer wieder erwacht. Da endlich kommt ein Brief – und zwar ein dicker, ich freue mich wie nur ich mich freuen kann über einen Brief – und einen von Dir.

Ich lese und – – meine Freude wächst.

Wird doch glücklicherweise der 2te Theil *beinahe* alles das bringen was Du Dir wünschest, wie Du schon aus dem Schlusse des ersten ersehen kannst. Der erste Theil führte die Personen u Verhältnisse vor, in kurzen, beinahe zusammengewachsenen Abteilungen leitet er die erst am Schlusse mehr Einheit gewinnende Handlung ein, er that also – ohne Ruhm zu melden – alles, was der erste Theil eines Romans thun kann. Der Schluß (letztes Kapitel) läßt auch den Schluß des Ganzen ahnen.

Nur folgendes habe ich zu bemerken:

Klausmelker ist noch gar nicht aufgetretten. Erst sein persönliches Erscheinen wird zeigen, wie unverderbt? er ist, und wie wahr? er in jenem Briefe sich darstellte. *Franz* steht schon jetzt nicht mehr beim Vater und er wird, dank der Mutter und dem Sennen-Volk – sich immer mehr von ihm entfernen.

Barthle und Sepp werden auf den Kopf gestellt, – sie müssen ihr Wesen selbst erkennen, um davor zu erschrekken sie brauchen ja nur durchgeführt zu werden und sie stellen sich ihr Armuthszeugniß selbst aus.

Das alles nun in Gang zu bringen ist meine Sache, und

ich hoffe damit fertig zu werden, den schon ist wieder manche Schwirigkeit beseitigt. Drei Kapitel des ersten Bandes sind geschrieben, und der Plan bereits zu Ende gezeichnet. Also bis übers Jahr wirst Du klatschen könen.

Offen gesagt würdest Du sicher im Werke nicht einen so heillos trokenen, unpoetischen, Schluß (2 mal 2 ist 4) geahnt u gefürchtet haben wenn Du nicht die Ehre hättest mich persönlich zu kennen.

Merke also: „Der Dichter gibt in seinem Werke nicht sich selbst sondern nur das Beste von ihm."

Auf Meusburgers Bemerkungen bin ich sehr begierig. Laß mir ihn grüßen. Und theile ihm, wenn Du willst das Obige mit.

Die Schröckner werden, wie ich durch Zufall erfuhr, ihre Kirchenbau Angelegenheit auf den Landtag (?) bringen. Ich habe das – nach Allem zu urtheilen von Ganahl veranlaßte Schriftstück gelesen und theile es Dir nur mit, weil es Dich villeicht intressirt zu erfahren, daß es seine Spitze nicht nur gegen den Dekan, sondern gegen Hrn Mathis in Bezau kehrt.

Auf den Sak schlägt man, den Esel meint man.

Schiller.

Doktr Hildebrand in Leipzig hat mir einen Bogen des Grimmschen Wörterbuchs zugeschikt, in welchem eine Stelle aus meinem Nümmamüller citirt ist. Die Reisenden besuchen mich jetzt öfter als mir lieb ist. Ich gehöre eben auch zum Bregenzerwald, wie etwa ein Berg nur nicht gerade zu dessen Schönheiten. Bedauert hab ich, daß mich der Buchhändler Purfürst von Leipzig nicht zu Hause traf jetzt aber ists mir ganz recht. In letzter Zeit hab ich auch einige Kleinigkeiten zusammengestellt und an die Redaktion der – fliegenden Blätter geschikt es sind im Ganzen 12 Stücke davon das größte und Bedeutendste den Titel führt „Auch eine Dorfgeschichte" und worin der dise

Dichtungsgattung nach meiner Ansicht unschön machende Relismus lächerlich gemacht wird. Die Dorfgeschichte hat nämlich nach meiner Ansicht nicht die Aufgabe, den Bauern dem Kulturvolk gegenüberzustellen, sondern sie soll in den verkrippeltesten Gestalten noch das Allgemein-Menschliche zum Ausdruk kommen lassen. Siehe Klausmelkers Brief den Du nebenbei gesagt, später psichlogisch nicht mehr ganz so unwahr finden dürftest in welchem Falle dann nur noch das frisch gewaschene Hemd wieder beschmutzt werden dürfte wogegen ich aber villeicht noch Einwendungen machen werde.

Den Lassalle, so wie die neuesten Numern des jetzt täglich erscheinenden Social-demokrat werd ich Dir nächstens übersenden, da ich in diesem Sommer wahrscheinlich nicht Zeit habe, Dich mit dem Wible zu besuchen. Werden wir Dich nicht einmal hier sehen. Du wirst Deinen Freund an Leib u Seele gesund und so wohl auf wie lang nicht mehr finden. Intressant war mir, in der Allg Zeitung zu lesen daß auch Huber in München über die Ergebnisse der Lassalschen Lehre denkt wie ich, daß er darin ein Streben nach Herrschaft der *Arbeit* nicht nur des Arbeitens findet, indem jeder Arbeiter Unternehmer wird, auch die neuste Nummer des S Demokrat scheint das sagen zu wollen mit den Worten: Auch dem schwachen talentlosen müsse geholfen sein und es werde ihm geholfen wenn er theil nehme an dem worauf nun einmal jeder Mensch Rechte habe. Ich erwarte einige baldige Antwort wo möglich mit Meusburgers Bemerkungen, es thut Einem wohl auch fremde Ansichten zu hören *über* etwas *in* was man sich zu tief hineingelebt hat, um noch darüber urtheilen zu können.

Es dunkelt, und morgen gehts wieder ins Bergheu, drum eilte ich so mit diesem Briefe wie Stil und Schrift Dir zur Genüge bewiesen haben werden. Du sahst daß ich 2 Mal auf meine Sonderlinge zurükkam wodurch ich mich aber nicht als einen Sonderling sondern nur als einen ächten Literaten zeigte, der wie jeder Mensch am liebsten vom Seinigen redet. Von dem was ich auch das meinige nenne ist das Beste zu sagen. Das Wible ist gesund und zieht und nährt ein gesundes Mikle, Kaspar lernt reden und Jakob fragt oft mehr als ich zu beantworten weis. Die Heuernte war vom besten Wetter begünstigt, ist aber sehr ärmlich ausgefallen. Ein Lechtaler Kapitalist (Schwarz) bringt die Wälder sehr in Verlegenheit indem er etwa 80.000 fl aufkündet, auch ich werde für 400 fl zu sorgen haben. Der neue – 27Jährige Doktor macht sich schnell beliebt sonst weis ich nicht viel von ihm obwol ich ihn schon mehrere Male antraf. Die beiden neuverheiratheten Auerinen sollen sich – wie sie jedem sagen der es hören will in ihrer neien Heimath recht glücklich fühlen. Doch ich komme auf Personen und Sachen, deren Erwähnung zur Genüge beweist daß es mit meinem Latein zu Ende ist und von den Sonderlingen mag ich auch nicht mehr anfangen.

Also lebe wohl und erfreue zum Ersatz für Dein langes Schweigen recht bald wieder mit einem Briefe Deinen treuen Freund

Franz M Felder

Auch eine Dorfgeschichte

Es war gerade am Jahrestag der großen Schlägerei beim Adlerwirth, nämlich am Bonifaciustag, an welchem die Weiber nach der Messe ihre Kaffeebohnen an die Sonne zu stellen pflegen, damit sie einen guten Geruch bekomen; auch war der Tag wieder just so herbstmäßig unfreundlich und kalt wie die letzen Jahre so daß die Vögel ihre neugelernten Frühlingslieder gar nicht zu singen wagten. Ein deutlicher Beweis dafür, wie sehr die Naturerscheinungen auf den Menschengeist wirken, wie sie das Tun und Lassen noch unverkünstelter Naturmenschen bestimmen, ist der Umstand, daß heute mehrere Bauern in den das Dorf wie ein grüner Kranz umschließenden Tannenwald gingen um für den nächsten Winter das Brennholz zu fällen; also eine Arbeit zu verrichten, die sonst immer für den Herbst aufgespaart wurde.

Im Dorfe war es so still daß man die Schläge der Holzhacker im Walde draußen hätte zählen können. Das Geschrei der Hähne und das Gegacker der Hennen war verstummt, die Ställe waren schon geschlossen und wer sich nicht im Wald oder sonst irgendwo befand, war zur Siebenuhrmesse gegangen.

Ein großer Mann in kurzen Lederhosen und Strümpfen, denen man es noch ganz gut ansah, daß sie weis sein sollten, schritt langsam zum Dorfe hinaus. Es war Theresen-Tonis-Sepps-Leonhards-Buben Bub. Zwar war er kein Bub mehr; sein erstes Weib ruhte schon draußen auf dem Friedhof und Greth sein jetziges Hauskreuz hatte ihm eben gesagt, daß er „ein käsefauler Mensch" sei, der da müßig im Dorfe herumstolpere, während sonst alles „im Schweiße des Angesichtes Brot esse." Bub bezeichnet häufig den einzigen Sohn, der durch keinen Nahmen von einem Bruder unterschieden werden muß, also den aleinigen Erben, den Wohlhabenden. Als Theresens-Tonis-Sepps-Leonhards-Buben Bub durch den Wald neben dem Dorfe schritt und an gar nichts dachte, fiel hart neben ihm eine tödlichgetroffene Tanne laut schreiend und krachend zu Boden. Theresen-Tonis-Sepps-Leonhards-Buben Bub – den wir der Kürze wegen von jetzt an Bub nennen wollen – lief so schnell er konnte und schneller als es von einem aleinigen Erben des schönsten Anwesens im Dorf zu erwarten war, denn er fürchtete erschlagen zu werden und beschloß daher zu fliehen. Ja dieses *Gefühl* der Furcht war bei diesem sonst gefühllosen Bauern so groß, daß er die zu seiner Rechten sich aufthuenden Abgründe gar nicht mehr beachtete – und leider auch die vielen Steine des Anstosses achtete er nicht die vor ihm auf dem Wege lagen.

„Obacht auf den Tritt
Daß stolperst nit"

ist eine Bauernregel, die jeder Vater seinem Sohne einschärft. Auch der Bub hatte sie oft und oft gehört aber wie noch so manches andere längst wieder vergessen, er gab nicht Obacht daher stolperte er. Ja er stolperte und fiel über den Weg hinaus und ihm war so weh ums rechte Knie herum, daß er gar nicht mehr aufstehen konnte. Nur noch schreien konnte er, und zwar lauter als das Waldbächlein rauschte und lauter als die Holzsägen rasselten. Die Vögel flogen erschrocken hinweg; die nächsten Arbeiter eilten erschrocken herzu, zogen den Verunglückten herauf und machten schnell eine Tragbahre aus Tannästen um den kein Mensch wußte wie schwer Verwundeten recht schnell heim unter die zärtliche Pflege seines Weibes zu bringen. – Ereignisse gleichen oft Schneeballen. An und für sich sind sie nicht gefährlich, aber auf dem Wege vom Wald ins Dorf können sie zur Lawine werden. So war es auch dießmal. Wie unbedeutend auch die Verletzung war, es hieß im Dorfe gleich: „Theresen u s w. Bub hat ein Bein gebrochen!" Und der Dorfarzt war bei Weitem nicht der Einzige, der lächelnd die möglichen Folgen dieses „intressanten Falles" berechnete. Der Seelenhirt des Ortes aber dachte sogleich an des Unglüklichen unglückliches Weib und er eilte, um ihm selbst diesen gallenbittern tropfen im Weine der Religion beizubringen. Vor der Hausthür hielt er eine wunderbare Vorrede; dann in die Stube trettend sagte er: „Also fasse dich und höre den Willen Gottes. Dein Mann hat ein Bein gebrochen." „Nicht wahr es war das rechte?" fragte das gottergebene Weib „Ja ich glaube", sagte der Pfarrer. „Das hab ich gedacht." „Warum?" „Nun seht, der Klotz lag den ganzen Winter beim Ofen und immer auf einer Seite, immer mit dem rechten Bein hart am heißen Stein, da mußte der Fuß zu *dürr* werden und brechen bei nächster Gelegenheit. Da hat ers nun! Man muß sich halt auf der Welt zu drehen und zu wenden wissen!"

Auf einem Friedhofe Vorarlbergs war noch vor wenigen Jahren folgende Grabschrift zu lesen.

Hier ruht
Sebastian Gut
Der auf Weib und Kinder thut
Warten
In diesem Rosengarten
Im Leben war er roth wie Zinnober
Und starb am 28sten Oktober
Am 30sten war er eine Leiche
Und jetzt ist er totenbleiche.

Bauernjunge: „Aber mein Vater kennt doch gar keine Schonung und hat keine Rücksicht: Heuen müssen ist recht, aber er will immer grad bei der allerärgsten Hitz heuen!"

„Aber diese wahrhaft prachtvolle Hauseinrichtung! ich bewundere nur die – Alles Silber !?" Ja in meinem Hause ist alles Silber, sogar der kupferne Waschkessel

Aus einer Recension

Jederman wird dieß Buch mit Vergnügen aus der Hand legen.

KASPAR MOOSBRUGGER AN FRANZ MICHAEL FELDER

Bludenz 15/11 865

Lieber Freund!

Mein Bruder sagt mir, daß Du jetzt so stark u. gut dran seist, wie noch nie u. daß Du fleißig am Schreibtisch arbeitest. Nun das freut mich u. ich gratulire zu Deinem Wohlbefinden. Jakob nämlich der werdende Hochzeiter ist der Bruder, der dieß sagt u. mit seiner künftigen Braut mich eben besucht. Er sagt auch, daß Du jedenfalls zu seiner Hochzeit kommen werdest. Nun es wäre zwar vielleicht abenteuerlich, aber intressant, wenn wir uns mitten im Hochwinter auf Warth ein rendevous gäben u. ich werde daher, wo möglich auch dahin kommen. Meine verfluchten Bluteiße, die mich diese Zeit her traktirten, werden bis dahin wohl den Weg alles Irdischen gegangen sein daß dann Nichts mehr im Wege steht, dem Geber aller Freuden frisch u. frei Jubeltänze zum Opfer zu bringen. –

Die Übersiedelung ist ganz gut von statten gegangen u. wir haben uns hier bereits schon eingelebt. Wir haben ein schöneres u. angenehmeres Quartier als in Dornbirn nur die Aussicht kann nicht mehr so schön sein. Wer als Gast zu uns kommt, wird auch besser wohnen u. ruhiger, da die Gastzimmer weiter von den Wohnzimmern gelegen sind u. das Kindergeschrei nicht dahin dringt. Komme daher u. sehe. –

Seit ich hier bin, bin ich noch nicht recht zu ernsthafterem Studium gekommen. Unsere Staatsfragen absorbiren in freier Zeit fast alle meine Aufmerksamkeit. Ich danke dabei häufig im Stillen Gott, daß er mich Ungarn hat sehen lassen. Dieses Land, das den meisten Deutschen ein Rhätsel ist, übt einen ungeheuern Einfluß auf uns aus u. es ist ein Unglück, daß wir es nicht besser kennen. Der Deutsche könnte von den Ungarn sehr viel lernen obwohl er in seiner Blödigkeit es nicht meint. Er wird es schwer büssen, wenn er nicht lernt frei zu sein, wie der freie Ungar es ist. Ungarn ist entschieden das demokratischeste Land in Östreich u. ist auch dort am meisten Freisinn zu Hause. Es wird bald ein Höllenlärm in Östreich entstehen, wie noch nie, da in allen Landen getagt u. gestritten werden wird u. Du wirst mir dan sagen, ob auch Schallwellen in den hintern Wald getrieben worden u. wie sie sich an den dortigen meist republikanischen Bergwänden reflektiren. Wir Bureaukraten stecken den Ungarn heiß im Fleisch u. sie können nicht schlafen, so lange sie unser Schnarcheln hören. Ich bin begierig, ob es ihnen gelingt, uns in der Osthälfte wegzublasen wie es ihnen in der west Hälfte bereits gelungen ist. Wenn ja, so werde ich ein Käshändler od. etwas dergleichen u. werde mit Leib u. Seel für Erweiterung u Consolidirung der Volksrechte arbeiten, denn dann, aber erst dann – ist die Bahn frei, die die Deutschen frei zu machen zu miserabl sind. –

Doch was politisire ich, ohne zu wissen, ob Du dem jetzigen Gang der Ereignisse folgst od. nicht. Schreibe nur bald damit ich sehe, woran Du bist u. ob mein Plaudern Dein Ohr offen od. geschlossen gefunden.

Mit freundlichstem Gruß

Dein Freund K. Moosbrugger

Bluteiße: Furunkel.
Die Übersiedelung: Moosbrugger trat eine neue Stelle am Bezirksgericht Bludenz an.

Am 8. Jänner 1866, im tiefsten Winter, nahm Felder an der Hochzeit seines Schwagers Johann Jakob Moosbrugger in Warth teil. Diese Hochzeit bildete die Grundlage für seine Studie „Ein Ausflug auf den Tannberg", an der er bis September arbeitete. Im Februar stellte Pfarrer Rüscher Felder in einer Hetzpredigt als einen Menschen dar, „der alles Heilige stürzen wolle", als „hochmütigen, gottlosen Voltaire". Zur gleichen Zeit betrieb Felder intensiv die Agitation für die Gründung des Käsehandlungsvereines und informierte die Bauern im Oberdorfer Sennhaus über das Genossenschaftswesen. Nach dem vergeblichen Versuch, im Sommer nach dem verlorenen Krieg gegen Preußen den „Käsgrafen" Gallus Moosbrugger in Schnepfau doch noch als Handelspartner zu gewinnen, wandte sich Felder an den Vorsteher der Hauptgemeinde des Bregenzerwaldes und späteren liberalen Landtagsabgeordneten, den Lithographen Josef Feuerstein in Bezau (1832–1903), der seinen Reformplänen aufgeschlossen gegenüberstand und seine Ideen in die Tat umsetzte: Der Verein, für den Felder die Statuten ausarbeitete, konstituierte sich im Herbst in Bezau. Daneben arbeitete Felder auch Statuten für eine Viehversicherungsgesellschaft aus und setzte sich für eine Verbesserung des Postwesens durch einen täglichen Postverkehr bis Schoppernau ein.

Am 12. Juni wurde sein drittes Kind, der Sohn Hermann, geboren, über den er am 18. d. M. an Moosbrugger schrieb: „Der Hermann ist gesund und ißt und scheißt, daß es eine Art hat. Der Pfarrer hätte gern einen Johann Georg gehabt. Die Art, den Geistlichen zu schmeicheln und Kindern ihren Namen zu geben, ist nicht neu." Im Juli verfaßte Felder eine Abhandlung „Consum-Verein oder

Produktiv-Association?", die er einem Brief an Feuerstein vom 10. August 1866 beilegte und in der er sich gegen Konsumvereine für Arbeiter und für die Einrichtung von staatlich gestützten Genossenschaften ausspricht. Ende Oktober gründeten Felder, Moosbrugger und Feuerstein eine eigene Partei, die „Vorarlbergische Partei der Gleichberechtigung", und planten das Erscheinen eines Parteiblattes mit dem Namen „Volksstimme". Felder sollte der erste Redakteur werden. Moosbrugger verfaßte als erste Parteischrift den „Ruf aus Vorarlberg um Gleichberechtigung", Felder als zweite die Abhandlung „Gespräche des Lehrers Magerhuber mit seinem Vetter Michel", bei deren Abfassung er Ideen des amerikanischen Nationalökonomen Carey und John Stuart Mills Schrift „On Liberty" (deutsch 1860) verwendete.

Die Arbeit an den „Sonderlingen" wurde im März abgeschlossen; der Druck verschleppte sich jedoch durch widrige Umstände infolge des Krieges Österreichs gegen Preußen bis zum Februar 1867.

Im März setzte die intensive Korrespondenz mit Rudolf Hildebrand in Leipzig ein, in dem Felder nicht nur einen literarischen Förderer fand, sondern auch einen Menschen, dem gegenüber er sich mehr aufschloß als gegen Moosbrugger. Besonders aufschlußreich ist in dieser Hinsicht ein Brief Felders vom 18. Juni 1866: „So hart sollten Sie doch den Eigensinn im vorigen Briefe nicht strafen. Sie haben mein volles Vertrauen gewonnen. Ich schrieb immer offen wie ich fühlte. Ihre Güte, Ihre Theilnahme, Ihre Mühen und Sorgen kann ich Ihnen durch nichts, gar nichts erwidern als durch Offenheit und Wahrheit. Daß aber das immer mein Bestreben war, ja daß das Bäuerlein nicht anders kann, das werden Sie mir glauben. Es geschieht fast immer wenn ich schreibe, daß mir die Seele in die Finger fährt, drum sind meine Briefe wohl für Sie und Ihre Freun-

de, aber für die Öffentlichkeit sind sie wol nicht.“ Hildebrand wurde für Felder so etwas wie eine verständnisvolle Vaterfigur, die vor allem den poetischen und weicheren Teil seines Wesens ansprach und weniger den kampfeslustigen Sozialreformer (wie Moosbrugger). Die politische Dimension dieses Verhältnisses zwischen dem bourgeoisen Professor aus Deutschland und dem schreibenden Kleinbauern aus Österreich, die nicht frei von paternalistischer Bevormundung war, hat Moosbrugger sogleich erkannt und Felder auch unverblümt und höchst polemisch mitgeteilt; auch etwas Eifersucht mag dabei mitgespielt haben.

Die Freundschaft mit Hildebrand und die damit verbundenen Publikationsmöglichkeiten in norddeutschen Organen stehen gleichzeitig auch in einem politischen Spannungsfeld: In den Jahren vor der Gründung des Deutschen Reiches (1871) wurden die Spannungen zwischen den Anhängern eines Bundesstaats unter Führung Preußens („Kleindeutsche“) und den Anhängern eines Staatenbundes unter Führung Österreichs („Großdeutsche“) immer stärker; Felders Verbindungen zu Hildebrand wurden von diesem auch als Teil der großdeutschen Einheitsbestrebungen betrachtet.

Franz Michael Felder an Kaspar Moosbrugger

Schoppernau den 18/2 66

Geliebter Freund!

Vor allem muß ich Dich daran erinnern, daß wir 1866 schreiben. Deinen sehr werthen Brief sammt Inhalt hab ich erhalten und bin froh, Dir eine Antwort schreiben zu können, die Dir wenigstens sehr interessant sein wird.

Da ich so breit anlege, wirst Du villeicht eine Verhandlung über meine Lieblingskinder „die Sonderlinge“ erwarten, Du irrst dich! Dazu ist noch lange Zeit genug.

Du kennst mich länger, Du weißt, daß mir meine Landsleute daß auch die Sennhüttler meine Lieblinge sind.

Was sagen die Sennhüttler? fragtest Du im letzten Briefe. Heute sollst Du eine längere Antwort erhalten, als Du damahls wol erwarten mochtest.

Ich hab Dir schon früher erzählt wie lebhaft es zuweilen im Sennhaus zugeht, diesen Winter ists aber am ärgsten. Ich agitire förmlich für unseren Käshändler Plan. Wenn Du Abends von 6 bis 8 Uhr in ein oberdörfler Haus eintrittst so siehst Du die Hausmutter unwillig bei der kalten Suppe sitzen und die schon starr gewordenen Erd-Äpfel abschälen. Fragst Du nach dem Mann so heißts: „Im Sennhaus hokt er jetzt alle Abende von 6 bis 8 Uhr wo der Jauko Michel aus der Welt herein erzählt. Von Fürsten und Völkern, von der Noth und von den Mitteln dagegen von den Zünften, Handelsgesellschaften Vereinen und von allem möglichen!“

Gehst Du dann, *wie auch andere* die in der Sennhütte nichts zu thun hätten, da sie keine Milchbauern sind, dem Großen haufen nach, so kannst Du vom Glück reden, wenn Du noch Platz bekommst. Überall sitzen Bauern auf den umgekehrten Butten und Kübeln, der Senn auf der Stiege und der Berlinger auf einem ins Feuerloch gespannten Brett. Der Jauko Michel Dein guter Freund sitzt in heldenhaft durchlöcherten Hosen auf der Bank und redet, klar, deutlich und mit einer Wärme, die alle hebt und trägt, das hörst Du sogar den Fragen und Einwendungen an, die ihn alle Augenblicke unterbrechen. So ists fast immer gewesen seit ich den letzten Brief schrieb. Damahls mochte ich Dir noch nichts berichten, weil ich noch nichts von Erfolgen zu berichten hatte. Doch jetzt redet und streitet man in drei Gemeinden für und wieder mich.

Jetzt ists *ganz* anders. ————

Am 5 Februar hielt einer meiner Schulfreunde Hochzeit. Ich hatte die Abdankungsrede zu halten. – Du hast sie nicht gehört und ich darf Dir daher mein Urtheil über dieselbe mittheilen. Ich wußte daß ein großer Theil meines Sennhauspublikums anwesend sein werde und ich redete daher. Von der Gesellschaft, deren Vorbild die Familie sei. Jene Rede in Warth mag beurtheilt werden wie sie will, sie war größtentheils das Kind des Augenblicks, diese aber war sorgfältig ausgearbeitet, ich trug sie begeistert vor und Freund wenn ich je gut geredet habe so war es an diesem Tage. Die Gesellschaft war hingerissen, nur alte Weiber und solche, die sich jeden Broken vom Pfarrer vorkäuen lassen, weil man ihnen die Zähne ausgerissen hat, nur solche bemerkten es sei zu hoch, die andern aber behaupteten Es sei ganz gut deutsch.

Der Pfarrer war aus der Stube gegangen sobald er mich kommen sah. Man sagte ihm, die Abdankungsrede werde gehalten. „Meinetwegen" sagte er und blieb in der Kammer sitzen bis sie leer war, dann schlich er, wie der Wirth erzählt, ins dunkle Gado und horchte. Eine Zeitlang nach der Rede kam er in die Stube und fing an zu erklären. Das Ding sei zu hoch und das könne kein Bauer verstehen, und man sollte nicht so hoch hinaus wollen u s w. Eine solche Rede sollte sein daß man sie verstehen und villeicht etwas Erbauliches denken könnte etwa so: –

Und er hielt den noch in der Stube sich befindenden Weibern eine Rede von Tod und Grab und Liebe und Gedult u d g l wobei es aufs Weinen abgesehen war, doch dazu waren die Magen zu voll – nach reichlichem Mahl soll das Weinen nicht so leicht gehen. So ist der Abdanker abgedankt worden, denn daß ich mich auf die Loorbern legen und die Ehre dem Pfarrer überlasse, halte ich für ausgemacht – Doch ich fange erst an. –

21 Februar

Vorgestern sind unsere Vetter, Grubers Peters Buben u Stig Adam u a auf dem Heuzug aufs Häsenjoch südöstlich vom Ünscher Spitz. Sie mußten über einen Bergrücken von etwa 10 Fuß Breite, über welchen die s g Schneeschwarte etwa 12-15 Fuß gesimsartig hinausragte. Ohne daß die Heuzieher einen Fehltritt thaten bekam die Schwarte (siehe oben) einen Riß und stürzte mit den mittleren Männern in den Abgrund. Die, welche vor und hinter ihnen gegangen waren sahen sie schon nach einem Augenblick nicht mehr. Man holte Leute von Schoppernau etwa 26 Mann gingen hinauf. Die Lawine war ungemein tief, von den beiden Verunglückten, Peters Sattler (Dokus) und Stigadam fand man keine Spur. Gestern sind, da es weniger gefährlich war als vorgestern, 35 Mann mit Schaufeln Stangen u d g l ausgezogen und haben endlich die beiden Leichen gefunden. Es scheint, als ob die Verunglückten noch eine Zeitlang gelebt hätten. – –

– den 23 Februar

Heute endlich komme ich auf die in unserer Gegend vielbesprochene Kinderlehre, die vom Pfarrer Rüscher mir zu Ehren gehalten wurde, nachdem er Vormittags vom *Blinden am Wege* gepredigt hatte. Du wirst mir gern verzeihen, daß ich nur allgemein darüber rede. Es war auf die Oberdörfler Sennhütte losgefeuert, und ich war dargestellt als ein Mensch der alles Heilige stürzen wolle. Beweise hatte man keine, umso ärger mußte man schimpfen, um den Leuten begreiflich zu machen wie ich ein hochmütiger gottloser Voltaire sei. Die Kinderlehre vom letzten Sontag war noch bitterer, aber etwas durchdachter.

Jetzt gibt es bei uns schon Leute, die das Kreuz vor mir machen. Doch es sind nur solche, deren Beifall ich dem

Pfarrer gönne. Im Ganzen hat er sich mehr geschadet als mir, denn meine Ideen haben eine Verbreitung bekommen, die ich mir nicht getraut hätte zu verschaffen. Daß die Oberdörfler auf meiner Seite stehen ist natürlich, auch im Unterdorf ists für den Pfarrer nicht mehr recht geheuer und ich glaube er bringt mich nicht mehr vielmal auf die Kanzel. Jetzt schleicht er in den Häusern herum und richtet mich aus so viel er kann. Also ein Angriff – anderer Art den ich ihm göne.

Doch genug von dieser Erbärmlichkeit!

Mein Plan beschäftigt jetzt hier herum alle bessern Köpfe. An Eigenälplern hab ich schon manchen gewonnen und wenn ich hoffen könnte daß man etwas anfangen würde, so wäre noch mancher zu gewinnen. Ich wollte, wir könnten mit dem Rätzle reden. Willst Du ihm nicht schreiben? Ich würde zu ihm gehen und mit ihm reden wenn ich so gut mit ihm bekant wäre wie Du. Man sollte doch etwas thun, die Bauern (die größeren) sind williger als Du glaubst. Ich bitte Dich mir bald Deine Gedanken über dieses mein Lieblingskind mitzutheilen und mir zu sagen, ob Du nicht auch diesem Götte sein Möchtest? Die Landtagsverhandlungen hab ich den Sennhüttlern vorgelesen und der Eindruck, den die Geschichte der 12 Mertirer machte ist ein derartiger, daß ich ihn in keinem öffentlichen Blatte schildern möchte. Weniger Verständniß haben sie für die Adresse der Ungarn. Dieses Volk gilt für ein halbwildes und sie meinen, hier wäre Gewalt eher am Platz als bei den Vorarlbergern, die wie man ja gehört habe, bis auf das letzte Tüpflein recht hätten. Der Vorsteher hat den unruhigen Oberdörflern einen Artikel aus der Östr Gemeindezeitung vor gelesen, welche über die Vorarlberger spottet wegen ihrer Kleinheit, aber da ist der gute Vorsteher schlecht angekommen. Daß Macht vor Recht gehe, wissen die Wälder, aber es steht halt doch nicht in ihrem

Katechismuß. Auch der kleine soll Recht bekommen! heißte es.

Dein letzter Brief hat mir aus mancher verlegenheit geholfen. Doch wenn Du einmal in der Lage bist, den Schluß zu schicken so würde ich Dir sehr dankbar sein. Mit noch 25 wäre mir geholfen. Bekles Toni hat Berngart nun auf 2 Jahre für 80 Fl. Zins. Der Schneider karesirt mit Schriners Marian wie wild.

Mari hofft und harrt!

Die Kronenwirthin ist so fromm, daß sie keine Tanzmusik mehr duldet. Der Geiz des Kurats in Rehmen hat die Josefsandachten auf 2 Geistliche beschränkt was dem Hrn Rüscher nicht gefällt.

Fortsetzung folgt.

Für heute ists genug und es grüßt Dich herzlich Dein komunistischer verketzerter, abgekristenlehrter niedergepredigter käshandelssüchtiger armer Freund

F M Felder

Jauko Michel: Michael, Sohn des Jakob. Übername Felders nach dem Vornamen seines Vaters.
Abdankungsrede: Rede zur Hochzeit. Felder war ein beliebter Abdankungsredner.
vom Blinden am Wege: Moosbrugger bemerkt dazu: „Felder war bekanntlich an einem Auge ganz, am andern theilweise blind.“ Heinrich Hirzel hat Felders Aussehen (als Folge der mißglückten Augenoperation) so beschrieben: „Der Stern des einen, weit offenen Auges ist zerschlagen und mit weißer Narbenhaut überzogen; das andere Auge, welches allein sieht, ist klein und zwinkernd-schielend.“ („Franz Michael Felder, der Dichter aus dem Bregenzerwald.“ In: Neue Zürcher Zeitung, Jg. 48 (1868), Nr. 248–254 (6.–12. 9.) Feuilleton. Vermutlich benutzte der Pfarrer das Gleichnis in dem Sinn gegen Felder, als Blindheit, wie andere körperliche Gebrechen auch, damals auf dem Land als Zeichen einer Schuld oder Sünde des Betroffenen oder der Eltern galten.
Eigenälplern: Besitzer von Alpen in Privatbesitz (im Gegensatz zu den Gemeindealpen).
Rätzle: Josef Anton Ratz (1818–1867) , größter Käsehändler in Bezau, genannt „Kästoni“. Sein Vater unterhielt bereits Handelsbeziehun-

gen mit Belgien und Norddeutschland, Josef Anton Ratz lieferte vor allem nach Wien und Mailand und führte im Gegenzug über seinen Fuhrmann Wilburger vor allem Wein in den Bregenzerwald ein. Der Krieg von 1866 ruinierte seinen Handel mit Italien. Ratz wurde von Felder und seinen Freunden in Sachen Käsehandel öfters kontaktiert.
12 Mertirer: Märtyrer; Kaiser Franz Joseph sistierte im September 1865 das „Oktoberdiplom" und die Staatsgrundgesetze, da diese von den Kronländern der östlichen Reichshälfte nicht angenommen wurden. Gegen dieses „Septembermanifest", das eine teilweise Rückkehr zur absolutistischen Regierungsform bedeutete, beschloß der Vorarlberger Landtag am 16. Dezember 1865 eine Adresse mit der Bitte um Aufhebung der Sistierung. Der Kaiser nahm die Adresse nicht an, gegen die staatlich bediensteten Unterfertiger wurden vom Staatsministerium unter Belcredi gerichtliche Untersuchungen eingeleitet.
Adresse der Ungarn: Das demokratisch gesinnte Unterhaus des Ungarischen Reichstages beschloß in der Sitzung vom 8. Februar 1866 als Antwort auf die königliche Thronrede vom 14. Dezember 1865 sinngemäß, daß das „Oktoberdiplom" in der ganzen Monarchie Verfassungsmäßigkeit eingeführt habe, die ungarische Verfassung aber in demselben nicht ihren Ursprung habe. Das „Februarpatent" würde die Gefahren des „Oktoberdiploms" noch vergrößern.

Der Leipziger Germanist und Herausgeber des Grimmschen Wörterbuches, Rudolf Hildebrand, hatte Felder Ende Juni 1865 kommentarlos einen ausgedruckten Bogen des Grimmschen Wörterbuches geschickt, in dem unter dem Stichwort „kein" eine Stelle aus dem „Nümmamüller" unmittelbar neben einen Beleg aus dem Briefwechsel Schillers mit Goethe zu stehen gekommen war. Felders erster Brief an Hildebrand ist ein Appell um Hilfe für seine schriftstellerische Arbeit, mit der er überregionale Wirkung erzielen wollte.

Franz Michael Felder an Rudolf Hildebrand

Schoppernau den 3 März 1866

Verehrtester Herr Hildebrand!

Schon oft gedachte das Bregenzerwälder-Bäuerlein der schönen Stunde, in der es das Glück hatte Sie in Au anzutreffen, doch würde es wol nie gewagt haben, sich brieflich an Sie zu wenden, hätte nicht Ihre gütige Zusendung vom Juli v. J. ihm Muth gemacht, ja es aufgefordert, Ihnen für diesen werthen Beweis Ihrer Theilnahme recht herzlich zu danken.

Ich arbeitete nun auch mit mehr Lust als vorher. Ich benützte jeden Augenblick, den mir die Feldarbeit frei ließ, für meine Lieblingsbeschäftigung. Ich wünschte mit meinem Bregenzerwälder Lebens und Characterbild aus neuester Zeit recht bald fertig zu werden, um Ihnen dasselbe mit der Antwort zu übersenden.

Villeicht hab ich mich zu sehr angestrengt, habe dem von der Bauernarbeit ermüdeten Körper zu wenig Ruhe gegönnt. – Ich wurde krank und meine Feder blieb länger als ein Vierteljahr unberührt liegen.

Jetzt, während es draußen stürmt und tost, sucht sich jeder auf seine Weise die Zeit zu verkürzen. Jetzt kann ich zuweilen ganze Tage am Schreibtische sitzen, und da erwacht dann wieder der alte Wunsch, der Welt ein Wenig von meiner lieben Heimath zu erzählen.

In der hiesigen Schule erhielt ich vor 14 Jahren erbärmlich Ohrfeigen, weil ich regelmäßig eine „Schoppernauer Schulzeitung“ schrieb, die denn zuweilen im halben Dorf herumkam doch auch das hat mich nicht heilen können von meiner „wunderlichen Sucht“, jetzt, nachdem die „Blätter für lit. Unterh[altung]“ den Wunsch aussprachen, daß ich auf dem glücklich betrettenen Wege tüchtig vorwärts schreiten und noch öfter mit Nachrichten erfreuen möge, hab ich erst recht zu lernen, zu arbeiten und zu erleben angefangen.

Gerne wollte ich Ihnen den Inhalt der Erzählung „Sonderlinge“ kurz mittheilen, aber wie einfach das Ganze auch ist, es wäre doch nicht möglich, einen Abriß davon zu geben ohne ihre kostbare Zeit allzusehr in Anspruch zu nehmen.

Mit dem Schwarzokaspale hat dieses Werk sehr wenig Ähnlichkeit, und doch könnte man es in gewissem Sinn eine Fortsetzung des Ersteren nennen: dort sehen wir einen armen Burschen emporkommen, hier haben wir einen Emporgekommenen, der nun *Fortschritt* und Freiheit predigt: einen s g Freimaurer, der „schlechte Grundsätze" aus der bösen Welt hereinbrachte und sich nun bei den altgläubigen Ärmeren sowohl als bei den besitzstolzen Reichen verfeindet macht.

Die Wege in unser abgeschlossenes Thal werden von Jahr zu Jahr besser; immer näher heran braust das Dampfroß und immer lauter klopft der Zeitgeist an. „Herein" rufen einige, „draußen bleiben" schreien viele. Der Geist scheint sich dann auf Augenblicke zu entfernen, der alte Friede aber kehrt nicht mehr zurück. Was einmal in der Luft ligt findet seinen Weg auch über die Berge.

Die Hauptpersonen meiner Erzählung sind keine Dorfgeschichthelden, keine Tolpatsche und keine Luziane (Auerbach) sondern es sind ganze Gemüthsmenschen oder kluge Köpfe die mit Gott und der Welt handeln und schachern. Und warum nicht? Der Pfarrer kennt seine Leute und richtet seinen Unterricht für sie zurecht, wobei es ihm dann freilich zuweilen passirt, daß er durch Belzebub den Teufel austreiben will.

Ich habe nicht Lust, Herrn Stettner in Lindau das Werkchen zur Prüfung zu übersenden – und Herr Stettner – dessen Kundschaft größtentheils aus katholischen Geistlichen besteht – würde schwerlich geneigt sein ein Werk zu verlegen, welches unser Völklein nicht nur im Prozessionsschmuck, sondern auch in seiner Alltäglichkeit darstellt und errathen läßt, warum der so talentvolle Bregenzerwälder bei Weitem nicht das wird, wo zu er das Zeug hätte.

Ihre werthe Zusendung hat mir den Muth gegeben, mich vertrauensvoll an Sie zu wenden mit der Bitte: Wenn Sie glauben sollten, daß meine Arbeit es verdient, mir, dem Nahmen- und Freundlosen zu rathen und zu helfen. Wohl kenne ich den Nahmen manches tüchtigen Verlegers, aber ich fürchte daß z. B. Herr E. Brockhaus in Leipzig u A die Arbeit des Bäuerleins ungeprüft zurükschiken würden. Ich lebe recht glücklich als Bauer, und nur das ärgert mich, daß wenigstens hier herum der Bauer gar keinen Theil haben soll an den Errungenschaften der Civilisation, daß er überall schon zum Voraus abgewiesen wird. Oft hat mich das so geärgert, daß ich selbst kaum begreife, warum die schrundenvolle arbeitsmüde Hand nicht schon längst Buch und Feder wegwarf. Doch das geht mir nicht so leicht als vielen meiner Landsleute! Wem sollte ich hier meine Gedanken mittheilen als meiner lieben Frau und dem Papir.

Welchen Werth mein neues Werk als Dichtung hat, können Andere besser beurtheilen, ich glaube es einen nicht ganz werthlosen Beitrag zur deutschen Völkerkunde nennen zu dürfen.

Bis ersten Maj hoffe ich mit der Ausarbeitung und Abschrift des 2 ten Theils fertig zu werden, und wäre dann glüklich wenn das Ganze von einem Fachmann geprüft würde. Ich wagte es, mich an Sie zu wenden, weil ich überzeugt bin, daß Sie etwas für mich thun werden, wenn es möglich ist. Eine Antwort von Ihnen würde mich sehr glüklich machen. Auch dann wenn Sie dem Bäuerlein zurufen sollten: Schuster bleib beim Leisten.

Der von Glück und Freunden Umgebene ahnt nicht, wie gern unser Einer die Hand erfaßte, die sich ihm freundschaftlich entgegenstrekt, doch Sie werden meine Kühnheit entschuldigen und werden mir wenigstens rathen, wenn ich Ihre Hülfe nicht verdienen sollte.

Doch ich habe schon zu lange Ihre theure Zeit in Anspruch genommen!

Mit den herzlichsten Grüßen an Sie – und – wage ich beizusetzen, an die vielen mir Theuren in Leipzig die ich aus ihren Schriften kennen und schätzen lernte

Hochachtungsvoll ergebenst Ihr
um Antwort bittender

Adresse Franz M. Felder
in Schoppernau
Post Bezau
Vorarlberg.

Bregenzerwälder Lebens und Characterbild: der Roman „Sonderlinge".
„Blätter für lit. Unterhaltung": enthielten 1864 eine Besprechung des „Nümmamüller" von Rudolf Gottschall.
keine Tolpatsche und keine Luziane: Hauptfiguren zweier Dorfgeschichten von Berthold Auerbach.

Rudolf Hildebrand an Franz Michael Felder

Leipzig, 11. März 1866.

Werthester Herr Felder,

Ich danke Ihnen für das Vertrauen, das Sie mir schenken, es macht mir große Freude, ist es ja eins der wohlthuendsten Gefühle die die Erde bietet, sich das Vertrauen eines Andern zu verdienen. Es ist auch bei mir nicht an den Unrechten gekommen, ja ich kann noch mehr sagen, obwol Sie es wohl nicht recht begreifen werden: Ihr Brief hat mir den Tag, als er anlangte, zu einem wahren innerlichen Festtage gemacht, und wie meine Familie, so müssen auch alle meine Freunde und Bekannten meine Freude theilen – sie kennen Sie nämlich durch mich schon aus

Ihrem Schwarzokaspale, und wer das Buch noch nicht kennt, dem geb ichs nun zu lesen.

Doch zur Hauptsache. Ich war nach Lesung Ihres Briefes entschlossen, für Ihre Sonderlinge alle Mittel anzuwenden die mir etwa zu Gebote stünden, um Ihnen einen namhaften Verleger zu verschaffen. Ich entwarf meinen Feldzugsplan, der vermöge verschiedner freundschaftlicher Verhältnisse mehrere angesehene Firmen ins Auge fassen konnte, auch eine in Wien (Braumüller), die Ihnen als östreich. Landeskind vielleicht die angenehmste gewesen wäre? Aber bequemer hatte ichs freilich hier in Leipzig, und da ist mir denn auch gleich der erste Angriff über Erwartung geglückt, nämlich bei meinem eignen Verleger, S. Hirzel, der für neue Bücher und Autoren im allgemeinen *sehr* schwer zugänglich ist, wie ich selbst schon erfahren habe. Ich bat ihn darum auch nicht um den Verlag, ich erzählte ihm nur meine Bekanntschaft mit Ihnen und was ich von Ihnen wußte und las ihm dann Ihren Brief vor – da erbot er sich selbst, Ihr neues Buch zu drucken, als ich vom Suchen eines Verlegers sprach und den Dichter Scheffel erwähnte, mit dem ich vorigen Herbst in Heidelberg Bekanntschaft gemacht habe und dem ich da Ihr Schwarzokaspale zu lesen und zu prüfen dringend empfahl; ich dachte mich nun an ihn zu wenden und ihn um seine Verwendung bei seinem Verleger zu bitten. Aber Hirzel lehnte das als unnöthig ab und bot sich wie gesagt selbst zum Verlag an – freilich, wie Sie begreifen werden, *mit der Bedingung*, daß er erst das fertige Werk sieht und sich die endgültige Entscheidung vorbehält nach eigner Einsicht ins Manuscript.

Wenn es Hirzel nimmt, und ich zweifle kaum daran, wenn Ihre Sonderlinge dieselben Vorzüge zeigen wie Ihr erstes Buch, zumal an einen noch tieferen und bedeutenderen Stoff gewendet, so haben Sie allen Grund sich zu freuen. Denn die Firma S. Hirzel ist eine der angesehensten in ganz Deutschland, die sonst bloß wissenschaftliche Literatur wo möglich ersten Ranges druckt, schöne Literatur nur in strengster Auswahl. Gustav Freytags Sachen sind in Hirzels Verlag. Haben Sie unter den vielen Ihnen theuren Schriftstellern in Leipzig, die Sie zu grüßen bitten, Freytag mit gemeint? Ich bin selbst mit ihm gut bekannt, ja befreundet, und werde ihn nächster Tage examiniren, ob er Ihr Schwarzokaspale kennt oder noch nicht; sein Urtheil ist ein entschiedenes, aber durchaus menschenfreundlich, und ich bin neugierig darauf. Auch Hr. Dr. Hirzel (er ist kürzlich von unserer philosoph. Facultät zum Dr. phil. gemacht worden für seine Verdienste um die Goetheliteratur) kannte Ihr Buch noch nicht, ich habe es ihm nun gegeben, und er hat es zuerst seiner Frau gegeben, die ganz dazu geschaffen ist, die eigenthümlichen Vorzüge Ihrer Dichtung zu empfinden und zu würdigen, eine einfach sinnige Natur, obwol eine geborene Berlinerin – nun ist sie gerade jetzt Patientin in Folge eines Armbruches, aber gerade da ist man offener als sonst für das einfach Ächte wie es Ihr Schwarzokaspale bietet, weil in jeder Krankheit die Seele wieder in sich selbst einkehrt. Was übrigens Hirzels an Ihrem Buche auch ansprechen wird, das ist das Alemannische darin, die Anklänge an die Schweiz, weil Hr. Hirzel selbst Schweizer ist, aus Zürich.

Auch mir war an Ihrem Buche besonders anziehend, ja hoch erfreulich die alemannisch alterthümliche Luft die darin weht, Ihr ganzes Ländchen ist für uns deutsche Alterthumsfreunde eine Fundgrube zur besseren Erkenntniß unserer Vorzeit, das hab [ich] in den paar Tagen deutlich empfunden, die ich dort zugebracht habe und die ich zu den angenehmsten rechnen muß die ich je verlebt habe. Ich empfand dort als Deutscher eine tiefinnere Befriedigung, wie selten, fand dieselbe Befriedigung in Ihrem Buche wieder, nur noch vertieft und geklärt, und so ist mirs doppelt angenehm, mit Ihnen als dem rechten Ausleger vom Werthe Ihrer Heimat in nähere Beziehung zu treten – vielleicht verstehen Sie nun meine oben erwähnte Freude an Ihrem Briefe schon besser.

Aber noch ein Punkt ist, den ich Ihnen gleich klar machen kann. Was Sie von der Stellung des Bauernstands der Bildung gegenüber sagen, ja das ist eine brennende Frage für die Entwickelung unserer Zukunft, und sie liegt mir nahe am Herzen; der große Riß zwischen Studirt und Unstudirt, zwischen Gebildet und Ungebildet muß bis auf einen gewissen Grad aufgehoben werden (wie er es in gewissem Sinne in Amerika schon ist); wir die Studirten brauchen Sie, die Leute aus dem Volke, zur Erneuerung unseres Seelenblutes, und zur nationalen Wiedergeburt, das ist ein Grundgedanke meines ganzen Denkens und Strebens, und mit einem *Bauer* wie *Sie* sind befreundet zu werden, macht mir die Berührung mit Ihnen dreifach lieb, zumal wo es sich wie hier darum handelt, das lange entfremdete Süddeutschland, das wir alle so lieb haben, für das Deutschland der Zukunft voll und ganz wiederzugewinnen.

Aber ich verlaufe mich zu weit ins Blaue. Sie haben sich krank gearbeitet? um Gottes Willen thun Sie das nicht wieder, und was das Nachholen für Ihr Wissen betrifft, das *übereilen* Sie um Gottes Willen nicht, thun Sies wo möglich nie so, daß Sie sich davon *angestrengt* fühlen, daß darüber die innere Stimme Ihrer Naturfrische zu schweigen anfängt. Ich möchte schon über Ihre Lectüre genauer unterrichtet sein, man begreift nicht wie Sies unter Ihren Verhältnissen zu dieser Bildung gebracht haben.

Doch genug für heute, grüßen Sie mir doch die Wirthsleute in der Au, wenn sie sich meiner erinnern; was macht denn unsre Sängerin von damals, Frl. Korber aus Feldkirch?

Nun, liebes tapfres Bregenzerwälder Bäuerlein, ich drücke Ihnen im Geiste die Hand mit aller Hochachtung

Dr. R. Hildebrand.

Meine Adr. ist: Leipzig, Windmühlenstr. Nr. 29.

S. Hirzel: Salomon Hirzel (1804–1877), Schweizer, seit 1830 eigene Verlagsbuchhandlung in Leipzig, die vor allem wissenschaftliche Publikationen, wie das „Deutsche Wörterbuch" von Jacob und Wilhelm Grimm, aber auch Belletristik (Gustav Freytag, Anastasius Grün, Friedrich Rückert) herausgab. Hirzel besaß die größte private Sammlung von Handschriften und Drucken Goethes.
Scheffel: Joseph Victor Scheffel (1826–1886), Lieblingsschriftsteller des damaligen deutschen Bildungsbürgertums mit der Verserzählung „Der Trompeter von Säckingen" (1854) und dem Roman „Ekkehard" (1855), den auch Felder kannte.

Franz Michael Felder an Rudolf Hildebrand

Schoppernau den 22/3 1866.

Verehrtester Herr Hildebrand!

Der 18 März, der Tag an dem ich Ihren so erfreulichen Brief erhielt ist einer der schönsten meines ganzen Lebens. Auch alle Folgenden würden Festtage für mich sein wenn es mir möglichwäre so viele Liebe, so herzliche Theilnahme zu verdienen.

Leichter jedenfalls wird mir nun Alles werden, nachdem Sie mir so freundschaftlich die Hand reichten.

Nicht etwa nur darüber freue ich mich, nun wieder eins der 935 Werkchen in die Welt schicken zu können; der schönste Erfolg meiner schwachen Versuche bleibt sicher Ihr freundschaftlicher Brief.

Und daß er von Norden kommt freut mich noch ganz besonders. Glauben Sie mir: Jubelnd reichen mit mir noch viele Vorarlberger Ihnen im Norden die Hand über alle Schlagbäume hinüber. Schon bevor das Banknotenunwesen unser Völklein, das mit dem „Ausland" (Deutschland) lebhafter verkehrt als mit dem Kaiserstaat, arm und mißtrauisch machte, hieng der Bregenzerwälder mit *Leib und Seele* an Deutschland und es ist ihm fast unmöglich, gewisse Heldenthaten unserer Nachbarn der Tiroler, zu denen man uns so gerne zählt zu begreifen. –

Doch für jetzt genug hievon, denn schon das Gesagte wird Sie mir glauben machen wie froh ich war, daß Sie nicht nach Wien zu schreiben brauchten, obwol ich die genannte Firma kenne und schätze.

Meine Freude über Ihren Brief haben die Meinen und einige Freunde, biedere herzgute bregenzerwäldler Bauern und Handwerker, mit mir getheilt. Gelehrte und studirte Freunde hab ich nicht auser einem Bruder meiner Frau, einem Beamten den ich vor 5 Jahren kennen lernte. Sonst hat sich niemand um mich gekümmert als meine Gegner; niemand hat mich geleitet, nachdem ich einmal den Pfarrer auslachte als der mich vor der Luft aus Norden warnte, „von der man so leicht den Schnupfen bekomme".

Ich soll eben bei der Mistgabel bleiben, darüber sind unsere Studirten eins geworden, daher kommt auch der Schimpfartikel über mein erstes Werk in der vorarlberger Landes-Zeitung, die Bauern sollen nicht auf mich hören; sie sollen überhaupt auf niemand hören!

Ja das ist eben unser Elend, daß sie alle von Gottes und des apostolischen Stuhles Gnaden uns voneinander reißen, und diese auf künstliche Weise groß gezogene Selbstsucht, auf welche die Mächtigen ihre Paläste bauen das ists eben, was ich in den Sonderlingen darzustellen suche. Der Schauplatz meiner Darstellung ist ein ungemein enger, der Grundgedanke des Werkchens aber ein deutscher. Wir Wäldler leben ganz abgeschlossen von der Welt und Staat und Kirche suchen aus unseren gemeinsten Leidenschaften Vortheil zu ziehen. Ein Einzelner kann dagegen nichts ausrichten, vor allem muß im Bauer der Geist der

Gemeinsamkeit, des *deutschen Genossenschaftwesens* gewekt werden. Ich darf sagen, daß ich da für unser Ländchen schon manches gethan habe was auch anerkannt wird und nicht ganz fruchtlos bleiben zu sollen scheint. Obwol ich mich hauptsächlich mit der sg schönen Literatur beschäftige so bin ich doch überzeugt, daß es in Vorarlberg wenige gibt, die die Schriften der Schulzeschen und Lassaleschen Richtung, wie die von Liebig, Carey so fleißig lesen als ich. Auch ist meine kleine Bibliothek von einigen hundert Bänden Gemeingut der ganzen Gegend. Es freut mich immer Bücherfreunde zu finden und sie sind auch hier nicht so selten als man glaubt.

Sie wünschen etwas von meinem Lebens und Bildungsgang zu erfahren und ich bin froh, Ihnen wenigstens *einen* Wunsch erfüllen zu können. *Später* einmal gedenke ich meinen Lebenslauf kurz zu veröffentlichen; nicht weil ich mich selbst für bedeutend genug halte, aber dem Freunde unseres Ländchens muß es lieb sein, Personen und Verhältnisse kennen zu lernen die *auch* mich erzogen oder sich *auch* mir feindlich gegenüber stellten.

Das Glück und der Friede meiner ersten Lebensjahre wurde sogar dadurch nicht gestört, daß ein Artzt mich in betrunkenem Zustand um das eine Auge brachte. Da kam das Jahr 48. Ich war damals 9. Jahre alt und hörte das erstemal von Mord und Krieg erzählen. Selbst mein Vater ein ächter Bauer, las jetzt eine Zeitung und mir wurde bald der wöchentlich einmal kommende Bothe wichtiger als die Öbstlerin. Der Lärm verging bald – aber ich und der Vater waren nicht mehr die Alten. Wir hatten nun erfahren, daß hinterm Berge auch Leute wären. Halbe Nächte lasen wir um die Wette. Unsere Hausbibliothek enthielt eine 300 jährige Legende, Leben u Thaten Schinderhannes, Genofeva und alte Kalender, wir entlehnten daher Altes u Neues, was wir nur auftreiben konnten.

Wehmuthsvoll gedenke ich dieser schönen Abende, in denen wir die alten Heldensagen aus Volksbüchern mitsammen lasen bis die Mutter uns zu Bette schikte. Ach sie waren bald vorüber; am 13 Februar 49 starb der Vater am Schlagfluß und wurde als Leiche heimgebracht. Nachher hab ich nie mehr mit Kindern gespielt. Ich blieb daheim half der Mutter arbeiten, da unsere Mittel uns nicht erlaubten einen Knecht anzustellen. Mein einziger Zeitvertreib war u blieb das Lesen. Ich habe nie eine andere Schule besucht als die zu Schoppernau, wo der Lehrer damahls jährlich 70 Gulden „Lohn" erhielt und im Sommer als Maurer u Anstreicher im Schweise des Angesichts sein Brot verdiente. Im Jahre 53 erhielt ich eine Nummer des Dorfbarbirs um ein Stücklein Seife einzuwikeln. Ich las das Blatt bestellte es und wurde dann auf die Gartenlaube verwiesen. Diese hat mir zuerst von unseren Dichtern und Denkern erzählt. Im Jahre 57 bekam ich Lust die damahls bei Kotta erscheinenden deutschen Klassiker zu bestellen. Das Geld dazu hab ich mir mit Holzziehen, Schindelnmachen und als Ziegenfellhändler verdient. Aber je mehr ich nun lernte, desto weniger paßte es in die Welt in der ich leben mußte. O viel Kraft hab ich gebraucht zum Widerstand gegen die vom Pfarrer u Vorsteher wider mich gestimmte öffentliche Meinung. Viele meiner Mängel und Schwächen ließen sich mit meinen unglaublich ungünstigen Verhältnissen entschuldigen. Ich wurde verbittert; als ich im Jahre *58* zum erstenmal nach Lindau kam und nun wieder in die enge Heimath zurük sollte blickte ich wehmütig über den Bodensee und suchte mit – allerlei Gedanken die Stelle wo er am tiefsten sein mochte.

Die Liebe hat mich gerettet und mit meinem Schiksal versöhnt.

Ich lernte in Au ein Mädchen kennen, das von seinem Bruder mancherlei gelernt hatte, und das wie wenige fähig war mich zu verstehen und Freude u Leid mit mir zu theilen. Das Haus dieses Mädchens in dem noch 7 Geschwister lebten war der Sammelplatz aller jungen Leute. Man schwatzte und lachte, ich wurde ganz ein Anderer und lernte die wakern Wälder wieder schätzen und lieben.

Ich fing an unsere Sprüchwörter und Redensarten zu sammeln. Ich schrieb ein kleines Wörterbuch und staunte dabei selbst über den Reichthum unserer Mundart, ich dichtete einige „Volkslieder" die jetzt hie und da gesungen werden, und meine Heimath wurde mir immer lieber. Das Schwarzokaspale schrieb ich wie vieles andere nicht zum Zwek der Veröffentlichung, erst der Bruder meiner Frau hat mir Muth dazu gemacht.

Seitdem lese ich so viel mir Zeit und Geldmittel erlauben. Hier muß ich leider sogar die Zeitungen alle selbst anschaffen, da mir unsere billigen Blätter das nicht bringen was ich vor allem wünsche. Die Augsburger Allgemeine halte ich mit einem Wirthe in Bezau, die Blätter f. literarische Unterhaltung, Roman-Zeitung u s w aber muß ich alein halten. Beim Bestellen neuer Bücher bin ich sehr vorsichtig, da ich nur zu oft nicht das darin fand was ein Recensent versprach. Freitags verlorne Handschrift aber war mir, wie Sie nach dem eben Erzählten glauben werden, sehr interessant. Jetzt beziehe ich die ausländischen Klassiker (von Meier) da ich sie leider nur in Übersetzungen lesen kann.

Doch ich habe vielleicht schon zu lange von mir selbst geredet. Sie werden nun begreifen wie sehr Ihr Brief mich freuen mußte und wie herzlich ich es bedaure, dafür gar nichts zu haben als den Wunsch, daß Ihnen doch recht viele so schöne Tage werden mögen wie mir der war an dem ich ihn erhielt.

Die Ludmilla Korber in Feldkirch hat seit damahls viel Kummer erleben müssen. Jetzt ist sie Kammerfräulein bei

Hrn Ganahl in Feldkirch im letzten Sommer war sie hier und wir haben von Ihnen geredet. Gewiß wird Ihr Gruß sie herzlich freuen.

Daß das Wirthshaus in Schröcken, so wie auch die Kirche und die danebenstehenden Gebäude am 28 August 1863 abgebrannt sind werden Sie wol gehört haben. Jetzt steht ein anständiger Gasthof dort und wenn Sie mir noch einmal die Freude machen wollten mich zu besuchen so würde ich Sie dorthin begleiten und Ihnen dann recht viel von meiner lieben Heimath erzählen.

Mit den „Sonderlingen" hoffe ich bis in 6 – 8 Wochen fertig zu werden. Das Ganze ist jetzt ausgearbeitet und hat mir schon manche frohe Stunde gemacht. Was andere dazu sagen werden weis ich nicht. Einzelne Kapitel hab ich einer einfachen, herzguten Familie, die nach meiner Ansicht unser ganzes Volk würdig repräsentirt, vorgelesen, den Eindruck auf diese reinen Gemüther beobachtet und doch nichts geändert. Auch mit dem Nümmamüller hab ichs zuweilen so gemacht.

Entschuldigen Sie den durch Sie so Glücklichen daß er es schon wieder wagte Ihre kostbare Zeit für sich in Anspruch zu nehmen.

Ihnen recht herzlich dankend verbleibe ich
hochachtungsvoll

Ihr ergebener
Franz M Felder

Banknotenunwesen: In Vorarlberg kursierten damals neben mehreren inländischen auch ausländische Geldsorten, denen gegenüber vor allem die österreichischen Papierwährungen als minderwertig galten.
Öbstlerin: Obsthändlerin. Im Bregenzerwald wächst weder Obst noch Getreide.
Dorfbarbirs: „Illustrierter Dorfbarbir. Ein Blatt für gemüthliche Leute." Eine der auflagenstärksten Zeitschriften der Zeit, die erst von der ebenfalls von Ernst Keil in Leipzig edierten „Gartenlaube" überholt wurde und die Politik in humoristischen Tagesglossen vermittelte.

Kotta: In Felders Bibliothek sind bei Cotta in Stuttgart erschienene Ausgaben folgender Autoren erhalten: Schiller, Herder, Goethe, Lenau, Hebel, A. v. Humboldt, J. Ch. v. Zedlitz, Voß, Uhland.
die ausländischen Klassiker: Aus dem Verlag des Bibliographischen Instituts in Hilburghausen (Besitzer Hermann Meyer) haben sich in Felders Bibliothek Ausgaben folgender Autoren erhalten: Shakespeare, Rudolph Töpffer, Dante, Molière, Bernardin de St. Pierre, Chateaubriand, Le Sage, Chaucer, Leopardi, Burns, Sophokles, Milton, Manzoni, Frau von Staël.

Moosbrugger, dem Felder Hildebrands Brief geschickt hatte, tadelte seinen Freund am 10. April 1866 in geradezu höhnischen Worten: „Es zieht Dich nach Norden, u zieht Dich nach den Landen des Hr. Hildebrand. Ja, ja, deßhalb wirst Du diese Mißgestalt eines deutschen Mannes gar nicht als solche erkennen, die Liebe macht blind. Du siehst vielleicht gar nicht, wie dieser Mann in seiner Herablassung gegen Dich den Hochmüthigsten der Hochmüthigen, den ächten Bourgeois verräth. Er u. die andern Studirten brauchen Euch Bauern zur nationalen Wiedergeburt Deutschlands; es handelt sich bei seiner Befreundung /: beileibe nicht Freundschaft :/ mit Dir darum, das lang entfremdete Süddeutschland /:erkenne Dich, Du bist eigentlich Süddeutschland :/ für das Deutschland der Zukunft /: Dr. Hildebrand :/ zu gewinnen. Ja, ja der große Riß zwischen Gebildet u. Ungebildet muß dadurch behoben werden, daß die Ungebildeten den Gebildeten zum Gebrauche überliefert werden /: merks Bauer! :/ dann wird das Seelenblut erneuert u. wir werden wiedergeboren. Wie herrlich diese Wiedergeburt eines deutschen Professors durch ein Wälder Bäuerlein! Lade mich doch zum Geburtsschmaus! – Die von Lasalle im Julian Schmid beschriebene Gedanken u. Haltlosigkeit der heutigen Literaten wird ohne Zweifel von der in diesem Hildebrandschen Brief übertroffen u. mehr Hochmuth u. Dünkel kann ich mir kaum denken. Den die

Bourgeoisie beherrschenden Gedanken, daß der gemeine Mann ihr dienstbar werde, kann man wohl nicht plumper aussprechen als Hildebrand dieß auf gemüthlichste Weise gethan hat. Nur zu ihr Bourgois's der Feder u. des Geldsakes erbaut Euch an Alterthümern /:Deinen neuen Befreundeten erfreute eigentlich nur das Eigenthümliche !! in Deinem ersten Brief:/, während die Gegenwart zum Gericht über Euch sich rüstet." Freude äußerte Moosbrugger lediglich darüber, daß Felder „ein tüchtiger Verleger in Aussicht gestellt" würde.

Wie weit Felders Bekanntheit vor allem in Deutschland schon vorgedrungen war, zeigt etwa der folgende Brief aus Leipzig:

Gustav Wagner an Franz Michael Felder

Leipzig, 3. Juni 1866.

Hochgeehrter Herr!

Sie haben mir durch Ihren „Nümmamüller und das Schwarzokaspale" eine große Freude bereitet, wofür ich Ihnen meinen tiefgefühltesten Dank sage.

Obgleich ich seit 24 Jahren Sachse bin habe ich doch nicht aufgehört der Allgeuer (Kemptner) zu bleiben. Als solcher kann ich um so mehr die richtige Schilderung der mir wohl bekannten „Wälderer" beurtheilen. Ich muß gestehen, daß mich von Allem, was in der Neuzeit über die Aelpler erschienen ist, nichts so sehr angezogen hat, als Ihr „Nümmamüller". Lassen Sie hochgeehrter Grenznachbar die Feder nicht ruhen! Erfreuen Sie die Freunde der Alpen und ihrer Bewohner bald wieder mit einer Schöpfung Ihrer hellen Augen wie warmen Herzens! In Sachsen haben Sie Sich bereits viele Freunde erworben, deren Zahl ich durch die Empfehlung erwähnten Werkes zu vermehren suchen werde.

Im Juli d. J. werde ich meine alte Heimath und bei dieser Gelegenheit auch Sie besuchen. Letzteres nur in der Voraussetzung, daß ich Ihnen angenehm bin. Bis dahin grüßt Sie ein treues Alpenherz mit ganzer Wärme.

Ihr ergebener
Gustav Wagner.

Oberlehrer an der ersten deutschen
Lehranstalt für erwachsene Töchter,
Lehrer an der öffentl. Handelslehranstalt
und Mitglied des deutschen
Schriftsteller-Vereins.

Im Juni 1866 brach der Deutsche Krieg zwischen Österreich und seinen Verbündeten, Sachsen, Bayern, Württemberg usw., auf der einen und Preußen (samt den meisten norddeutschen Klein- und Mittelstaaten) und Italien auf der anderen Seite aus. Die Ursache lag in der seit Bestehen des Deutschen Bundes (1815) immer stärkeren Spannung zwischen den Großmächten Preußen und Österreich im Kampf um die Vorherrschaft in Deutschland, Bismarck drängte schließlich zu einer kriegerischen Lösung. Den äußeren Anlaß gab der Konflikt um das von Österreich und Preußen gemeinsam verwaltete Schleswig-Holstein. Die österreichisch-sächsische Armee wurde bei Königgrätz am 3. Juli entscheidend geschlagen, Österreich siegte in Italien bei Custozza und in der Seeschlacht von Lissa. Im Frieden von Prag mit Preußen (23. August) bzw. von Wien mit Italien (3. Oktober) mußte Österreich Holstein an Preußen abtreten, die Auflösung des Deutschen Bundes und die preußischen Annexionen in Norddeutschland (Hannover, Kurhessen, Schleswig, die Stadt Frankfurt etc.) anerkennen und Preußen hohe Kriegsreparationen zahlen; Venetien fiel an Italien. Der Kriegsausgang führte zum Ausscheiden Österreichs aus Deutschland.

FRANZ MICHAEL FELDER AN KASPAR MOOSBRUGGER

Schoppernau den 30/7 66

Lieber Freund!

„Friede nährt, Unfriede – verzehrt! Mit diesem suchte ein ärgerlicher Sprüchwörtersammler sich zu trösten, als er, die Zeitungen wegwerfend wie der sterbende Herder ausrief: O Gott! nur einen einzigen großen Gedanken. Die Glocken bimmeln wie Grabgeläut und die Fahne des Fatalismuß wird den Gläubigen voran nach Au getragen. Alles bethet, aber merkwürdiger Weise nicht um Vernichtung unserer Feinde, das hat der Pfarrer ausführlich gesagt man bethet, damit das wahrhaft Beste geschehen möge. Wahrhaftig, der Krieg erforscht Herzen und Stimmen! Wo sind jetzt unsere Patrioten, die frommen hoffenden? Ich bin hier wol der Einzige, der noch nie umsattelte. Nun Du kennst mich und willst wol lieber von Andern hören. Nun Du sollst!

So ruhig wie Du meinst, ist es hier nicht. In freien Stunden ist mein Zimmer voll von Bauern welche die Zeitungen lesen und aufbegehren. Dieser Krieg hat doch das Gute, daß die Schoppernauer die Landkarte und den Pfarrer und sonst noch manches ein wenig kennen lernten. Der Baum der Erkenntniß wirkt aber furchtbar und Du als Beamter mit Richterlichen Anwandlungen würdest erschaudern, wenn ich Dir zu viel davon erzählte.

Gar so dorfgeschichtlich still und ruhig, wie Du Dir denkst ists auch hier nicht, während unsere Regierung und A. die Früchte ihres Wirkens – genießen. Auch hier kann man viel erfahren und sich ärgern bis man genug hat.

Aber verdammt ruhig ists doch! Seit lange hab ich keinen Brief aus *Deutschland* <u>*herein*</u> erhalten. Die Post nimmt auch keine nach Leipzig mehr an und ich habe mich daher bereits an Stettner in Lindau gewendet. Der

Demokrat ist mir seit dem 22 d M nicht mehr zugegangen. Die letzte Nummer erzählt von einem – Unwohlsein des Kaisers! . . .

Daß ich jetzt zum Schreiben wenig Lust habe wirst Du begreifen. Nur eine Beschreibung meiner Reise auf den Tannberg ist zu Stande gekommen. Ich werde Dir das Manuscript auf Verlangen zuschicken. Die Gartenlaube ist in Preußen nicht mehr verbothen. Ich werde mich rühren, sobald sich der Himmel zu klären beginnt. Meine Stellung wird freilich schwierig, aber ich werde dafür sorgen daß man mich nicht mit aufräumt. Die Sonderlinge haben in mancher Beziehung Werth und was der heurige Sommer zur Gährung bringt in einem *Schmerzenskind* wird in Deutschland *draußen* auch noch freundlich aufgenommen werden! –

Wie gefällt Dir mein „Standpunkt"?

Mancher würde mir wol zurufen: diene der heiligen Sache des Vaterlands, nun dem Vaterland will ich dienen mit aller Kraft und dem was mir heilig ist. Ich bin froh daß ich Boden gefaßt habe, von Leipzig aus wird sich schon noch etwas thun lassen. Wen auch vielleicht nicht immer Roman schreiben.

Die Briefe meiner Landsleute erzählen von furchtbaren Strapazen der Kaiserjäger, Hunger, Durst, Kälte, lange Märsche und eine Behandlung –

Mein Vetter warf beim Springen aus Müdigkeit nach dreitägigen Strapazen den Tornister weg und nun schreibt er von Wien aus um Geld, da er alles auf eigene Kosten anschaffen muß. Eine Kugel hat ihm den Bart weggerissen.

Doch Du wirst genug Ähnliches hören. Elsensohn ist gekommen und kann das humane Auftretten der Preußen nicht genug loben. Die gegentheiligen Berichte der Zeitungen nennt er Lügen. Auch Stülz von Bezau stimmt diesem bei.

Du glaubst gar nicht wie schnell sich hier jetzt Nachrichten verbreiten, von der Schlacht bei Königsgrätz und der Abführung der 3 Generäle hörte ich in Hinterhopfreben schon am 5 Juli. Es liegt etwas ganz eigenthümliches in der Luft. Hier kennt man manchen kaum noch. Gelogen wird beim Hin und Hertragen von Neuigkeiten weniger als in den Zeitungen worüber sich mancher wundert. Die neue freie Presse hat hier schon viele Freunde. Neulich sagte einer sogar: Was nicht in *der* stehe, das möge er nicht hören. Über das neue Volksblatt wird viel gelacht – schimpfen mag man nicht.

Und nun genug Politik!

Es wird aber darum nicht erbaulicher denn die stekt überall mit drin. Ohne die jetzt gut bezahlte Stickerei gehen die Geschäfte schlecht. Da und dort sagt man vom „Verderben". Zuerst hat Dein Veter und Nachbar Muxels Josef, dran sollen. Er aber glaubte das nicht überleben zu können, daher nahm er einen Strick und erhängte sich.

Der Geldstolzen Verwandtschaft ist es dann gelungen, ihn für verrückt erklären zu lassen. Man glaubt das nun auch allgemein (?) und nur der Kaplan von Au arbeitet daran ihn auf dem Friedhof wieder ausgraben zu lassen. Sonst ist bisher noch niemand verrückt, aber man weißt doch nicht wie es noch geht. Mich hält man nicht mehr gerade für einen Narren, ja ich nehme zu an Wohlgefallen und wenn auch heuer vielleicht meine Gesellschaft noch nicht zu Stande kommt, so ist doch der Gedanke noch lebendig und zündet wieder seit ich Hopfreben verlassen habe. Auch unsere Nachbarn, die Walser, reden jetzt fleißig davon. Sie haben die Statuten von mir durch einen Bothen holen lassen und schreiben, daß der Gedanke gefalle. Ich halte dieses Volk, wohlhabend und von edlem Gemeingeist besellt, für ganz geeignet, den Anfang zu machen und den Wäldern ein Beispiel zu geben.

Vielleicht reise ich nächstens statt nach Leipzig ins Walserthal um etwas zu thun, zu erleben, neue Gedanken zu sammeln und ein wenig aus dem verdammten Dreck hinauszukommen.

Feuerstein in Bezau, sicher einer der tüchtigsten Wälder schrieb mir letzthin u. a.: „Ich danke Dir herzlich für die geschickten Bücher, den die Zeitungen ekeln mich ordentlich an.“ – So ists mir noch nie geworden. Ich verfolge die Begebenheiten mit größter Aufmerksamkeit und erprobe meine Divinationsgabe. Sonst findet mich Feuerstein in meinen Grundanschauungen ihm ziemlich verwandt, was mich aber nicht etwa zu obigem Lob begeisterte. Er hat am 30 Juni in Schröcken auf mich gewartet und wir haben uns trefflich unterhalten. Allerlei Pläne wurden da gemacht von denen Du hören wirst, wenn sie sich verwirklichen. Dr Greber sauft und flucht und soll mich nun vernichten wollen. Das Freund, gibt keinen Krieg!

Josef Natter hat letzthin beiliegenden Brief geschrieben. Ich glaube, es wird Dich freuen, etwas von einem Schneider in der Fremde zu hören besonders von diesem, da ich Dir schon früher von ihm erzählte. Er ist nun 20 Jahre alt. Sei so gut und schicke mir den Brief und Deine Antwort auf diesen bald wieder zurük.

Oberstlietenant Kohler von Au (Argenstein) wurde in der Schlacht bei Kustoza erschossen. Ebenso Walch von Schröcken bei der Landwehr. Bierers Knecht hat gestern geschrieben und sein Wohlbefinden gemeldet. Daß die Isabell unter günstigen Verhältnissen etwas werde, hab ich immer erwartet. Es freut mich, Gutes von ihr zu hören. Ich bitte sie freundlich zu grüßen und ihr folgendes zu melden:

Mit meinem Nachbarn bin ich sehr zufrieden, auch der Jakob ist gern dort, doch hat er Dich und das Bäsle noch nicht vergessen. Sprengers Anton ist Geishirt, der Hans ist krank aus der Fremde gekommen, auch der Konrad und andere Fremdler klagen daß ihnen die Arbeit bald ausgehe. Severin Felder ist da, Strolzen Josef soll verwundet sein, der Thresel ist lustig die Mutter gesund. Die Kaminfeger Familie hat Händel mit dem Pfarrer, das Büblein, der Josef ist im Schwabenland gestorben.

Die meinen sind gesund und wohl und ich hoffe von Dir bald das Gleiche zu hören.

So viel für Isabell. Mit der täglichen Post bis Schoppernau wirds Ernst es sind schon mehrere Bewerber da. Das hab ich klug gemacht, darf ich sagen denn ich habe gezeigt daß ich meine Leute sehr gut kenne.

In den nächsten Tagen wird Elsensohn kommen. Ich bin begierig diesen in Bezau schon berühmten Schwätzer kennen zu lernen. Sonst sieht man selten einen Reisenden. Hie und da bringt einer Neuigkeiten und laßt zufällig ein demokratisches Blatt liegen. So z b im Schröcken.

Doch ich komme auf was ich nicht mehr kommen will und doch immer wiederkomme drum hör ich für heute lieber auf.

Mit 10000 Grüßen Dein
schreibmüder
Zeitungskranker
Weltschmerzlicher
aus dem deutschen Bund ausgeschlossener
de- und wehmütiger
über alles zorniger Freund Franz Michel mit der Waage der [Rest fehlt]

Frohe Wanderschaft

Willst du reisen froh wie ich
Meide das Gepäcke
Dieb und Schmeichler kümmern sich
Nur um volle Säke.

Wer dem armen Wanderer
Nicht die Thür verschlossen
Reich ersetzt o Freund dir der
Deines Glücks Genossen.

Ohne dich zu achten fährt
Stolz und Geiz vorüber
Wer sich jetzt noch treu bewährt
Sei dir um so lieber.

Deines Innern Abbild ist
Jegliches Verhängniß
Du bist Maler – Farben mischt
Hoffnung und Bedrängniß.

Sing ein frohes Lied dabei
Das die Herzen rühret
Und ein Mädchen gut und treu
Dir entgegen führet.

So gehts froh durchs Leben hin
Auf dem Pfad der Weisen
Leicht Gepäck und leichter Sinn
Macht ein lustig Reisen.

Franz M Felder

Das ist ein Zeugniß meiner innern Umkehr, ich bitte um Deine Meinung über das Gedicht da ich es gelegenheitlich zu veröffentlichen gedenke. Ich glaube, daß bald auch Andern diese Stimmung so wohl thun würde als mir Bitte bald!

am 31 Juli

Reise auf den Tannberg: Die Arbeit erschien unter dem Titel „Ein Ausflug auf den Tannberg" 1867 in Leipzig in der Zeitschrift „Europa".

Felders Tätigkeit als Sammler von Sagen des Bregenzerwaldes hatte ihn auch in Verbindung mit Johann Josef Elsensohn (1828–1891) aus Bezau gebracht, der Gymnasiallehrer für Latein und Griechisch in Feldkirch, Troppau und Teschen war und 1866 im Jahresbericht des k. k. katholischen Gymnasiums in Teschen eine Sammlung von Sagen des Inneren Bregenzerwaldes herausgab. Felder hatte ihm dafür sechs Sagen in Mundart geliefert, die Elsensohn ins Hochdeutsche übertrug und ohne Erwähnung Felders in seiner Sammlung abdruckte. Im Vorwort schreibt Elsensohn: „Die innern Bregenzerwälder sind sehr talentvoll, klug, bedächtig, mäßig, arbeitsam, religiös, ja oft sogar abergläubisch, aber fast aller Poesie baar.“

FRANZ MICHAEL FELDER AN KASPAR MOOSBRUGGER

Schoppernau 1 September 66

Lieber Freund!

Von meiner Reise glücklich und vergnügt zu Hause angelangt,

Hab ich mich gestern an Elsensohns Sagen gemacht und will nun Dir und unseren Freunden (Förster) meine Gedanken kurz mittheilen.

Gottlob! noch selten hat ein Buch einen so ungünstigen Eindruck gemacht wie dieses.

Man müßte, um daran Genuß zu finden, so ganz alles Schwunges, aller Poesie baar sein, wie das von uns Wäldern in der wunderlichen Vorrede behauptet wird.

Das sind wir aber nicht was aus meiner Beurtheilung erhellen wird, die ich im Interesse der Wissenschaft und zur Ehrenrettung der Wälder veröffentlichen zu sollen glaube.

Also wir haben kein Gemüth – der Realismus beherrscht uns, weil Elsensohn nicht noch mehr Sagen vorfand !!!

Haben etwa halbwilde Völker Gemüth, wenn sie die Welt mit Teufeln bevölkern?

Ist in den im Dialekt gebrachten Sagen kein Gemüth?

Und die *alle* sind von einem *ächten* Wälder nämlich von mir. Es wäre eine schöne Sache gewesen, wenn Herr Elsensohn das angegeben hätte wie andere Gelehrte, denen derselbe Mitarbeiter diente. Doch dazu war der Herr Professor dem realistischen Wälder gegenüber zu – gemüthlich.

Gemüthlich? Sind es die vom Herrn E. gebrachten Übersetzungen meiner dialektischen (?) Beiträge?

Ein Vergleich wird lehren, daß sie es nicht sind. Sie sind aber auch ungenau, um das gelindeste Wort zu brauchen. Seite 10 übersetzt er Glishose in *„eine von Schmutz glänzende Hose"*, und doch weißt Jedermann, daß das Wort Gliedshose einen Strumpf ohne Soken bedeutet.

So geht es, wenn man sich mit fremden Federn schmückt, ohne daß man damit umzugehen weiß.

Frag ihn doch einmal was eine Glishose sei, damit Du für eine zweite Auflage ihm die nöthige Auskunft geben kannst, wenn ich bis dahin nicht Zeit finde es anderwärts zu bemerken.

Das Buch könnte nämlich auch anderwärts gelesen und ausgeschrieben werden und eben darum hat vieles in dem selben mich so geärgert. Um noch so gelinde als möglich zu reden ist es wunderbar, daß ein Professor, dem seine Wissenschaft seine Religion sein sollte, diese so behandelt, daß er der Fälschungen nicht erröthet und die Stirn hat, so etwas mit gelehrtem Aparat zu behängen und realistisches Zeug mit gemüthvollen Lügen aufzuputzen.

„Aber wegen einer Glishose soviel Staub aufwerfen ist doch zu arg."

Als ob das die einzige *Fälschung* wäre?

Seite 9 um ein Beispiel anzuführen, findet sich der gesottene Kuhhirt von der Alp Schiedeln. Diese Alp kenne ich als ihr Besitzer und langjähriger Pfister doch auch ein wenig, die erwähnte Sage aber habe ich nie gehört. Nun solche alte Geschichten sind eben zu Grunde gegangen. – –

Gut aber die alte Schiedel ist meines Wissens nie zu Grunde gegangen und wenn Herr Professor etwa das zugestehen, so ist ganz klar, daß die Geschichte vom gesottenen Kuhhirt bis zum Jahre des Unheils 66 noch von keinem Auge gesehen und von keinem Ohr gehört wurde.

Urkund dessen:

Jede Sage paßt auf den ihr untergelegten Boden wie eine Faust auf ein Ohr. Die Sagen würden wenig Glauben finden, wenn man sie in die Luft hängte, wenn sie nicht fruchtbaren Boden fänden. Jede Sage wuchs aus dem Boden, dem Fluß dem Felsen heraus, das weis ich bestimmt vom Lesen Leben und beobachten. Herr Elsensohn aber scheint das nicht gewußt zu haben trotz den von ihm in der Vorrede angeführten Werken, sonst würde er doch etwas geschickter naturgemäßer gelogen haben. (Dichtung ist das nicht). In dem mehr erwähnten Gesage vom gesottenen Küher vernahm ich mit Staunen, daß der eigenthümlich verunglückte Küher aus der obern Alp (Hefte) einen Kessel holen wollte. Wer hat aber und wozu hat man den Kessel dort hinauf gebracht. Doch nicht etwa zum Sennen?

Freilich wurde dort in den 30ger Jahren ein kleiner Nothstall gebaut, aber von einer Sennerei war, seit die Schiedel in jetziger Form dasteht wohl nie die Rede. Die erwähnte Sage müßte daher eine vorsündfluthliche sein, in welchem Falle es dann allerdings begreiflich wird, daß ein Realistischer Wälder sie nicht gehörig zu schätzen weiß.

Ich für meine Person glaube nicht an Wunder, und erkläre daher die – Sage *als eine derjenigen* die bei uns nicht vorkommen. Darum aber hab ich sie noch nicht weg geworfen. Da sie nicht einem so realistischen Volke entstamt, daß aller Poesie bar, wird sie sich wenigstens in ihrer Tiefe und Gemüthlichkeit vor allen Wäldersagen auszeichnen. ——————————————

Und wirklich:

Ein Alpknecht glaubt nicht an Gespenster und wird dafür von ihnen in einem Milchkessel – gesotten in der oberen Alp Schiedeln.

Wie gemüthlich und poetisch, welche Tiefe und Höhe und dabei diese Zartheit der Empfindung und der tiefsittliche Grundgedanke so sagenhaft fein umduftet o o o ! Ich bin überzeugt, diese und ähnliche Sagen sind vom Herausgeber, und diese Überzeugung läßt michs leicht erklären wie Herr E. ein Volk, zu dem er sich selbst zählt ungemüthlich und aller Poesie baar finden kann.

Doch genug.

Pfister: Junghirte auf der Alpe, für leichtere Arbeiten.

Anfang November schrieb Hildebrand an Felder auf dessen Drängen, daß Hirzel in Sachen Druck der „Sonderlinge" noch immer keine Entscheidung getroffen habe und daß der „Tannberger"-Aufsatz ihm für die „Gartenlaube" nicht passend erschiene, was Felder sehr zu schaffen machte. Im selben Monat begann er mit der Arbeit an seinem großen sozialen Roman „Reich und Arm".

Das Wirkungsfeld für die politische Tätigkeit Felders, Moosbruggers und des Lithographen Feuerstein dehnte sich mittlerweile vom Hinteren Bregenzerwald auf ganz Vorarlberg aus. Felder schickte Hildebrand den von Kaspar Moosbrugger verfaßten „Ruf aus Vorarlberg um Gleichberechtigung", der in Augsburg anonym gedruckt wurde und den Moosbrugger auf einer gemeinsamen Beratung mit Felder und Feuerstein Anfang September vorgelegt hatte. Es wird darin „Gleichberechtigung für Alle“ gefordert, die in einem Staate zusammenleben. Moosbrugger bezeichnet „mehrere Vorarlberger von der Partei der wahren und unbedingten Gleichheit und Gleichberechtigung“ als Verfasser des Manifests. Die Verfasser seien Deutsche und Österreicher zugleich, verlangten aber vom österreichischen Staat mehr Eingehen auf die Rechte der Völker jenseits der Leitha, vor allem der Ungarn. Österreich bestehe aus drei starken Gruppen, den Ungarn, Slawen und den „Deutschen“, die „Partei der Gleichberechtigung“ verlange eine Mitwirkung dieser Gruppen bei der dringend nötigen grundlegenden Umgestaltung des Staatswesens: „Nur die Freiheit seiner Völker macht Österreich lebensfähig.“ Gefordert wird das allgemeine, geheime und direkte Wahlrecht anstelle des bis dahin herrschenden Zensuswahlrechtes nach Steueraufkommen, die allgemeine Wehrpflicht, da sich bis dahin die Reichen freikaufen konnten, und die „Emanzipation der Arbeit vom Kapital“ durch Arbeiterassoziationen, darüber hinaus die Abschaffung des Römischen Rechts als Rechtsgrundlage und die Ersetzung durch das germanische. Moosbrugger und Felder wollten mit dieser Initiative eine dritte Kraft zwischen Liberalen und Konservativen bilden; zunächst versuchte Moosbrugger, die „Feldkircher Zeitung“ zu einem Bündnis zu bewegen, was aber nicht gelang.

Kaspar Moosbrugger an Franz Michael Felder

Bludenz 18/11 866

Lieber Freund!

Also der Wurf ist gemacht. Nach den ersten Zeichen der Wirkung ist er gelungen. In Feldkirch hat die Broschüre einen starken Eindruck gemacht. Die liberale Partei sucht bereits unsere Allianz. Ach wärst Du hier u. sähest Du, wie die Doktoren, Professoren u. die Gscheiden Alle um mich herum schwänzeln. Sie haben mich im Verdacht, aber nix Gwisses wissen sie nicht. Freund, jetzt geht der Ernst für uns an. Wir müssen uns fest zusammen nehmen. Bisher haben wir die Augen unserer Mitbürger nicht auf uns gelenkt u. unser Thun u. Lassen war daher frei u. ging niemanden was an. Aber fortan erwartet man von uns etwas u. wir sind nicht mehr ungeschoren. Die Feldkircher Zeitung hat uns schon gestempelt u. ihre Partei setzt von uns verdammt viel voraus. Kerl wir haben A gesagt, wir müssen auch B sagen. Wir müssen fest nach den Ideen der Broschüre fortwirken u. sie muß unser Leitstern sein. In Sachen unserer Partei müssen wir daher streng einheitlich vorgehen u. wenn wir weitere Manifestationen, Erklärungen, Allianzen etc vornehmen wollen, darf kein Einzelner ohne vorherige Berathung u. Gutheißung vorgehen. Weder Du, noch Feurstein sollen ohne mich, noch ich ohne Euch für die Partei auftreten.

Die Broschüre sagt, wie das Partei-Leben beschaffen sein müsse. Du kannst überhaupt aus der Broschüre sicher noch viel lernen. Wir müssen jetzt den politischen Kurs durchmachen u. das ist der *schwerste.* –

Vorstehendes glaube ich Dir sagen zu müssen, damit Ihr euch von den vielen Kritiken u. den Dingen die da kommen werden, Euch nicht hinreißen laßet, gegen die Partei-Disziplin zu handeln. Der Feurstein wird jetzt lieber herwärts schauen weil selbst Karl Ganahl herwärts schaut! Es kommen Versuchungen, wir werden stark sein müssen, wenn wir unsere Fahne rein bewahren wollen. Heute haben mich unsere Millionäre mit Gewalt zu einer Spazirfahrt mit ihnen bringen wollen, was sonst nie geschah /:wahrscheinlich wollten sie mir das Geheimniß der Schrift entlocken:/ aber ich schützte Arbeit vor und schreibe nun diesen Brief. Es ist möglich, daß ich nach Feldkirch u. Bregenz komme, um mit der liberalen Partei /:d h der Partei des wahren Fortschritts No 2:/ mich zu besprechen. Es wäre für uns gut, wenn wir Herrn der Feldkircher Zeitung würden. Jedenfalls muß die Redaktion in unsere Hände kommen, bis Kunz gehörig eingeschult ist, sonst müssen wir ein eigenes, anderes Organ schaffen. Wenn sich die Sache etwas abgeklärt hat, wird sich das Weitere geben u. bevor ich für die Partei Erklärungen abgebe, komme ich nach Bezau, wo wir berathen u. uns besprechen werden. Schreibe bald von der Reise nach Lindau etc. Diesen Brief schicke auch an Feurstein. Unsere Sache kommt im Landtag zur Sprache. Dr Bikl ist für uns.

K. Moosbrugger

Dr Bikl: Dr. Franz Bickel (oder Bikl) (1815–1894), Advokat in Bludenz, liberaler Landtagsabgeordneter.

Felders Einsatz für die „Partei der Gleichberechtigung" war beträchtlich: Im November eilte er selbst nach Lindau, um die Versendung der Broschüre durch Stettner an die Landtagsabgeordneten, die Redakteure der Landeszeitungen, die Pfarrer usw. in die Wege zu leiten, und besuchte dort zum ersten Mal in seinem Leben ein Theater: „Recht glücklich hat es mich gemacht, daß ich in Lindau zum erstenmal im Leben, das Theater besuchen konnte. Ich möchte doch einmal die Herlichkeiten der Welt sehen und kosten, um mich zu bereichern und urtheilen zu lernen über den Werth oder die Nichtigkeit der Dinge, die die einen für untentbehrlich andere für schädlich und die meisten für gleichgültig halten. Sehen ist doch etwas ganz anderes als Lesen." (An Kaspar Moosbrugger, 20. November 1866).

Von der literarischen Front meldete Hildebrand schließ-

lich am 22. November: „Mein lieber tapferer Freund Bäuerlein, Eh ich an die Arbeit gehe, rasch ein Wörtchen an Sie, ein wichtiges – Sieg! Hirzel druckt Ihre Sonderlinge!“ Der *„Ruf aus Vorarlberg um Gleichberechtigung“ jedoch, den Felder ihm geschickt hatte, erregte sein Mißfallen: nicht zu Unrecht zweifelte er an der Verfasserschaft Felders: „Die polit. Broschüre macht mich etwas verdutzt. Ist denn das Ihr Stil? Der gelehrte Anstrich, die wuchernden Fremdwörter, das zuweilen Orakelhafte des Stils, das Sprunghafte in Gedanken – ist das Ihr Stil? und doch erkenn ich oft Ihre Art zu denken und zu reden wieder. Die Sache freilich will mir nicht ganz munden, ich bin überhaupt Lassalles ganz demokratisch-socialistischen Revolutionsbestrebungen abgeneigt, und Ihr Österreich, sobald man nicht bloß an einzelne deutsche Theile denkt, ist dieser völligen Entfesselung der allgemeinsten Volkskraft sicher um Jahrhunderte lang noch nicht gewachsen und reif; auch ist mir zuviel Haß gegen die Reichen und Traum an gleiche Vermögensvertheilung in den Gedanken als Hintergrund versteckt – das Unsinnigste was es geben kann (NB. ich gehöre auch zu den Armen, die aus der Hand in den Mund leben), die Reichen sind die Knotenpunkte des Netzes, in dem Arbeit, Verdienst, der Umlauf des Geldwerthes, Streben nach vorwärts, großer Unternehmungsgeist, Credit usw. sich verflechten zu dem Ganzen unsres volkswirtschaftlichen Daseins, und es ist kleine Selbstsucht sie deßhalb weil sie andre Genüsse haben als wir (bessere und eigentlich mehr wahrlich nicht) zu beneiden. Bildung, Vertiefung unseres Geistes- und Gemütslebens, herzhafte und tiefgegriffene Lösung der großen religiösen Frage, das ists was mir die Bedürfnisse der Zeit scheinen, nachdem für uns Deutsche die große politische Frage im Ganzen entschieden ist.“*

Franz Michael Felder an Kaspar Moosbrugger

Schoppernau den 23 Nov

Lieber Freund!

Mein letzter Brief war bereits auf der Schnekenpost als ich den Deinen erhielt, der mich recht herzlich gefreut hat und mich veranlaßt, Dir sogleich wieder einige Zeilen zu schreiben. Was Du dort sagst ist ganz klar und Du wirst sehen, daß ich das mir geschenkte Vertrauen rechtfertige. Nun heißt es fest zusammen halten und die uns zur Verfügung stehenden Kräfte richtig schätzen. Ich glaube das zu thun, wenn ich auch zögere, dem Feuerstein Deinen Brief zu schiken. Mein Grund ist folgender: Als ein behaglich Lebender geht ihm, wie Du ihm schon beim Reden ansiehst, das Gemüthliche noch voran. In der Freude, darüber daß die Liberalen, *vielleicht um sich beschwerend an uns* zu hängen eine gewisse Gemeinsamkeit der Interessen herausblicken lassen, und statt unklug zu brechen, wie in der Feldkircherin einstweilen einige Hinterthüren offen lassen, könnte der Mann, obwol er nach meiner Ansicht bald unser sein wird, doch noch zu weit gehen. Die Liberalen haben ihn, wie mir scheint, bereits als künftigen Landtagsabgeordneten gesehen, und Seifertitz hat bereits freundschaftliche Beziehungen mit ihm anzuknüpfen versucht. Feurstein hat mir das letzte Mal davon erzählt bis ein, wie es scheint, grundloser Feuerlärm unsere Unterhaltung störte. Im Sommer stand er an der Spitze der Opposition gegen die Handelskammer, nun wird man vielleicht einen Zusammenhang ahnen nun wird es darauf ankommen, daß die Liberalen einen Faden in die Hände bekommen. Ich fürchte nicht, daß F den Brief in fremde Hände lasse, aber ich glaube, es wäre gefehlt, wenn er, sich mit Ganahl schon wieder eins wähnend, wieder in den alten Dusel käme aus dem ich ihn jetzt so zimlich heraus zu haben glaube. Einstweilen werde ich ihm den Inhalt Deines Briefes und Deine Winke mittheilen, den Brief übersende ich wenn Du es nach erwägung des Obigen noch für gut halten solltest. Ich meine, zum Handeln wäre er noch nicht reif, und sonst ist es am besten, wenn er in seiner jetzigen, scharf beobachtenden, etwas isolirten Stellung gelassen wird. Wenn ich selbst nach Bezau ginge, würde ich den Brief allerdings mitnehmen. Ich glaube wir sollten immer bethen: Gott schütze uns nun vor Freunden etc. Doch wir müssen, da unser Krieg kein siebentägiger sein wird, uns wohl einrichten. Ich studiere einstweilen den Kampfplatz und will Dir meine Gedanken kurz zur Berichtigung, Ergänzung ober Beistimmung mittheilen.

Die jetzigen Parteien in Vorarlberg werden so nicht mehr fortbestehen nachdem wir den Keil eingetrieben, wir dürfen daher keine Mauer aufrichten während der Überschwemung, sondern müssen auf felsenfestem Boden die Klärung abwarten. Etwas werden die Parteien selbst durch ihre Gegnerschaft uns zutreiben, eine reaktionäre Masse aber, zu der ich Liberale und conservative größten theils zähle, wird imer bleiben. Einstweilen sollten wir, um nicht ins Schlepptau des freisinnigen Fortschritts genommen zu werden, *froh* sein da wir noch nicht breit sein können, das sage ich, obwol ich, wie du siehst mich der Hoffnung hingebe, daß wir durch die beiden jetzigen Parteien und ihren Hader stark werden können. Ja das hoffe ich und habe daher Bedenken, den Tannbergeraufsatz, so wie er ist, erscheinen zu lassen. Glaubst du nicht, er könnte jetzt und in dieser Form während der nun entstehenden Gährung im Lager der Conservativen die doch zum Theil zu klug sind, sich den Forderungen der Zeit (siehe Venetien) entgegenzustellen, unsern Bestrebungen sehr nachtheilig sein. Wenn Du meiner Ansicht bist, was ich bald zu erfahren wünsche, so werde ich unserer heiligen Sache mit

Freuden ein Opfer bringen und den Aufsatz einstweilen zurükfordern. Das Erscheinen der Sonderlinge wäre mir sehr erwünscht, die würden uns neue Thüren aufthun und auch von außen Gewicht verschaffen.

Unser Vorsteher hat die Broschüre am Sonntag erhalten aber noch nicht gelesen. – Das Intressanteste wäre dem Menschen zu wissen, wer das gemacht und was es eigentlich bedeute. So viel, sagte er, habe er heraus gebracht, daß es Gesinnungsgenossen von mir seien die es freuen würde, wenn sie von mir wüßten. Ich erwarte mit Begierde die von mir und den Oberhausern bestellten Landtagsberichte. Unterdessen lerne und lese ich so viel ich Zeit habe, da ichs wol noch brauchen werde. Damit daß nun keiner mehr einen öffentlichen Schritt alein thun soll bin ich einverstanden wie Du Dir denken kannst und öffentlich könnte jeder Schritt werden bei der Beachtung die man uns bald schenken dürfte. Ich bin froh, daß ich jetzt so ziemlich über meine Zeit zu verfügen habe. Das Dorfgeschichtenschreiben laß ich einstweilen bleiben, doch werde ich auch als Dichter stets für unsere Sache einstehen, wie ich es schon im Nümmamüller gethan habe. Den heutigen Brief werde ich vom Wible adressiren lassen, damit der Bothe nicht 2 mit gleicher Handschrift bekommt.

Und nun genug für heute. Ich erwarte recht bald antwort, und hoffe daß Du Dich auch über diese Auseinandersetzung aussprechen werdest.

Ein Brief an Feurstein geht mit diesem ab. Den Förster hab ich höflich befriedigt oder Abgefertigt, je nachdem er es nimt. Der Mensch will sich mir zu sehr und zu unverschämt einnisten. Doch davon später. Schreibe recht bald

Mit Brudergruß und Handschlag Dein und unser

F M Felder

sei so gut, mir auch den ungarischen Landtagsbericht zu schiken!

den Tannbergeraufsatz: Die Studie „Ein Ausflug auf den Tannberg" enthält ein Gespräch über das Halten von Zeitschriften und Büchern als deutliche Spitze gegen die ultramontane Geistlichkeit.
Seyffertitz: Carl Freyherr von Seyffertitz (1825–1900), Bezirkshauptmann von Bregenz, seit 1867 wichtige Rolle im Vorarlberger Landtag als liberaler Abgeordneter. Felder-Anhänger hatten im zweiten Wahlgang für die Wahl in den Vorarlberger Landtag am 30. Jänner 1867 die Wahl des Lithographen Feuerstein und des Barons von Seyffertitz ermöglicht.

Ende 1866 kehrte Felders Cousin, der Uhrenmacher Johann Josef Felder, aus Frankreich nach Schoppernau zurück. Die Verfolgung Franz Michael Felders erreichte 1867 einen ersten Höhepunkt: Die Allianz mit dem gemäßigten Feuerstein zerbrach an der romfeindlichen Haltung Kaspar Moosbruggers, die dieser in der „Klarstellung der Vorarlbergischen Partei der Gleichberechtigung“ zum Ausdruck brachte, die im Februar anonym erschien. Feuerstein gab Felder die bereits gesetzten „Gespräche des Lehrers Magerhuber“ zurück. In Schoppernau wurde ein Handwerkerverein gegründet, und Felder verfaßte die Ordnung für die von diesem errichtete Leihbibliothek. Am 10. Februar hielt Pfarrer Rüscher eine Hetzpredigt gegen Felder und warnte vor der Vereinsbibliothek.

In diesem politisch aufgewühlten Klima arbeitete Felder an „Reich und Arm“; zugleich wurde er um Beiträge für die „Gartenlaube“, das Stuttgarter „Sonntagsblatt“ und die „Feldkircher Zeitung“ gebeten. Nach einer Ankündigung des Erscheinens der „Sonderlinge“ in der „Feldkircher Zeitung“ wurde in Vorarlberg öffentlich vor dem Buch gewarnt. Im Frühjahr verfaßte Felder die Abhandlung „Heilsgeschäfte“, in der er kirchliche Praktiken wie den Ablaßhandel, die Lohnwallfahrten usw. anprangerte und die im Herbst in der von Carl Pröll in Graz herausgegebenen „Österreichischen Gartenlaube“ abgedruckt wurde. Ende März erschien ein großer Artikel von Rudolf Hildebrand über Felder unter dem Titel „Ein Bauer als Dichter“ in der „Gartenlaube“ Nr. 15, auf den hin Felder zahlreiche Zuschriften erhielt und der ihn im ganzen deutschen Sprachgebiet und auch im Ausland bekannt machte: Eine englische Übersetzung der „Sonderlinge“ war bereits in Arbeit, sollte jedoch nie erscheinen. Die Erzählung „Ein Ausflug auf den Tannberg" wurde im April in Leipzig in der Zeitschrift „Europa" abgedruckt.

In Vorarlberg verdüsterte sich inzwischen der politische Horizont immer mehr: Pfarrer Rüscher verdächtigte Felder als Autor der „Klarstellung", bezeichnete ihn als „Irrlehrer" und beschuldigte ihn, Geld von den Freimaurern zu beziehen. Der Kapuzinerpater Beda Widmer aus Bezau „verpredigte" einige Stellen aus den „Gesprächen des Lehrers Magerhuber", von denen er sich einen Druckbogen durch Diebstahl verschafft hatte.

Am 5. Mai wurde Felder auf dem Kirchweihmarkt in Au in einem Ausmaß bedroht, daß er um sein Leben fürchtete und am 6. Mai, begleitet von seiner Frau, nach Bludenz zu Moosbrugger flüchtete, wo er seinen 28. Geburtstag feierte. Auf Wunsch von Gustav Freytag verfaßte Felder im Mai in Bludenz die „Zwei Geburtstage eines Bäuerleins" für die Zeitschrift „Die Grenzbothen", in denen er die Ereignisse um seine Flucht schilderte. Im Mai erschienen die „Sonderlinge" im angesehenen Verlag von Salomon Hirzel in Leipzig.

Moosbrugger stellte Mitte Mai in drei Zeitungen fest, daß er der Autor der „Klarstellung" sei, bei einer Geistlichenkonferenz in Feldkirch wurden die Anhänger Felders jedoch als „neue Sekte" verfemt. Felder reichte in Bludenz und Bezau Klagen wegen Ehrenbeleidigung und Bedrohung ein, bei einer Vorladung bei der Staatsanwaltschaft in Bludenz wurde die Bedrohung seiner Person jedoch nicht anerkannt. Nachdem er in Schnepfau noch einmal mit dem Umbringen bedroht wurde, erwog er, mit der ganzen Familie aus dem Bregenzerwald wegzuziehen und reichte noch eine Klage beim Bezirksgericht in Bezau ein, die ebenfalls abgewiesen wurde. Erst im Juli schritt der Schoppernauer Bürgermeister gegen die Verleumder Felders ein und drohte mit Klagen. Vom 21. Juli bis zum 6. August besuchte Rudolf Hildebrand Felder in Schoppernau, anschließend begleitete Felder Hildebrand auf seiner ersten größeren Auslandsreise nach Leipzig, wo er als „eine Art Natur- und Kulturwunder" bestaunt wurde. Im Herbst erschien die Novelle „Liebeszeichen" in der „Österreichischen Gartenlaube" in Graz.

Die Gemeindewahlen im Herbst brachten neue Unruhen: Gegen Felder wurde ein großes Spottgedicht an diversen Orten angeschlagen. Die Gemeindewahlen im November wurden schließlich von der Gruppierung um den Pfarrer Rüscher angefochten.

Am 6. Februar, nach dem „Abfall" Feuersteins, schickte Moosbrugger, der sich schon an einer „Weltwende" sah, ein optimistisches Schreiben an Felder, in dem es unter anderem hieß: „Die Herrn des Tages werden stutzig und lauschen schon auf jedes Wort, das unsern Lippen entgleitet. Es ist merkwürdig, in wieviel Sachen man sich auf unsere Autorität schon beruft. Die Klarstellung dürfte merkwürdige Erscheinungen zu Tage fördern. Ich halte dafür, wir sollen die Wirkungen derselben u. allenfalls auch die der Sonderlinge für unsern weitern Operationsplan abwarten. Das sind zwei kecke Würfe u. können für uns Entscheidende Erfolge haben. […] Wir dürfen aber die Klerikalen nicht aus dem Kalkül lassen. Unter diesen wird es zu großen Gährungen kommen, wenn – noch ein Funken Gesundheit in ihnen steckt. Sie werden uns entweder zu Ketzern machen od. uns entgegen kommen. Wir werden sehen. – Ich danke Dir sehr für Deinen Eifer u. preise mich glücklich, zu gleicher Zeit mit Dir die Erdenbahn zu durchwandeln. –"

Franz Michael Felder an Kaspar Moosbrugger

Schoppernau den 11/2 1867

Lieber Freund!

Dein in jeder Beziehung erfreuliches Schreiben hab ich gestern erhalten, und bin einverstanden einstweilen zu beobachten und sich *auf Sturm* vorzubereiten. Ich dachte das schon vorige Woche, als Stettner mir schrieb, daß er eine mit *meinem Nahmen* gegebene Schrift auch ungeprüft mit größtem Vergnügen verlegen werde. Das kann uns noch zu gute kommen einstweilen aber behalte ich die Gespräche noch hier. Ich werde sie mit andern rohen Entwürfen nach Bludenz bringen. Jetzt arbeite ich an einem Werke, welches, wenn der heilige Geist mich nicht verläßt, an poetischem Werth noch über den Sonderlingen stehen dürfte. Jetzt ist jedoch das Ganze noch so unfertig, daß Du keine Vorlesung zu fürchten hast. Die Herrn in Leipzig thun jetzt alles für mich, ich erhalte eine Anzahl der besten Zeitungen und Schriften und ich merke überall, daß nicht mehr nur Hildebrand für mich thätig ist, dieser aber äußert sich so freundschaftlich, daß ich das kaum begreife.

Das Intermezzo (Lassalle) hat uns einander nur noch näher gebracht. Doch davon mündlich, denn ich werde Dich überfallen sobald ich wieder ein ganzes Paar Stiefel habe, also vielleicht schon am nächsten Sonntag abends. Mitbringen werde ich mancherlei und vielleicht begleitet mich der Schneider Natter, der uns jedoch nicht zur Last fallen würde, da er nur das Oberland zu sehen und einen Freund im Montavon zu besuchen wünscht. Natter hat von mir natürlich nichts erfahren als was er ausgerechnet haben mag. Er ist auch taktvoll genug nicht zu fragen. Jetzt schwört er nur auf mich; im Ganzen bin ich mit ihm zufrieden, doch muß ich Vorsicht brauchen, da die dem starren 20 Jährigen noch fehlt.

So viel zur Klarstellung. Ich lerne jetzt hier meine Leute schon kennen, denn ich brauche sie.

Unter allen hitzigen und spitzigen Predigten gegen mich und meinen großmächtigen Anhang war die Gestrige die Ärgste. Ich werde viel davon zu erzählen haben. Der Redakteur Kunz wurde wörtlich *ein erstikter Student* genannt, den ein *gottloser Brodherr* zu sich nahm, vor —— Renan wurde direct vor mir und der von mir errichteten Vereinsbibliothek indirect gewarnt. Ich werde Dir von diesem Unternehmen sagen und erwarte, daß es auch Du, wie meine – Freunde in Bezau unterstützen wirst. Die gestrige u auch noch mehrere Predigten kannst Du vielleicht noch in der Feldkircherin lesen, es sind mehrere hier, die zum Schreiben Lust bekommen auch der Uhrenmacher, den ich immer noch nicht fallen lassen kann.

Daß bei der Wahl die Liberalen siegten haben sie hier dem Wirth von Schröcken und unsrem Vorsteher, also auch mir zu danken. Ich hatte mich hinter diese gestekt. Jetzt hab ich unseren Ausschuß wo ich ihn will u den Vorsteher im Sack, sowohl den neuen als den Alten. Alles wer nicht zum alten Eisen will, wird gegen „Rütti Weothles Buobo“ ausziehen, wenn ich „Marsch“ rufe. Und es kann, muß dazu kommen. Ich hoffe von den Herrn recht verdammt wenig! Die gestrige und vorletzte usw Predigt hier und in Bezau förderten einen Unsinn zu Tage, zu dem eine Valdunaer Phantasie gehört. Gestern sagten die Auer es sei gut, daß Rüscher und die Seinen schon Stricke anhätten, wenn man sie allenfalls – – – Siehe oben. Ich glaube Dir diesen Ausdruck der öffentlichen Meinung trotz seiner Derbheit mittheilen zu sollen.

Von den Sonderlingen erscheinen wöchentlich 3 Bogen und werden dieselben also in 7 Wochen vorliegen. Ich hab heute das 5/6 Kapitel mit recht innigem Behagen gelesen. Unser Vorsteher will den Pfarrer an dem Artikel in der

„Allgemeinen“ (Vorarlberger Bauer) schmeken lassen. Den Erfolg kann ich mir denken. Gegen die Andelsbucher Schrift also noch nichts als eine erbärmliche Predigt, gegen „Habt acht“ deto, gegen die Wahlen deto u s w. Brrrrr! Bummmm! Es geht los, daß es eine Lust ist. Der Tannbergeraufsatz wird als Lärmer für mich erst mit oder nach den Sonderlingen in der vielgelesenen Gartenlaube erscheinen. Bis dahin wird Dr. Gosche in Halle, Steger in Leipzig u a auch lostrommeln. Also nun wohlauf! mir ist ob ich einen Berg erstiegen habe und mit Feurstein und noch mehreren ist mir ein Berg vom Herzen. Hildebrand fängt an sich uns zu zuwenden. Doch ich werde Briefe von ihm und die intressantesten von Feurstein bringen. Einen Brief vom Donnerstag würde ich noch hier Sonnabends erhalten. Lebe wol auf baldiges frohes Wiedersehen. Mit Freundesgruß und Handschlag

Dein Freund

Franz Michel Felder

an einem Werke: Hinweis auf den Roman „Reich und Arm“.
gottloser Brodherr: der Fabrikant Carl Ganahl, Financier der „Feldkircher Zeitung“.
Renan: Ernest Renan (1823–1892), französischer Religionsforscher und Schriftsteller. Aufgrund seines weitverbreiteten Buches „La vie de Jesus“ (dt. „Das Leben Jesu“, 1863) auf Einspruch der französischen Bischöfe von seinen Lehrstuhl für Hebräisch am Collège de France abberufen. Lehnt die Göttlichkeit Jesu ab, versucht ihn als Religionsstifter in seinem Volk, seinem Land und seiner Zeit wissenschaftlich zu erklären.
„Rütti Weothles Buobo“: den Sohn des Wirtes in Reuthe, also Pfarrer Rüscher.
Valdunaer Phantasie: 1865 war in Valduna bei Rankweil eine Irrenanstalt eingerichtet worden.
Artikel in der „Allgemeinen“: Die „Augsburger Allgemeine Zeitung“ brachte am 31. Jänner eine Ankündigung der „Sonderlinge“, in der es hieß: „[…] Höchst gespannt darf man aber auf das Werk eines Mannes seyn, der unter den äußerlich ungünstigsten Lebensverhältnissen sich die Befähigung zur Dichtung eines Romans erworben, und nun, auf mehrseitige Veranlassung competenter Männer, sich zur

Veröffentlichung desselben entschlossen hat. Der Mann, von dem wir sprechen, ist ein schlichter Bauer im Vorarlberg, der nichts von Erdengütern besitzt als eine kleine Wirthschaft, und in der Stille seiner Abgeschiedenheit lediglich durch fleißige Lectüre sich einen ungewöhnlichen Grad von Bildung angeeignet hat. [...] die Proben seiner literarischen Thätigkeit sollen durch außerordentliche Frische, Naturwahrheit und Kernhaftigkeit der Gedanken imponieren [...]."
gegen „Habt acht": anonyme Broschüre „Habet Acht! Ein Mahnruf an die Vorarlberger", Jänner 1867, in der scharf gegen das „Volksblatt" und den Klerus polemisiert wurde.

Bis in den Frühling arbeitete Felder fleißig an „Reich und Arm" und an der Novelle „Liebeszeichen", in der er für die „Gartenlaube" die Geschichte um die Folgen eines Kusses im Bregenzerwald schilderte, auch gegen die Vorhaltungen Moosbruggers, der Felders Arbeiten für die bürgerliche „Gartenlaube" nicht gerne sah. Am 4. April schrieb Felder über die Lage in Schoppernau: „Das gute Einvernehmen mit den Schoppernauern besteht noch trotz allem und allen. Die Bibliothek findet Zuspruch, daß man es nicht so erwarten konnte. Der Pfarrer läßt in der Kirche alles ruhen und arbeitet in den Wirtshäusern. Bisher mit dem gleichen Erfolg wie dort" und verabschiedete sich von Moosbrugger mit den Worten: „Dein gottloser, deutschkatholischer, blutrother, hochmütiger, verführerischer, verkommener, eigensinniger, arbeitsscheuer, vom protestantischen Gelde sich mästender, auf Kosten der Seele berühmter, mit Freimaurern Verbündeter, von der Gartenlaube gelabter und verzogener – und honorirter Freund und Schwager Felder."

Franz Michael Felder an Kaspar Moosbrugger

Schoppernau den 1 Mai 1867

Lieber Freund!

Beiliegend übersendet Dir das Rehmer Naglerle, Muxel einen Schuldschein und bittet Dich der jetzigen Besitzerin des versetzten Anwesens Christian Beisers Wittwe zu Bürstegg am Lech die Aufkündigung auf Martini 67 zu besorgen. Mühen u Kosten werde *ich* vergüten da das Kapital jetzt unserer Gemeinde Gehört. Näheres auf Verlangen später.

Die Sonderlinge sind in aller Welt und auch Du wirst sie nun schon lesen. Hildebrands Artikel scheint Echos zu wecken. In den Zuschriften, die ich schon aus Nord und Süd erhielt ist Dir vielleicht interessanter als Bergmann, Proelß u a eine von Engelbert Keßler, dem Herausgeber der Beamten Korespondenz in Wien.

Der Eingang seines Schreibens, welches ich beilege, verspricht nicht besonders viel; ich hab einstweilen geantwortet, ich müßte erst den beigelegten Pack etwas durchgehen, damit ich mich über seinen Antrag erklären könnte. Die gute Lehre die er mir schließlich giebt im Kurzen: *Einfachheit bleibe Deine Größe!* findet sich fast mit seinen Worten auch in anderen Briefen. Was er vom Bergmann und dem Mirtenkranze sagt, *hoffe* ich gar nicht recht verstanden zu haben. Meine Lust, etwas fürs *Völklein* zu thun ist jetzt verdammt klein geworden. Die Leute hier herum sind zu erbärmlich. *Fort!!*

Ich wär heut Abends mit sammt dem Wible bei Dir, um noch im letzten Augenblick dem Verrücktwerden zu entrinnen, aber das schlechte Wetter hat uns eingesperrt.

Ich halte mich bisher noch für zu aufgeregt, um den Pfaffen in den heiligen Pelz zu fahren, etwas aber muß nun geschehen. Ich bitte Dich, mit der Abfassung Deiner Erklärung wegen der Klarstellung auf unser Zusammenkommen zu warten. Wir müssen bald uns sprechen, es muß etwas geschehen nachdem die gottserbärmlichen Gegner so aufziehen. Bald werde ich hier meines *Lebens* nicht mehr sicher sein seit die Frommen es bedauern, daß vor 6 Jahren mich einer aus dem Wasser zog, statt mir einen Klotz nachzuwerfen. Jetzt hetzt das Kloster das ganze Land. Schoppernau u Au hielte sich ziemlich gut, aber da sonst bis nach Alberschwende mich alles für ein Kind des Teufels hält, so fangen doch manche zu wanken an. Kein Wunder, wenn man hört, was alles von mir gesagt wird. Die guten Leute wissen noch nicht, daß so ein Pfaff sich ans Haßrädlein setzen und Lügenspinnen kann trotz einer Heldin des Brunnens. Ich aber weiß es und habs auf der letzten Reise zum hundertsten Mal erfahren. Auch über die Viehversicherung hab ich mit Feurstein und Anderen geredet. Es hieß, so lange die Versammlung nur in Feldkirch sei, werde man gar nicht weiter prüfen. Es soll sich aus dem hintern Wald bisher auch noch niemand zum Beitritt erklärt haben. Wir Schoppernauer haben – aber ohne mein Eingreifen – bei dem Unsern zu bleiben beschlossen.

Ich bin heute gar nicht in der Stimmung zum Schreiben, sondern möchte lieber reden oder – – drein schlagen. In der Kirche feiern 6 Lügenfabrikanten St. Philipp und Jakob. Ein Mann ist der 7te, Kurat Herzog. Ich möchte nichts davon sehen, obwol man gegen mich predigen wird.

Lebe wohl Dein Freund

Felder

Proelß: Karl Robert Proelss (1821–1906), Dramaturg und Schriftsteller in Dresden.
Engelbert Kessler: (1834–1922), aus dem Kleinen Walsertal. In Wien Gründer zahlreicher Vereine zur Wohlfahrt des kleinen Mannes, z. B. des „Ersten allgemeinen Beamten-Vereins", des ersten „Wiener Arbeiterbildungsvereins" usw. Hatte den „Nümmamüller" 1866 in der „Allgemeinen österreichischen Beamten-Correspondenz" besprochen, später einer der wichtigsten Initiatoren für die Aufstellung des Felder-Denkmals in Schoppernau (1874).

Am 6. Mai frühmorgens flüchtete Felder mit seiner Frau Nanni nach Bludenz zu seinem Schwager; Nanni kehrte am 9. Mai zu den Kindern und der alten Mutter nach Schoppernau zurück. Mitte Mai erschien in der „Feldkircher Zeitung", in der „Vorarlberger Landeszeitung" und im „Vorarlberger Volksblatt" eine „Erklärung" Moosbruggers: „Ich erkläre hienach allen Eiferern gegen die Broschüre ‚Klarstellung der vorarlbergischen Partei der Gleichberechtigung', daß i c h der Verfasser dieser Broschüre und des ihr vorausgegangenen Rufes bin und nicht der Dichter Franz Michael Felder. Ich ersuche sie daher, wenn sie wirklich glauben, daß es da etwas zu verfolgen oder zu verketzern gibt, m i c h zu packen, und falls sie das Kleid des Friedens und der Liebe nicht blos zum Ärgernis jedes Christen tragen wollen, dem bisher wild verfolgten Dichter Satisfaktion zu leisten. Ich will mit Veröffentlichung von Thatsachen zurückhalten, die an barbarische Zeiten erinnern, und auch keine Namen nennen, wünsche aber die Aufmerksamkeit des bischöflichen Ordinariates und der k. k. Staatsanwaltschaft in Feldkirch auf jüngst im Bregenzerwald stattgehabte Vorgänge gerichtet. Ich bemerke nur, daß der Dichter Franz Michael Felder, der eben im Begriffe ist, glänzend in die deutsche Literatur eingeführt und eine Zierde unseres Landes zu werden, wegen Gefährdung seiner Person durch fanatisirte Leute aus dem Bregenzerwald sich zu entfernen für gut fand."

Johann Josef Felder an Franz Michael Felder

Schoppernau le 13 Mai 1867

Cher ami Michel.

Mit der schrecklichsten Langweile ringend, ergreife ich die Feder, um mit Dier lieber Freund ein wenig zu plaudern. Seit Deiner abreise ist mein Lebenskarren in merck-lichen verfall gerathen. Die letz[t]e Woche hate ich weder geistiges noch anders leben, u. habe mich wahrhaft ins reich der Maulwürfe gewünscht. Nun Dank dem Zufall, geht es ein wenig besser, jedoch bin ich noch zu schwach an Leib u. Sele, um mein Dasein zu genißen. Auch habe ich bereits den Entschluß gefaßt nächsten Monath von hier abzureisen um wieder einmahl Gottes große Natur in einem unverkrüpelten Zustande zu betrachten u. zu genißen. Was hier die Giftschlange seit Deiner abwessenheit geschaffen hat, weis ich nicht, indem ich gar nirgends hin kam, denn Du kannst Dier einbilden, daß ich mit meinem gebrechlichen karren nirgends hin konte. Nur am Samstag abends erhielt ich ein Schreiben von unserm geliebten Freund u. Selsorger Rüscher welches wörtlich lautet:

Lieber Johan Joseph.

Ich bin als ihr Pfarrer u. Selsorger in die sehr betrübende Nothwendigkeit versetzt, Sie als Katholicken an die Verpflichtung der Osterbeicht u. Communion, wofern Sie sich nicht die öffentliche *Excuminikation* zuzihen wollen, dringenst zu erinnern u. hiemit aufzufordern, binnen 8 Tagen, das heißt, bis zum 4t Sontag nach Ostern, den benöthigten Beicht u Communionausweis (Beichtzedel) bei mier abgeben zu wollen. Ich hoffe Sie nehmen diese Aufforderung so geneigt an u kommen derselben nach, damit Ihnen etwaige Unbelibsamkeiten u. mier neue Verdrißlichkeiten ausbleiben werden.

Mit Gruß u. Einschluß ins Gebet
Ihr Wohlwollender Pfarrer Georg Rüscher

Schoppernau am Samstag
vor dem 3t Sontag nach Ostern 1867

Kan Dier dieses Actenstück im 19t. Jahr Hundert ein späschen machen so beneide ich Dich darum wahrhaft nicht, was es auf mich wirckte kanst Du leicht errathen.

Herr Wible ist heute in Hopfreben am Schaffen herrlicher Mistdüfte (wirt dieselben wohl auch sehen). Das Etzen sagt Deine Muter gehe gut, u. nächst Woche ist man willens die Gelder der guten Base Maikatrin großartig zu vertheilen, verstanden, doch ich wil fertig machen mit meinem Geplauder u hoffe Du befindest Dich jedenfalls besser als Dein

Freund

Felder

Cher ami Michel: lieber Freund Michel.
Herr Wible: Übername für Nanni.
Etzen: eine Wiese abweiden lassen.

FRANZ MICHAEL FELDER AN ANNA KATHARINA FELDER [UV.]

Bludenz den 16 Maj 1867

Liebes Wible

Deinen Brief und die Schriften hab ich am Dienstag erhalten. Ich war schon besorgt, weil von rechtswegen schon am Montag ein Bericht über Deine Heimreise eintreffen sollte. Nun man muß in diesem Jammerthal ich meine eigentlich die böse Welt, nicht zu viel verlangen. Müssen doch die Herren hier noch immer auf die in Feldkirch bestellten Sonderlinge warten und ich der dieselben schon längst erhielt und auch auf Deinen Bericht von Deiner Heimreise nicht mehr warten muß, warte nun auf viel anderes. Zuerst auf den Erfolg dessen was Du in der Dir mit diesem Briefe zukommenden Feldkircherin lesen wirst, zeig das dann auch dem Uhrenmacher bevor du das Blatt an die Vorsteher gibst die auch in der Lands Zeitung das Nämliche lesen werden.

Am letzten Sonntag fuhren wir durch Staub und Hitze nach Feldkirch. Es gefiel mir da nicht so übel, doch Dein

Ausruf: „Hier möchte ich sein“ kam nicht über meine Lippen.

Am 24 Maj ist Rechnungstag für die Schoppernauer Viehversicherung. Ich hab daher im Sinn noch heut an den Vorsteher zu schreiben und ihm zu melden, daß ich wahrscheinlich nicht bei der Rechnung erscheinen könne weil ich jetzt doch nicht mehr bloß den lieben frommen Schoppernauern gehöre.

Ich habe um Hülfe gerufen und mein Ruf wurde gehört, sein Echo wird vielleicht ein gewaltiges sein, jedenfalls zu groß um Dir für 3 Neukreuzer im Umschlag vom Bothen nach Schoppernau gebracht werden zu können. Hildebrand ist in schrecklicher Aufregung. Ich schrieb ihm, indem ich mich zur Ruhe zwang, aber schon das Wenigste war für ihn zu viel. Er laßt Dich als Heldin von sich und seinen Freunden grüßen. Ich hab ihm gestern Deine Photografie zugeschickt mit sammt der meinen, die sehr gut gerathen ist. Du sollst beide am nächsten Mitwoch erhalten. Hildebrands Einladung, gleich von hier aus – und wen auch ohne Geld und ohne Kleider – eines Sprungs nach Leipzig zu kommen hab ich dankend abgelehnt. Erst muß der Kampf ausgekämpft werden, den ich begann. Dazu bin ich hier jetzt ganz auf dem rechten Platz. Schon wegen der schlechten Post wärs jetzt nichts für mich in Schoppernau. Aber die dortige Stimung und die im Thal herum sollte ich doch wieder kennen. Der Uhrenmacher soll mir nur am Montag schreiben und Du auch. Was macht der Pfarrer, was sagen die Oberhauser und was überhaupt ist los? Was bemerkt man über meine Flucht? Das Dökterle grüße mir und sag ihm, es soll den Pater Beda wieder einmal mit Wein und Wiederspruch bearbeiten. Wenn Du die Erklärung in der Feldkircherin aufmerksam liesest, und wenn das auch meine werten Freunde auch thun, so werdet ihr begreifen, wie wichtig *mir* jetzt jede Nachricht und wie nötig uns allen ein festes männliches Zusammenstehen ist.

Mutter soll sich meinetwegen nur keine Sorgen machen. Ich hab jetzt Wichtigeres zu thun als mit den Kühen in die Bünt zu fahren wenn mir das auch gemüthlicher vorkäme. Auch wird sie sich ihres Franzmichels nie schämen müssen, den ich kämpfe nicht gegen den wahren Glauben, sondern gegen Lüge Heuchelei und die erbärmlichsten Leidenschaften die nur um so mehr eine Pest der Menschheit sind, wo sie sich einen Schaafspelz, ein heiliges Kleid umgehängt haben. Dir, gutes Wible, brauche ich nichts mehr zu sagen denn Du verstehst mich. Nur vergiß bei der treuen Erfüllung deiner Pflichten als Mutter nicht auch an mich recht bald wieder zu schreiben. Die Rechnungsbücher der Assekuranz sind noch nicht angefertigt, Baltasso der Klin soll daher das Versicherungsbuch zum Vorsteher thun, den ich für seine Mühen entschädigen werde.

Doch ich hab heute noch mehr Briefe zu schreiben. Lebe wol es grüßt Dich 10009 mal

Dein Mindle

F M Felder

Bünt: Wiese.
Baltasso der Klin: Balthasar der Kleine.
Mindle: Männchen, Pendant zu Wible.

Anna Katharina Felder an Franz Michael Felder

Schoppernau 20 Mai 1867

Liebes Mindle!

Mit Senhsucht erwartete ich ein Lebenszeichen von Dir, mit welcher Freude ich daher das liebe Briefchen las, kannst Du Dir denken, wenn ich Dir sage, daß sie weit über den Empfang eines Hildebrandischen ging. Was Hildebrand von Dir, oder für Dich wollte, gleich nach Leipzig zu gehen hätte mich in soweit gefreut, als es für Dich gut gewesen wäre, übrigens fühle ich die Lücke sehr, die durch Deine Abwesenheit in der Familie entstanden ist, u. ich bedaure die Weiber, die ihre Männer in die Fremde laßen müssen, und freue mich wieder Deines kommens, was wie ich sehe sobald noch nicht geschehen wird, u. ich daher noch länger genöthiget bin, jedem Laffen zu sagen, daß Du nicht da, noch nicht kommen werdest, ich aber wieder da u. mir gut gefallen habe. Der Vorsteher u. Oberhausers Kaspar kamen ins Haus etwas besorgt wie mir schien nach Deinem Ausbleiben zu fragen. Durch die daraus entstandenen Muthmaßungen auch villeicht einiger Äuserungen wegen Deinerseits, „in den Tagen des Schreckens" entstand das Gerücht, daß wir uns um eine neue Heimath umgesehen haben, fortziehen, u. hier alles verkaufen wollen, die Mutter aber in Marikathrino Stüble bleibe. Der Metzger von Halden, der uns heute den Bais-Heß tödtete, wollte es in Au Niederau u. überall gehört haben, u. fand es sehr unpraktisch für uns, so auch Oberhausers Bäbele, das ich gestern auf dem Gange in die Mühle, um eine Sendung, traf, wir hättens nicht schlechter als andere, geredet werde über Jedermann, nicht Jederman aber ziehe fort, zwar schade wärs für Schoppernau, der Herr Pfarrer habe den Betschwestern das Handwerk gelegt, er wolle selbst gebieten u. verbieten, wo ers für nöthig halte, u. somit werde sich alles wieder läutern u. ins alte gute Geleiß kommen.

Die Erklärung in der Feldkircherin habe ich freudig u. aufmerksam gelesen, u. gefunden, daß es sehr keck u. herausfordernd geschrieben ist. Man wird im schwarzen Lager anschlagen u. loßdrücken gegen die Infamen, die es wagen an ihrem Wissen, an ihrer guten Absicht zu zweifeln, und gar noch das unerhörte, Satisfakzion fordern.

Bis jetzt hab ich noch nichts gehört, wies den Herren anschlägt. Die Photografien bin ich sehr begierig zu sehen, Du bist doch sehr gut, daß Du sie gleich schikst, natürlich damit auch wieder Nachricht von Dir. Du bist mir sehr viel im Sinn, ich kann sagen, mein Abend u. Morgengebet, ich sehe Dich immer still in Dich gekehrt, nachdenkend, unruhig, doch Du hast Gesellschaft zerstreuung, wenn Du willst, mehr als zu Hause, u. deßwegen will ich ruhig warten, bis Du für gut findest wieder zu komen, mir ist nur recht was Dir recht ist. Mutter wünschte wegen der Erbschafts-vertheilung die nächstens vor sich gehen sollte, daß Du hier wärest damit der Vorsteher nicht nothwendig würde, doch diese Woche wird noch gewartet.

Beiliegende Zettel von Feuerstein u. Strobel glaubte ich Dir schicken zu müssen. Vorigen Sonntag wurde mir ein Zettelchen überbracht, von einem Auer der in der Schweiz arbeitet, der darin die Sonderlinge von Dir so billig als möglich, zugeschickt wünscht, mit dem Bemerken, daß, wenn sie gefallen mehr nachgeschickt werden müßten. Ich übersandte ihm den Titel u. Preis des Buchs, die Adresse Stettners auf einem Zettel, weil ich nichts besseres zu thun wußte, weil ich es nicht direkt schicken konnte, wie es kürzlich ein Torist, der mir begegnete es auch von mir kaufen wollte.

Sonst nichts Neues, als Frieden od. eigentlich keinen Krieg, bei uns Geldverlegenheit, doch das ist etwas altes. Koarado Buob hat aber Geld, u. somit bekommen wir auch. Lislars Jodok ist im Himmel u. wirklich jetzt läutets Aloisilosans die Scheidung.

Mit 100010 Grüßen

Dein Wible.

Wir hätten nun Leber u. Lunge u. Saufleisch, u. Du nicht hier, was man nicht alles versäumen kann.

Das Feld ist bestellt, u. in 14 Tagen, oder noch früher wird man nach Hopfreben ziehen.

Bais-Heß: eine Sau.

Anselm Albrecht (1821–1897) war Lehrer in Schoppernau und wurde zwischen 1861 und 1873 viermal, zwischen 1877 und 1882 noch zweimal zum Vorsteher gewählt. Er war ein enger Freund und treuer politischer Gesinnungsgenosse Felders und gab ihm während seiner Flucht folgenden Stimmungsbericht aus der Heimat:

Anselm Albrecht an Franz Michael Felder

Schoppernau, am 20. Mai 1867.

Lieber Freund!

Heute Mittag erhielt ich Dein Schreiben v. 16. d M. ich beeile mich Dir mitzutheilen was ich weiß, damit die morgige Post Dir meine Antwort ungesäumt zutrage.

Ich vermisse Deine Gegenwart sehr, schon wegen der vor Deiner Abreise vorgefallenen Vorgänge. Die Aufregung hat sich wieder etwas gelegt, doch der Gedanke an die schnöde Behandlung, wie sie wir in letzter Zeit erfahren haben, läßt das Zutrauen u. die Zuneigung zu unserer geistlichen Behörde nicht aufkommen.

Ich habe mit Pfr. Rüscher seit jenem merkwürdigen Tage nicht mehr Gelegenheit bekommen zu reden, gestern begegnete er mir, ein ganz kurzer *Guten Abend!* war das ganze Gespräch.

Ebenso verhält sich Rüscher gegen Altvorsteher. Als wir drei an jenem Dir bekannten Tage im Pfarrhofe waren, hatte Altvorsteher im Eifer nicht bemerkt, daß Rüscher uns aufforderte fortzupacken, seitdem ich ihm diese von ihm unbemerkte Rede ergänzte ist er sehr gereizt gegen die Schwk. – wie er sich ausdrückte.

Nun noch zu Deinen Fragen.

Pfr. Rüscher hat die in der Landeszeitung enthaltene Erklärung nicht nur gelesen sondern auch mehrere Stellen unterstrichen mit jedesmaliger Randbemerkung, so z. B. als in der Erklärung die Stelle vorkam: „Ich will mit Veröffentlichung von Thatsachen zurückhalten, die an barbarische Zeiten erinnern" machte Rüscher ein großmächtiges *oho!* dazu. Dann wieder als es hieß: „wünsche aber die Aufmerksamkeit des bischöflichen Ordinariats u. der kk. Staatsanwaltschaft" kam die Bemerkung: *ganz recht!* endlich hieß es in der Erklärung: „daß Du Dich wegen Gefährdung Deiner Person Dich aus dem Bregenzerwald zu entfernen für gut fandest" bemerkte Rüscher: *fällt Niemanden ein!*

Dieses sind die weisheitlichen Randglossen u. bedeuten *0.* – Als Freund verzeihst Du mir etwa einen Gedankenstrich.

Gestern Abends kam ich mit Altvorsteher noch zu sprechen, er erzählte mir, daß gestern Nachmittag Pfr. Rüscher u. Dr Dünser in der Krone waren, er sei nur so aus Neugirde auch dahin, als er in die Stube kam haben wir zwei Herren eben die in der L. Zeitung enthaltene Erklärung verhandelt, er habe sehr gut bemerkt, daß Pfr. Rüscher diese Erklärung sehr im Magen liege, er war ungemein gereizt, u. habe unter anderem gesagt, daß wenn er glauben müßte, der Inhalt der genannten Erklärung wäre auf ihn gemünzt, so würde er dem – dem – (ich kann den Namen nicht wiedergeben.) auch etwas erwiedern, vermuthlich würde er den Bannfluch über den Verfasser der Erklärung ausgesprochen haben, wie er dem Korado Buben gedroht hat, was Du aber schon weißt. –

Dr. Dünser habe darauf erwiedert: der Inhalt sei nicht

auf ihn ./. Rüscher ./. gemünzt, sondern auf den Kapaziner P. Beda. Wer es glaubt, glaubt es, ich nicht.

Übrigens höre ich von den Schoppernauern nicht viel von dieser Sache reden, nur Tirolerhannesle soll seine Äußerung gegen Dich bereuen u. gesagt haben er werde abbitten, nun diese Person ist auch nicht viel mehr als eine *0*.

Ich will nun aufhören von diesen kleinlichen, gehässigen u. neidischen Dingen zu schreiben, solche Personen die diese Sprache führen sind nicht des Andenkens werth.

Mich würde, wenn Du unser Dorf verlassen würdest sehr schmerzen, ich erkenne es, daß für Deine Thätigkeit draußen im Reiche der geeignetere Platz wäre, doch ich hoffe zuversichtlich Du werdest uns nicht verlassen komme recht bald wieder in unsere Mitte.

Sehr nothwendig wäre es gewesen, wenn Du am Rechnungstag der Viehassekuranz dagewesen wärest.

Wann ich wüßte daß Du 14 Tage noch nicht kommen würdest ich würde Dir noch einmal schreiben, ich hätte noch etwas zu sagen, doch das Papir kann es nicht mehr faßen.

Ich u. die Meinigen grüßen Dich, auch einen Gruß an Deinen Schwager Adjunkt Moosbr.

Dein Freund

Anselm Albrecht

Franz Michael Felder an Anna Katharina Felder [uv.]

Bludenz den 23 Maj 1867

Liebes gutes Wible!

Dein Brief war mir eine wahre Labung. Mit Sehnsucht gedachte ich nicht nur des guten Säuleins, das wie noch viele Größen auf der Welt, erst nach dem Tode recht geschätzt wird, sondern auch so manches anderen, waß dem geselligen fühlenden und denkenden Menschen nur die

Heimath biethet und waß er gerade am schmerzlichsten vermißt. Trotzdem dürfte ich noch eine Woche wenigstens im Exil bleiben müssen. Wenn Du zum Vorsteher Albrecht gehst, und Du meinen letzten Brief und den darin erwähnten Zeitungsartikel zum Durchlesen erbittest, so wirst Du das selbst einsehen und ich habe dann auch nicht mehr nötig Dir *manches Andere* zu schreiben was ich Dich gerne so schnell als möglich wissen lassen möchte.

Drum also wo möglich noch vor dem Etzo zum Vorsteher.

Etwas ausstehen müssen wir nun freilich für unsere heilige Sache, aber Du wirst sehen daß der glänzendste Erfolg uns belohnt. Nur den Muth nicht verloren, da wir nun schon so weit auf dem Wege sind.

In Rankweil draußen steht das s g Schlößlein mit etwa 5 Kühwinterungen Gut. Ich und Kaspar reden stark davon, wie schön es sich da draußen wohnen und dichten ließe, wenn im *Wald* die Hetzereien nicht aufhören sollten und vielleicht auch sein Austritt aus dem Staatsdienst gebothen erscheint. Es kann nämlich noch zu allem kommen, da wir durchaus nicht zum Nachgeben entschlossen sind. In Feuersteins Brief steckt etwas, das mir gar nicht gefällt. Aber daß ihm auch der Schelley fortkam ist nett da er bei der bereits eingeleiteten Untersuchung ohne hin als Zeuge auftretten muß. Davon brauchst Du aber noch nichts zu sagen, außer dem Uhrenmacher, den lasse mir grüßen er soll nur da bleiben und lustig sein, denn nächstens kann er eine interessante Geschichte erleben. Am nächsten Mitwoch soll er auch einen Brief erhalten. Heut und Morgen bin ich noch zu varnöth!

Am letzten Sontag hätt ich Dich besonders gern hier gehabt beim Waldesfest im Wäldchen zu Brunnenfeld.

Hunderte, vielleicht Tausende hatten sich im Moos und anderwärts gelagert. Es wurde gezecht, geschossen gesungen geplaudert, und die Bludenzer Stadtmusik spielte ihre Weisen bis sie sich abends in den erleuchteten Biergarten beim Kaffeehaus zurükzog. Ich schickte Dir in Gedanken meine Grüße zu während ich mit andern plauderte.

Vom Germanistenklub in Leipzig hab ich etwas zu spät, ein herrliches Gedicht zu meinem Geburtstag erhalten welches dan der hocherfreute Kaspar den hiesigen Herrn mit begeisterter Stimme Mittags im Kaffeehaus vorlas. Ich habe hier schon mehrere Bekante, von denen ich Dir jetzt nur den Fabrikanten Gaßner und den Bruder des im Tirol berühmten liberalen Landtagsabgeordneten von Grabner nenne.

Am letzten Sonntag hab ich von Gustav Freitag durch Hildebrand den ehrenvollen Auftrag erhalten mein Leben meine Flucht und ihre Veranlassung für die *Grenzbothen* zu beschreiben. Die Arbeit ist im Entwurfe fertig, und da mir beim Abschreiben ein Kanzlist helfen wird, so kann sie schon am Sonntag nach Leipzig wandern.

Wenn wegen den Sprengern etwas los werden sollte, so müssen sie sich an meinen Mitvormund J Josef Felder Wagner wenden. Der Lindauer Reisende hat mich getroffen und sein Geld erhalten. Ich übersende Dir Deine Photografie und auch die Meine, die unübertrefflich sein soll und vom Photografen zu einem Handelsartikel gemacht wird da manche hier sie möchten.

So wird man auf jede Weise ausgebeutet, wenn man eben berühmt ist.

Lebe wol, liebe treue, grüße mir die meinen und gedenke stets Deines Dich 1000 [Mal] grüßenden

Fr Michael Felder

Schelley: Percy Bysshe Shelley (1792–1822), englischer Dichter, erregte durch seine Schrift „Über die Notwendigkeit des Atheismus" (1811) als Student in Oxford einen Skandal. Auch Felder kannte Shelley: am 3. April 1866 schrieb er über ihn an Moosbrugger: „Jetzt

beschäftige ich mich mit dem Dichter Schelley der nach meiner Ansicht nur zu sehr Atheist, um der Größte der neuen Zeit zu sein. Diese Leute verneinen alles und können blos niederreißen. An Kraft und Feuer steht er seinem Landsmann Sakspeare wenig nach; doch sein bestes Gedicht bekämpft die Gottesidee und ist mit interessanten Anmerkungen versehen." Felder vermutete wahrscheinlich einen Diebstahl des Buches durch einen Geistlichen.
varnöth: mit Arbeit überhäuft.
den Fabrikanten Gaßner: Andreas Gassner (1809–1873), Mitbegründer der Textilfirma Getzner, Mutter u. Co. in Bludenz, erwarb die Brauerei Fohrenburg, zweimal Bürgermeister.

Am 18. Mai klagte Felder bei der Staatsanwaltschaft Bludenz Rüscher wegen Ehrenbeleidigung und Bedrohung der persönlichen Sicherheit, Moosbrugger fragte am 23. Mai beim k. k. Bezirksamt in Bezau an, ob Felders Sicherheit gewährleistet sei, wenn er in den nächsten Tagen wieder heimkehren wolle und erhielt die Antwort, daß von einer Gefährdung nichts bekannt sei, so daß Felder am 31. Mai zurückkehrte: „Unsere Stimmung bei der Rückkehr bezeichnet die Thatsache, daß wir bei der Einfahrt ins Dorf Schoppernau einen Trompeter lustige Weisen blasen ließen. Die Seinen, die oben im Dorf wohnten, erriethen gleich, daß jetzt Kaspar und Franzmichel kommen", schrieb Moosbrugger später an den Rand von Felders Brief vom 2. Mai 1867. Die Klage wegen Bedrohung wurde wegen Ermangelung verbrecherischer Tatbestände eingestellt. Am 17. Mai erschien in der „Neuen Freien Presse" in Wien ein Artikel von Carl Kunz über Felders Flucht, worauf die k. k. Statthalterei von Polizeikommissär Johann Hammer in Bregenz und von Moosbruggers Vorgesetztem, dem Bludenzer Bezirksamtsleiter Mathis, einen vertraulichen Bericht über die Broschüren, die Partei der Gleichberechtigung und die Vorgänge in Schoppernau anforderte. Hammers Bericht vom 10. Juni 1867 sieht im Uhrenmacher Johann Josef Felder einen der Drahtzieher: „Der Uhrma-

cher Jakob [sic] Felder [...] wollte vereint mit dem Dichter Johann [sic] Michael Felder die Lasall-Proudhonschen Tendenzen in den Bregenzerwald einführen, wozu sie die praktischen Erfahrungen des Uhrmachers Felder, welcher dieselben in Frankreich sich aneignete, und die in ihrem Besitze befindlichen Lasallschen und Proudhonschen Schriften über Gleichberechtigung benützen wollten. In der Gemeinde Schoppernau wußten auch diese beiden insbesondere der Dichter Felder unter den Bauern einigen Anhang zu finden, indem sie aus den sozialdemokratischen Schriften Lassalls [sic] und Proudhons ihnen passende Exzerpte zusammenstellten, daraus eine kleine Lesebibliothek bildeten und so in der Gemeinde eine gemeinschäftliche Verwerthung dieser ihrer Produkte anzustreben suchten. Sowie aber dieses ihr verwerfliches Unternehmen ruchbar oder vielmehr zur Kenntniß der Geistlichkeit gelangte, unterließ solche, insbesondere der Kapuziner P. Beda Widmer in Bezau und Pfarrer Rüscher in Schoppernau, nicht, das Volk von der Kanzel herab vor dem verderblichen die Moral und Sitten verletzenden Unternehmen der Beidgenannten auf das eifrigste zu warnen. Diese Predigten waren es, welchen den wenigen von dieser Idee schon Befangenen Bauern das Auge öffneten, allerdings Widerwillen gegen die Proselitenmacher hervorriefen und den Dichter Felder veranlaßten, Schoppernau zu verlaßen, und zu seinem Schwager, dem Bezirksamts-Adjunkten Mosbrugger nach Bludenz zu gehen, von wo er bereits schon wieder in Schoppernau zurückgekehrt ist. Daß seiner Person eine Gefährdung gedroht habe sei nicht wahr; wenn gleich von seiner Seite aus das Gerücht verbreitet worden, als hätte ihm ein Bauer aus Schnepfau gedroht, ihn zu erschlagen, wenn er von diesen Dummheiten nicht ablaße. [...] Bezüglich des wirklichen Bestehens und der Ausdehnung einer auf sozialdemokratischer Grundlage beruhenden Parthei in Vorarlberg liefen meine Erhebungen sämtlich auf das Gleiche dahin aus, daß eine solche Parthei in Wirklichkeit nicht bestehe, daß jedoch ein großer Theil des Vorarlberger Volkes als: Maurer, Zimmerleute, Gypser, Weber, Fabriksarbeiter und andere Geschäftsleute – vorzüglich aus Montafon und Bregenzerwald – den ganzen Sommer über ihren Verdienst in der französischen Schweiz und in Frankreich suchen von dort sozialdemokratische Ideen und Gesinnungen, welche mit verdorbenen religiösen Grundsätzen in Verbindung stehen, mit nach Hause bringen, und sich hieraus nach und nach allerdings eine umfangreiche geschloßene sozialdemokratische Parthei bilden dürfte, wenn nicht von Seite der Behörden und Geistlichkeit auf angemeßene und belehrende Weise dem Entstehen derselben ein Damm dazwischen gelegt wird." (W. Methlagl, Franz Michael Felder – Kaspar Moosbrugger. Briefwechsel. Kommentar. Bregenz: Kommissionsverlag H. Lingenhöle, 1975, S. 369 f.)

Bezirksvorsteher Mathis deckte in seinem Bericht vom 25. Juni an den Statthalter für Tirol und Vorarlberg, Ritter von Toggenburg in Innsbruck, den Adjunkten Moosbrugger: seine in den Broschüren entwickelten Gedanken beeinträchtigten seine „ämtliche Haltung" nicht und seien überdies wegen ihres intellektuellen Niveaus nicht geeignet, sich auf die Vorarlberger Arbeiter- und Bauernschaft beunruhigend auszuwirken. Moosbruggers Lebensgewohnheiten, vor allem die regelmäßigen Wirtshausbesuche, wurden genau bespitzelt: „Wenn bei solchen Anlässen auch Tagesfragen besprochen werden, nimmt er daran Theil, doch ist nie zu meiner Kenntniß gelangt, daß er etwa zu Expektorationen geschritten wäre, welche für einen Staatsbeamten unschicklich oder tadelnswerth genannt werden müßten. Die ökonomischen Verhältnisse sind geordnet, der sittliche Wandel durchaus correct." Mathis faßt sein Urteil über Moosbrugger so zusammen: „Moosbrugger hat als Bregenzerwälder eine gewisse Vorliebe zum selbständigen Leben, welches in den meisten Gemeinden des Bregenzerwaldes längst sich ausgebildet hat, schon mit der Muttermilch eingesogen; später lernte er kennen und adoptirte die staatsrechtliche Autonomie der Ungarn, eines ergänzte das andere, und so bildete sich der Mann aus, wie er eben ist." Mathis riet davon ab, Moosbrugger zu einem politischen Märtyrer zu machen; Felder hingegen hielt er für bedeutend gefährlicher: „Es gehört zwar nicht hieher, ich glaube aber am Schlusse erwähnen zu sollen, daß der Schwager des Adjunkten Moosbrugger, Felder von Schoppernau, ein Werk, betitelt ‚Sonderlinge' herausgegeben habe. Dasselbe verbirgt in der Hülle eines Romans Lehren und Grundsätze, welchen gegenüber besonders die Geistlichkeit im Bregenzerwalde kaum so apatisch bleiben dürfte, wie gegenüber den Broschüren Moosbruggers." (W. Methlagl, a. a. O., S. 371–374).

Als Echo auf Hildebrands „Gartenlauben"-Artikel erhielt Felder mehrere Zuschriften, darunter sogar einen Brief aus Amerika:

JOSEF ZÖCKERTH AN FRANZ MICHAEL FELDER [UV.]

San Francisco, Californien, 3. Juni 1867

Verehrter Herr Felder!

Heute den 3. Juni brachte uns Deutschen, hier in diesem Erdwinkel am Pacific, der Panama Steamer (:Dampfer:) endlich wieder Briefe und Zeitungen aus der lieben Haimath, – u. a. erhielten wir auch die Gartenlaube N. 15 und 16 – und in ersterer Numer den Sie betreffenden Artikel, von herrn Dr. Hildebrand „Ein Bauer als Dichter" in welchem Ihr so Edles und mannhaftes Streben – und dessen schöne und ruhmvolle Erfolge geschildert werden. – Schon lange hat mich Nichts so sehr , – so recht vom Herzen gefreut als der Inhalt des obangedeuteten Artikels, – der mittheilt, dß. Ihr streben, kein Vergebenes, Ihre Ausdauer keine Vergebene, waren, und Sie nun Anerkennung und Unterstützung gefunden haben. –

Und als ich vom Lesen fertig war, – da kamm's dan so über mich als ob ich Ihnen schreiben *müßte*, um Ihnen zu gratulieren – und recht herzlich Glück zu wünschen für all' die Zukunft, um Ihnen mein herzliebster Landsmann, über alle zwei großen Meere die uns trennen – geistig die biedere Rechte zu drücken, und zu sagen in unseren Gebirgsausdruck „Gott g'segnes enk" – ich bin aus Kärnten zuhause, daher auch ein Gebirgler, – und noch im engeren Sinne des Wortes Ihr Landsmann.

Wir sind hier in San Francisco und Umgebung – bis an die ferne Sierra Nevada nur wenige Süddeutsche (:Österreicher:) – aber meist Kärntner, auch einige Wiener, Ungarn – Böhmen, – gegen die große Anzahl Norddeutscher, aus allen Gauen des Gesammtvaterlandes – aber, eine verschwindend kleine Zahl. – Alle Landsleute hier, theilen die Freude, über Ihre ruhmvollen Erfolge auf den litterarischen Gebiethe mit mir, und grüssen Sie recht herzlich. – Ihre beiden Werke werde ich mir demnächst bestellen – da wir Alle selbe schon gernde kennen möchten, – zu Ihren verehrern hier, zälen auch einige Bauern, die ihrem Stande getreu, auch hier Farmerei betreiben – und den calif. Urboden urbar machen. – Mit großer, eigentl. größter Spannung warten wir jetzt immer auf Nachrichten v. d. Haimath, dh. aus dem „Deutschen Vaterlande", – „so weit die deutsche Zunge reicht" – wie Arndt singt. – Der atlantische Telegraf (:Kabel:) bringt uns Nachrichten zwar in 36–48 Stunden – aber immer nur kurze Andeutungen, auf die Details heißt's geduldig 6 lange Wochen warten, – und dß. ist eine gar lange Zeit für ungeduldige Leute, – wie wir es, in Sachen, des alten Vaterlandes sind. –

Ich benütze um an Sie zu schreiben die in der Gartenlaube „Seite 236" von Ihnen selbst – an Ihre Gönner angegebene Adresse, – und denke der Brief wird sicher in Ihre werthe Hand kommen, – kämme er nicht – so wäre das kein Verlust für Sie, wohl aber für mich – der ich gerne meiner Sympathie und Freundschaft, für Sie, mit diesen simplen Zeilen, Worte geben möchte. – Nun verehrter Landsmann *„nix für unguat"* leben Sie recht froh, gesund und wohlauf einer schönen und großen Zukunft entgegen – sollte das günstige Geschick über kurz oder lang, meine Schritte nach der ersehnten Haimath lenken, dann – das weiß ich gewiß, – komme ich auch nach Schoppernau – dem romantischen Winkel – und Dichtersitz, um Ihnen physisch die Hand zu drücken – bis dahin Gott befohlen, es grüßt Sie Achtungsvollst

Ihr Verehrer u. Landsmann

Josef Zöckerth

Im Juni zog Felder wieder ins Vorsäß nach Hinterhopfreben, wo er sich von den Aufregungen der vorigen Wochen erholte und Moosbrugger in einer Hexameterepistel im Stile eines Homerischen Epos die Lage in Schoppernau schilderte.

FRANZ MICHAEL FELDER AN KASPAR MOOSBRUGGER

Hinterhopfreben den zwanzigsten Juni siebenundsechzig

Liebster Freund! Noch immer trägt Koth und beflekenden Unrath
Jener mächtige Strom, deß Quelle in Brixen entsprungen.

Froh doch betratt ich den heimischen Boden in hölzernen Schuhen
Seit ich am Kreuzweg in Lugen zum Abschied reichte die Hand Dir.
Eins nur sag ich Dir jetzt und Du bewahr es im Herzen:
Segen bringt jedes Erlebnis und seis auch schwer zu ertragen;
Dennoch flehte Ben David mit Zwilingen fünfmal gesegnet:
„Segne mit Maaß o Herr und vergiß in der Gnad nicht der Andern!"
Ähnlich nun fleht auch Dein Freund, ein Held der friedlichen Feder.
Nicht ist ruhig im Sturm, wie der wettergehärtete Seemann
Wer nur den Musen zu leben, behaglich zu wohnen gewohnt war.
Gerne verzeih ich ein Schütteln des mächtig bebarteten Hauptes
Dir dem Starken der sicher mich manchmal zu zaghaft gesehen,
Doch vergib auch Du das Zucken, wenn ohne Erbarmen
Abgehaun wurden die Bande die jahrelang stets ich bemüht war
Festzuknüpfen ans Herz daß dem Bauer sein bäurisches Dasein
Etwas erträglicher sei und daß er kein Einsamer werde;
Daß er hart nun verlor, was einst er so blutig erobert.

Hier beim gelblichen Gsig und dem Kegel kühlenden Ziegers
Zwischen mächtiger Berge Verschanzung wo Schellengeläute

Weidender Kühe mich weckt zu federfuchsendem Tagwerk,
Hier empfind ich was heißt: „Ihm ist wohl wie den Kühen im Schalzbach".
Frisch auf nun schnellet des Geistes schon lange gehemmete Spannkraft
Wie ein Pfäfflein, das Sonntags auf einer dörflichen Kanzel
Der Demokrätzlen gedenkt und des Kunz und der gottlosen Presse.
Doch – was sie thun das wissen sie nicht und verdienen – Verzeihung
Aber nicht mehr, und es wäre zu viel von den Guten gefordert.
Wollten sie, daß auch ein Felder, berühmt von Vaduz bis gen Leipzig
Ihretwegen den herrlichen Tag und Papier sich und Stimmung
Nochmahls verderbe da doch die Gnade der Reu sich nicht reget.
Liebere Bilder umschweben den Mehltrog auf welchem ich schreibe,
Seit die Benn in die Mache zu Natter dem Wagner gewandert.

Melde nun Muse wie froh und vergnügt am Antoniustage
Ich beim Rößlewirth saß mit dem wackeren Herzog von Rehmen.
Nie blieb gefüllet das Glas, und nimmer geschlossen die Lippe.
Klagen und Trostworte wechselten schneller noch selbst als die Lieder,
Welche der sangeskundige Adel bereitwillig vortrug.
Als sich Rüscher entfernte der wie ein Fremder sich vorkam

Unter den Schoppernauern die nur um Herzog sich drängten;
Froh ihn so fröhlich zu sehn und vertraulich plaudernd mit Feldern,
Welchen der gelbliche Wirth noch vor Kurzem gar gräulich verketzert.

Wenig Neues nur flüsterte Herzog und doch wars erfreulich
Dieses und jenes zu hören vom Manne im heiligen Rocke
Welchen mir nur gegenüber zu sehen ich fast schon gewohnt war.
Fröhliche Stunden verkündete er die uns noch gemeinsam
Werden sollten, denn kurz nur und angenehm stets zu betretten
Sei der Fußweg von Rehmen zu mir und von da bis nach Rehmen.
Möchten die Herren auch lärmen die keine Beachtung verdienen
Wie der gelbliche Wirth und der röthliche Rüscher sammt Anhang.
Viel zu reden gab unser Gespräch wie wenig gehört ward
Und der wakere Herzog wird jetzt von solchen verketzert
Die mir jede Bemerkung auf Geistliche schrecklich verargten.
Aber auch mehrt sich das Häuflein der Meinigen täglich und stündlich
Seit von jenen der Kampf mit solcher Gemeinheit geführt wird. –

Rüscher behauptet man müsse vergessen und essen nun wieder
Alles scheine zu ruhn wie es billig sei und in Ordnung.

Heute indessen erhielt ich ein freundliches Briefchen von Maier
Meldend: Es sei meine Sache in kräftige Hände genommen.
Eines nur sagt er mir noch und ich bewahr es im Herzen:
„Nimmer werde es hier mir im engen Thale behagen
Wenn der Sturm sich auch legte, wenn Schnepfaus stössige Söhne
Andere Ziele suchten dem längst gern geübeten Hornkampf
Wenn auch Ruh' dem Land und mir Genugthuung geworden".

Ruhiger höret die Mutter als früher ähnliche Reden
Seit auch mich sie wieder, nicht einzig die Basen nur höret,
Eins noch sag ich Dir jetzt und Du bewahr es im Herzen:
Schön ist in Bizau das Gut und groß sind und wohnlich die Zimmer
Aber *eng* wie *hier* das Thal und gewiß nicht besser die Leute.
Gerne gedenk ich dagegen des freundlichen Schlößchens bei Rankweil
Und des schönen Spazierwegs zu Feldkirchs freundlichen Bürgern,
Und der Aussicht ins Freie, wie *Dichter und Träumer* sie lieben.
Dort, Mann Gottes! wirds herrlich! so mit wie ohne den Weinberg.
Meine Begeisterung könnte wol selbst noch die Mutter erfassen
Reuen würde das „Nein" mich wenns wirklich für *immer* entschieden.

Uhrenmacher reiste nach Baden den Karren zu schwellen
Der noch lotterte wie die lange verlegenen Waaren

Ich indessen bin hier und forsche zuweilen im Stillen
Ob wol solche sich fänden die gerne mein Hüttchen bezögen
Erst wenn hier ich ganz los bin, wenn *Herz* und *Hand* ganz frei wird
Knüpf ich dort an, daß nimmer den wichtigen Schritt ich bereue.
Ist dieß Briefchen nur dürftig und sind die Zeilen auch kunstlos
Werden dem *Freunde* sie doch als jüngstes Stimmungskind lieb sein
Und er wird auch sein Urtheil dem *ersten Versuch* nicht versagen.

Grüß mir Dein Weib und auch Bella, die schlankste unter den Jungfraun,
Die nun wol jubelt und singt wie wir es einstmals beschlossen.
Auch die Herrn im Kaffeehaus, erprobt in der herrlichen Jaßkunst.
Herzliche Grüße auch Dir vom Freunde
Franzmichel Felder

Jener mächtige Strom: In den kurz zuvor geschriebenen „Zwei Geburtstagen eines Bäuerleins" verwendet Felder eine ähnliche Formulierung: „Der [Autor des Nümmamüller] steht eben auf dem schwachen Notsteg zwischen uns und der Welt. Er ist auch wirklich nicht frei von der Furcht, das Fundament desselben könnte auf unserer Seite untergraben werden von dem mächtigen Strom, der in Brixen als heilige Quelle entspringt." Am 6. Juni 1860 war Felder in die hochwasserführende Bregenzerache gestürzt, als die Brücke ins Vorsäß Schalzbach unter ihm zusammenbrach.
Ben David: Anspielung nicht ermittelt.
Gsig, Zieger: Sennereiprodukte.
die Benn: richtig Binn – Karren.
Melde nun, Muse: Anspielung auf den Beginn der „Odyssee".
Antoniustage: 13. Juni, Fest des hl. Antonius von Padua.

dem wackeren Herzog von Rehmen: Friedrich Herzog aus Meran (1834–1886), von 1865 bis 1870 Kurat in der Auer Parzelle Rehmen, war der einzige Geistliche des Hinterbregenzerwaldes, der während der Unruhen in Schoppernau eindeutig für Felder eintrat.
der gelbliche Wirt und der rötliche Rüscher: Anspielung auf die Gesichtsfarbe der beiden. Der Rößlewirt in Schoppernau war nach Felders Schilderungen ein Intrigant und Neider, Pfarrer Rüscher ein Choleriker.
Maier: Lorenz Mayer, geb. 1832 in Bludenz, Chemieprofessor in Wien, Förderer der Arbeiter-Emanzipation, hatte Felder wegen einer Interpellation in seiner Angelegenheit beim Justizminister geschrieben, für die er sich einsetzen wollte.
den Karren zu schwellen: durch Einweichen wieder dicht zu machen. Seppel war zur Kur in Baden bei Zürich.

Die Verhandlungen in Bezau am 3. Juli wurden vom Bezirksvorsteher Dr. Anton Müller geführt, der zu den Gegnern Felders zählte; die Klage wegen Bedrohung wurde nicht anerkannt. Felder war überzeugt, daß Müller seine Angaben mißbrauche und nicht geheimhalte, damit „die Herren sich fassen können", d. h. damit Rüscher und Gallus Moosbrugger Schritte gegen ihn erwägen könnten. Von Pfarrer Stockmayr habe er auch erfahren, daß der Hittisauer Pfarrer Berchtold ihn und die Schoppernauer bei einer Geistlichenkonferenz im Mai als „eine neue Sekte" verklagt habe, schrieb er am 30. Juni an Moosbrugger und schloß den Brief mit den Worten: „Ich muß jetzt immer Briefe schreiben. Göner und Gegner scheinen sich verschworen zu haben, mich keinen Augenblik mehr zur Ruhe kommen zu lassen. Ich wollte ein Dichter werden, und nun machen sie mich zu weiß Gott was. […] Wenn ich aus dem Gezank nicht herauskome soll Deutschland kein Werk mehr von mir erwarten." An Moosbrugger schickte er im Juli einen „Auszug aus dem Protokoll", in dem er die Ereignisse seiner Verfolgung und Flucht schildert.

Franz Michael Felder an Kaspar Moosbrugger

[Schoppernau im Juli 1867]

Auszug aus dem Protokoll.

Die Anfeindungen, von denen ich hier zu berichten habe, begannen durch Pfarrer Rüscher von Schoppernau. Zuerst und hauptsächlich wirkte er durch seinen Freund Josef Anton Moosbrugger, dem ich verläumderische Behauptungen duzendweise nachweisen könnte, und durch die Mitglieder des s g dritten Ordens, dem Pfarrer Rüscher vorsteht „weil er" wie er vor zwei Jahren in einer Predigt zu seiner Entschuldigung sagte, „nicht will, daß das Kloster in Bezau mit dem (s g dritten) Orden die ganze Gemeinde in die Hände bekommen soll". In Wirtshäusern und „so privatim" hat Rüscher lange gegen mich gearbeitet; offen aber trat er im Winter 1866 gegen mich in einer Kinderlehre auf. Ich hatte in der s g Sennhütte angefangen Vorträge über Genossenschaftswesen zu halten. Nun redete er von den Socialisten und Comunisten der französischen Revolution. Er sagte, das und die Schriftsteller seien die Nämlichen gewesen, die dann die Kirchen ausgeraubt und ein schlechtes Weibsbild auf den Altar gestellt hätten als Gottheit und wenn jetzt in Sennhäusern herum solche Irrlehrer wieder aufträten, so wisse man schon was man von ihnen zu erwarten habe.

Das zündete und es wurde durch Anspielungen auf Schriftsteller u d g l dafür gesorgt, daß der Funke zur Flamme werde. Ernsthaft aber wurde die Hetzerei nach den dießjährigen Landtagswahlen, die durch einige meiner Freunde entschieden wurden. Die Orte Au und Schoppernau kamen in den Ruf, daß es *mir* hier gelungen sei, die Leute vom wahren Glauben abzubringen. Auch wurde gesagt, daß ich für mein Wirken als zweiter Luther

Freimaurer und d g l von den Freimauern und anderen Agenten bezahlt werde. (Pfarrer Rüscher hat, wie ich in den letzten Tagen erfuhr, es mehrfach ausgesprochen, daß ich mein Geld nicht als Schriftsteller, sondern eher auf diese Weise verdiene.)

Die Klarstellung erschien im Februar. Pfarrer Rüscher schrieb auf ein Exemplar meinen Nahmen und schickte es dem hiesigen Vorsteher und dem Ausschuß, während er und seine Werkzeuge den nicht lesenden und nicht denkenden Leuten auseinander setzten, daß die Schrift von mir verfaßt und gegen den Glauben gerichtet sei. Gleichzeitig wurde in Au gegen eine wirklich von mir verfaßte Schrift gepredigt, nach dem es den Kapuzinern in Bezau gelang den ersten Bogen zu entwenden. Pater *Beda* sagte über folgende in der Schrift vorkommende Stelle: „Wie einer ist, so ist sein Gott" unter anderem: „Einer ist ein Hurrer, also ist Gott auch ein Hurrer, ein Anderer stiehlt also ist Gott ein Dieb. Da seht ihrs! Ärger als dieser Schriftsteller kann manns nicht mehr machen". –

Die von mir im letzten Winter für die Gemeinde auf Kosten des Handwerkervereins und auf Rechnung von andern Wohltätern errichtete Leihbibliothek wurde nie von einem Geistlichen durchgesehen, trotzdem brachten einige dieser Herrn das Gerücht auf, daß von mir Hurrenbücher ausgeliehen würden. Als Kaplan Stern beim Buchbinder in Au ein Werk sah, welches eine Besprechung von Renans „Leben Jesu" enthielt, hieß es gleich ich wolle den Renan unter das Volk bringen und der Pfarrer von hier sah sich zu einer Predigt veranlaßt, die jedermann auf mich bezog und auf unsern Vorsteher, der mit mir die neue fr Presse und die Feldkircher Zeitung liest. Den Herausgeber des letzteren Blattes nannte Pfarrer Rüscher einen erstickten Studenten, den ein glaubensloser Brodvater aufgenommen habe. Von Schoppernau bis Bezau redete im Frühling alles von mir. Man nannte mich einen Ketzer, Freimaurer, Gottesläugner, Antichrist – wie das Volk dieses Ungeheuer kennt — und es wurde besonders in Schnepfau öffentlich ausgemacht, es wäre ein gutes Werk, wenn man mich ins Wasser werfen oder so in der Stille auf die Seite schaffen könnte. Meine Freunde warnten mich, allein die Heimath nicht mehr zu verlassen. Der Vater des Pfarrers Rüscher besuchte seinen Sohn und ging dann aus dem Pfarrhof in andere Häuser, um den Leuten zu sagen, sein Bub wisse wol, daß nur ich an allem Schuld sei und das ganze Dorf in übeln Ruf bringe, doch man werde mir den Meister schon noch zeigen, wenigstens bei ihm daheim in Reute (bei Bezau) würde man jetzt mit so einem wie mir nicht viel Wesen machen, man thät mir das noch gesunde Auge auch ausstechen und mich dann erschlagen. Die Wirkung solcher Reden von Leuten aus dem Pfarrhof ist nicht zu beschreiben. Niemand konnte ein beruhigendes Wort an die Leute richten, denn daß die Vernünftigen sich auf meine Seite stellten, galt nur für einen Beweis meiner teuflischen Verführungskunst. Am Kirchweihmarkt in Au am 5. Mai stellten sich ganze Häuflein unheimlich flüsternd und mit Fingern auf mich zeigend um mich her, einzelne suchten Streit mit mir anzufangen, und ich mußte mich vom Marktplatz entfernen. Der Versuch, unserm Pfarrer meine Unschuld zu beweisen und ihn zu einer beruhigenden Erklärung zu bewegen, mißlang; Pfarrer Rüscher fuhr die beiden hiesigen Vorsteher (Albrecht und Altvorsteher Moosbrugger) wild an: Packen Sie sich hinaus, denn vor Zeugen werd ich kein Wort mit ihm reden. Trotzdem blieb ich alein da, bewies ihm dieß und Jenes und ersuchte in schonendster Weise um die beruhigende Erklärung. Verächtlich antwortete er mir zornrothen Gesichts: Lächerlich! Wegen *Euch* thut man gar nichts.

Die Aufregung wuchs von Tag zu Tag und ward völlig

zur Wuth über mich. In meiner Sennhütte wurde öffentlich bedauert, daß man mir nicht schon vor Jahren einen Klotz an den Kopf warf statt mich mit Lebensgefahr aus dem Wasser zu retten. (1860) Ich fand nötig mich zu entfernen und den Schutz der Gesetze von einem sichern Platz aus anzurufen. Von hier aus hätte ich das nicht mehr gewagt, den auch andere meinten, daß das sehr gefährlich wäre. Ich habe auf Ersuchen in Bludenz der Staatsanwaltschaft obige und noch viele Thatsachen mitgetheilt, die Zeugen genannt und meine Aussage beeidigt (am 18. Mai). Einige Wochen später glaubte ich wieder zu den Meinen zurückzukehren, da meine Mittel mir keinen Knecht zur Bearbeitung meines Gütchens erlauben. Ich fand die Aufregung größer als vorher, und denke mit schwerem Herzen daran, meine Güter zu verkaufen und mit den Meinen eine sichere Stätte in Vorarlberg oder mit Hülfe meiner Freunde in Deutschland aufzusuchen, wenn mir weder das Gesetz noch sonst jemand helfen und die Geistlichen zu einer beruhigenden Erklärung verhalten sollte. Der Artikel in dem *„Judenblatt“* N.Fr.Presse war nur Öhl ins Feuer. Pfarrer Rüscher predigte hernach: „Recht und Tugend müsse jetzt unterliegen. Als Beweis diene das Schicksal des wackeren Greises Rudigier“. (Der wegen Verläumdung e t c in seinem Volksblatt abgestraft wurde.) – So werden Gesetz und Recht von den Kanzeln aus verhöhnt und mißliebige Personen dem Haß, der Wuth und der Verachtung einer fanatisierten Menge auf jede Weise preisgegeben.

Franz Michael Felder

Josef Anton Moosbrugger: der „gelbliche Wirt“ aus dem Hexameterbrief, Rößlewirt in Schoppernau.
wirklich von mir verfaßte Schrift: die „Gespräche des Lehrers Magerhuber mit seinem Vetter Michel“.
Pater Beda: Pater Beda Widmer (1834–1903), Kapuziner aus Bezau.

„Wie einer ist, so ist sein Gott.“: Aus den „Zahmen Xenien“ von Goethe. Felder schreibt in den „Gesprächen“: „Ein deutscher Dichter sagt: ‚Wie einer ist, so ist sein Gott‘, und noch immer hat dieses Wort sich bestätigt. Darum bei den freien Völkern anfangs überall Vielgötterei. Auch später noch verehrte man höhere, aber doch dem Allgeist untergeordnete Wesen und suchte durch sie sich ihm näher zu bringen.“ Pater Beda hatte den Spruch dem „Gottesleugner Lessing“ zugeschrieben.
Kaplan Stern: Franz Anton Stern, Kaplan in Au.
Artikel in dem „Judenblatt“: [Carl Kunz:] Eine Verfolgungsgeschichte. In: Neue Freie Presse, Wien, Jg. 1867, Nr. 972 (17. Mai).
Rudigier: Joseph Rudigier (*1797), Pfarrer von Bürs, Bruder des Bischofs von Linz. Erster Redakteur des „Vorarlberger Volksblattes“, der wegen eines Ehrenbeleidigungsprozesses der liberalen Firma Carl Ganahl gegen ihn verurteilt wurde und die Redaktion abgeben mußte.

Inzwischen waren von Freunden Felders Bestrebungen in Gang gekommen, ihn durch eine Geldspende von der Bauernarbeit zu befreien. Engelbert Kessler, Joseph Ritter von Bergmann, der Professor für Sprachwissenschaft Pfeiffer in Wien und Baron Seyffertitz und der Landeshauptmann von Vorarlberg, Sebastian Froschauer, arbeiteten einen „Ruf“ zur Verteidigung Felders aus. Im Haus des Gallus Moosbrugger in Schnepfau wurde er jedoch noch einmal bedroht.

Franz Michael Felder an das k. k. Bezirksamt Bezau [Abschrift]

Schoppernau den 4 Juli 1867

Löbliches k k Bezirksamt!

In meiner Angelegenheit habe ich heute folgendes zur Kenntniß zu bringen und meinen frühern Angaben wegen *Bedrohung meiner Person* beizufügen:

Gestern Abends, beiläufig um ½ 8 Uhr, verließ ich in Möllau Herrn Aktuar v Reinhardt und Feuerstein von Bezau, welche mich bis dort hinbegleiteten. Ich gieng alein nach Schnepfau und es war schon ziemlich dunkel als ich dort anlangte.

In der letzen Nacht vorher hatte ich schlecht und wenig geschlafen, ich war daher jetzt ungewöhnlich müde. Ich gieng nun in das Haus des Wirths und Handelsmanns Gallus Moosbrugger zu Schnepfau um das Geld für die von mir gelieferte „Wintermilch“ in Empfang zu nehmen und gleichzeitig um ein Fuhrwerk wenigstens bis nach Au zu bitten, da ich heute durchaus heim zu kommen versprach und nun mein Ausbleiben unter den jetzigen Umständen leicht hätte Besorgnisse erregen können.

Herr Gallus Moosbrugger war nicht bei den übrigen Hausgenossen und Heuern am Tisch inwendig neben der Hausthür. Ich gieng in die Stube, wohin die Wirthin mir auch den verlangten Wein brachte und die Thüre hinter sich offen ließ, so daß ich und die draußen im sg Vorhaus Essenden uns verstanden, ohne uns zu sehen. Ich erkundigte mich nach Roß und Wagen.

„Die Rosse sind müd und morgen in aller Frühe müssen sie wieder fort“ bemerkte die Wirthin und fügte noch bei, daß man auch keinen passenden Wagen zu Hause hätte.

„Das ist mir ärgerlich“ sagte ich, denn heute *gehe* ich wirklich nicht mehr gern durch den langweiligen Wald hinein“

„Du braucht Dir nicht zu *fürchten*“ spottete die Wirthin. „Ich selbst dürfte mir Dir hinein oder“, fügte sie, sich an einen draußen beim Tisch wendend bei „oder du könntest ja mit ihm gehen“

„Ich thät ihm grad das Messer in die Brust stoßen“ hörte ich eine Männerstimme sagen die mir nicht die eines Kindes vom Hause, sondern eines Knechtes oder Heuers zu sein schien.

„Da könnte man sich allenfalls wol fürchten“ wendete ich mich wieder an die sichtlich sehr verlegene Wirthin.

Während diese den „dummen Kerl“ wegen seiner Rede tadelte, und mir wiederholt versicherte, daß mir heute niemand etwas thun werde, leerte ich hastig mein Glas und gieng alein in meine Heimath zurück.

Ich bitte, mich in Kenntniß zu setzen, ob in dieser Thatsache, die ich eidlich zu bestättigen bereit bin, und die auch die Wirthin und die andern von dieser zu Nennenden, deren Nahmen mir nicht bekannt sind bestättigen müssen, keine Bedrohung und kein Grund zu weiterem Vorgehen gesehen werde.

Es zeichnet sich
hochachtungsvoll

Franz Michael Felder

Vom k. k. Bezirksamt Bezau

Nr. 205.

Dem
Hr. Franz Michael Felder
in Schoppernau.

Auf Ihre Einlage v. 4. d. M. wird Ihnen hiemit bedeutet, daß man darin nicht einmal eine Drohung, viel weniger eine gefährliche Drohung erkennen könne, da sie wohl selber zugeben werden müßen, daß Sie, da dessenungeachtet noch ganz allein nach Hause gegangen sind, selbst nicht an eine Bedrohung geglaubt haben werden.

K. K. Bezirksamt Bezau
d. 9 Juli 1867.

Müller

Während Felder in seiner Heimat von den Zeugenverhören in Atem gehalten wurde und im „Volksblatt“ ein Ar-

tikel erschien, der die Aufregungen in Schoppernau bagatellisierte, machte sein Name in Leipzig Furore. In der Zeitschrift „Europa. Chronik der gebildeten Welt für das Jahr 1867" erschien eine Besprechung der „Sonderlinge", in der es unter anderem hieß: „Wenn wir nicht mit Bestimmtheit wüßten, daß Felder jener 28jährige Vorarlberger Bauer ist, aus dessen Feder wir selbst jüngst im Hauptblatt einen Artikel brachten und von dessen mühseligen Bildungsgang die ‚Gartenlaube' zuerst eine interessante Schilderung gebracht, so würden wir das Buch für das Produkt eines Mannes halten, der nicht nur auf Gymnasien und Universitäten wissenschaftlichen Studien obgelegen, sondern auch auf den Höhen der Gesellschaft, in geistig bewegten, den idealen Interessen bestimmten Kreisen die Anregung zur schriftstellerischen Tätigkeit empfangen habe. Wie er da als fleißiger und wenig bemittelter Arbeiter im bergumschlossenen Dorfe unter seinen Genossen lebt und wirkt, ist er jedenfalls mit eines der wunderbarsten Phänomene unserer Zeit, durch Kraft des Denkens, hohen Adel des Sinnes und Schärfe des Blicks hoch über den Troß jener armseligen Zeloten hervorragend, die jetzt den Brand der Verfolgung in seinen stillen Wandel geschleudert, weil sie mit richtigem Instinkt den Lichtstrahl fürchten, der aus dem Kopf und Herzen eines solchen Mannes sich nothwendig auf seine Umgebung verbreiten muß."

Moosbrugger erhielt mit Schreiben des Statthalters für Tirol und Vorarlberg, Ritter von Toggenburg, vom 3. Juli 1867 eine Rüge für sein Verhalten und verfaßte daraufhin ein Pamphlet mit dem Titel „Mosaik", das Klerus und Gerichtsbehörden radikal aus der Reserve locken sollte, das er aber nicht erscheinen ließ. In Wien versuchte Lorenz Mayer, die Presse vor allem über den aus Dornbirn stammenden Chefredakteur der „Neuen Freien Presse",

Zacharias Konrad Lechner, zu mobilisieren; ein Artikel von Kunz erschien in der „Neuen Freien Presse", ein weiterer über Felders Flucht in der „Augsburger Allgemeinen Zeitung". Moosbrugger sah die ganze Angelegenheit als exemplarischen Streitfall gegen die Kabinettspolitik zwischen Kirche, Verwaltungsbehörde und Gerichtsbarkeit und riet Felder, den Fall bis in die obersten Instanzen durchzuziehen. In einem Brief vom 9. Juli ging er noch einmal auf die auch für ihn angespannte Situation ein: „Aber Eines: Wenn dieser Ruf erschienen u. die Sammlung veranstaltet wird, sollst Du nicht im Bregenzerwald sein. Das wird ein zu starker Hieb für Deine Gegner sein, als daß es gerathen ist, die Wirkungen in Schoppernau od. im Wald abzuwarten. Überhaupt wirst Du aus dem Wald fort müssen. Die gestrige Allgemeine Zeitung bringt aus der Kölner Zeitung /:Kunz:/ wieder scharfe Rekriminationen, u. es nimmt überhaupt der Kampf Dimensionen an, die Deine Gegenwarth auf anderem Platz nothwendig macht, wo nicht mehr ein Guttheil Deiner Spannkraft durch bethörte Leute absorbirt wird. Ich theilte dem Dr. Bickel das Program der Wiener Vorarlberger wegen der Sammlung mit, worüber er sich sehr zufriden äußerte. Er ist mit mir der Meinung, daß die Römlinge u. Dunkelmänner in Östreich, Italien etc. binnen Kurzem Schlag auf Schlag erhalten werden u. daß es sich wohl nur mehr um eine Spanne Zeit von 2 bis 3 Jahren handeln könne, bis auch wir ein ordentliches Maaß von Freiheiten u. Rechten erhalten, daß es sich dann auch hier ordentlich leben u. wirken lasse. Du brauchst daher nicht an eine Auswanderung zu denken u. es ist für Dich ruhmvoller, wenn Du im Vaterland – wenn auch nicht im engsten – ausharrst u. bessere Zeiten herbeiführen hilfst. [...] Wenn Du einen klaren entschiedenen Plan hast u. Du wegen Deiner Familie den Anschluß an unsere Assoziation wünschen solltest, so wäre es gut, daß ich rechtzeitig davon weiß, denn da ich nach obiger Statthalter Eröfnung eine Art Damokles Schwert über mir hängen weiß, muß ich entschieden auf den Fall denken, daß ich aus der Reihe der östr. Beamten austrete u. doch noch lebe /:Kauf einer Haimath:/."

Felder jedoch klagte über großes Ruhebedürfnis: Mit Rudolf Hildebrand, der am 21. Juli im Bregenzerwald eintraf, reiste er am 6. August nach Leipzig. Der Prozeß wurde erst am 4. April 1868 beendet, als Felder seine Klage gegen Rüscher zurückzog, um weitere Unruhen zu verhindern.

Bei dieser Reise nach Leipzig benutzte Felder im Sommer 1867 gemeinsam mit Rudolf Hildebrand zum erstenmal in seinem Leben die Eisenbahn. Sein verunstaltetes Auge bedeckte er ab Augsburg mit einer schwarzen Augenbinde, was ihm das Aussehen eines Piraten verliehen haben mag. Am 8. August ging es weiter nach München, wo sie am nächsten Tag Museen und die Bibliothek besichtigten und abends ins Theater gingen. Am folgenden Tag erreichten sie nach ca. 18stündiger Fahrt um 22.30 Uhr den Bayrischen Bahnhof in Leipzig, wo Hildebrand von seiner Familie erwartet wurde und Felder sich vorkam wie „eine Art – Schauthier für die, welche in diesem Gewühle allenfalls noch Zeit hatten, sich um das hereingeschneite Bäuerlein zu kümmern", wie er in seinem Leipziger Reise-Tagebuch schrieb. Felders Ankunft war in der „Sächsischen Zeitung" gemeldet, die „Leipziger Nachrichten" berichteten von einem mehrwöchigen Aufenthalt. Felder besuchte während dieser Zeit Vorlesungen von Wilhelm Roscher über „Theoretische Nationalökonomie" an der Universität und ging mit dem Germanisten und Anglisten Fritz Lippold in eine Vorstellung des „König Lear" im Stadttheater. Am 13. August traf sich der Leipziger Germanisten-Club zu *einer Bootsfahrt auf der Pleiße nach Connewitz, am nächsten Tag wurde Felder zum Ehrenmitglied ernannt. Felder machte eine Reihe von Bekanntschaften, unter anderen lernte er den Hausarzt der Familie Hildebrand, Dr. Gustav Hermann Meißner, kennen, den Privatgelehrten Felix Flügel, den Armenschullehrer Oscar Köhler, einige Studenten, Hildebrands Vorgesetzten in der Thomasschule, Rektor Friedrich August Eckstein, Großmeister der sächsischen Freimaurerlogen, seinen Verleger Salomon Hirzel, Ernst Keil sowie die Germanisten Karl Lucae und Moritz Heyne. Er nahm an einem Privatissimum Hildebrands über Walther von der Vogelweide teil, besuchte eine nationalliberale und eine Lassallesche Wahlversammlung, einen protestantischen Gottesdienst und besichtigte den Botanischen Garten und das Museum. Während dieser Zeit schrieb Felder die Novelle „Liebeszeichen" ab, die er Hirzel zur Durchsicht überließ; Keil übergab er die „Heilsgeschäfte", die dieser bezahlte, jedoch nicht druckte, und kassierte das Honorar für den „Tannberger"-Aufsatz, von dem er sich eine gebrauchte Ziehharmonika kaufte, auf der zu spielen er sich selbst beibrachte. Felder besprach auch mit der Frau des Badearztes Groddek aus Bad Kösen, einer Tochter des berühmten Germanisten Koberstein, einen Plan zur Verbesserung der Lage der Bregenzerwälder Stickerinnen, für deren Produkte Frau Groddek sich in einflußreichen Berliner Kreisen einsetzen wollte. Am 31. August gab Felder eine ganze Kiste mit Büchergeschenken am Bahnhof auf, am 3. September reiste er um 4 Uhr 40 früh aus Leipzig ab und gelangte über München, wo er abends um 1/2 10 Uhr seinen Vetter, den Uhrenmacher Seppel, im Stachusgarten treffen wollte, wozu es allerdings nicht kam, nach Lindau, wo er den Zollbeamten auf der Ziehharmonika vorspielen mußte, um zu beweisen, daß er sie zum eigenen Gebrauch mitführe und nicht zum Weiterverkauf. Nachts fuhr er nach Bludenz zu Kaspar Moosbrugger weiter, mit dem er am Sonntag, dem 8. September, nach Schoppernau zurückkehrte.*

Franz Michael Felder an Anna Katharina Felder [uv.]

Leipzig den 11 August 67

Liebes gutes Wible!

Also wirklich und wahrhaftig in Leipzig wie hereingeschneit. Ich hätte zu lang wenn ich Dir des Langen und Breiten berichten wollte wie und in welcher Stimmung mein Leichnam am Mittwoch von Bezau bis Augsburg, Donnerstag von Augsburg bis München und gestern von München bis Leipzig (140–160 Stunden), geschoben wurde, daher bleib ich für jetzt in München, wie wir es auch am Freitag wirklich gemacht haben. Doch was soll ich Dir in Eile von all den Herrlichkeiten erzählen, die die Kraft und der Gedanke von Jahrhunderten schuf. Heute kann ich Dir eigentlich nur meine glückliche Ankunft in Leipzig melden auf daß man in Israel wisse, der *Herr* der Dampfwagen habe mich beschützt und nicht ganz zu Grunde gehen lassen.

Ich wüßte Dir auch sonst schon viel Interessantes zu berichten, aber dazu gehört die Stimmung, die ich mir erst wieder gewinnen, oder eigentlich ordnen muß zudem hab ich Eile, denn ich denke, dieser Brief soll Dir noch am Mittwoch zukommen. Von Leipzig hab ich noch gar nichts gesehen als den Bahnhof und auch den nicht recht, denn wir dampften Gestern Abends 1/2 11 Uhr ein und wurden gleich von Hildebrands Familie empfangen. Daheim angelangt, waren wir müde, und heute ist der Brief an Dich meine erste Arbeit vor der keine Andere mich recht freuen könnte. Die Leute hier sind ungemein freundlich herzlich und zuvorkommend. Ihre Sprache auch die des kleinsten Kindes ist eine hochdeutsche und das geht so ungezwungen und gemächlich daß man unter lauter Professoren und Gelehrten zu sitzen meint.

Ich selbst komme mir hier etwas wunderlich vor, aber es ist mir durchaus nicht unbehaglich, wie etwa bei unseren Aristokraten in Feldkirch und Bludenz. Je mehr man auf der Eisenbahn nördlich fährt, desto gebildetere Gesellschaft sieht man neben sich und desto artiger werden auch die Angestellten beim Bahnwesen. Nicht wahr ich käme schon fast zu einer Lobrede auf sächsisches Wesen, aber auch daran könntest Du Deine Freude haben, da sie Dir ja nur bewiese, daß ich einstweilen recht gut aufgehoben bin. Von Dir erwarte ich bald Nachrichten aus der Heimath und verspreche Dir auch nächstens mehr zu schreiben.

Grüße mir die Mutter und alle die nach mir fragen, dem Uhrenmacher schreib ich wol bald selbst. Doch nicht heute, da ich am liebsten gar nichts thun, nichts sehen und nichts hören möchte.

Sorge dafür, daß die Mutter es nicht zu streng hat, doch schone auch Dich selbst. Mit einigen erbärmlichen Batzen die wir doch noch anderwärths werden einbringen, können wir ja einen Tagwerker bezahlen.

Es grüßt und küßt Dich mit inigster Herzlichkeit
Dein treuer

Franz M Felder

Leichnam: hier: Körper.

Franz Michael Felder an Anna Katharina Felder [uv.]

Leipzig am 13 August 1867

Liebes Wible!

Ich lobe mir mein Leipzig – es ist ein klein Paris und bildet seine Leute. Mit diesen Worten Göthes, der auch den Einfluß dieser Stadt empfand, glaube ich den ersten eigentlichen Bericht über das jetzige Walten und Geschaltenwerden Deines Männchens einleiten zu dürfen. Erwarte aber ja nichts Ausführliches! Wann um Gotteswillen sollte ich Zeit finden, das Einzelne bis ins Einzelne zu verfolgen? Also kurz ein Abriß des Ganzen im Sinne eines Tagbuches. Am Sontag blieb ich so ziemlich ruhig und still, Alles war mir fremd, und selbst in dem freundlichen Entgegenkommen der Hildebrandschen sah ich etwas, das mir zuweilen fast als etwas gemacht erscheinen wollte. Nun aber schon gestern lernte ich mehrere Mitglieder des vielgenannten Germanisten Klub kennen, und diese scheinen mich durchaus nicht an langer Weile leiden lassen zu wollen. Du darfst nur den Brief lesen, den ich für den Uhrenmacher beilegte, damit ich nicht alles doppelt zu schreiben brauche. Ich habe nämlich hier allerlei zu thun. Jetzt z Z lese ich die bisher bei Hirzel eingegangenen Besprechungen meiner Sonderlinge. Unter diesen interessiert mich voraus eine im Magazin f d Literatur d Auslandes, von der ich noch jedenfalls eine Abschrift mit heim bringen werde. Aber nun ists Zeit sich zur verabredeten Fahrt aufs Land vorzubereiten. Also morgen mehr!

Morgens am 14 August

Gestern Abends großer Ausflug. Der Germanisten Club hatte zwei Kähne gemiethet, auf auf denen wir Abends 5 Uhr über die Pleiße hinaus fuhren. Denk Dir einen stillen tiefen Strom über dem sich Jahrhundert alte Eichen wölben, den Vogelsang den nur der kräftige Klubgesang unterbricht, dann wieder das Hereinbrechen der Sonne ins grüne Halbdunkel. Und hier, in einem Kreise lieber Freunde denke Dir dein Mindle, dem zu Ehren das alles veranstaltet war. Ich habe nicht Zeit, Dir von der Sitzung im Dichterwäldchen zu berichten wo ich die erste kleine Rede hielt aber der herrlichen Heimfahrt im Mondschein muß ich hier und werde ich immer gedenken. Hildebrand, Meißner u Flügel führten die Boote, die ernsten Eichen lauschten dem kräftigen Männergesang. Rechts im Fichtenwäldchen Feuerwerk, links von der Stadt Konzert, hinter uns auf dem Wasser lieblicher Mädchengesang, und vor uns das Strahlenmeer, das der Mond über die dunkle Fläche ausgoß. O ich wollte, Du wärest dabeigewesen. Der nämliche Mond lächelte uns zu, der Dir vielleicht eben beim Trockenlegen Hermanns leuchtete wenigstens hab ich ihm meine Grüße an Dich übergeben und ich hoffe, du werdest sie auch gehörig erhalten haben. Heut oder Morgen gehe ich zu Hirzeln und bin schon begierig wie wol diese Audienz für mich ausfallen wird. Ich halte das für wichtig wenn auch nicht mehr geradezu für entscheidend, indem ja die Lawine meines Lebens bereits zum Rollen gekommen ist.(Siehe Vorarlberger Landeszeitung.)

Wenn ich Dir in diesen Tagen eine Zeitung oder so etwas zusende, so lese es *ganz* durch. Ich denke Dir einmal so etwas zu schicken, daß Du ein Bild vom hiesigen Leben bekömmst.

Von meiner Heimreise läßt sich jetzt noch nichts Bestimmtes sagen. Einstweilen bleibe ich hier und werde den Tag meines Eintreffens in München noch früh genug angeben, daß der Uhrenmacher mir entgegen zu kommen im Stande ist. Stettner in Lindau machte den Vorschlag, Du sollest mir bis Lindau entgegen kommen. Ich weis nicht ob sich das machen läßt. Wenn der Uhrenmacher nicht Wort hielte, wärs mir sehr lieb, doch ich denke Dich im nächsten Sommer wol weiter als nur bis Lindau mitnehmen zu können.

Wie lebt ihr? Seid friedlich und froh, reiniget euer Wesen von aller Kleinlichkeit, damit ihr würdig seid, mich wieder zu empfangen!!

Ich muß denn doch an den Schluß meines Briefes denken, damit er euch noch am Sontag zukommt und ihr neugierigen Fragern erzählen könnt wie ich lebe und daß es mir gut gefällt und daß ich mich einen Sch...ß D...k um unsere Frömmler kümmere, daß ich aber den ersten Hetzern für sehr Vieles danken müßte, wenn ich ihren Willen und ihre Absicht nicht gar zu gut kennen gelernt hätte.

Der Weltfrieden scheint für dieses Jahr uns denn doch sicher zu sein und die Cholera bleibt bisher im Süden sollte sie auch da heraufrücken, so würde ich fliehen und früher als ich sonst beabsichtigte, zwischen unsere Berge eilen. Hier in Leipzig ist alles zu haben nur nicht frische Luft, staubfreie Strassen, gutes Wasser gute Milch, frische süße Butter u d g. Die erst vierjährige Hedwig deklamirt. Emi lernt Französisch und das Liebste der Kinder ist mir der fleißige und herzgute Hugo, der schon den ersten Tag mein Herz gewann.

Hier wird auch viel geküßt und zwar nicht nur im stillen Kämmerlein, sondern – überall und bei jeder Gelegenheit, das kannst Du der Mutter recht laut vorlesen und auch meine Bemerkung, daß mir das recht gut gefällt. Nun aber muß ich denn doch bald schließen und mich ordentlich anziehen, denn in 20 Minuten kommt einer aus dem Klub mich ins Museum abzuholen, das Frühstück d h z Nünni hab ich eben gehabt u zwar Leipziger Wurst, Doppelkümmel und Schwarzbrot.

Du siehst es läßt sich hier ganz gemüthlich leben, ob sich auch arbeiten läßt wird sich nachmittag zeigen, denn ich denke an das Abschreiben der Liebeszeichen zu gehen, um wenn möglich Hrn Keil das Ganze selbst vorlegen zu können.

Sind noch keine bedeutenden Briefe für mich da? Andere brauchst Du nicht zu schicken, sondern es genügt, mir den Inhalt derselben kurz anzugeben, Du wirst mir dann auch Neues schreiben, wenn wirklich etwas in der Gegend geschehen sollte, was ich aber fast für unmöglich zu halten geneigt bin.

Lebe wol, liebes Wible. Es grüßt und
küßt Dich Dein

Franz M Felder

bei Dr Hildebrand in Leipzig
Windmühlenstrasse 29

Ich lobe: „Mein Leipzig lob ich mir!/ Es ist ein klein Paris und bildet seine Leute." Goethe, Faust I, Auerbachs Keller.
Landeszeitung: In der „Vorarlberger Landeszeitung" vom 9. Juli 1867 hatte der Schriftsteller Robert Byr eine höchst positive Rezension der „Sonderlinge" veröffentlicht, in der es u. a. hieß: „Wer diesen Roman – denn das sind diese vielleicht wirklich vorgefallenen Thatsachen in ihrer künstlerischen Gestaltung – wer diesen Roman liest, wird nur schwer glauben, daß er aus der Feder eines Anfängers auf diesem Gebiete kommen soll. Die wahrhaft klassische philosophische Ruhe, die Reinlichkeit der Arbeit, die edle Klarheit der Sprache, in welcher sich die einzelnen lokalen Töne so charakteristisch einfügen, weisen auf ein langjähriges stillverhaltenes Gedankenleben, aus dem sie nun mit einemmale in hellem vollkräftigen Strahle entspringen. Das ist kein gewöhnliches Talent. [...] Der Verfasser hat mit diesem Buche einen Schritt in die große Welt hinausgethan, auch das war ein Schuß, der die Lawine seines Lebens zum Rollen gebracht." In den „Sonderlingen" löst der Bauer Barthle, knorriger und verbohrter Vertreter des Althergebrachten, am Schluß durch einen Schuß eine Lawine aus, in der sein Gegenspieler Sepp, der „Dorffreimaurer", fast umkommt, durch die aber die Personen letztlich geläutert und die Lösung herbeigeführt wird.
z *Nünni*: zu neun (Uhr), Vormittagsjause.

Anna Katharina Felder an Franz Michael Felder [mit Zusatz von Maria Felder, der Mutter des Dichters]

Schoppernau 18 August 1867

Liebes gutes Mindle!

Noch in der ersten Aufregung der Freude über Dein liebes durch Uhrenmacher erhaltene Schreiben, setze ich mich an den Schreibtisch, um es zu beantworten. Zwar weiß ich von Neuigkeiten, u. Intreßanten Vorfällen nicht viel zu berichten, doch wird Dir jegliches, unbedeutende aus der Heimath lieb sein. Mich durchfuhr es wie *Elecktretzität,* als ich nur Deine Schriftzüge erblickte. Also wohlerhalten durch die u. in der neuen Welt, im Eldorado Deutschlands angekommen. Erholung Ruhe wünschend, all die Empfangenen Eindrücke, u. Bilder zu ordnen, zurechtzulegen, um das Stündlich Täglich neue, nicht eines durch das andere verwischen zu lassen. Es ist für Dich die gegenwärtige, wenn nicht eine immer angenehme, so doch eine überaus reiche Zeit, eine Zeit des sammelns der Erkenntniß des Begreifens. Lebensgenuß, „*Lebenswerth*" will ich es nennen. Ich meine Deine gemachten und währenden Erfahrungen, natürlich von Deinem Standpunkte aus, die angenehme Thätigkeit der Sinne, dieses ahnen u. blikken in die Vorwelt und Mitwelt, das wirken u. Schaffen so vieler edler Geister, dazu die herrlichen, fremden Menschen Städte, die Sitten u. Gewohnheiten, dieses alles zu sehn u. empfinden, mein ich nur, dieses allein, ist werth gelebt zu haben, weit mehr als 30tausend Gulden erschachern, für Krösus u. mithin als brafer rechter Mann zu gelten. O wie gönne ich Dir die Lust diesen reichen Genuß, u. wie dank ich dem lieben guten Hildebrand, daß er Dich auf den *Parnaß* geführt hat. Hier haben wir schönes Wetter heiße Tage, die uns eigens zum Streue Kratzen u. Heuen gemacht scheinen, den vielen Touristen aber, unser Ländchen, u. unsere Berge lieblicher erscheinen lassen. Von einigen hatten auch wir die Ehre besucht zu werden. Frau Bergmann sammt Tochter fuhr den 9. Aug. eigens von Schwarzenberg hieher, mit freundlichem Gruß, u. 2 Büchern zu freundlichem Andenken von ihrem Mann, der wie er im Begleitschreiben sagt, seine Lunge schonen müsse, damit sie noch ein paar Jahre ihre Dienste thue. Ferner schreibt er, erlaube ich mir Ihnen anzuzeigen, daß ich den Betrag für das Exemplar der mir zugedachten Sonderlinge in der Braumüllerschen Hofbuchhandlung auf meine Rechnung setzen ließ, u. somit dasselbe nicht auf Ihre Rechnung kommen darf. Nach meiner Rückkehr soll meine „Landeskunde Vorarlberg“ unter die Presse kommen. Dies das wesentlichste des Briefes. Ich war in der Eagad als die Frauen hier waren. Sie hätten mich gern gesehen, wie sie sagten, war mir auch leid, war mir ebenfalls so gewesen, weil sie aber keine Zeit zum warten ich keine zum Kommen hatte, so werden wir Wahrscheinlich geschiedene Leute bleiben. Der Post wegen war man letzte Woche in Bezau, ich konnte aber biesher nicht bestimmtes erfahren, als daß einer der Bewerber Michel Willam, in Au ein Gropper sei. Ich gedenke aber heute mit dem ungeschlossenen Briefe in der Tasche nach Au, warscheinlich nach Schnepfau zum Galli, einen Spaziergang zu machen, sollte ich bei dieser Veranlassung näheres über dies od. sonst etwas bemerkenswerthes erfahren, will ichs dem Briefe anschließen. Der Doktor geht täglich zum Heuar Bäßle hinauf weil sie zimlich krank ist, einer der Fremden Buschlomacher ist gestorben; auch der Säger vom Ritter ist tod, nahe daheim gefunden worden.

Zum großen Leidweßen des Pfarrers u. seiner Getreuen kam der zur Predigt letzten Sonntag erwartete Bischof nicht nach Schoppernau, u. alle Vorbereitungen, wovon die, daß Pfarrer u. Köchin eine ganze Stunde am Bett, wo er schlafen sollte herzurichten, die winzigste war, waren umsonst, nicht einmal der Sekretär liß sich erbeten, davon Gebrauch zu machen. Von der Predigt eines Bischofs hätten sich die Leute etwas versprochen, nicht so aber Oberhausers Kaspar, der schadenfroh war über das mißlunge[ne] Projeckt, weil wie er gehört habe auch der Bischof über Lesen u. Zeitgeist referire, u. er dieses alles nicht noch einmal als Orackel gesagt wünsche. Wir alle gesund u. wohl an Dich denkend, von Dir redend, wünschen Dir ferner alles liebe u. Gute, edle u. schöne, grüße uns die Hildibrandische Famile, alle die auch an uns denken nach uns fragen. Sei unsertwegen ohne Sorgen, wir arbeiten mit Lust und Willen, mit frohem Muth, u. der schönen Hoffnung Dich einst wieder in unserer Mitte zu haben, Erzählend von all den Herrlichkeiten der schönen Welt. Bis dahin bleib ich Dein treues Wible

Anna Katharina

Ich als Muter

Ich Grüße euch Herzlich u. wan ihr ein Genusleben haben so eilen nicht so stark nach Haus damit ihr wider in Schoppernau ein fröllich Leben haben.

[Zusatz von Nanni am Rand] Titel der Bücher Die Belagerung u. der Entsatzt der Stadt Bregenz 2 über das Wappen der Stadt Bregenz

Streue Kratzen: Streue – grobes Gras, das dem Vieh als Lager gestreut wird.
Eagad: magere Wiese.
Buschlomacher: Waldarbeiter, der zugeschnittene Reisigbündel zum Heizen macht.
Titel...: Es handelt sich um zwei Werke von Bergmann: „Über die Belagerung und den Entsatz der Stadt Bregenz im Jahre 1408, und deren Retterin Ehrguta; mit ihrem vermeintl. Denkmale". Sitzungsberichte der philos.-hist. Classe d. Kais. Akad. d. Wiss., Bd. 9, H. 1 (1852), S. 4–21; „Über das Wappen der Stadt Bregenz und der vorarlbergischen Herrschaften, und über die Grafen von Montfort-Bregenz-Pfannberg". Ebenda, Bd. 9, H. 5 (1852), S. 791–856.

Anna Katharina Felder an Franz Michael felder

Schoppernau 24. August 18[6]7

Liebes Liebes Mindle!

Vor einer Stunde von Hopfreben kommend, mit dem Sprenger, von wo uns der Regen nachdem wir morgens den letzten, Michlo Bleatz gemäht hatten, vertrieb, kann u. will ich nichts anderes thun, befor ich mich ein bischen mit Dir ausgeplaudert habe. Morgen ist Auer-Kirchweih, – ein rothanzustreichender Tag für alle Thresele u. Sefrinen, für alle Liebredenden, hoffenden – erwartenden. Auch ich zähle mich zu welchen, auch ich habe Kirchweih, zwar nicht Morgen in Au, was soll ich dort? Habe sie eigentlich schon seit Mittwoch, wo ich die Briefe von der Mutter nachgeschickt erhielt. Mich freute, daß Du Dich wohl u. behaglich im neuen Freundeskreise in der Stadt der Bildung u. Intelligenz, in der nächsten Umgebung, in der Hildebrandischen Familie fühlst. Weißt Du all den guten Leute auch Dank u. Anerkennung, für alle Genüsse, die Sie Dir villeich durch eigenes Entbehren bereiten? Vor allem aber freut mich, daß Du in diesem großen Leben u. Weben, uns Kleine nicht vergißt, Auf jener wundervoll reizenden Fahrt auf der Pleiße nicht vergessen hast, u. ich danke Dir für die zugeschickten Grüße, o, ich habe sie erhalten, hät ich Dich wieder einmal einen Augenblick!

Wär ich doch auch so glücklich einmal als Vögelein, so eine Mondscheinfarth mitmachen zu können, die den Bauerndichter zu einer Rede unter lauter grundstudirten Leuten Begeistert. Das aber eben ist die Begeisterung, die reißend die Schranken überspringt. Wie Dir wohl König Lear gefällt, dieses Dein Lieblingsstück, wie die Vorträge der Professoren? O kleines armes leeres Leben das ich lebte, gewiß, so muß es Dich überkommen? Die Landeszeitung will ich mir morgen od. heute noch verschaffen, um zu erfahren auf welche Art die Lawine Deines Lebens ins Rollen gerathen ist, auf die Recensionen bin ich sehr begierig, u. wenn Du mir irgend etwas zuschickest ist es mir sehr lieb. Dich von Lindau abzuholen, däucht mir ein sehr guter Einfall, es hätte aber seine Bedenken, darum ist es mir lieb daß Uhrenmacher keine Bedenken hat, Dich von München abzuholen, wo es Dir, wie es scheint, sehr gut gefiele. Wenn dieser Brief wieder in Deinen Händen ist, hast Du Dich villeicht schon wieder zur Heimreise entschlossen, u. jedenfalls viel gesehen, gehört, Dich vielleicht so Eingeleipzigert, fühlst Dich so in Deiner Sfähre, daß es Dir schwer wird, wieder herzukommen. Aber mußt Du denn hier sein? Ich wünschte es, will es aber nicht. Man hat dem Großen das kleine zu opfern. Es ist denkbar ich hier, Du dort, wenn es zu Deiner geistigen Ausbildung, zu Deinem künftigen Glücke nothwendig ist. Ich glaube daß ich kann was ich muß, ja es freut mich wenn ich Dir ein Opfer bringen kann.

Der Zustand des Heuer Bäßle hat sich wieder gebessert, doch wird sie heuriges Jahr wahrscheinlich nicht mehr heuen. Biarars u. Josefles Lisabeth hat man heute versehen, u. gilt ihr Leben bis Frühjahr verloren. Korado Bub wird von sich selbst nicht, u. noch viel weniger von Mühle Mianno vorgeasso, die ihm Grüße u. Nägele, Nägele u. Grüße schickt. Gestern besuchte er die brandstätten in Bizau, vorgestern war er in Bad u. Hopfreben, morgen will er auf die Kilbe. Koarado Mottoll freut sich des Fuchses u. des jungen Goggis, Jauko Marile freut sich aber nicht des alten Goggis, hieran sieht man wieder deutlich, daß nicht alle Leute gleich sind.

Für das neue Botenamt hatten sich nun die Bewerber zu melden, wie bald aus der Schneckenpost eine Hasenpost entsteht, wird sehen, wer es erlebt. Ich wünsche Dir nun eine gute glückliche Nacht, eine gute Kirchweih, weißt wohl, daß es Morgen Sonntag ist? u. alles was Dir an Leib u. Seele wohl thut, es soll Dir gelten als kleine Entschädigung für das was Du bisher nicht hattest nicht konntest, u. doch nothwendig haben solltest. Grüße mir die Hildibrandischen bringe wenn es möglich ist ihre Porträtz, wenn Hugo ein guter junge ist den Du liebst, so ist er wie sein

Vater, der es doch auch so gut mit Dir meint. Deine Jungen glaub ich immer werden, trotz allem, doch auch noch gut, weil es ihr Vater auch ist. Sie lassen Dich grüßen Kaspar u. Jakob Dich u. den Hildebrand, sie seien Braf. Es grüßt Dich auch Mutter u. Wible.

Nun hab ich aber geplaudert, u. ich will nun aufhören, damit Du nicht glaubst, ich sei eine großartige Plaudertasche geworden. Es grüßt u. küßt u. liebt u. denkt sehr viel viel an Dich, in Mondscheinnächten, u. heißen Sommertagen, Dein kleines Wible.

Anna Katharina Felder.

Gerade jetzt ging Elsensohn mit einer Wälderin hinunter, u. meldet mir seinen Besuch.

Wie sehr Felder eine Person des öffentlichen Interesses war, zeigt sich auch darin, daß Carl Kunz, der ehemalige Redakteur der „Feldkircher Zeitung", der gerade dabei war, nach Amerika auszuwandern, auf der Durchreise durch Leipzig mit Felder und Hildebrand zusammentraf. Kunz schilderte diese Begegnung in der „Feldkircher Zeitung" vom 4. Jänner 1868: „Am Michigansee, Ende November ... Am 2. September Abends 9 1/4 Uhr befanden wir uns in Leipzig. Dr. Rudolf H i l d e b r a n d und der Dichter der ‚Sonderlinge', unser Franz Michael F e l d e r, hatten, auf eine von Bamberg aus gemachte Drahtnachricht hin, die sehr dankenswerthe Freundlichkeit, unsere Ankunft im Bahnhofe abzuwarten. Beim Aussteigen suchte ich beide oder wenigstens den einen oder andern, im dichten Menschengewühle herumblickend – da tippt mir der würdige Nachfolger der Brüder Grimm, dessen herrliches deutsches Gemüth und umfassendes Wissen manche andere in Feldkirch und Vaduz wie ich zur Zeit seines Aufenthaltes daselbst in den ersten Tagen August d. J. kennen lernen und bewundern konnten, mit dem Finger leise von rückwärts auf die Achsel – da waren sie Beide." Bei einer anschließenden Gesellschaft war „sehr viel von Vorarlberg die Rede, der Sprache und den Sitten seiner Bevölkerung, von seinem geistigen Leben und Streben und seinem geschichtlich bekundeten Sinn für politische Selbständigkeit und Freiheit." Am nächsten Tag, als Felder bereits nach München abgereist war, wo er seinen „intelligenten Vetter den Uhrmacher Johann Josef Felder aus Schoppernau" treffen wollte, erfuhr Kunz bei einem Stadtrundgang „so viel darüber, wie Felder in Leipzig von der Aristokratie des Geistes geehrt worden sei", daß er „beinahe besorgt wurde, es könne für Felders weiteres geistiges Streben von nachtheiligem Einflusse sein und ihn auf eine falsche Basis stellen."

Nach der Leipziger Reise, deren wohltuenden Einfluß Felder Hildebrand gegenüber immer wieder hervorhob, gingen in Schoppernau die alten Kämpfe weiter. Die „Landwirthschaftliche Käshandlung", von Gallus Moosbrugger verächtlich als „Lumpenkumpanie" bezeichnet, der Handwerkerverein samt Leihbibliothek und die Viehversicherungsgesellschaft florierten.

Anfang Oktober begannen die Unruhen mit der Ankündigung von Gemeindeausschußwahlen für den 10. November, bei denen erstmals geheime Wahlen angesagt waren. Früher war bei Wahlen nie agitiert worden, jetzt standen sich zum ersten Mal zwei wahlwerbende Gruppen gegenüber, die ultramontane Pfarrerpartei (die „Frommen"), mit dem Rößlewirt als Kandidaten und die „Felderpartei". Bei der Wahl selbst kam es zu Unstimmigkeiten in der Wahlkommission (undeutlich geschriebene Stimmzettel und Wahlberechtigung Minderjähriger), der neben den beiden Vorstehern und zwei Vertretern der Pfarrerpartei auch Felder selbst angehörte. Die Pfarrerpartei focht die Wahl, die die Felderpartei mit 7 zu 5 Mandaten gewonnen hatte, an.

Der Wahlkampf wurde auch deshalb so heftig geführt, weil sich größere politische Veränderungen abzuzeichnen begannen. Der Konflikt zwischen Liberalen und Ultramontanen verschärfte sich: ab Dezember 1867 regierte in Österreich das sogenannte Bürgerministerium unter dem Fürsten Carlos Auersperg, mit dem die Herrschaft der deutsch-liberalen Partei begann. In diese Zeit fiel der heftige Kampf gegen das Konkordat mit der Römisch-katholischen Kirche um die Zivilehe, das Reichsvolksschulgesetz und das Wehrgesetz mit der allgemeinen Wehrpflicht.

FRANZ MICHAEL FELDER AN RUDOLF HILDEBRAND

Schoppernau den 4 Oktober 67

Liebster Freund!

Nun wirst Du wieder von der Philologen Versammlung zurük sein. „*Ich wollte*", daß ich Deinen Bericht selbst hören, „Ich wollte daß ich dabei sein könnte" so rief ich schon oft, wenn ich mir dachte was jetzt wieder geschieht. Als ich mein Liederbuch aufschlug und las, was auf unsern schönen Spaziergängen gesungen wurde, ja da kriegte ich ordentlich das Heimweh, und das Wort meiner Landsleute, daß man, „also doch einmal genossen habe", war mir der erste u ein Weilchen der einzige Trost. Stettner mit 2 Kindern hat mich auch besucht. Er war gerade an dem Sontag hier, an dem die Frommen, oder doch einige ein *Spottgedicht* auf mich an die Kirche und die Gemeinde Gebäude angeschlagen hatten so da beginnt „Dem Marile (meiner Mutter) und seinem·Limmel ist und bleibt verschlossen der Himel", mich dann als Dichter lächerlich macht und am Schluß der vielen Verse über die Gemeinde ein „Wehe" ausruft. Dieses schließlich leider während meiner Abwesenheit (ich war in Au) in Pfarrers heilige Hände gekommene Gedicht war am Alpsonntag das Tagesgespräch, während ich einigen Freunden von Cößen erzählte, daß vielleicht auch unsern wakern Stickerinnen geholfen werden könnte. Jetzt ist das Ländchen voll von Letzterem und es wäre für mich wirklich der höchste Gewinn und würde mir das Leben hier und alles unsäglich erleichtern, wenn es mir möglich wäre, etwas für die Mädchen zu thun, die jetzt um wenige Groschen täglich sich fast blind arbeiten müssen. Wenn hier etwas gethan werden könnte, so hätte ich sicher einen ruhigen Winter und Rüscher, der sich nur noch an die Weiber hält, wäre ein verlorener Mann.

Jetzt hat die Hetzerei um so ärger begonnen, weil die Gemeindewahlen ausgeschrieben sind und die Frommen mich u die beiden Vorsteher stürzen wollen. Ich aber bin frisch und neukräftig von dem Quell gekommen zu dem Du mich führtest, muthiges Ringen soll mein Dank sein Dir und allen die mir wohlwollen u mich auch ferner nicht verlassen.

Bis ich Dir vom Ausfall der Wahlen berichte werde ich Rüschers Bild schicken können. Heut aber hab ich sonst noch etwas für jeden wichtiges das aber besonders für uns Beide in seiner Art erfreulich ist. Die *Seelenfrage* ist nun entschieden. Pfarrer Rüscher sagte in einer Wirthshausgesellschaft: Schoppernau habe 500 Einwohner aber nur 300 Seelen denn das Andere seien lauter Freimaurer die keine Seele glaubten u wol auch keine hätten.

Ein ander Bild:

Der Uhrenmacher Felder will sich verehlichen. Das Sakrament der Ehe nun können nur die empfangen, welche vorher beichten. Felder aber will nicht beichten und ist nun entschlossen, zur protestantischen Kirche überzutreten, wenn er sich sonst nicht ungestört verbinden könne. Die Sache wird jedenfalls sehr interessant und muß hier viel Lärm machen. Ich gewinn jetzt auch unter den Geistlichen Freunde, welche Rüschern aufs Strengste Tadeln. Die Liebeszeichen hab ich verschickt u die Redaktion der österreichischen Gartenlaube schreibt mir u a:

„Herzlichsten Dank für Ihre Sendung
die Novelle *entspricht sehr* und wird
noch im Oktober oder November Aufnahme finden.“

Ich hab mir mehrere Freiexemplare ausbedungen, von welchen selbstverständlich auch Du Eins erhalten wirst.

Von den Heilsgeschäften hab ich noch nichts erhalten, auch keine Besprechung der Sonderlinge mehr gesehen. In den letzten 14 Tagen war ich in Hopfreben, das Heuen ist glücklich vorbei u wir Wälder haben einen in jeder Weise gesegneten Herbst nur daß die Stickerei schlecht geht und die Rinderpest in der Nähe droht.

Um einem Bedürfniß abzuhelfen, soll nächstens in Vorarlberg auch ein viertes (ultramontanes) Blatt erscheinen, obwol auch das Volksblatt sich noch nicht deckt. Es scheint, ob der Kampf immer heißer werde. Herzog in Rehmen bedauerte sehr, daß wir ihn nicht besuchten. Die Rößlewirthin u meine Freunde lassen Dich herzlich grüßen. Ich hab nicht mehr Platz alle zu nennen, die ich grüßen lasse, es sind die lieben Deinigen, Hirzel, Meißner, Flügel u kurz alle die mir wol wollen u die ich nie vergesse. Leb recht wol u vergiß nicht Deinen

ewig dankbaren Freund
Franz Michael Felder

Liederbuch: Im September hatte Felder bei Stettner ein „Deutsches Liederbuch mit Singweisen“ bestellt.

FRANZ MICHAEL FELDER AN KASPAR MOOSBRUGGER

Schoppernau den 11/11 1867

Lieber Freund!

Ich beginne heute mit dem Wahlberichte und vermuthlich komme ich nicht darüber hinaus, da wir jetzt nur noch in den Wahlen lebten und webten. In Schröcken glänzender Sieg der Neuen und Jochum Wirth ist Vorsteher. Auf Krumbach kann ich nicht bestimmt sagen, welche Partei siegte obwohl ich verbürgt mittheile, daß dort Dein Bruder Jakob zu vorsteherlichen Ehren befördert wurde. Nun kommen wir nach Schoppernau, wo ich schon nicht mehr gar so schnell, ja wo ich heute mit dem Wahlberichte noch gar nicht fertig werde. Die Frommen wollen nämlich die ganze Wahl umstoßen und haben sich bereits an die Statthalterei gewendet. Jeder Wälder läßt sich die Sachen gern genau erzählen, und ich glaube, daß auch Dir ein genauerer Bericht nicht unwillkommen sei.

Den Wahlvorgang leiteten außer mir und den beiden Vorstehern zwei Fromme, nämlich Rößlewirth und der Armenvater. Beim Abschreiben der Stimmzettel fanden sich Nahmen ohne beigefügten Charakter, die in der Gemeinde mehrfach vorkommen. Zuerst ließen wir Vermuthungen gelten, als es aber immer bunter wurde, konnten wir solche Nahmen gar nicht mehr gelten lassen. Nun trat der Erath auf, von dem Dir schon mein Nachbar erzählte (wegen seinem Prozeß, der jetzt beendet ist) und Erath sagte: Er könne es beeiden, wer mit den Nahmen gemeint sei, denn ihrer mehr als zwanzig hätten sich zusammen gethan und verabredet, Männer zu wählen, die zum Pfarrer hielten, keine solchen – – –. Erath wollte nun die zwanzig oder mehr als Zeugen holen, der Vorsitzende aber betonte die geheime Abstimmung und die Sache ging nun ihren Gang. Durch das Fallenlassen unbestimmter Nahmen fielen im 3ten Wahlkörper der fromme Rößlewirth und sein halbverrückter Bruder durch, also zwei Männer, die keine Aussicht hatten von den geistig etwas höher stehenden Wählern des zweiten und ersten Wahlkörpers noch gewählt zu werden.

Das gab den ersten Grund der Protestation, der zweite war, daß auch der 21 jährige, vom Vormund aber bevollmächtige Josef Natter zur Abgabe des Stimmzettels gelassen wurde. Er stand auf der Wahlliste, ohne daß vorher jemand etwas einzuwenden wußte, so lange die Frommen ihrer Sache sicher zu sein glaubten.

Und erst noch eine Klage über uns!!!

Die Genossenschaft Hinterberg hatte den Mitbesitzer Kaspar Oberhauser bevollmächtigt, der zwar noch nicht von seinen Geschwistern theilte, den aber viele in den Ausschuß zu wählen wünschten. Er wurde auch wirklich vom *ersten* Wahlkörper gewählt. Außer diesem ist neu der Bruder des Kronenwirths Bernhard Moosbrugger. Durchgefallen sind Kaspar Muxel und der Rößlewirth. Meine Partei wäre also jetzt entschieden die Stärkere.

Aber das konnte man so nicht gelten lassen und am vorletzten Samstag lief der Vorstehung ein der Statthalterei „unterzubreitender“ Protest ein, derselbe ist unklar, unwahr und leidenschaftlich abgefaßt, so daß wir ihn nur mit einem genauen Berichte abgehen lassen zu dürfen meinten. Ich führe nur einige Stellen des Protestes an, die das Vorgehen der Leute zeichnen und wohl auch auf den Schreiber resp. Verfasser schließen lassen. „Die Unterzeichneten sehen sich in die *unangenehme Nothwendigkeit* versetzt – – – Protest einzulegen, weil die *Stimmzettel*, welche die Nahmen NNNN enthielten, wegen Undeutlichkeit nicht angenommen worden sind“ und so eine Unwahrheit nach der Andern. – –

Ist das nicht interessant? Und auch den Oberhauser wollen sie nicht gelten lassen und Natter soll gar nicht Stimmfähig sein. Unterzeichnet sind sechs Männer, die der Sache einen mehr als lächerlichen Anstrich geben, denn die Leiter haben sich gehütet ihre Nahmen zu nennen. Kurz Du kennst die Sechs vom Schnapstisch aus den Sonderlingen, das Weberle und der Hansmichel u s w.

Diese Geschichte hat das Gute, daß nun hier die Parteien im offenen Kampfe gegenüber stehen. Es ist oft recht kurzweilig, wenn man sichs nicht allzusehr zu Herzen nimmt. Im Frühling hätte ich dieses Treiben nicht mehr ausgehalten, jetzt machts mir manchen Spaß und meine Freunde sagen, ich habe nie so munter ausgesehen wie seit Leipzig. Ich arbeite jetzt fast nur noch im Stüble, seit ich einen Knecht anstellte, dem ich leichter Kost und Lohn verdienen, als seine Arbeiten verrichten zu können meine.

So wächst den das Manuscript des neuen Romans allmählig zu einem hübschen Stoß. Ich hoffe, daß Dir und manchen wakeren Freunden diese Arbeit Freude machen werde. Diesen Winter kann sie fertig werden, wenn ich auch nebenbei kleineres vollende, wie etwa die Liebeszeichen, die neu erschienen sind. Hast Du noch nichts darüber gehört? Mich ärgerten die vielen Druckfehler, die aber zum Glücke so sinnlos sind, daß jeder sie gleich bemerken muß. Ich werde Dir ein Exemplar zuschicken, sobald ich mehrere besitze. Daß ich die Tannberger Hochzeit von Luger Schmids Babel in die Feldkircherin gab, wirst Du in Ordnung finden.

Ich erhielt gleich darauf von Sander einen netten Brief in dem er mir u a auch die günstige Aufnahme meines Grenzbothen Artikels in Innsbruck meldete. A. Pichler soll sich sehr günstig darüber ausgesprochen haben. Könntest Du ihn mir nicht wieder schicken?

In Au haben die Sonnseitler nicht einen Mann in den Ausschuß gebracht. Dein Bruder, der Lehrer, wie er sich auch wehrte, wurde zum Vorsteher gewählt. Leider hielt er die Sache für zu wichtig und sich zu schwach. Es kam über ihn, daß er sich beinahe hintersinnt und ihm gestern, wo seine Krankheit sich deutlich zu zeigen begann, vom Ausschuß alles abgenommen wurde. Es wird nun neu gewählt werden und ich hoffe, Dir bald die Genesung des Bruders melden zu können. Schon nachmittags, ich war in Au und wollte ihn besuchen, was mir aber ausgeredet wurde, soll er ziemlich ruhig gewesen sein und man hat allen Grund, das Beste zu hoffen.

Daß aber die Sache ihn so aufregen konnte ist mir erklärlich und ich sorge nicht, daß ihm etwas zurückbleiben werde. Sei auch Du ohne Sorgen und denke Dir alles in Ordnung, wenn ich auch nicht gleich mit dem nächsten Posttag (Samstag) wieder schreiben sollte.

Ich hoffe recht bald ein Schreiben von Dir zu erhalten.

Mit Gruß und Handschlag

Dein Freund

F. M. Felder

Sander: Hermann Sander (1840–1919), Sohn eines Beamten aus dem Montafon, Germanistikstudium in Innsbruck und Wien, Lehrer am Gymnasium Feldkirch, 1879–1909 Direktor der Oberrealschule Innsbruck. Bedeutendster Erforscher der neuen Literatur in Vorarlberg, erster Herausgeber der „Sämtlichen Werke" Felders (1910–1913) im Hesse & Becker-Verlag in Leipzig, erster Biograph Felders: „Das Leben Felders, des Bauers, Dichters und Volksmannes. Ein biographischer Versuch." Innsbruck: Wagner, 2. Auflage 1876.

In ganz Vorarlberg wurden am Tag nach der Wahl Adressen zur Unterschrift für das Konkordat aufgelegt. Im „Vorarlberger Volksblatt" erschien am 12. November folgende Erklärung: „Wir wollen die unstreitig in das Gebiet der Kirche gehörende Gerichtsbarkeit bezüglich der das hl.

Sakrament der Ehe betreffenden Dinge; wir wollen die unzertrennliche Verbindung der Schule mit der Kirche[...]; wir wollen die kristliche Schule und kristliche Ehe, wie bisher: Vorarlberger! Wenn ihr damit einverstanden seid, und wenn es so euer Wille ist, daß in Zukunft eure Kinder ohne religiös-sittliche Bildung herangeschult werden, und nachdem sie auf diese Weise herangewachsen sind, daß sie alsdann ohne Kirche und Priester in die Ehe und wieder aus der Ehe treten, – wenn ihr das so haben wollt; dann werdet ihr die voranstehende Erklärung nicht unterschreiben; wenn aber solche Neuerungen nicht nach eurem Willen sind, und wenn ihr vielmehr auch in Zukunft eine kristliche Schule und kristliche Ehe verlangt, dann habet ihr die vorangehende ‚Erklärung' schnell und allgemein zu unterschreiben." Felder berichtete am 18. November an Hildebrand: „Kurzweilig ist hier auch die Bewegung für und gegen das Konkordat. Man predigt, man sammelt Unterschriften von Leuten die nicht wissen was sie thun und die armen abhängigen Schullehrer sind wahrlich schlimm dran." An Moosbrugger schrieb er von einer „Unterschriftenhetze" (21. Dezember). Rüscher hatte dem Uhrenmacher gegenüber klein beigegeben, er wolle „mit den Feldern keine Händel mehr [...] um nicht wieder in allen Zeitungen herumgeschleppt zu werden", am 25. November wurde der Uhrenmacher getraut. Zum Jahreswechsel fühlte sich Felder am Beginn einer großen Strömung, die die kirchlichen und obrigkeitlichen Fesseln lösen würde, und schrieb an Hildebrand:

Franz Michael Felder an Rudolf Hildebrand

Schoppernau den 22/12 67

Lieber Freund!

Frohe Weihnacht und ein glückliches neues Jahr! Das

gebe Gott Dir, den Deinen, allen die es verdienen – und den Andern auch. Mein Gott wie manches ist auch mir, wie wol jedem ganz unverdient geworden! Wenn ich in Gedanken übersehe, was dieses Jahr mir brachte, so kann ich nur der Vorsehung und meinem Freunde danken, und vertrauensvoll der Zukunft entgegensehen. Aber laß michs offen gestehen: Auch meinen Gegnern hab ich manches zu danken. Was sie mir auch immer zu Leide thun mögen, sie sind schlimmer dran als ich, drum wünsche ich auch ihnen, was für sie gut ist, was erst uns allen den Frieden brächte: Geistige Erlösung!

Still und ernst schauen die starren Berge auf unsere verschneiten Dörfer herab, die augenblicklich nur ein schlechter, kaum gangbarer Weg mit einander und mit der „Welt" zu verbinden scheint. Aber dießmal vermag uns der Winter doch nicht mehr zu trennen. Die Wellen welche der Sturm draußen im Reich aufwirft, schlagen auch an unsere Berge. Unsere Geistlichen selbst öffnen durch ihre Agitation gegen die Reichstagsabgeordneten Thür und Thor der gewaltigen Strömung, die alle Unterschiede der Abstammung, Sprache und Erziehung wegfegt. Bei uns in Vorarlberg vollzieht sich, was fast unmöglich schien. Der Partikularismus dürfte bald ein überwundener Standpunkt sein. Schon jetzt gibt es eigentlich nicht mehr Unterländer u Oberländer Vorderwälder und Hinterwälder, Schoppernauer u Schnepfauer, sondern nur Alte u Neue, Fromme und Freimaurer. Vorletzte Woche wurde ein Hirtenbrief unseres Bischofs verlesen, der noch vor 100 Jahren schreckliche Folgen gehabt hätte. Und doch ließ man die Freimaurer lebendig heim. Nachmittags freilich eilten die Weiblein und auch manches Männlein, um ein Mißtrauensvotum gegen unsern Reichstagsabgeordneten zu unterzeichnen, doch was nützen die Unterschriften von Weibern u Mädchen, wenn der Geist der Weltgeschichte sein Urtheil spricht? Ich glaube, daß uns das nächste Jahr unserm Ziel um einen großen Schritt näher bringt. Nicht die Waffen Garibaldis, geistige Arbeit wird uns von den Banden des Geistes befreien.

In den bevorstehenden Weihnachtsfesttagen haben wir für den Pabst – die weltliche Herrschaft desselben zu bethen einen Psalter nach dem Andern drei Tage lang. Ich werde nicht mit thun obwol es so eingerichtet ist, daß man beileibe nicht ausbleiben darf, wenn man keine Unannehmlichkeiten erleben will. Hast Du die Liebeszeichen jetzt gelesen. Was sagt Hirzel dazu? Oder was würde er sagen, wenn sie in Buchform erschienen. Ich möchte das gern wissen. Die Redaktion der öster. Gartenlaube berichtet mir, dringend um Ähnliches bittend, daß die Aufnahme allgemein eine sehr günstige gewesen sei. Von reich u arm das nächste Mal; der Both ist da u ich muß schließen. Lebe recht wol, grüße mir alle, die mich noch nicht vergessen haben.

Mit herzlichstem Glückswunsch zum neuen Jahr u 1000 Grüßen

Dein Freund
Franz M Felder

Über Weihnachten 1867/68 schrieb Felder die Abhandlung „Skizzen aus Vorarlberg“, die er an die „Österreichische Gartenlaube“ schickte und in der er die Rolle der Fremdler, der „Kosmopoliten“ des Landes, wie er sie nennt, als „Pioniere des Geistes“ hervorhebt und anschließend die Wirkung des Wortes „Freimaurer“ schildert, das der ultramontane Klerus zur Diffamierung seiner Gegner in die Schlacht geworfen hatte: „Da kam denn, wohl als eine Art Hinterlader für die Ultramontanen, das Wort ‚Freimaurer‘ in das Land. Ähnlich einem versengenden Wüstenwinde kam es und traf jeden, der nicht tief genug kroch. Wer den Kopf auch nur ein wenig aufrichtete – und das tun selbst die kernigen Bauern nicht mehr so selten –, den brandmalte es, daß man ihn bald im ganzen Gerichtsbezirke kannte.“

In Schoppernau jedoch blieb es nicht bei Wortgefechten: der Konflikt eskalierte in einer Schlägerei im Gasthaus „Rößle“ im Ortsteil Niederau, dem „Hauptquartier“ der Gegner Felders. Der Rößlewirt Josef Anton Moosbrugger, der „gelbliche Wirt“ aus der Hexameterepistel, war Felders bedeutendster Gegenspieler im Ort und machte sich selbst Hoffnungen auf das Amt des Gemeindevorstehers.

Franz Michael Felder an Kaspar Moosbrugger

Schoppernau, den 10. 1. 68
(Morgens fünf Uhr)

Lieber Freund

In Eile nur weniges und doch viel. Im letzten Frühling, ja schon beim Ausarbeiten der Sonderlinge sah ich etwas Furchtbares nahen

Es rauscht die See und will ihr Opfer haben

Ich habe dieses Rauschen lange gehört, jetzt wird es lauter und lauter. Unsere Kapuziner scheinen mit Hinterladern zu arbeiten, Pfarrer Rüscher erzählte letzthin einigen von einem bereits entbrennenden Religionskrieg, wo man den letzten Kristen an den Därmen des letzten Geistlichen aufhängen werde.

Hier gehts wirklich los. Gestern floß das erste Blut in unserm Kampfe. Allzusehr erschrick aber nur nicht, die Sache ließe sich noch mit einigem Humor erzählen, wenn ich dazu in der rechten Stimmung wäre. Der Uhrenmacher kam mit mir von Au. Ich hatte den Schneider besucht der etwas bessert. Wir kehrten in der Niederau ein. Der Rößlewirth suchte durchaus Händel, wie das immer ist, wenn einer von meiner Partei dort ist. Mir war es zu gemein, mich mit diesem Menschen einzulassen und wollte gehen, als er mich einen Lügner nannte als der ich in meinen Akten in Bezau stehe. In den Uhrenmacher aber fuhr es wie ein Feuer. Ich hab ihn nie so gesehen wie er da stand, und das ganze heilige Nest einmal ausräumte. Da wurden die Worte nicht gewogen ich mochte wehren wie ich wollte, Felder kannte keine Rücksicht, sein ganzer *Haß* gegen *diese Elenden* brach furchtbar schön heraus.

Auch der Rößlewirth, sein Knecht standen auf, fielen über meinen Vetter her und bald sah ich nichts mehr als eine schwarze Masse. Felder hatte mit alten Raufbolden zu thun, doch er räumte brüllend die Stube. Die drei waren nach allen Seiten fort. Nur schwer ist es mir gelungen, den Wüthenden, der aus mehreren Wunden (er behauptet von einem Messer) blutete nach Hause zu bringen.

Und Heut ist das Vereinsfest

Ich ahne schlimmes und werde nicht beim Adlerwirth erscheinen, wenn ich damit auch den Vetter zurück zu halten vermag.

Ich fürchte, Dir bald ärgeres berichten zu können. Jetzt noch sonst etwas: Was sagst Du zu meinem Artikel. Seine Veröffentlichung dürfte jetzt gefährlich sein. Gestern las ich im Tirolerbothen vom 5. Dez. 67 daß ich als Ehrenmitglied in den Hofer Verein aufgenommen sei. Mich freut dieser Gruß aus der Hauptstadt. Ich würde mich bedanken, wenn ich wüßte wo. Jetzt möchte ich überhaupt denn doch bald im Ernst eine Weile wo anders aufgenommen sein, aber nicht bloß als Ehrenmitglied. Ich denke ernstlicher an den Antrag in *Halle.* Früher dachte ich an eine Reise aufs Schützenfest nach Wien. Aber dort scheint man mich ganz vergessen zu haben. Wenn mir nur artige Zuschriften auch etwas helfen können

Vielleicht schreib ich Dir heut noch mehr, sonst lebe wol.

Mit Gruß und Handschlag
Dein Freund

Felder.

den 10. 1.: Felder irrt sich im Datum, der Sonntag war der 12. Jänner.
Es rauscht die See: Friedrich Schiller, „Wilhelm Tell", 1. Aufzug, 1. Szene: „Da rast der See und will sein Opfer haben..." In dieser Szene führt der gefangene Tell den Kahn über den stürmischen See und flüchtet dann.
das Vereinsfest: des Handwerkervereins.
Hofer-Verein: Der nach dem Tiroler Freiheitskämpfer Andreas Hofer benannte Verein war der erste Verein, der sich aufgrund der neuen Vereinsgesetze 1867 in Tirol bildete. Neben Felder wurde Dr. Josef Streiter aus Bozen, ein radikaler Bekämpfer des Ultramontanismus und der Jesuiten in Österreich, zum Ehrenmitglied ernannt.
Schützenfest nach Wien: anläßlich des 3. deutschen Bundesschießens vom 26. Juli bis 6. August 1868.

Beim Jahresfest des Schoppernauer Handwerkervereins am 13. Jänner, in dem Felders Anhänger die Überzahl hatten, ließ sich keiner der Gegner sehen. Obwohl Felder die Ein-

ladung des Pfarrers Rüscher zum Festmahl in die Statuten aufgenommen hatte, unterblieb diese Einladung.

Am 15. Jänner langte die Entscheidung der Statthalterei ein, die Wahl zu wiederholen. Das Befinden Johann Josef Felders verschlechterte sich so sehr, daß er am 16. Jänner den Auer Arzt Ferdinand Dünser kommen ließ, der die Verletzungen (teilweise losgeschlagener Wirbel) möglicherweise lebensgefährlich fand und sofort Anzeige beim Bezirksgericht erstattete und um Untersuchung des Uhrenmachers durch eine gerichtlich bestellte Kommission bat. Rüscher und seine Anhänger legten dies als wahltaktisches Manöver aus, weshalb der Arzt den Pfarrer Rüscher am 17. Jänner verklagte.

Moosbrugger hatte Felder in einem Brief vom 18. Jänner geschrieben: „Der Vorgang vom letzten Sonntag scheint Dich nach den mir zugeschickten Notizen stärker affizirt zu haben, als er an sich es bedingt haben dürfte. Ein Meister im Kampf darf seine Kaltblütigkeit nie verlieren", und ihm vorgeworfen, er habe im vergangenen Sommer, als Moosbrugger ernsthaft losschlagen und eine Entscheidung herbeiführen wollte, durch seinen „Rückfall in die Kleinmüthigkeit" einen Durchbruch verhindert: „Muth scheint es nicht zu sein, was Du bei dem Leipziger Literatenthum geholt hast."

Franz Michael Felder an Kaspar Moosbrugger

Schoppernau den 22 Jänner 1868

Lieber Freund!

Ein Brief von Dir in Quart läßt schon zum Voraus auf eine Erregtheit schließen, wenn sie sich auch wie im letzten, hinter eisiger Ruhe verbirgt. Ich antworte in gleicher Weise. Du magst nicht immer mit dem Strom schwimmen? Mir wirds nachgerade unerträglich, meilenweit davon im Sumpfe zu stecken. Du da droben athmest die *frischere* Luft des kürzesten Tages den man den jüngsten des Conkordats nennen kann. Da muß es Dir wunderbar vorkommen, daß das Volksblatt einen Religionskrieg predigt. Meine Berichte sind aus dem Mittelalter, das ist war; aber höre sie!

Dein Vergleich paßt, indem sich zwei Menschen, oder vier von bäurischer Abstammung schlugen. Auf der einen Seite stand der Uhrenmacher, dessen Berchthold zu gedenken scheint. Der Rößlewirth und sein Vetter hielten ihn, der Knecht schlug mit einem eisenbeschlagenen Stiefel, der gefroren war, auf seinen Kopf. Eine ganz gemeine Schlägerei wenn man sie nur so obenhin berichtet wie ichs that in der Voraussetzung, daß Du findest, was daraus erwachsen mußte und auch wirklich zum Theil schon erwachsen ist. Am Montag war das Vereinsfest, ich schrieb Dir, wie wir da des Pfarrers Eitelkeit verletzten. Am Dienstag schon war Wehklagen auf allen Gassen, in allen Häusern. Der Rößlewirth wußte kaum sich genug zu lügen, was alles der Uhrenmacher gesagt habe. Am Mitwoch langte die Entscheidung der Statthalterei an und befahl die Neuwahlen vorzunehmen. Die Agitation bei den jubelnden Alten und den erbitterten Neuen begann mit allen Mitteln. Unsere Parteien sind sich an Kopfzahl so ziemlich gleich. Der Uhrenmacher rennt wie ein Wüthender herum und klagt dann wieder über schreckliches Brennen. Am Donerstag muß er sich legen und das Dökterle rufen, welches sofort beim Gerichte Anzeige macht. Großes Halloh der Frommen. Der Uhrenmacher soll sich nur so verstellen um den Rößlewirth noch vor der Wahl in eine Untersuchung zu verwickeln. Auch der Pfarrer behauptet das. Bis zum Freitag verschlimmert sich Felders Zustand. Ein losgeschlagener Beinsplitter im Wirbel beginnt stark zu eitern. Am Samstag fordert das Amt genaue Erklärungen. Das Dökterle findet eine schwere Verletzung. Wenigstens drei Wochen werde Felder liegen müssen und die Sache könne sogar noch lebensgefährlich werden. Es fordert eine gerichtliche Kommission. In der Gemeinde, auch in Au redet man so laut vom Schlagen, die neuen von Rache, die Alten von einer Demüthigung der Freimaurer, daß unser ultramontaner Rößlewirth am letzten Montag in der Niederau eine Hochzeit nicht ohne Gendarmen zu halten wagte obwohl die Rache des kranken Uhrenmachers nicht zu fürchten war. Das that der Rößlewirth, der jede Erregung mit seiner bekanten Frechheit leugnete, obwohl sein Haus jetzt als frommes Brutnest, als Lügenfabrik, er selbst als der unverschämteste Hetzhund in zwei Gemeinden bekannt und gerade darum von Freunden und Gegnern seltener als je besucht ist. Du hast keinen Begriff was dieses Männchen über mich, die beiden Vorsteher und meine übrigen Freunde aufbringt. Es ist kein Wunder, wenn einem da die Seele in die Faust fährt. Am letzten Freitag, als es dem Dökterle erzählt hatte, daß Felder sich nur verstelle und gar nicht verletzt sei, theilte es diesem auch mit, ich hätte vor einem Jahr einer liederlichen Person das *Hurren* erlaubt, wenn man ihrem Liebhaber dem Pächterle das Bürgerrecht nicht gebe. Du weißt, daß ich ihm wirklich half und im Ausschuß siegte. Daß ich mich zu solchen Zugeständnissen aber nicht aufgelegt fühlte, kannst Du Dir denken. Es soll diese Angabe nur die Thätigkeit des Rößlewirths bezeichnen.

Des Pfarrers Vater goß noch Öhl ins Feuer, er verdrehte die vom Rößlewirth gehörten Reden des Uhrenmacher *den man immer wie Berchtold mir nahe stehend und mein Sprachrohr nennt* noch ärger, klagte über die Zurücksetzung die der Pfarrer am Montag erlitt, hetzte spöttelte, schimpfte, drohte sogar mit dem Gerichte und that alles was wirken sollte und wirkte. Jedermann sagte am Samstag, die Aufregung habe noch nie so hohen Grad erreicht. Uns allen bangt vor der Neuwahl wir fürchten eine Schlägerei wen die alten durchfallen sollten. Bei Gott aber ich war ruhig genug und Du bist der erste der mich muthlos nennt. Wer nicht vom Pfarrer blind gemacht ist, sieht jetzt ganz klar, daß ich im letzten Frühling recht hatte, sogar der Rößlewirth in Au. Viele glaubten am Sonntag werde der Pfarrer nun endlich doch ein beruhigendes Wort an die Gemeinde richten

Ich dachte, der Pfarrer werde es machen – wie Du er werde die Geschichte nicht mit dem Frühern in Zusammenhang bringen wollen, werde allem den Schein des Lächerlichen geben.

Am Sonntag blieb ich länger beim Uhrenmacher als eigentlich meine Absicht war; sein Zustand hatte sich verschlimmert. Doch ich hatte zuverlässige Leute in der Predigt die mir schon sagen konnten was etwa vorkam.

Krebsroth bestieg Rüscher die Kanzel und hielt einen geradezu wüthenden Vortrag, mit Faustschlägen und Stampfen verziert. Mein ganzes Sündenregister brachte er vor, nahm offenbar den Rößlewirth wegen der Schlägerei in Schutz und forderte jeden Kristen um seines Seelenheiles willen auf, so männlich zu ihm zu halten. Denke Dir nur, sogar meine Mutter kam aus der Fassung. Mit den bittersten Vorwürfen sagte sie mir mittags wie es ein Elend sei und wie die Weiber und Mädchen geweint und nachher gejammert hätten. Vielleicht kannst Du Dir wenn auch nur fern annähernd vorstellen, wie es in den übrigen Häusern, auf der Gasse, dem Kirchenplatz und in den Wirthshäusern zuging. Ich bin in die Wahlkommission ernannt. Ich beantragte, eine gerichtliche Kommission zu berufen. Der ganze Gemeindeausschuß 2 M[ann] ausgenommen theilen meine Besorgnisse, doch viele Leute und Ausschüsse wünschen die *ohnehin nicht zu vermeidende Schlägerei* beinahe um das Gericht, mit dem der Pfarrer von der Kanzel drohte, zum Einschreiten zu zwingen. Ist doch unser Vorsteher, ja selbst der alte fast krank vor Aufregung. Hier giebt mir Freund und Feind Zeugniß daß ich der ruhigste sei von allen. Und ists ein Wunder unser Dorf steht unter keinem Pfarrer mehr. Rüscher ist nur erregter Parteimann, der jedes Mittel gut heißt und sich nicht scheut mich als Schriftsteller in der Kirche öffentlich selbsterdachter, nie von mir gemachter, nein von ihm erfundener Fehler zu beschuldigen. Als Beweis nur folgendes:

Am vorletzten Sonntag christenlehrte er von der Unkeuschheit. Schließlich sagte er roth und röther werdend: Zur Unkeuschheit führt auch der Tanz, doch davon will ich heute nichts mehr sagen. Vor einem Jahr habe ich davon gepredigt und ist dann von meinen Gegnern genug in Wort und Schrift ein Langes u. Breites gemacht worden. Wann? Wer ist gemeint?!!!

Unsere Gemeinde steht aber tatsächlich auch nicht mehr unter dem weltlichen Gesetz. Am letzten Sonntag und schon früher wurde der Reichsrath, die Landesvertrethung durch Predigten und besonders in Wirtshäusern in den Koth gezogen. Pfarrer Rüscher nimmt auch der Maiorität der Gemeindevertrettung allen Einfluß. Letzthin sagte er: das weltliche Gericht würde, wenn es keine Neuwahl gäbe, bald einschreiten und den Vorsteher absetzen müssen. Am Montag ging Rüscher nach Au, um den dortigen Pfarrer begraben zu helfen. Im Rößle kamen 1 Kapuziner und 10 Geistliche, darunter auch Berchthold zusammen. Der Bezirksvorsteher war auch dabei. Rüscher schimpfte und log so unverschämt gebärdete sich so wüthend daß es auch dem Müller zu arg wurde, wie er nachher zum Rößlewirth sagte. Rüscher nahm vor dieser Gesellschaft die Partei derer welche den Uhrenmacher verletzten und trotzte dem Bezirksvorsteher mit der Behauptung, Felder sei nicht krank, sondern verstelle sich und ihm müsse noch ein rechter Doktor her da der in Au zu den Feldern halte und ihm nicht der rechte Mann zu so etwas sei.

Der Rößlewirth ist selbst von Au herauf gekommen und hat mir das alles erzählt. Das Dökterle hat Pfarrer Rüscher verklagt und *abermals* eine gerichtliche Kommission verlangt. Die Wahlbewegung wächst furchtbar. Wir sorgen es könnte am Sonntag schlimm zugehen, die eine Hälfte des Dorfes steht der andern gegenüber. Uns halten die Frommen für Diebe, Spitzbuben, Gottesleugner und eine andere Partei will uns an die Spitze der Gemeinde stellen, damit wir diesen Lügenpfarrer fortbringen. Verwirrung und Unklarheit hier, Fanatismus dort, Haß und Erbitterung auf beiden Seiten. Du siehst, ich habe eine ganz andere Illustration zu meiner Uhrenmacheriade als Du. Wir wollen aber sehen ob nicht eine Einigung möglich wäre, wenn wirklich eine Meinungsverschiedenheit vorhanden sein sollte. Wir haben die neuen Grundgesetze, aber nach Lassalle könnten sie auch nur ein beschriebenes Blatt sein, wenn nur eine Klasse dahinter steht. Sind sie hier wirklich, hier bei uns und noch weitum etwas mehr? Ist der Kampf aus oder geht er an? Sind wir mit den Ultramontanen fertig ists rathsam ihnen augenblicklich den vierten Stand in die Hand zu spielen? Ich gestehe offen, daß ich mehr um die heilige Sache des Volkes als um die Führerschaft kämpfe und kämpfen werde wenn ich auch allein stehen müßte.

Ich hätte Dir geschrieben, wenn kein Brief gekommen wäre und Dich ersucht, alles in geeigneter Weise vor die Öffentlichkeit zu bringen, meine Stellung hier brauchtest Du in keiner Weise zu schonen. Nun aber, seit ich Deinen Brief gelesen, kann ich Dir diese Bitte nur noch erzählungsweise vorbringen. Noch wende ich selbst mich nicht an die Öffentlichkeit, da die Thatsachen sich selbst stündlich häufen und ich immer noch etwas abwarten möchte, so jetzt das Ergebnis der Wahlen. Wenn Du aber nichts thust so melde mirs oder schreibe was und rede frisch weg wie das letzte Mal. Was das *Leipziger* Literatentum betrifft so wird es durch die Gartenlaube bei Keil vertretten. Mit diesem Blatt habe ich gebrochen oder brechen müssen. Ich fand dafür bei der österreichischen sehr freundliche Aufnahme und dachte schon für den Sommer an eine Reise nach Graz u. aufs Schützenfest in Wien. Jetzt aber muß ich hier zusehen und mitthun, doch gestehe ich Dir, daß ich auf Deine Hilfe hoffte. Heut erhielt ich einen wunderlichen Brief von Seyffertitz. Der Mann beneidet mich um meinen Glauben ans Volk. Der ist ihm unerklärlich. Vielleicht ists doch gut später, wenn Du Dich nicht mehr an die Öffentlichkeit wendest, sich ihm vorsichtig ein wenig zu nähern. Bis jetzt hab ich nur Hildebranden die hiesigen Geschichten erzählt. Der wird aber bald Lärm schlagen, da nun meine frühern Angaben sogar blutig bestätigt sind. Ich weiß ihm käme das ganz erwünscht, wenn er nichts für meine Person fürchtete. Ich hab ihm darum geschrieben, für mich sei *nur* jetzt das ruhige künstlerische Schaffen aus, übrigens aber gebe es hier nach Rüschers Ausspruch 500 Seelen und darunter 300 Freimaurer ich stünde also nicht mehr alein und hätte persönliche Angriffe so wenig zu fürchten als die andern.

Diesen Brief, auf den ich umgehend zu erfahren hoffe was Du was *Ihr* da oben für mich für uns thut, gebe ich Muxel mit nach Bregenz, den Brief vom Berchthold aber möchte ich abschreiben und Du bekämst ihn daher erst das nächste Mal. – Auf Vonbuns Urtheil über die Liebeszeichen bin ich begierig. Arm und Reich wächst in erfreulicher Weise. Die hiesigen Unruhen greifen mich weit weniger an als vor einem Jahr, sonst hätte ich lange gehen müssen. Albrecht denkt auch wenn unsere Partei siegt, nicht mehr Vorsteher zu bleiben. Ich glaube zwar, darum diese Ehre doch noch nicht fürchten zu müssen. Es gibt aber Leute, die dem Pfarrer zum Trotz den Baum vor meinem verrufenen Hause sehen möchten. Ich möchte aber nur aus Trotz nicht drei schöne Jahre hinter Steuerregistern u. Akten verderben. Sag mir daher, ob mir mein Beruf oder sonst etwas nicht helfe, wenn allenfalls meine Beredsamkeit vergebens sein sollte. Noch aber hoffe ich daß Albrecht doch bleibt, besonders wenn Rüscher auf den Schnabel gehauen werden sollte. Es gäb noch manches zu berichten aber heut habe ich keine Zeit mehr. Ihrer drei warten, vielleicht noch ungeduldiger als Du auf den Schluß dieses Briefes der sich ein wenig gegen den Deinen kehrt; doch darum keine Feindschaft. Ich hoffe bald etwas, sogar etwas Tröstliches zu erfahren. Diesen Brief darfst Du als Fahne zu allfälligen Feldzügen benützen mit welchen ich im voraus einverstanden bin.

Mit Gruß und Handschlag
Dein Freund

Franz Michael Felder

in Quart: großes Format.
Dein Vergleich paßt: Moosbrugger hatte die Schlägerei mit einem Bild aus einer Zeitschrift verglichen, wo sich zwei Bauern Faustschläge auf den Kopf geben und darunter steht: „Wie sich zwei das Evangelium auslegen". Es handelt sich dabei um die Illustration einer Kalendergeschichte von Johann Peter Hebel.
Brief von Seyffertitz: Carl von Seyffertitz hatte Felder am 20. Jänner 1868 unter anderem geschrieben: „Was mich in Ihren Zeilen das Wunderbarste dünkt, ja geradezu einen überwältigenden Eindruk auf mich macht, wenn ich sie wieder u wieder lese –, das ist die fast begeisterte, fast seherartige Kraft, mit der Sie Sich dem Kampfe für Recht u Licht hingeben, – das merkwürdige Gottvertrauen, mit dem Sie auf den endlichen Sieg unserer guten Sache hoffen [...] Nocheinmal, ich kann Ihrer genialen unverwüstlichen Hoffnungskraft meine Bewundrung nicht versagen – theilen kann ich sie leider nicht, – weil ich leider nur zu gut weiß, daß von Sokrates bis Christus, u von Christus bis auf die Volksfreunde des 19ten Jahrhunderts noch alle Jene, welche Licht u Wahrheit spenden u erringen wollten gekreu-

ziget u zwar vom Volke gekreuziget wurden [...] Wie gerne möchte ich mich an Ihrem Eifer erwärmen, wie gerne Ihrem muthigen Beispiele folgen! Allein an meinen Sohlen haftet ein Bleigewicht, das Bleigewicht der üblen Erfahrungen, des exquisitesten Pessimismus!"
den Baum vor meinem verrufenen Hause: eine Tanne, die als Zeichen der Vorsteherwürde aufgestellt wurde.

Noch vor dem 24. Jänner schrieb Felder in einer Nacht für die „Österreichische Gartenlaube" die „Groben Federzeichnungen aus dem Bregenzerwalde", in denen er die jüngstvergangenen Ereignisse schilderte. Der Artikel wurde am 3. März 1868, „mit sehr unlieber Abschneidung des Eingangs", wie Felder schreibt, schließlich in der in Wien erscheinenden Zeitschrift „Wanderer" abgedruckt. Felder berichtet darin, daß „der kranke Vetter", als er ihm die letzte Hetzpredigt des Pfarrers erzählte, gesagt habe: „Schweigen wäre Gold gewesen", und bezichtigt sich dann selbst der Unruhestiftung: „Ja wohl ist Schweigen Gold. Meine geschwätzige Feder, welche die Sonderlinge in die Welt schickte, ist das Unheil, der Fluch, die Schande meiner Heimat mit den engen Tälern und den noch engeren Begriffen geworden", doch Schweigen komme für ihn nicht in Frage: „Ich konnte aber trotzdem nicht mehr schweigen. Ich will auch dieses Gold nicht, und wenn ich wieder fliehen und Brot und Recht betteln müßte von Tür zu Tür im neuverjüngten Österreich, ich will der Wahrheitsgeiger sein und bleiben, wenn man mir auch die Geige am Kopfe zerschlagen sollte, worauf auch wirklich immer mehres hinzudeuten scheint."

Der Wahlkampf versetzte inzwischen den Bregenzerwald in ungeheure Aufregung. Angeblich im Auftrag des Pfarrers bereisten Wahlwerber aus Schoppernau den ganzen Bregenzerwald und gaben die Parole aus, daß in diesem Dorf, das die meisten Freimaurer zähle, „der Kampf ums Christentum" entschieden würde. Am Sonntag, dem

26. Jänner, fand die Wahl statt, bei der es wieder zu einer Störung kam: Die Wahlkommission, der auch Felder angehörte, wies eine Vollmacht als ungültig zurück, worauf die Felder-Gegner mit Steinen und Prügeln drohten. Felder beantragte die Sistierung der Wahl; laut Gesetz hätte die Urne nun versiegelt werden müssen, doch die Felder-Gegner forderten das Verbrennen der bis dahin abgegebenen Stimmzettel, was auch geschah.

Felder, der am 2. Februar nach Bludenz ging, reichte auf Anraten Moosbruggers bei der Staatsanwaltschaft in Feldkirch zwei Klagen gegen den Bezauer Bezirksamtsleiter Müller ein, der die Machenschaften der Ultramontanen ständig deckte: wegen der nach wie vor nicht erfolgten Untersuchung der Schlägerei im Rößle und wegen Wahlstörung (Verbrennung der Stimmzettel). Am 4. Februar, als Felder nach Schoppernau zurückkehrte, wurde der Uhrenmacher von der gerichtlichen Kommission unter Dr. Gallus Greber aus Reuthe untersucht; die Verletzung wurde für „entschieden schwer" befunden und das verspätete Eingreifen des Bezirksamtes getadelt. Am 7. Februar wurde der dritte Wahlgang, diesmal ohne Störungen, abgehalten. Das Ergebnis war so, daß die „Felderpartei" den Gemeinderat fortan mit einer Zweidrittelmehrheit von 8:4 Stimmen dominierte, der Rößlewirt als Kandidat des ersten Wahlkörpers fiel durch. Bei der Wahl des Vorstehers wurde Anselm Albrecht trotz seiner früheren Bedenken wiedergewählt, Gemeinderäte wurden Altvorsteher Peter Anton Moosbrugger und Felder.

Wenn Felder schon in Schoppernau in aufreibende Kämpfe verwickelt war, so verkomplizierte sich die Lage noch durch die neuesten politischen Allianzen Kaspar Moosbruggers, der inzwischen einen Pakt mit dem Redakteur des bis dahin ultramontanen „Vorarlberger Volksblattes" geschlossen hatte, mit dem Priester Johann Georg Von-

bank (1824–1894). Vonbank war seit 1866 in der Kirchenpolitik tätig und Gründer und Leiter der von Felder auch schon brieflich bespöttelten klerikalen „Tiroler Stimmen", seit 1867 Leiter des „Vorarlberger Volksblattes" und damit einer der maßgeblichen Wortführer der ultramontanen Politik. Das „Vorarlberger Volksblatt" begann sich unter Vonbank den Gruppen zuzuwenden, die sich aus Enttäuschung über die Kirche zuerst dem Liberalismus zugeneigt hatten, aber, von dessen Desinteresse an der Arbeiterfrage abermals enttäuscht, nun zum Lassalleanismus tendierten. Im Jänner und Februar 1868 machte das „Volksblatt" eine politische Kehrtwendung von 180 Grad: waren die Leser bis dahin mit ultramontanen Kampfparolen indokriniert worden, so behandelte das „Volksblatt" nun plötzlich die soziale Frage und machte den bis dahin verteufelten Lassalle zum Wegbereiter christlicher Sozialpolitik. Ende Februar fand in Bludenz eine Sitzung des Proponentenkomitees der neuen „Demokratischen Sozialen Partei auf Christlicher Grundlage" statt, Moosbruggers zweitem Parteigründungsversuch. Das Programm wurde von drei Bludenzer Geistlichen, dem konservativen Abgeordneten und Bezirksamtsaktuar von Bludenz, Dr. August Thurnher, der für das „Volksblatt" scharfe Artikel gegen die liberalen Vorarlberger Baumwollindustriellen schrieb und vom Ministerium Giskra deshalb nach Bruneck zwangsversetzt wurde, von Kaspar Moosbrugger und von Dr. Christian Walter, Advokatur-Conzipient, unterzeichnet und an Vonbank gesandt. Das weitere Vorgehen erstaunt wegen der Insensibilität Felder gegenüber: Vonbank schickte das Programm an Felder, den man unbedingt als Mitunterzeichner gewinnen wollte, mit der Bitte, es an Bartholomä Berchtold, Pfarrer in Hittisau, weiterzuleiten, eben jenen Berchtold, der Felder ein Jahr vorher beim Bischof als Gründer einer neuen Sekte verklagt hatte. In einem Brief lud Vonbank Felder zur Mitarbeit am „Volksblatt" ein, das noch 1867 rüde gegen ihn gewütet hatte, Moosbrugger versuchte Felder eindringlich von der Notwendigkeit des neuen Kurses zu überzeugen. Felder differenzierte seine Stellungnahme, unterzeichnete aber schließlich das Programm, Vonbank ersuchte Moosbrugger, die Schlichtung von Felders Kampf gegen Rüscher ihm zu überlassen.

Die zwölf Punkte des Programms bewegen sich ausdrücklich „innerhalb des Christentums". Das absolute Regierungssystem wird abgelehnt, die gegenwärtige Form des Parlamentarismus aber als unzureichend erachtet, da die Volksvertretung „dank dem bestehenden Wahlgesetze nur aus den privilegierten Classen entnommen" sei. Gefordert werden allgemeine, geheime und direkte Wahlen auf Gemeinde-, Landes- und Reichsebene. Als die „brennendsten Fragen" werden genannt: „a) Die Arbeiterfrage, b) Die Steuerfrage, c) Die Militärfrage, d) Die Börsengebahrung". Autoritäten, deren Richtung gefolgt werden soll, sind „Ferdinand Lassalle, Bischof Ketteler, mehrere Mitarbeiter der historisch-politischen Blätter und der Redakteur Schweizer"; das Römische Recht wird, ganz im Sinne einer Strömung des 19. Jahrhunderts, der das Germanische Recht als bürgerlich und das Römische als Recht der Kirche und der Herrscherhäuser galt, abgelehnt.

Inzwischen eskalierte jedoch die Situation im Bregenzerwald aufs neue: Am 28. Februar hielt der Pfarrer von Bizau, Alois Hell, eine Fastenpredigt, in der er vor „falschen Lehrern" warnte, die „schriftlich und mündlich […] von unberufenen Afterphilosophen" verbreitet würden, die man überall findet, nicht blos in Städten, sondern auch in Dörfern, wie z. B. Schoppernau […] Es sind leider Viele, die nicht zufrieden sind, daß sie selbst keinen Glauben haben, sondern sie wollen auch bei Andern keinen haben." Der Ortsvorsteher Albrecht und die Gemeinderäte

Peter Moosbrugger und Franz Michael Felder schickten daraufhin eine Erklärung an die „Vorarlberger Landeszeitung", die am 21. März in einer nach Vorschlägen Kaspar Moosbruggers abgemilderten Form erschien und die Felder nebst seiner Antwort an Vonbank einem Brief an Moosbrugger vom 5. März beigelegt hatte.

ERKLÄRUNG DES GEMEIDEVORSTANDS VON SCHOPPERNAU

Erklärung

In einer zu Reute am 28 Februar gehaltenen Predigt gegen Glaubenslosigkeit erlaubte sich der Herr Pfarrer von Bizau bei in [sic] einer Klage wegen Überhandnehmen des Unglaubens auf die Gemeinde Schoppernau als abschrekkendes Beispiel hinzuweisen. Die Gefertigten sehen sich zu der Erklärung genöthigt: Daß hier noch nichts geschehen ist, was zu solcher öffentlichen, die Gemüther in hohem Grade aufregenden Beschimpfung der Gemeinde berechtigen könnte. Die Gemeindebürger sind durch ihren frühern Pfarrer Stockmaier zu gut im Glauben unterwiesen, um sich durch das gegründete Mißtrauen gegen einzelne Verkünder des Wortes, die im Sinne des erwähnten Predigers wirken wollen, vom Wege des Heiles abbringen zu lassen, und glauben im Namen der Gemeinde sich dadurch zum katholischen Glauben bekennen zu müssen, daß sie den Pfarrer von Bizau öffentlich für einen Verleumder erklären.

Schoppernau den 4 März [1868]

Als Echo auf die „Groben Federzeichnungen aus dem Bregenzerwalde" erhielt Felder unter anderem eine markig formulierte Solidaritätszuschrift des liberalen Männer-Turnvereins in Wien, die er einem Brief an Hildebrand vom 25. März beilegte.

MÄNNER-TURNVEREIN IN WIEN AN FRANZ MICHAEL FELDER

Herrn Franz M. Felder in Schoppernau

Als in Nummer 15 der „Gartenlaube" 1867 ein von Dr. Rud. Hildebrand gezeichneter Artickel weitere Kreise mit dem Manne bekannt machte, der aus dem edlen Schatze männlichen Selbstbewußtseins das Gold der Wahrheit herausgesondert hat an den Tag, wo schwarze Bosheit den Glanz zu verdunkeln strebt, mit dem es aus tiefem Bergeswinkel hervorleuchtet – damals schon sagten wir uns: „Ja! das ist ein ganzer Mann, das ist ein Kämpe für die Freiheit des Geistes und für die Entwicklung sittlicher Vollkommenheit!"

Mit reger Theilname lasen wir Einzelnes in den verschiedenen Blättern, woraus wir erfuhren, welche Hindernisse man Ihnen bereitet, und wie schwer Ihnen der Kampf wird, zumal Sie mit offenem Visier gegen die dunklen, oft unsichtbaren Feinde kämpfen müssen, die aus sicherem Versteck hervor ihre giftigen Pfeile auf den frei dastehenden edlen Mann abschiessen.

Da kamen „Die Federzeichnungen aus dem Bregenzerwalde", und mit Ihnen die Kunde von der ganzen Niederträchtigkeit, die gegen Sie ins Feld geführt wird, und deren Kumpane, wir ja auch hier zu Lande in den schönsten Exemplaren vertreten haben. Die tiefste Entrüstung hat uns, und alle, die diese Mittheilung erhielten, ergriffen; wir fühlen uns gedrängt, diese Zeilen an Sie zu richten, um Ihnen als deutsche, freidenkende Männer die Hand zu reichen, zum herzhaften Drucke des Mitgefühls in Ihrem Schmerze sowohl als zur Erhebung in diesen schweren Stunden.

Ergreifen Sie die dargebotene Hand der Männer, die mit Ihnen das Banner der Freiheit hoch halten, und offenen Auges dem Lichtstrahle entgegensehen, der nun hereinbricht, und der hoch und mächtig genug ist, daß er auch über Ihre Berge hineinleuchtet, und das Spukgeschlecht der Eulen vertreiben wird.

Harren Sie muthig aus auf dem Ehrenposten, auf den Ihr vorwärtsstrebender Geist und Ihr männlicher Muth Sie gestellt, und seien Sie überzeugt, daß über die Berge herüber Ihr Wacheruf: „Wer da?“ nicht verhallt, und daß Ihnen ein tüchtiger Verein von deutschen Männern an den Ufern der Donau donnernd zuruft: „Gut Freund!“

Kann Ihnen der Männer Turnverein in Wien in irgend einer Weise dienlich sein, so verfügen Sie über seine stete Bereitwilligkeit.

Indem wir in vorstehenden Zeilen dem diessfälligen Beschlusse der Turnrathssitzung vom 17. März dJ. Ausdruck geben, zeichnen wir für den Turnrath des Männer Turn Vereins in Wien 20. März 1868

Josef Hofer
Zeugwart
Otto Tschurschenthaler
Bücherwart
Robert Pöschl
Schriftwart

der Sprecher
Karl Friedrich Häcker
Eduard Struschka
d.z Sprecher Stellvertreter
Jos. Ihm [...]
Säckelwart Stellvertreter
[...]
2. Zeugwart

In Schoppernau schürte Rüscher jedoch durch eine Hetzpredigt die Stimmung wieder bis zu Morddrohungen ge-

gen Felder und seine Familie auf; Nanni hatte erst am 8. März einem Knaben, Martin, das Leben geschenkt.

FRANZ MICHAEL FELDER AN KASPAR MOOSBRUGGER

Schoppernau, den 3. April [18]68

Lieber Freund!

Mein letztes Schreiben hat kurz erzählt daß Rüscher unsere Erklärung in der Kirche vorlas erklärte und verdrehte wie wol noch selten ein Schriftstück verdreht worden ist. Wir hätten nach diesem erklärt, Mehrere „einzelne Verkünder des Worts wollten durch falsche Lehren das Volk vom Wege des Heils abbringen". „Diese Drei Ehrenmänner und Auchkatholiken haben also die ganze Priesterschaft beschimpft" usw.!!! Mittags hieß es öffentlich auf dem Kirchplatz: Man sollte uns erstechen. Einzelne sprachen das schon in der Kirche aus. Auf dem Heimweg bekamen die Weiber beider Parteien überall Händel und es ging zu, daß es gar nicht zum Beschreiben ist. Seitdem heißt es man sollte mich und meine Brut umbringen. Alles ist überzeugt, daß mein Haus nicht mehr stände, wenn es alein verbrannt werden könnte. So wird hier von den *Frömmlern* der vielbesprochene Satz der Gesichtspunkte bestätigt Am Donnerstag nach der Messe gieng Rüscher fort und sprach selbst die Besorgniß aus, daß bis zu seiner Wiederkunft ein Unglück geschehen könnte (So wird erzählt.) Am Freitag abends, das hab ich aus bester Quelle, solte der Baum vor dem Hause des Vorstehers umgehauen werden. Das hätte eine hübsche Geschichte gegeben. Nur die furchtbar stürmische Nacht hat vielleicht Mord und Totschlag verhindert. Des Pfarrers Köchin selbst hat das gesagt. Sie wurde die ganze Nacht von dem Gespenst einer jüngst verstorbenen Plaudertasche verfolgt. Am Samstag in der Früh kam sie in die Krone, um eine Schwatzerei über mich ins Reine zu bringen, schimpfte dann aber auf dem Heimwege den ihr begegnenden Vorsteher einen Lümmel. Nachmittags kam Rüscher in etwas demütiger Stimmung heim. Am Sonntag fanden sich abends Burschen zusammen um den drei Ehrenmännern die Fenster einzuwerfen. Sie sollen einen Gesandten zum Pfarrer geschickt haben, und so ist denn das *bisher* unterblieben. Der Uhrenmacher schläft neben geladenem Gewehr, auch andere meiner Freunde beginnen sich zu bewaffnen. Nur ich bin wehrlos, da mir das Amt auch den Schutz der Gesetze nicht zutheil werden läßt. Die Gegenerklärung in der Landeszeitung sagt mir sehr viel. Man zieht die andern aus der Sache, ich aber bin rechtlos. Und doch haben wir nur den Glauben bekannt. Mir ist klar was ich unter solchen Umständen thun kann. Eben weil ich den Kampf nicht aufgeben will, muß ich an die Sicherheit meiner Person denken und würdigere Gegner suchen die mich nicht damit widerlegen, daß sie ihre Hunde auf mich hetzen. Ich werde, sobald ich wieder ganz wohl bin, Feurstein u. a. um ein Darlehen ersuchen, meine hiesigen Schulden bezahlen und dann ohne Lärm nach Leipzig dampfen um dort ruhig meinen Roman zu vollenden und das Weitere zu erwarten. Sollt ich mich dort nicht anders durchbringen, so kann ich unseren Sprach und Spruchschatz im Wörterbuch verwerthen und nebenbei Artikel schreiben. Vielleicht gelingt es mir dann auch einige Verbindungen in Wien fester zu knüpfen, sonst aber hab ich auch Anträge von Berlin. Oder soll ich hier den Ultramontanen eine Waffe für sie in die Hand geben helfen während ich von ihnen meines Lebens nicht sicher bin. Was wir anstreben ist im *allgemeinen Arbeiterverein* gegeben. Ich werde nach dem Erscheinen von Reich und arm die Verbindung von Schweizer suchen. Das sind so meine Pläne, und Du wirst keine bessern wissen. Es hängt ganz von den Umständen ab, ob ich an der Versammlung werde theil nehmen können, die Vonbank wünscht. Ich hielt auch ihn an das Program gebunden und Artikel, wie den über das Jesuiten-Gymnasium hab ich im Volksblatt keine mehr zu lesen erwartet. Sind etwa nur wir ans Program gebunden?

Nun aber wird's Zeit daß ich schließe. Wie es hier steht hast Du nun gehört. Der Abdruck meiner Schattenbilder in der Feldkircherin wird nichts bessern, wenn ihn auch Rüscher nicht mehr in der Kirche verlesen und verdrehen sollte, was erst noch zweifelhaft ist. Erwäge meinen Bericht und da Du sonst nicht viel für mich tun können wirst – hat doch auch Vonbank noch nichts ausgerichtet – so schreibe doch bald.

Mit Gruß und Handschlag Dein Freund

Felder

Siehe Nachschrift

In Au hab ich viele Freunde vor allem werde ich mich umsehen ob ich nicht dort ein Unterkommen finde, etwa bei Greber, oder in Bezau Ich möchte doch meinen Roman hier vollenden. Vielleicht könnte sich bis da etwas ändern. Käme Rüscher fort so wär gleich alles etwas besser.

Der Obige

der vielbesprochene Satz der Gesichtspunkte: Am 13. März 1868 veröffentlichte Moosbrugger im „Volksblatt" einen programmatischen Artikel „Gesichtspunkte", in dem er den durch die Bregenzerwälder Bauernrepublik noch immer unabhängigeren Bregenzerwald den „Niederungen" Vorarlbergs, den Industriegebieten im Rheintal etc., entgegenhält. Die Bemerkung Moosbruggers, „er [= ein Fabrikantenbaron] würde von Glück sagen können, wenn seine Fabrik [im Bregenzerwald] nicht eines schönen Morgens verschwunden wäre", wurde ihm von liberaler Seite als Aufforderung zur Brandstiftung ausgelegt.
die Gegenerklärung: des Bizauer Pfarrers Alois Hell vom 31. März 1868.
Jesuiten-Gymnasium: Im „Vorarlberger Volksblatt" war am 13. März unter dem Titel „Die dritte That des Ministeriums Giskra" ein schar-

fer Protest gegen die Verstaatlichung des Jesuitengymnasiums in Feldkirch erschienen, die im Anschluß an die Aufhebung des Konkordats erfolgte.

Angesichts der bedrohlichen Situation zog Felder in einem Schreiben an das Bezirksamt in Bezau seine Klage gegen Rüscher vom Vorjahr zurück, worauf die Angelegenheit vertagt wurde:

An das K.K. Bezirksamt Bezau [Entwurf]

Löbliches k k Bezirksamt!

Angesichts der hier durch einen in der Kirche von Herrn Pfarrer Rüscher gehaltenen Vortrag entstandenen Aufregung, welche so weit geht daß man öffentlich sagt, man sollte mich erstechen, meine Brut umbringen und mein Haus verbrennen, wage ich nicht mehr, neues Öhl *aus schon vergessener Zeit* ins Feuer zu gießen und ziehe meine in Feldkirch [gemachte Klage], der Gewalt hier nachgebend, zurück.

Ergebenst Franz Michael Felder

Schoppernau den 4 April 1868.

Damit waren die Auseinandersetzungen mit Rüscher vorläufig beendet, wie Felder am 6. Juni an Hildebrand berichtete: „Der Kampf gegen Rüscher scheint zu Ende. Dafür haben jene kleinen kleinen Grausamkeiten des überwundenen Gegners begonnen, die zuweilen gefährlicher sind als ein offener Krieg. Rüschers Freunde schießen, ganz in der Stille, aus sicherm Versteck ihre Pfeile auf mich ab und suchen sich zu rächen. Auch das wird einmal enden.“

Auf Landesebene wurde der Kulturkampf jedoch weiter fortgesetzt: In Vorarlberg wetteiferten die politischen und weltanschaulichen Gruppierungen in der Gründung von Bildungsvereinen in möglichst allen Gemeinden. So hatte etwa am 24. Mai in Feldkirch die konstituierende Versammlung des liberalen Landesvereins der Verfassungsfreunde Vorarlbergs stattgefunden. Gegner der Liberalen war die von ultramontaner Seite initiierte Kasinobewegung, als deren Ziel ebenfalls die Volksbildung, vor allem in den unteren Schichten, galt und die bis zum Ersten Weltkrieg die Grundlage der konservativen Politik in Vorarlberg bildete. Moosbrugger fügte einem Brief Felders vom 30. Mai 1868, in dem dieser seine Reise nach Leipzig ankündigte, später folgende Anmerkung hinzu: „Bald nach Erhalt dieses Briefes war ich bei Felder in Hopfreben, wo wir einige glückliche Wochen verlebten. Damals stürmte die Casino-Agitation der ultramontanen Bourgeois' durch's Land. Die Leiter des Unternehmens betrachteten Au als einen wichtigen Punkt und es karakterisiert ihr Vorgehen, daß sie im tiefsten Dunkel ihre bezüglichen Netze auswarfen. Bis zu unserer Abreise – ich begleitete Felder bis Bezau, wo die gemeinsam vorgenommene Überschau klar machte, daß wir mit dem Volksblatt nichts mehr gemein haben können – konnten wir trotz aufmerksamen Beobachtens nicht ein Jota des Plans, Au rasch ins Netz zu ziehen, entdecken. In Bezau hielten wir uns einen Tag auf, da kam Abends ein eigener Bothe von einem felderisch gesinnten angesehenen Mann, der uns berichtete, daß eben Kasinoweiber herumgehen und auch an ihre sich gemacht haben. Eine intressante Rolle spielte hiebei auch das Dökterle. Wie andächtig mußte man wohl die Abreise Felders abgewartet haben?"

Am 24. Juni brach Felder zu seiner zweiten Leipziger Reise auf und kam am 26. Juni glücklich „am Ziel seiner Wallfart" an.

FRANZ MICHAEL FELDER AN ANNA KATHARINA FELDER [UV.]

Leipzig am 29/6 1868

Liebes Wible!

Du hast nun schon gesehen, daß ich glücklich am Ziel meiner Wallfart anlangte. Gerade wie ich annahm nämlich gestern Abends flog ich von Reichenberg da herunter und wurde von Hildebrand und den Seinen aufs freundlichste empfangen. Die Reise war sehr interessant, sie hat mich weit weniger als im letzten Jahr ja sie hat mich eigentlich gar nicht angegriffen. Geschlafen aber hab ich doch heute bis 1/2 9 Uhr , dann gefrühstückt und nun ists meine erste Sorge, Dich etwas von mir wissen zu lassen. Ich kann ja dann immer noch in der Stadt herumgehn.

Man sagt vom Staub der städtischen Strassen, von ungesunder Luft u d g l, ich aber muß schon gestehen daß mich die Luft, die ich hier einathme, wieder frisch und frei macht. In München wars noch nicht so und nun wirds mir ganz klar, daß es denn eigentlich nur die Gesellschaft ist was den Menschen labt oder niederdrückt. Die Besten unter den Unsrigen verbrauchen ihr Lebensmark, um den Druck krankhafter Verhältnisse von sich abzuwälzen so gut es geht und in Stunden der Erholung, in denen sonst noch das Schönste zu erblühen vermöchte können sie nichts Besseres, als eben gänzlich aus der Rolle fallen, die sie fast wie eine Last empfinden und die ich daher kaum Beruf zu nennen wage.

Aber warum, wozu sag ich Dir das? Die Mauer muß fallen zwischen uns und der Welt, und von hier will ich mir Muth und Kraft holen auch fürderhin an der Brücke zwischen uns und der Welt zu bauen, von der ich schon gesagt habe. Es macht mir wirklich Mühe niederzuschreiben was ich eigentlich möchte. Dreimal bin ich dabei unterbrochen worden, zuerst von Dr Meißner, der zu meiner Begrüßung herübereilte, sobald er eine freie Minute gewann. Hugo der gestern im Traum mir schon sein Grüß Gott mit wunderbar klangvoller Stimme entgegen rief, brachte mir Nr 21 der literarischen Blätter von Rudolf Gottschall, die einen recht trefflichen Artikel aus Gottschalls Feder über meine Sonderlinge brachten. Das ist das erste äußere Ereigniß in Leipzig und ich bin in der Stimmung, es für eine gute Vorbedeutung zu nehmen. Ich las ihn mit Vergnügen, setzte mich dan wieder zum Schreiben und wollte Dir das Ereigniß melden, da kam aber Lipold mit dem ich mich bis jetzt unterhielt.

Von meiner Herreise gäb es viel des Interessanten zu berichten, aber es scheint, daß Du lang auf den Brief warten müßtest, wenn das alles auch noch mit hinein sollte. Drum jetzt nur ganz kurz, von Bezau weg. Das Gericht in Bregenz hat mir Mittheilungen über den Stand der Wahluntersuchung gemacht. Es ist möglich, daß mich die dumme Geschichte nur zu bald wieder in die Berge ruft u in neue Händel verwickelt. In Lindau war ich Nachmittags bei Stettner, der auch Fräulein Rohner und 8 von Rorschach von Bregenz meiner Anwesenheit zu Ehren holen ließ. Nun, eifersüchtig brauchst Du denn nun nicht zu werden.

Abends fuhr ich mit dem Güterzuge durch die trauliche Landschaft am Alpsee und kam 11 Uhr in Kempten an. Im Hasen war ich gut aufgehoben u am andern Tage fand ich vor der Abfahrt nach Augsburg noch Zeit, die Stadt zu besuchen.

Um 1/2 4 Uhr Nachmittags war ich in München, wo ich gleich den Bildhauer Feuerstein durch einen Dienstmann holen ließ. Wir durchstreiften die Stadt ins Kreuz und die Quere und blieben endlich im englischen Garten hängen wo gerade Konzert war. Zum Unglück saßen wir neben einem Ehepaar, welches vor 2 erwachsenen Kindern einen Hauskrieg ausfocht. Mir wars ob ich eine tiefe böse Wunde bluten sehe. Ich träumte sogar davon.

Am Samstag blieb ich in München. Feuerstein war mein Führer. Gestern früh 1/2 6 Uhr fuhr ich gen Regensburg hinauf in kurzweiliger Gesellschaft. In Regensburg mußten wir auf den Abgang des Eilzuges warten. Das Entgleisen eines Wagens hatte die Bahn 1500 Schritte weit aufgerissen. Menschenleben sind bei dem Unfall keine zu beklagen. Es hätte aber noch schlimm gehen können, weil alle Züge hin und her auf der ganzen Linie aus der Fahrordnung kamen und nun das Versäumte wieder einholen wollten. Uns wurden 2 Lokomotive vorgespannt, die schnoben wie wüthend und ich erfuhr nun was schnell fahren heißt. Ich flog nun über Schwandorf, Eger u s w. Auf dem Dach des Wagens rasselten Hagelsteine aber meine Gemüthsruhe war doch so groß daß die Mitreisenden mich im Leipziger Bahnhofe weckten, da ihnen mein Verbleiben im dunkeln Wagen auffiel. Nun frohes Wiedersehen, Hildebrand ist noch der alte und meint es so gut mit mir. Hirzel ist wegen Kränklichkeit in einem Bade. Doch reich und arm wird schon gedruckt und ich soll noch heute den ersten Bogen sehen.

Und so beginnt nun mein Leipziger Leben. Sage meinen Freunden, sie sollen meinetwegen außer Sorge sein aber um so mehr an unsere Sache denken. Mit der Gründung eines katholischen Kasinos in Au hat man nur auf meine Abreise gewartet. Wenigstens hat, wie ich gewiß weiß, daß Dökterle dann gleich dafür agitiert.

Du siehst ich habe meine Heimath noch nicht vergessen. Ich stelle mir lebhaft vor, wie nun Morgen im Schalzbach Dungtag ist und daß ich am Sonntag den Himmel tragen sollte. Ich vermache diese Ehre dem Schmied und bitte Dich, es ihm schon am Samstag zu sagen. Meinen Freunden kanst Du diesen Brief lesen, der Uhrenmacher

– ich laß ihn grüßen u Hildebrand auch soll das Gütterlimännchen nun Kasinomännchen heißen.

Nächstens mehr denn ich werde erwartet. Herzlichen Gruß euch allen. Lebe wol und gedenke Deines

Franz Michel

Feuerstein: Georg Feuerstein (1840–1904) aus Bezau, Bildhauer in München und Rom.
Gottschall: Rudolf Karl Gottschall (1823–1909), Kritiker, Lyriker, Erzähler, Dramatiker. Bis 1888 Leiter der von Brockhaus in Leipzig verlegten „Blätter für literarische Unterhaltung", in denen am 21. Mai 1868 (Nr. 21) eine Besprechung der „Sonderlinge" erschienen war. Gottschall betont Felders Eigenart, als Bauer aus eigener Erfahrung zu schreiben und nicht die Dorfidylle zu pflegen, sondern den Anschluß an die religiösen und politischen Bewegungen der Zeit zu suchen. „Das Werk trägt durchwegs das Gepräge eines gebildeten Kopfes und einer schriftstellerischen Cultur, wie sie die Hauptvertreter des tintenklecksenden Säculums nicht zweifelloser zur Schau tragen. Der volksthümliche Kern in Sitte, Naturanschauung und manchen eigenartigen Wendungen zeigt sich allerdings ursprünglicher als in jenen Dorfgeschichten, die mehr durch ein Hineindenken und Hineinempfinden, als durch ein Herausgestalten aus dem eigensten Leben entstehen." Gottschall hat Felder später auch in die dritte Auflage seines großen Werkes „Die deutsche Nationalliteratur des neunzehnten Jahrhunderts. Literarhistorisch und kritisch dargestellt von Rudolf Gottschall" Bd. 4, Leipzig 1872 aufgenommen.
Lipold: Fritz Lippold, Germanist und „feiner Kenner des Englischen". Später Professor und Rektor des Realgymnasiums in Zwickau.
den Himmel tragen: den Baldachin bei der Fronleichnamsprozession.
Gütterlimännchen: Flaschenmännchen (= Männchen mit der Medizinflasche), Spitzname für Dr. Ferdinand Dünser aus Au, der sich in den Vorstand des Kasinos wählen ließ.

Im Bregenzerwald ging die Kasinobewegung inzwischen weiter: Obwohl Felder mit dem neuen Auer Pfarrer Birnbaumer, Kurat Herzog und anderen gemeinsame regelmäßige Zusammenkünfte geplant hatte, unterlief Birnbaumer diese Pläne und gründete selbst ein rein katholisches Kasino in Au.

Anna Katharina Felder an Franz Michael Felder

Schoppernau am 5 Juli 1868

Liebes Mindle!

Ich habe Deinen Brief nun wieder, u. zwar aus Bedürfniß, ich weiß nicht zum wievieltenmale gelesen, u. herausgefühlt, das Du den Staub schon zimlich abgeschüttelt von den Schuhen, weil der Boden wo Du stehst Dir heiliges Land ist. Du kannst Dir denken daß ich sehr erfreut darüber bin, Dich wohlerhalten u. gesichert bei lieben guten Menschen, – in Deinem Elemente zu wissen. Ich begleitete Dich stets auf Deiner Reise, u. es ist mir Morgens das erste, u. Abends das letzte Denken, was Du wohl machen werdest? Heute bei der wunderbar schönen Präfacion fiel mir ein, daß Du gestern doch gewiß im Protestantischen Gottesdienste dem herrlichen Gesange u. der Göttlichen Musick gelauscht, u. bei den schönen Mondschein Nächten auf irgend einer Gondelfarth oder einem Spaziergang ins Rosenthal Dich diese Himmlischen, Musick u. Gesang, begleiteten. Genieße auch für mich! Es war mir anfangs in Minuten des alleinseins so öde, u. es freute mich wieder das enge Hüttchen vollgestopft mit Menschen, die Rührigkeit u. Thätigkeit forderten. Donnerstag abends kam Kaspar sehr begeistert u. lobspendend wegen des Vereins u. seiner Vorstände nach Hopfreben, u. brachte mich ein wenig ins Feuer, mit der Anfangs unbegreiflichen Neuigkeit, daß der Dokter Agent eines katholischen Vereins sei. Thatsache ist, daß der im Entstehen Begriffene Verein, von dem daß Volksblatt schon vor 14 Tagen als entstanden sagte, schon seine erste Versammlung am 29 hatte, wo Herr Pfarrer Birnbaumer in seiner Stunde langen Rede auseinandersetzte, wie Nothwendig dem Volke Bildung sei. Also auf einmal wollen sie Bildung. Welche veränderung! Aber nicht Schäbig? Darüber wird Dir Oberhausers

Kaspar ausführlich schreiben, der sammt dem Uhrenmacher Auge u. Ohrenzeuge des Vorgefallenen war. Am 8 d ist die Schlußverhandlung der Stiefelhelden Angelegenheit, wo der Uhrenmacher selbst zu erscheinen gedenkt, wenn nicht das schreckliche Sauwetter ihn zurück hällt, daß gewiß auch dem Kaspar Malheur macht, mit seiner Familie Krumbach zu verlaßen, wohin er vordern Samstag abging.

Ein Grazer mit unaussprechlichem Namen habe Dich Gestern besuchen wollen, u. bedauert Dich nicht zu treffen. Von der Allokution des Papstes wirst Du auch zur Erbauung gelesen haben, u. auch unser Bischof hat ein Schreiben erlaßen über die Confessionellen Gesetze vom 25 Mai 1868. Es scheint das unsere Geistlichen Vorgesetzten keine stummen Hunde sind, u. ihr vermeintlich gutes Recht, u. somit die Gewalt aus den Händen lassen wollen. Es soll u. muß gehen mit der Errichtung von Cassinos damit sie ihr Volk, wie sie sagen, auch Politisch Gebildet haben bis zur Zeit der Neuwahlen. Neuigkeiten weis ich keine zu schreiben, u. will daher aufhören, weil es mich an die Finger friert so daß ich mich nach einer warmen Stube sehne, von wo aus es angenehmer ist in die grauen Wolken u. seit 2 Tagen [un]aufhörlichen Regenströme hinauszuschauen. Geheuet ist noch nichts, u. wir können deßwegen mit Muße von Hopfreben ziehen. Ich habe in der Mühle gerechnet, wo man 24 M Mehl aufgeschrieben hatte. Ich sagte daß ich gewiß wüßte daß wir alles Bezalt haben, da ließ man es dahingestellt ob Du auch daßelbe im Kopfe habest. Schreibe mir welches. Es grüßt u. küßt Dich vilmal Dein

Wible

Anna Katharina Felder

Auch glaube den rechten Band gewählt zu haben. Den Titel Trauerspiel haben zwar alle, u. sind schön geschrieben. Aber Du willst sicher den Urtext einer Antiquität.

der Dokter: Dr. Ferdinand Dünser.
Allokution des Papstes: Papst Pius IX. hielt am 22. Juni 1868 eine Allokution „Über die einseitige Aufhebung des Konkordates in Österreich", in der die Dezembergesetze von 1867 für ungültig erklärt wurden, was heftigste Kontroversen zur Folge hatte.
unser Bischof: „Hirtenschreiben über die confessionellen Gesetze vom 25. Mai 1868 des Vinzenz Gasser, Fürstbischof von Brixen", veröffentlicht im „Vorarlberger Volksblatt" vom 3. und 7. Juli 1868.
den rechten Band: Felder hatte darum gebeten, ihm das Originalmanuskript eines „Schoppernauer Passionsspiels" zu schicken.

Franz Michael Felder an Anna Katharina Felder [uv.]

Leipzig am 6 Juli 68

Liebes Wible!

Heut hab ich einen Brief so bestimmt erwartet, daß mich Langeweile plagt weil keiner kam. Freilich kanns an hundert Dingen liegen, aber ich erwartete nun einmal den Brief. Du solltest mir über viele liebe Kleinigkeiten berichten.

Ich lebe hier frisch, fromm, fröhlich, frei, und Du brauchst Dich um mich nicht zu ängstigen sondern kanst und sollst lachen, wenn um den Saubratenbedeckten Tisch sitzend von einem Luxus geredet wird und das Kohlerle seine Witze macht, während Sprenger ganz verstohlen, daß es die Mutter nicht merke, dem Filax ein Stück Brod zuwirft. Ach es wird mir ganz eigen wenn ich an den letzten Winter denke und an das, was wir zusammen durchmachten während ich mich alein kaum noch vor die Hausthür wagte. Wärst Du doch auch einmal in freier Luft und könntest aufathmen von all dem Elend! Aber Du hast deinen Jakob, und ich hab nicht einmal mehr Platz hier für alles, was Du jetzt zu versorgen hast.

Was machen sie doch. Grüße sie mir alle und sag ihnen, wenn sie am Herd um Dich herum stehen, daß ich noch oft an sie denke und mich genau erkundigen werde, ob sie artig gewesen sind. Wie bald ich komme, kann ich noch nicht genau bestimmen. Jedenfalls denk ich in einem Monath daheim zu sein. Ich wollte Dir erzählen, was alles ich hier treibe, doch dazu bleibt keine Zeit. Also nur Allgemeines: Im Klub fühle ich mich heimischer als im letzten Jahr. Ich fühle, daß das Zusammenleben u Wirken überhaupt ein Innigeres ist als im letzten Jahr. Alle Mitglieder thauen da auf und der Rößlewirthin würde auch vor Hildebranden nicht mehr so bang werden, als da er in ihrem Herrenstüble saß. Letzten Samstag las er uns, was Platten vor 200 Jahren von seinem Gaißbubenleben erzählt. Ich war entzückt. Der Heimweg hätte 2 Stunden weit sein sollen. Es war wieder, wie ichs den Winter hindurch oft schilderte und in meinen Träumen wieder erlebte. Mondschein am großen Himel, kräftiger deutscher Gesang und zwischendurch konnte man von Herzen reden. Du weißt wie gern ich das thäte und wie schlimm es ist, wenn man seine beste Kraft dazu verbrauchen muß, wie nach allen Seiten gepanzert da zu stehen unempfindlich zu scheinen, oder kalt über die Dumheit seiner Quälgeister zu lachen. Offen gesagt: Ich hatte schon in München den ganzen Schmarren über Bord geworfen und mich davon gemacht. Aber da kommt mir unser Weltsblatt in die Hände und nun ist alles wieder da. Morgen will ich aber wieder deutsche Zeitungen lesen, oder bei dem gefundenen Spruchschatz verweilen.

Von meiner Reise bis Bezau wird Dir Kaspar erzählt haben. Stettner in Lindau wünscht, daß Du mir bis zu ihm entgegen kämmst, aber da das Bruggmüllerle nicht mehr lebt wirds schwer zu machen sein, außer wenn Du in Bezau übernachten wolltest. So eine kleine Erholung gönnte ich Dir so gern, wenn es zu machen wäre und ich bitte, mir davon zu schreiben. Aber bald!

Am Sonntag fahren wir nach Kößen und von da werde ich vielleicht nach Weimar dampfen. Ich freue mich recht auf diesen Ausflug der mich wieder zu lieben Bekanten bringen soll, während Rüscher euch predigt. Übrigens gehe ich auch hier zuweilen in die Kirche so z B vorgestern in die Motete. Sogar meine beiden Vorarlberger hab ich mitgeschleppt was mir der frome Thurnher, ein Vetter des Vielgenannten wol nie vergeben wird. Beiliegenden Brief an den Schneider sollst Du ihm bald zusenden, daß er mir am Sontag die versprochene Antwort schicken kann. Ich hoffe und wünsche, daß ihm die Badkur so gut anschlug wie mir. Ich bin recht gesund, wie ich es seit einem Vierteljahre nicht war. Sage dem Mösler, es seien Bretter für ihn beim Vorsteher Albrecht bestellt und er möge sich mit diesem in Oberhausers Gegenwart oder alein vereinbaren.

Der Mutter und allen die herzlichsten Grüße meiner Freunde, besonders von Deinem

Franz Michel

das Kohlerle, Sprenger: Taglöhner und Heuer bei Felder.
Filax: Phylax (griechisch „der Wächter"), Hund Felders.
Platten: Richtig Thomas Platter (1499–1582), Schweizer Humanist, Ziegenhirt, Seilergeselle und fahrender Schüler aus dem Wallis, Professor für Hebräisch und Griechisch an der Universität Basel. Seine „Lebensbeschreibung" (hg. 1840) ist eine der bedeutendsten Autobiographien des 16. Jahrhunderts.
unser Weltsblatt: Das „Vorarlberger Volksblatt".
Motete: Motette, hier: protestantischer Kirchengesang.
der frome Thurnher: Martin Thurnher, ultramontaner Lehrer aus Dornbirn, der sich mit dem liberalen Lehrer Johann Georg Luger als Abgesandter des Dornbirner Turnvereins an einer Versammlung deutscher Turnlehrer beteiligte. Felder besuchte mit den beiden einen protestantischen Gottesdienst.

Wie im Vorjahr besuchte Felder auch diesmal Vorlesungen an der Universität, unter anderem vermutlich Wilhelm Roscher, „Theoretische Nationalökonomik", Heinrich Wuttke, „Alte Geschichte" (mit Exkursen über 1848), Friedrich Zarncke, „Deutsche Literaturgeschichte bis zur Refor-

mation", und Johannes Minckwitz, „Geschichte der deutschen Poesie seit Schillers Tod".

FRANZ MICHAEL FELDER AN ANNA KATHARINA FELDER [UV.]

Leipzig den 10 Juli 1868

Liebes Wible!

Endlich ein Brief. Die Sehnsucht mit der ich ihn erwartete, zeigt wie sehr ich an Dir, an meiner Heimat hänge. Ich habe hier frohe Tage und schöne Abende verlebt. Ich war im Theater, hörte den Tannhäuser, sah den Fiesko, schwelgte im Schützenhaus, erfreute mich an dem freundlichen Entgegenkommen bedeutender Persönlichkeiten: aber ich vermißte den erwarteten Brief und etwas wie Heimweh wollte mich endlich anwandeln. Heute wallfartete ich mit Zacharias zu einem Professor in Gohlis, aber ich war nicht recht im Gespräch. Auf dem Heimweg ging ich in ein Bierhaus, aber die Unruhe ließ mich nicht lange bei der Zeitung – es war die Allgemeine – sitzen. Ich eilte heim und fand endlich die Anweisung, eine Sendung von der Post zu holen.

Nun athme ich wieder auf und setze mich gleich an den Schreibtisch der Kinder um Dir zu schreiben und für die Freude zu danken, welche Du mir gemacht hast. Mein Leben hier ist wie im letzten Jahr nur daß ich jetzt mehr zu Hause bin und mich freier bewege. Der Himmel macht jetzt endlich ein freundliches Gesicht und ich bin viel im Freien. Gearbeitet wird nicht, nur gelesen, wozu hier genug „Stoff" vorhanden ist. Mit einer genauen Schilderung meines Herumtreibens will ich auch Dir die Zähne nicht wässern machen, sondern nur zugestehen, daß alles auch wieder sein Ende haben muß. Freilich ists mir noch nicht möglich, den Tag meiner Abreise zu melden, aber ich sehe ihn kommen und es kann sein, daß schon die nächste

Woche ihn bringt. Jedenfalls komm ich noch in diesem Monath und hoffe Dir auch noch den Tag oder die Woche bestimmen zu können. Willst Du mir bis Lindau entgegen so schreibe gleich und sonst auch wenns nicht schon geschehen ist.

Es wird schon der Wunsch laut, auch Dich einmal hier zu haben. O ich wollte daß auch! Wie viel könnt ich Dir zeigen. Schon hier neben mir wär Dir es interessant. Neben mir zeichnet Emi, das fleißige Kind, drüben hinter einer Büchermauer sucht Hildebrand alte Wörter, Vetter Karl der Große lernt, Hugo und Rudolf spielen im Garten wo ich zuweilen mit ihnen lerne, draußen das Geräusch unzähliger Wagen, die durch die Turner und Windmühlenstraße Tag u Nacht dem nahen Bairischen Bahnhofe zufahren. Hildebrands Wohnung steht jetzt schon zwischen Häusern an einer beinahe doppelten Kreuzstrasse und mit der frühern Stille „ists alle."

Gestern war ich auf einem Ball im herrlich beleuchteten Schützenhaus, wo Leipzig seine Feste feiert. Morgen ist Klubsitzung, übermorgen früh 3/4 5 Uhr fahren wir nach Thüringen. Am Montag wenn ich hier bin ist Studentenkneipe und wir werden auf der Wartburg das Erdenelend beweinen.

Nebenbei besuche ich Vorlesungen, das Museum, die öffentlichen Bibliotheken u dgl und die Tage schwinden unbemerkt nur daß mich jeder reicher macht – aber freilich nicht an Geld. Ists da nicht genug wenn ich keins brauche. Die Reise nach Kößen wird für mich vielleicht verhängnißvoll sein, doch davon mündlich.

Samstag den 11 Juli 1868

Gestern Abends fand sich eine Gesellschaft in unserem Garten, wir scherzten plauderten und thaten alles Mögliche.

Schließlich las ich – Deinen Brief vor und Du kannst mit der Aufnahme zufrieden sein. Die Damen u Dämchen u s w fanden etwas Heldenhaftes in der Art wie Du Dich in meine Welt und in meinen Stil hineingelebt hast und das ist es auch. Ich war des Erfolges zum Voraus sicher und es machte mir Freude, Dich so gewissermaßen frei einzuführen. Wenn Du nur hier wärst. Vielleicht wirds doch einmal möglich. Nun aber will ich noch geschwind an Oberhausers Kaspar schreiben. Lese den Brief und dann überbringe ihn. Es grüßt Dich die Mutter den Uhrenmacher u Alle Dein

Franz Michel Felder

Reise nach Kößen: In Bad Kösen nahm Felder an einer Germanistenversammlung teil und wurde von Dr. Groddeck auf seinen Gesundheitszustand untersucht.

An Anna Katharina Felders Antwortbrief an ihren Mann ist bemerkenswert, daß an der Stelle ein Teil sorgfältig herausgerissen ist, wo sie die Befürchtung äußert, der „Both", der Postmeister Gropper, fünftes Ausschußmitglied des Kasinos in Au, könnte bei der letzten Postsendung ihren Brief vom 5. Juli mit unverblümten Äußerungen gegen das Kasino erbrochen haben. Die Fortsetzung des Satzes: „Nun so sollen wissen …" fehlt.

ANNA KATHARINA FELDER AN FRANZ MICHAEL FELDER

Schoppernau am 12 Juli 1868

Liebes Mindle!

Auf Dein liebes Schreiben vom 6 d. will ich nun gleich antworten, damit Du nicht so lange, wie das letzte Mal zu warten brauchst, denn ich hoffe daß es diesmal keine Schwierigkeiten mehr gebe, wie mit dem Paket, das noch anders gepackt u. gesiegelt, mit Frachtbrief u. weiß nicht mit was allem noch begleitet werden mußte. Wenn der Herr Both sich noch die Mühe genommen, u. die Beilage von Brief gelesen, gelesen als fünftes Ausschußmitglied des Cassinos nebst 3 Geistlichen Räthen u. dem Doktor? Dumme Geschichte, die mich einige Minuten beunruhigte. Nun so sollen […] wissen wie mein […]. Heute, während Du in Kößen Tafeltest, sitzen wir u. das Kohlerle wirklich um den Saufleisch bedeckten Tisch, u. das Kohlerle sagt daß es die nächsten 3 Tage noch daheim zu heuen habe, somit ich u. der Sprenger allein nicht rasch vorwärts kommen werden, zumal das Wetter zum Wachsen recht gut, zum Heuen aber *Wilarlidig* ist, u. während ich schreibe, beeilen sich die aus der Kirche kommenden, daß Gestern zum Theil Dürre, durchnäßte Heu zu troknen, u. unterzubringen. Ich kann daher an eine Holungs- u. Erholungsreise nach Lindau nicht denken, wie lieb es mir auch wäre einerseits. Auch ein Fußmarsch in einem Tage nach Lindau wäre mir zu stark, u. Feuerstein, wie auch Stettner wäre, mir allein, fremd. Das *Äle* mit dem Mickle dem Kasper ist nach Gräsalp der Base Serafim die *Fünfe* zu bethen, sie ist nach lange anhaltenden unaufhörlichen Schmerzen gestern gestorben. Morgen wird sie beerdiget. Und heute hat man dem Christian dem *Bräuer* ein unreifes kaum Lebensfähiges Kind begraben, die Mutter jedoch ist recht munter. Jakob überbrachte dem Schneider gestern den überaus gemüthlichen Brief, der zeugt von Gesundheit Leibs u. der Seele, was mich sehr freut. Auch wir sind gesund u. wohl ausgenommen die Mutter. Sie ist auch nicht krank, es ist nur das Alter, das jeden neuen Tag neue Plage hat. Dein Kommen ist näher als ichs mir dachte, u. ich wäre recht glücklich Dich bald wieder hier zu wissen, wenn ich nicht nebenbei ein wenig befürchtete, das Dich, den unverwöhnten, die Leipziger u. das Leipziger Leben verwöhnt, daß Du an unserem ewigen Einerlei Elend, wie Du es nennst, gar keinen Geschmack mehr findest?

Doch Du wirst Dich als Mann wieder in die Verhältnisse zu schicken u. zu finden wissen, denn naturgemäß ist man nach kräftig genossener Speise u. Trank wieder aufgelegt zu Arbeit zur That. Wir haben Arbeit u. somit auch keine lange Zeit, u. immer wieder eine Freude, wenn dieses Stück gemäht, jenes dürr ist, u. der Regen uns nichts *erwüscht.* Der Kaspar u. Jakob treten die Fuder, *mugen* u. erst dann recht wenn ich ihnen sage, das ichs dem Vater schreibe, sie fragen sogar bei jeder vermeintlich guten Taht: Mutter Schreibsts? Ich sage ihnen das dieses u. jenes der Vater gethan, gesagt, frage sie ob Sie wohl Dein Kommen erfreue? Es wird mir ganz eigen wohl bei dieser Unterhaltung. Übrigens fühle ich mich ganz behaglich als Seele der Haushaltung, oder als solche, der auf dem Wege von Bad nach Hopfreben Himmel u. Erde übergeben wurde. Ich wäre so gerne etwas! Kein Zustand ist mir peinlicher als nichts sein können nichts sein dürfen? Und der Sprenger ist mir nur zuweilen deßhalb zuwieder, weil er eigentlich doch gar nichts ist u. nichts will.

Die Theresie hat endlich von Dornbirn geschrieben, das ihr gut, aber auch schlecht ergangen sei. Sie Dient beim Fabrikant Salzman hat guten Dienst wo man sie alles ordentlich lehrt; aber wieder ihr Unstern! Ein sehr böser Arm machte sie 4 Wochen Arbeitsunfähig band sie an Doktor u. Apotheke. Zwar ist es wieder auf besserungswege, aber doch auf der Waage ob es sie nicht den Dienst kostet. Von dem Gesang Verein u. seiner Herrlichkeit wirst Du im Volksblatt gelesen haben. Der Anton Rüf ist in Schützenuniform nach Wien, er wird sich ein Gewinnst holen wollen? Denkst Du nicht nach Wien? Heute habe man in der Kirche einen langen Hirtenbrief über Civilehe vorgelesen, von den Eindrücken, den er auf die Gemüther gemacht, hab ich noch nichts gehört. Es ist überall Ruhe Friede über Schoppernau ausgebreitet. Lebe wohl u. glücklich und geniße auch für mich u. für den Winter, u. grüße mir Hildebranden seine Luise Kinder u. alle, ich danke ihnen für alles gute u. liebe das sie erwiesen, grüße mir alle die mich grüßen ließen. Es grüßt auch Dich herzlich Dein Wible u. Deine Kinder

Anna Katharina

[Zusatz auf der Rückseite:]

Eine unverbesserliche Dummheit dieser leere Raum. Ich habe keine Zeit mehr, der [Both] geht u. ist schon gegangen.

Der Uhrenmacher u. Kaspar wollten Dir heute schreiben, aber sie brachtens nicht fertig also morgen.

Wilarlidig: zum Verleiden anstrengend.
die Fünfe zu bethen: Bei der aufgebahrten Leiche werden fünf Vaterunser gebetet.
mugen: Lust zu etwas haben.
erwüscht: erwischt.
Eine unverbesserliche Dummheit: Der Brief ist zur Gänze auf einer Seite eines Bogens hellblauen Papiers geschrieben, die Rückseite ist bis auf diese kleine Bemerkung leer.

Am 12. Juli nahm Felder an einem Germanistentreffen in Bad Kösen teil, wo er die Germanisten August Koberstein, Reinhold Köhler, Fedor Bech und andere kennenlernte und das „Schoppernauer Passionsspiel" vorlegte. Die Versammlung faßte damals den Entschluß, sich für Felder um finanzielle Unterstützung bei der Deutschen Schillerstiftung einzusetzen, Felder versuchte noch einmal, für die Schoppernauer Stickerinnen Arbeitsmärkte in Norddeutschland zu erschließen.

Seine Schoppernauer Freunde hatten ihn inzwischen nicht

vergessen und schickten ihm plastische Erlebnisberichte aus der Heimat in eigenwilliger Rechtschreibung, unter anderem sein Schwager Josef Pius Moosbrugger und sein Freund Johann Kaspar Oberhauser, der als Betreuer der Lesebibliothek des Schoppernauer Handwerkervereins von der Kasinogründung in Au besonders betroffen war.

JOSEF PIUS MOOSBRUGGER AN FRANZ MICHAEL FELDER

Au am 12 Juli 1868.

Lieber Schwager,

Dein boetisches Schreiben hat mich sehr erfreut u. noch mehr Freude würde ich haben wenn ich eine zeit bei Dir, in Deinem irdischen Himmel viel intreßantes sehen u. erleben könnte. Lieber Schwager wann Du einmahl von uns verreist bist, da war es im Hopfreben fad öd u. still. So manchen Tag haben wir Dich auf Deiner Reiße gesucht, u. Dich begleitet bies zeandorast i Leibzig iehe. Zur erbauung im Baad ist uns ein Paater von Bregenz gekommen, auch mit einem bößen Fuß. Er war vor einigen Jahren auch drin. Da hat das schön singen u. globt reden ein End. Der Peter geselt sich gut zum Kapazinorden. Er war manche Stunden bei Ihm auf seinem Zimmer, wo ich herentgegen mit Maria manch lustigen Jux gehabt, den Dir Maria gewis mündlich erzählen wird. Die Harmoni hat der Meußburger nach Schnepfau. Er hat Sie uns den letzten Tag als Kaspar hir war noch zum aufspielen gegeben, u. das Schnepfouar Huon zütze wieder sealb. Am Samstag vor Peterstag ist Kaspar mit seiner Vammile nach Krumbach. Ich habe Sie bies dorthien begleitet. Da ist auf Krumbach ein Mates Fest gewesen, da ist Babel u. Modol u. Mödele, unsere Geschwister alle zusammen gekommen bis der Bub u. Mates Stump. Achd Tag nach Peterstag ist Kaspar abgereißt. Zwei von uns haben Ihn begleitet bies an Lech, am

Lech hat Er ein Vurwerk u. ist nach Stuben gefahren mit Weib, Kind, einem großartigen Gsigleib zirka 30 [M] Butter geschenkter Schaufwollo, mit am Stuck, das ma Bekles Tunes Modla huogschlago heat. Wie dear Züg alla huo kuo ist kador i koa uskumpft gio. Am Peterstag bin ich wider Retur ins Baad, da waren Nachmittag viel Leut, gerade die Stube voll, wenn 2 mer gewesen, häte man auf die Kammer zum Pater u. Peter müßen. So hat das Bublekum den undern Stok. Da wurde schön gesungen, aber von danzen war keine Rede. Um 6 Uhr war ich nach Hopfreben zu Jauko Marile ga über Nat sin. Und am Dinsttag bin ich heraus mit Leuten zum Heuen. Das war verhäxot zum heuen Du würdest doch ou lacho wia die Buro al Tag sähest sa grüßele springo. Um halbe 3 faut als a springo as wio verrukt. Dau head i am frist i spring nio u. win as schu altag schöucht. Den Peter hat man am letzten Mitwoch auf einem Pferd aus dem Bad gebracht, u. gegenwärtig ist Er ganz im Bet. Der Fuß ist Ihm wieder aufgebrochen es thut merkwirdig Eittern. Das Auer Dökterle spricht aus der Fuß müße abgestoßen werden.

Aber auf das Gütterlemendle kann man nicht gehen. Denn das ist jetz im sprung es weist nicht ist es im Zipfel, oder im Sak. Es arbeitet fest darauf, wil sich einen unsterblichen Nammen erwerben. Es wil zwei Verein bilden in der schnelikeit. Wie es Dir bekant mit dem Katolischen Kaßina, über welches Dir der Körler beßer aufschlus geben kann als ich, ferner wil Es einen Krämerverein bilden das in der Gemeinde nur ein Krämer sein soll, u. die Wahren ganz bilich geben muß. Wie hoch dieses Mendle den Kopf träg solst Du gegenwärtig sehen. Beinahe alle tage lauf es durch unser Dorf.

Aber bein Mates Hüto u. Beters Stützo da läßt es den Stutzkopf ein wenig sinken. Antwort: Denn auf uns hat es ein neuen Zahn denn gute Leute haben Ihm zugetragen wie Du wohl weist, was wir im Bad über Ihn gesagt. Den letzten Tag als der Peter noch im Bad war, sei Es Fuchswild angekommen; da hab es die Maria gerufen u. habe gesagt; Es habe ein Mann zu Ihm gesagt, man habe da herinnen über Ihn loos gezogen, Sie solle Ihm sagen welches die bößten gewesen, die wolt es kanelen.

Die Maria habe gesagt Sie habe nichts gehört was man denn soll gesagt haben. Ja man habe Ihm Güterle Mendle, u. neues Studeum zum Tittel gegeben. Und sollte Sie durchaus nich le[i]den: Wofern es vernehme das über Ihn dahir geschimpft werde, u. Sie es nicht verteidige, So werde Es niemahls kommen u. die Bazenten besuchen, u. Ihnen keine Kurgäst mehr schiken.

Ich wünsche das Dich, meine Sudlere in beßter Gesundheit antrefe. Und verbleibe Dein Dich unvergeßlicher.

Schneider
Josef Pius Moosb.

globt reden: gelobt reden, Lobesreden halten.
Kapazinorden: Kapuzinerorden.
bies zeandorast i Leibzig iehe: bis zuhinterst nach Leipzig hinein.
Peter: Peter Anton Moosbrugger, Badwirt in Hopfreben.
Harmoni: Ziehharmonika.
das Schnepfouar Huon zütze wieder sealb: das Schnepfauer Horn zieht sie wieder selbst (Sinn unklar).
Peterstag: Peter und Paul (29. Juni).
Babel, Modol, Mödele, Bub, Mates Stump: Die Schwester Maria Barbara, die älteste Tochter, die zweitälteste Tochter, der älteste Sohn und der „kleine Dicke“ von Martin (der jüngste Nachkomme des „Mate“, des Johann Martin Moosbrugger).
Wie der Züg...: Wie das Zeug alles heimgekommen ist, darüber kann ich dir keine Auskunft geben.
Bublekum: Publikum.
ga über Nat sin: zum Übernachten.
Das war verhäxot...: Das war verhext zum Heuen. Du würdest doch auch lachen, wenn Du die Bauern alle Tage so schrecklich herumrennen sähest. Um halb 3 fängt alles an herumzurennen wie verrückt. Da habe ich mir vorgenommen, ich renne nie herum, und wenn schon alle Tage ein Unwetter droht.

Zipfel, Sack: Ortsbezeichnungen.
der Körler: Koarado Bub, also der Uhrenmacher.
bein Mates Hütto u. Beters Stützo: bei Martins Hütte (Haus der Familie von Felders Frau in Au) und Peters Haus (Haus des Badwirts Peter Anton Moosbrugger).
einen neuen Zahn: einen Groll.
kanelen: schikanieren.
Bazenten: Patienten.
Sudlere: Sudlerei.

Johann Kaspar Oberhauser an Franz Michael Felder

Schoppernau am 12ten Juli 1868.

Lieber Freund!

Deinen Brief vom 6ten d. hab ich gelesen, u. daraus ersehen, daß Du Dich in Leipzig sehr wohl befindest, was mich u. alle Unsrigen von Herzen freut. Wie es scheint bist Du im Geiste auch beim Heuen, aber das geht nicht so gut als Du Dir einbildest, es Regnet alle Nachmittage wenn man das Dürre aufnehmen sollte, da erwüscht es uns dann daß es eine Art hat. Du schreibst, Du müssest in Leipzig viel von den Bregenzerwäldern erzählen. Das scheint mir doch eine Ähnlichkeit mit jener Anektode von den 2 Wäldern im herrschaftlichen Stalle zu haben. Das von den Geistlichen in Au ein Katholisches Kasino gegründet wird, weist Du schon, doch könnte Dier etwas näheres intreßant sein, heute vor 14 Tagen wahr nämlich die erste Zusammenkunft in der Krone in Au, ich u. Koarado Bub sind auch hinunter um zu sehen wie es da zugeht. Da wahren am „Ministertisch" die 3 Geistlichen von Au Dr. Dünzer u. der Vorsteher von Au als anregende u. leitende Personen gegenwärtig. Der Pfr. Birnbaumer hielt eine lange Anrede an die ziemlich zahlreiche Versammlung, in welcher er die Nützlichkeit, ja die Nothwendigkeit, des zu gründenden Vereins klar u. überzeugend darstelte. Das Program ist gesellige u. bildende Unterhaltung, wissenschaftliche Vorträge gemeinschaftliche Zeitungen zu halten u. eine gemeinsame Bibliotek zu gründen, u. als letzten Endzwek ließ er deutlich heraus leuchten, daß die Kasinobrüder, unter der Fahne des Konservatismus auf dem Wahlfelde, gegen den Lieberalismuß zu kämpfen haben. In dieser Rede sagte der Pfr. viel Zutreffendes von der Nothwendigkeit der Volksbildung u. s. w. Aber die Lieberalen überhaupt nannte er Ante=Katholiken u. den Lieberalismus Ante=Christentum, da kann man sich denken was das für Folgen nach sich zieht, er hätte gründlich erklären sollen, wie er mit seinen Lieberalen verstanden sein wolte, dadurch hätte man die sogenannten Lieberalen in Au und Umgebung wenigstens in religiöser Beziehung nicht um das Vertrauen der Mitbürger gebracht. Doch das ist diesen Herren gleichgültig, sie müssen ja zuerst das Erdreich der Gemeinden auflockern um das Embrio der Zwiespalt hinein zu legen u. nachher, in dem sie zu helfen scheinen, blinde Kämpfer für ihre Parteiintreßen zu gewinnen.

Es wurde dann ein profisorisches Comite aus 5 Mitgliedern, nämlich Herr Pfr Birnbaumer, Herr Kurat Herzog, Herr Kaplan Sieber, Herr Dktr. Dünzer u. Herr Postmeister Gropper gewählt, das die Statuten zu entwerfen hat. Heute ist Statuten Beratung im nähmlichen Lokale. Nach dem dann die Statthaltereibewilligung eingeholt ist, erfolgt die Wahl zum definitifen Vorstande, u. ist der Verein ins Leben getretten. Merkwürdig ist, daß der Verein auf die Grundgesetze fußend, von der Päpstlichen Alocution verdammt u. die bürgerlichen Gesetze der Mitglieder nicht in die Bibliotek aufgenommen werden, noch besprochen werden dürfen, da nach dem schon ausgesprochenen Programme nichts vorkommen darf was gegen die Kirche oder von derselben nicht gebilliget ist. Die Alocution bringt eine große Verwirrung in die Leute. Herr Pfr. Rüscher setzte die Schoppernauer in Spannung, indem er am letzten Sonntage in der Kirche aus Bischof Rudegiers Hirtenbrief sagte, u. ihn wegen seiner Schärfe u. wahrhaft apostolischen Sprache lobte, er sprach die Hofnung aus, am heutigen Sonntage einen Hirtenbrief, über die neuen Gesetze, von unserem Bischof vorlesen zu können, wobei er dann, wenn etwas nicht recht verständlich sein sollte, Gelegenheit haben werde, es recht deutlich zu Erklären, auf dieses hin erwartete man heute eine rechte Kraft Brühe; aber der, vergleichsweise, gemäßigte Thon, in welchem Gaßner Schrieb, legte eine Dämmung auf die polter Saiten u. so steht jetzt der bessere Theil wieder in normalem Zustand. Die Landeszeitung verhält sich sehr Regierungsfreundlich zu der Alocution. Felders Verhandlung in Feldkirch wahr am 8 Juli, er wird Dir das Resultat selbst schreiben. In der Wahlangelegenheit ist noch nichts Öffentliches geschehen. Bär Mari hat am Freitag einen Engel gebohren, welcher heute in geweihte Erde Begraben worden ist.

Deine Base Serafina ist gestern auch von Ihrem Leiden erlöst u. in die Wohnung der Seligen aufgenommen worden, deren Leichnam Morgen in der Ahnengruft beigesetzt wird.

Sonst ist so viel ich weiß alles beim Alten, schaue nur Du die Herrlichkeiten u. Schönheiten des menschlichen Geistes recht an, damit Du uns wenn Du wieder kommst, recht viel zu erzählen weist u. bringe Reich u. Arm sauber Gedruckt mit nach Hause, damit wir uns an Deinem gelungenen Werke mit Dir erfreuen können.

Es grüßen Dich meine Schwestern u. mein Bruder Josef freundlich, Johann Josef Sennet in der Alpe Oberen, und auch unsere Mutter läßt Dich grüßen und von Herzen Dein Freund:

Joh. Kaspar Oberhauser.

Anekdote von den 2 Wäldern: nicht ermittelt.
Bischof Rudegiers Hirtenbrief: „Die Instruction des Bischofs von Linz, Franz Josef Rudigier, vom 12. 6. 1868". Im „Vorarlberger Volksblatt" veröffentlicht.
Gaßner: richtig Vinzenz Gasser, Fürstbischof von Brixen.
einen Engel geboren: eine Totgeburt gehabt.

Am 19. Juli 1868 machte Felder in Begleitung einen Ausflug zur Saline Dürrenberg und besuchte den landwirtschaftlichen Betrieb des dortigen Amtmannes Scharff, der ihn bereits aus der „Gartenlaube" kannte. Anschließend ging es nach Lützen zum Gustav-Adolf-Denkmal, abends war gesellige Unterhaltung mit Klavierspiel. Am 21. Juli fuhr Felder per Bahn nach Weimar zum Bibliothekar und Philologen Reinhold Köhler und besuchte die Bibliothek, wo er „still und sinnend" vor den Büsten Goethes und Schillers stand, wie sein Biograph Hermann Sander berichtet, und besichtigte deren Gräber in der Fürstengruft. Weimar sei für ihn an die Stelle Jerusalems getreten, das er in seiner Kindheit als den Weltmittelpunkt betrachtet habe.

FRANZ MICHAEL FELDER AN ANNA KATHARINA FELDER [UV.]

Leipzig den 20 Juli

Liebes Wible!

Ich bin immer noch in Leipzig und immer noch gern, wie furchtbar auch hier die Hitze sein mag. Morgen verreise ich, aber nicht heim, sondern als guter Katholik mache ich eine Wallfahrt gen Westen – nach Weimar zu. Köhler, den Du in meinem Album findest hat mich eingeladen. Bin ich wieder von da zurück und fallt nichts besonderes ein, so bin ich Freitags um 8 Uhr früh schon in Reichenbach, 2 Uhr Eger 6 Uhr in Regensburg, 10 Uhr Abends in München. Samstags gehts gen Lindau und am Montag oder Dienstag bin ich Abends daheim bei Dir und den Unsrigen.

Wärst Du oder wäre der Uhrenmacher am Samstag in Lindau so könntet ihr um 11 Uhr Nachts mich vom Bahnhof holen, doch ich höre, daß ihr mit Heuen noch nicht weit seid. Wartet nur bis ich komme, dann muß es gehen. Auch hieher ist mir das schöne Wetter nachgekommen, so daß ich ausgehen und ausfahren konnte. Gestern war ich mit Thieme, der mich von früh 5 bis Abens zehn Uhr mit Aufmerksamkeiten erfreute, wie es nur der reiche liebenswürdige Leipziger kann. Heute war ich bei Keil. Erst klopfte ich im Gartenlaubenschloß mit einem Schreiben an. Als Antwort kam ein Herein zurück und nun, drei Tage später bin ich dort gewesen. Keil selbst war nicht da, den treffe ich also erst vor der Abreise und er muß und wird ein entscheidendes Wort sprechen.

Hoffentlich läßt sich wieder ein ziemlich gutes Verhältniß herstellen. Ich werde mich um so mehr bemühen, da es mit der Grazer Gartenlaube bald alle sein dürfte, sie auch schlecht und gar nicht bezahlt. Mein Patriotismus hat auch seine Gränzen.

Von Groten Dick dem Übersetzer hab ich noch immer keine Antwort. Er scheint nicht daheim zu sein, wie ich und alle berühmten Leute. Nur Hirzel ist seit 10 Tagen da. Sonnabends speißte der ganze Club bei Dr Flügel. Nur Dr Meißner, der Artzt war nicht mit, denn der ist jetzt, seit die Blattern herrschen, ein gesuchter Mann. Er hat auch uns den Antrag gemacht uns wie viele Erwachsene zu impfen. Gestorben sind allerdings nur 40 Personen, was für Leipzig nicht viel heißt, aber vielen wird es bei der Hitze doch unheimlich.

Um mich ängstige Dich nicht. Ich bin, wenns geht wie ich rechne am Dienstag Abends daheim und sehe nach, wie ihr mit dem Saufleisch dran seid und wie unterdessen der Martinus gewachsen ist. Das Passionsspiel wandert herum, aber das Kohlerle soll nicht sorgen. Es ist in Händen die mit Büchern umzugehen wissen, wie mit Heiligenschmalz. Ich bring es wol noch nicht mit da meine Tasche sonst voll werden dürfte. Wenn ich am Dienstag noch nicht komm, so kommt bald ein Brief und meldet etwas, das ich jetzt selbst nicht weiß, nämlich einen Grund zur Verzögerung. Hildebrand will mich noch da behalten sonst wär ich schon daheim. Wenns am besten geht, sollte man aufhören. Ich wills jetzt auch und schließen. Es grüßt Dich die Mutter und alle Dein

Franz Michel Felder

Die Beilage an den Uhrenmacher

Thieme: Identität nicht eindeutig ermittelt.

Nach seiner Rückkehr aus Weimar erhielt Felder die Meldung, daß er sich am 30. Juli 1868 zur Verhandlung über die Wahlstörung in Bregenz einzufinden habe, so daß er sich an die Abreise machen mußte. So wichtig für ihn der Aufenthalt in Leipzig war, so sah er doch auch die Kehrseite einer Großstadt: An Josef Feuerstein in Bezau schrieb er am 8. Juli: „Die Kluft zwischen arm und reich, gelehrt und ungelehrt ist hier viel, viel größer als bei uns und fast vergeht einem die Hoffnung, daß sie bald gelöst werde, jene Frage, die ich für die wichtigste halte und in der ich alle andern sehe. Überhaupt scheint mir, ob man in unseren Bergen viel muthiger, hoffnungsvoller bleiben könne, als da, wo man entweder nur den glatten Boden und die sorglos hintanzende Menge oder nur den gähnenden Abgrund mit seinen Verlorenen sieht." An Moosbrugger äußerte er sich am 13. Juli in ähnlichem Sinn: „Von [zu] Hause hab ich endlich Nachricht erhalten. Ich wartete mit Schmerzen darauf, denn ich denke viel dorthin und nach Vorarlberg. Die Einsamkeit jener Berge und ein eigenes

Heim sind Wohlthaten, die man erst schätzen kann, wenn man sie entbehrt hat. Man ist viel mutiger, wo man einen Wirkungskreis hat, den man übersieht. Daher wol hier die vielen Klassengesellschaften, die aber leicht auch einseitig machen können."

Felder reiste über München und Augsburg nach Lindau, wo er am 29. Juli 1868 ankam. Am nächsten Tag fuhr er mit dem Dampfschiff nach Bregenz, wo die Verhandlung in der Wahlstörungsaffäre stattfand. Die Gegner wurden zu drei Tagen Arrest, Übernahme der Verhandlungskosten und 10 Gulden für die Schoppernauer Armenkasse verurteilt. Einer von ihnen, der alte Willi, erkundigte sich anschließend bei Felder, ob sie rekurrieren sollten oder nicht, wovon Felder abriet – ein bemerkenswertes Zeugnis für das Vertrauen, das er selbst bei seinen Gegnern genoß. Am 3. August konnte er an Moosbrugger schreiben: *„Meine Prozesse, wenn mans so nennen will sind nun zu Ende u ich kann trotz Müller mit den Erfolgen ziemlich zufrieden sein."*

Mitten in diese glückliche Stimmung fiel unerwartet ein unangenehmes privates Ereignis, ein Unfall seines ältesten Sohnes Jakob, der damals sechs Jahre alt war: *„– Nun wär ich daran gekomen Dir die Freuden des Wiedersehens zu schildern, aber eben hat mich mein Nachbar erschrekt, der meinen Jakob auf einem Karren heimbringt. Der Junge war mit ihm ausgegangen und da er schlecht beaufsichtigt war, fiel er über den Salzbacher Steg in die Aach gerade da, wo ich vor Jahren dem Tod so furchtbar nahe kam"*, schrieb er am 2. August 1868 an Rudolf Hildebrand.

Am 3. August berichtete Felder an Moosbrugger von seiner Freude über ein Schreiben seines holländischen Übersetzers Hendrik Frederik Willem Grottendieck (1836–1894), evangelisch-lutherischer Prediger aus Alkmaar, *„denn es ist mit Verständniß meines Werkes geschrieben* *und besonders mit einer Wärme die beim Holänder doppelt erfreulich ist.“*

H. F. W. Grottendieck an Franz Michael Felder

Alkmaar 30 Juli 1868.

Hochgeehrteter Herr!

Von einer kleinen Ferien-Reise wieder heimgekehrt, fand ich Ihre werthe Zuschrift aus Leipzig. Das zu hoffen, zu erwarten hätte ich nicht gewagt. Darf ich Ihnen dafür meinen aufrichtigen, herzlichen Dank bringen? Es war mir eine freudenvolle Überraschung.

Bei der Probe vom letzten Bogen Ihrer, nun gänzlich übersetzten, Sonderlinge lag auch Ihr lieber Brief. Sie haben mir damit gleichsam die Hand gereicht. Mir ist es ein Herzensbedürfniß Ihren warmen Handdruck zu erwiedern. Durch Ihre Dichtung, die mich so angriff, daß ich es wagen wollte, auch meine Landsleuten mit ihr bekannt zu machen, bin ich Ihnen herrliche Stunden und Tagen verschuldet. Bei der Übersetzung, beim Durchsehen der Proben ward Ihre Dichtung mir immer schöner, immer lieber. Fortwährend lernte ich sie besser genießen. Meine Anerkennung, meine Hochschätzung Ihres tiefen, warmen Blick im Menschenherzen nahm immer zu. Ihre warme Liebe für das wahrhaft-Göttliche im Menschen erwärmte auch mich immer mehr. Meine aufrichtige Verehrung für Sie, den kräftigen Kämpfer für Freiheit und Humanität, blieb immer wachsen. Aus Ihrer Dichtung wehte mir stets der heilige Gottesgeist zu, der überall in der Welt, bis auch in den tiefsten Winkel, den Menschengeist erhellt und erleuchtet, das Menschenherz erwärmt, das Menschenleben verherrlicht, die Menschliche Gesellschaft erhebt. Es war mir so innig wohl auch in Ihre Schöpfung aus dem Bregenzerwald den Flügelschlag desselben Geistes zu vernehmen, der immer durch die ganze Menschheit dahinrauscht, mit süßen Worten der Liebe, des Friedens, der Versöhnung kranke Herzen genesend, und dann wieder in breiten Strömen von den höchsten Höhen des Menschengeistes daherbraust, neue Kräfte, frisches Leben weckend.

Fremd sind Sie vielen Gebildeten unseres Volkes nicht mehr. Ihr geehrter Freund Dr Hildebrand, wird Ihnen schon gemeldet haben, wie Sie in der besten, gediegensten Niederländischen Zeitschrift besprochen und anerkannt sind. In kurzer Zeit wird auch Ihre Dichtung in meine Übersetzung erscheinen, und ich bin tief überzeugt, daß Vielen mit mir in unserem Lande Ihnen dafür danken werden, daß Sie uns in Ihren frischen Wälder- und Alpenleben, arbeiten, streiten, leben lassen, was unendlich Vielen Kopf und Herzen erfüllt, was den reichsten, größten Geister beschäftigt. Auch bei uns im hohen Norden werden dann auch gefunden werden, die den Vorarlberger in fernsten Südwesten Deutschlands die Hand drücken, als wollten sie sagen: „Sie sind Unser Einer, Sie wollen, wie wir, was wahr, schön und gut ist!"

In unserer Zeit, wo zwei Einander gegenüberstehende und doch Einander verwandte, Mächten, Jede für sich, den Menschen sich bemächtigen wollen, wo der praktische Materialismus an der einen Seite, der Geist und Herztödtende Formalismus auf die andere Seite, den Menschen zum Sklaven machen wollen, thut's Noth, daß da auftreten, die in Schrift und Wort und Lied, in Gleichniß, Ton und Farbe, in jede wahre, schöne Lebensform dem Mitlebenden zurufen, daß er noch höhere Aufgaben hat als die des Thieres, und daß auch nicht die Weltanschauung des Mönches die Gott-verherrlichende, Menschen-beglückende ist. Auch bei uns streiten Vielen diesen Kampf und von diesen werden Sie als Einer der Ersten, meist begabten Kämpfer erkannt und begrüßt werden.

Meine Übersetzung Ihrer Sonderlinge ist vollendet. Sie werden wohl von Ihrem Freunde Dr Hildebrand wissen, wie ich von Ihnen ein Bild wünschte. Das mir durch Ihn freundlichst zugesandte Photogram wollte ich durch Lithografie vervielfältigen lassen, damit meine Landsleute den Dichter der Sonderlinge und des Schwarzokaspale auch dem Äußeren nach könnten kennen. Die erste Probe aber, war, leider! nicht die glücklichste. Nun muß ich ein besseres machen lassen, deshalb wird die Herausgabe der Sonderlinge noch eine kleine Frist warten müssen. Sehr angenehm würde es mir sein, wenn ich wissen möchte wieviele Exemplaren ich Ihnen anbieten darf, ebenfalls, auf welche Weise Sie dieselbe zu empfangen wünschen, direkt nach Schoppernau, oder ...?

Recht viele Freude hat's mir gemacht, von Ihnen selber zu wissen, daß Sie dem Erscheinen einer neuen Dichtung entgegensehen. Wenn es möglich wäre, so möchte ich sie recht bald genießen. Wenn ich weiß, wo sie gedruckt und herausgegeben wird, will ich sie mir gleich kommen lassen, damit ich wieder bald eine recht schöne Freude erleben möchte.

Hochachtend und ergebenst
einer Ihrer aufrichtigsten Verehrern
H. F. W. Grottendieck.

in der besten, gediegensten Niederländischen Zeitschrift: P. N. Muller: „Franz Michael Felder. Sonderlinge. Bregenzerwälder Lebens- und Charakterbilder aus neuester Zeit." Leipzig: S. Hirzel. 1867. In: De Gids. Amsterdam, Jg. 32, 3. Serie, Jg. 6, Jänner 1868, S. 112-134. Grottendiecks Übersetzung von „Reich und Arm" erschien 1869 nach Felders Tod, ebenso wie eine friesische Bearbeitung der „Sonderlinge" von dem friesischen Nationaldichter Waling Dykstra: „De Frymitseler fen Jinsenbûrren" („Der Freimaurer von Jinsenbûrren"), sowie eine Übersetzung des „Nümmamüller" unter dem Titel: „Het Huisje aan de Brunnobeek" („Das Häuschen am Brunnenbach") von dem einer Wiedertäuferfamilie entstammenden Johannes Stephanus Simeon Ballot.

Politisch schlug der liberal-ultramontane Kulturkampf noch immer hohe Wellen: Seit Anfang Juli 1868 erregte die Agitation für und wider die Allokution des Papstes vom 22. Juni gegen die Aufhebung des Konkordats vom Dezember 1867 heftig die Gemüter. Am 1. August wurden die Gläubigen im Bregenzerwald aufgefordert, ihren „rechten Glauben“ unterschriftlich zu bekunden; in dieser Sache liefen auch zahlreiche Anzeigen bei den Gerichten ein. Gleichzeitig gingen die Kasinogründungen weiter, und am 11. August fanden Nachwahlen zu den Landtagswahlen vom 31. Jänner 1867 statt: In Bludenz gewann der ultramontane Dr. August Thurnher trotz seiner Versetzung nach Bruneck. Im Bregenzerwald gab es ernsthafte Bestrebungen, Moosbrugger oder Felder als Landtagskandidaten gegen die Ultramontanen zu nominieren, was in konservativen Kreisen beträchtliche Unruhe hervorrief, da beide als Demokraten „noch für viel liberaler als die liberalsten Liberalen“ gehalten wurden, wie Felder am 18. August an Moosbrugger schrieb. Felder wollte jedoch keine Zersplitterung herbeiführen und kandidierte nicht. Die Wahl im Bregenzerwald gewann schließlich der ultramontane Kandidat Pfarrer Bartholomä Berchtold, der Felder einst als „Ketzer“ angezeigt hatte, trotzdem aber ebenfalls Mitunterzeichner von Moosbruggers „Programm“ war, gegen den liberalen Advokaten Dr. Andreas Fetz: „Auf dem Heimgang von der Wahl wurden meine Freunde wie die von Gott Geschlagenen Sünder behandelt. Ich gieng ihnen bis Au entgegen und traf sie in einer Erregung, welche mich die Leidenschaftlichkeit des Wahlkampfes ahnen ließ.“ Moosbrugger mußte sich angesichts dieser Kräfteverschiebung zugunsten der Klerikalen das Scheitern seiner politischen Bestrebungen eingestehen und präzisierte am 22. August in einem Brief an Felder noch einmal seinen Standpunkt gegen die Liberalen: „Meine Meinung will ich mit demokratischem Freimuth hersetzen: Ich bin Socialdemokrat und hoffe es zu bleiben. Meine Bemühungen, eine socialdemokratische Partei in Vorarlberg in's Leben zu rufen sind bekannt. Ich wollte es nicht auf Grund einer materialistischen Lebensanschauung, wie dieß bei der Socialdemokratie sonst leider der Fall ist, sondern auf Grund der kristlichen Weltidee. Ich wendete mich daher nicht an die durch die materialistische Bourgeoisie materialistisch gewordenen Massen, sondern an die Leute, die ich für die allumfassende kristliche Idee mehr empfänglich hielt. Der Erfolg war leider ein sehr geringer. Die Leute, die da mit dem Kristentum groß thun und bei denen jedes zweite Wort ‚Katholizismus' ist, sind so engherzig und so selbstzufrieden, daß vielleicht noch leichter die liberalen Bourgeois' aus ihren Begriffs-Kerkern herauszubringen wären. Ich war letzten Sonntag bei dem Casino-Fest in Nenzing, wo bei 3000 Menschen und die Koriphäen unserer s g Ultramontanen waren und letztere laut und vernehmlich sprachen, aber nicht ein Wort fiehl für die Armen, Hülfsbedürftigen. Die reine Reaktion ist da Losung, und Alles läuft darauf hinaus, die ultramontane Bourgeoisie zu stärken und zu organisiren, um so der liberalen Bourgeosie Meister zu werden. Die Herrn in beiden Lagern wollen eine Welt für sich, die große Weltströmmung ist für sie wie nicht vorhanden. Genauso scheint mir die Stellung der ‚Ultramontanen' und ‚Liberalen' in ganz Cisleithanien zu sein und – nur große Katastrophen können eine Änderung zum Bessern herbeiführen."

Zu diesem Rechtsruck in der Politik kam für Felder eine private Katastrophe: Ende August erkrankte seine Frau Nanni schwer. An Moosbrugger meldete er am 25. August: „In unser schönes ehliches Leben sind die ersten trüben Tage gekommen. Mein gutes Wible ist letzte Woche bedeutend erkrankt. Es leidet an der Bauchfellentzündung, und bisher hat sich sein Zustand nur verschlimmert." Felder mußte zum Heuen nach Hopfreben, wo damals gerade Pfarrer Stockmayer zur Kur weilte, seine siebzigjährige Mutter pflegte Nanni und die fünf kleinen Kinder. Für eine ausführliche Stellungnahme zu Moosbruggers politischen Grundsatzerklärungen hatte er nicht die innere Ruhe.

FRANZ MICHAEL FELDER AN KASPAR MOOSBRUGGER

Schoppernau, den 28/8 [1868]

Lieber Freund!

Deine beiden Sendungen hab ich erhalten. Daß ich schon alles durchgesehen kann ich aber nicht sagen. Nur den Brief hab ich mir zu Gemüthe führen wollen, doch Kopf und Hand waren immer wieder beim kranken Wible immer redete sein Fieber in Deinen Vortrag hinein und heute muß ich Dir von ihm, vielleicht nur von ihm schreiben. Die Bauchanschwellung hat sich bald nach Abgang des letzten Briefes verloren. Das Dökterle redete gleich vom Nervenfieber, was ich bald nur zu sehr bestättigt fand. Am Dienstag schon verschlimmerte sich ihr Zustand von Stunde zu Stunde. Abends schon im furchtbarsten Fieber nahm sie Abschied vom Leben, empfahl mir die Kinder und es gelang mir kaum, die Aufgeregte zu beruhigen. Auf andere hörte sie gar nicht. Sie verlangte den Pfarrer Stockmaier, der sie Abends 12 Uhr mit allen Sterbsakramenten versah. Nacher war die Aufregung, das Fieber noch ärger. Ich habe da eine furchtbare Nacht erlebt. Am Mitwoch schlief die Kranke, ihr häufiges Erwachen war immer schrecklich. Mir wollte sie alles sagen was sie drücke und nur mit Fragen nach dem und jenem Hausgeräth konnte ich sie auf ruhigere Gedanken u wieder zum Schlafen bringen. Gestern endlich gab es wieder etliche bessere hellere Stunden u das Fieber stellte sich erst Abends wieder ein. Die Nacht war schlaflos. Heut klagt sie über Schlaf ohne zur Ruhe zu kommen.

Eben hab ich sie in mein Bett gebracht, weil sie dort viel besser und *sicherer* ruhen zu können meint. Das ist auch schon früher vorgekommen. Das Dökterle hofft, es werde wieder besser, doch kommt es täglich 2 Mal herauf.

Die Isabell wird, da ich nun eine Wärterin habe, die nächste Woche kommen und Dir *vielleicht* auch eine Antwort auf Deinen Brief mitbringen, deren Grundgedanken Du errathen kanst. Ich liebe mein enges Vaterland, welches mir mit dem armen Wible vielleicht eines seiner besten – Güter und Wesen ließ aber mit der Pflege speziellen Vorarlbergertums kanns nicht gehen und gerade der Demokrat muß nicht seine Allirten durchaus auf heimatlichem Boden suchen. Ich beklage mit Dir die Haltung u das Wesen der sg Liberalen und verdamme das Ultramontane. Auch ist mir klar, daß von *außen* ein Stoff geworfen werden muß, um die gesundern Theile beider Massen frei zu machen und als dritte Gruppe kräftig zu vereinen. Doch für heut muß ich Dich leider auf meine gedruckte Klarstellung, auf Reich und Arm vertrösten.

Am Gründungsfest des Auer Kasino haben wider Gesetz u Ordnung alle die Baiern u Badenser Gäste Reden gehalten, mit denen man den Bauern imponieren will, auch der Preußenfresser Dr. Lindau. Das Deutschtum ward – nach Dökterles Bericht – verhöhnt, das Handwerk, die Arbeit beschimpft, indem es lächerlich dargestellt ward, wenn Schweinhirt und Schneider mit über die Schule reden wollten. Das Ganze scheint so gewesen zu sein, daß man gern die Hände in Unschuld wäscht.

Beckers Schrift über Lassalle ist sehr interessant in mancher Hinsicht. Isabell bringt sie mit. Daß er Katholik werden wollte ist also richtig.

Das Schlußwort scheint mir manches Beherzigenswerthe zu sagen. Mit Deinem Urtheil über Fetz u Feurstein bin ich – wie mein letzter Brief zeigt – einverstanden. Ich habe *für* Fetz keinen Schritt gethan, aber wir waren gegen Berchtold, von dem ich eben eine Hintertreibung unserer Schritte besorge.

Doch ich muß schließen anderes ruft mich

Mit Gruß und Handschlag

Dein Freund

Felder

Nervenfieber: hier: Typhus.
Dr. Lindau: Eifriger Agitator aus Baden im Interesse der Kasinobewegung.
Beckers Schrift über Lassalle: Bernhard Becker (1826–1882), Lassalles Nachfolger im Präsidium des Arbeiter-Vereins und Gegner des Staatshilfe-Gedankens von Lassalle, verfaßte 1868 eine Schrift: „Enthüllungen über das tragische Lebensende Ferdinand Lassalles. Auf Grund authentischer Belege dargestellt.“ Lassalle starb an den Folgen eines Duells um seine adelige Geliebte.

Franz Michael Felder an Kaspar Moosbrugger

Schoppernau den 31/8 [1868]

Lieber Freund!

Dein theilnahmevolles Schreiben hab ich gestern Sonntag erhalten. Leider ist der Zustand der Kranken bisher immer schlimmer. Wol hat sie ruhige Augenblicke, an die meine Schmerz umnachtete Seele sich halten möchte, aber bald ist der Sturm des Fiebers wieder da und wühlt in ihrem und meinem Innern.

Gestern sagte mir der Artzt. Die Krisis sei nun eingetretten und bis heute müßte sichs entscheiden. Gegen Abend war die Kranke so ruhig wie selten. In der Nacht durchschauerte es ihren Körper, ihr Athemholen war am Steigen und Sinken der Bettdecke zu sehen und in Pausen der Ermattung betete sie ein Bruderschaftsgebeth. Als ich und die Mutter ans Bett kamen, begrüßte sie uns mit einem Jubel der mir, wie noch nie etwas in die Seele schnitt.

Am Morgen schickte ich zum Dökterle, welches den Zustand bedeutend weniger hoffnungslos finden wollte. Augenblicklich liegt sie ziemlich ruhig. Für Deinen Antrag die Isabell zu behalten, bin ich sehr dankbar. Ich werde nicht länger davon Gebrauch machen als ich muß. Hoffentlich kommt sie in einigen Tagen, und meldet Dir, daß nun die Krisis glücklich überstanden. Oder sie meldet – etwas Anderes.

Freund ich bin in einer furchtbaren Lage!

Daheim war ich glücklich. Da konnte der Sonderling sich wohl sein lassen wie andere Menschenkinder, da ward er verstanden, und nun auf einmal sollte das aus sein, alles aus, nichts mehr da als 5 unerzogene Kinder, die nicht mehr der Mutter klangvolle Stimme heim ruft.

Es ist schrecklich ungeheuer.

Zum Troste kann ich mir nur sagen, daß nicht ich, daß niemand daran schuld. Es kam wie das Leben und wie sonst so viel Gutes. Es kommt auch aus der nämlichen Quelle und wird also mit mein Theil sein. Nun ich will auf den großen Allgeist bauen in dem wir leben weben und sind. Bethen – recht ganz bethen kann ich leider nicht. Ich hab es im Unglück nie können. Nur Gott danken kann ich recht von ganzer Seele wenn ich wieder aufathme.

Morgen oder ganz bestimmt übermorgen will ich Dir wieder schreiben.

Lebe wol bis dahin und gedenke Deines tiefgebeugten Freundes

F M Felder

FRANZ MICHAEL FELDER AN RUDOLF HILDEBRAND

Schoppernau den 31/8

Lieber lieber Freund

Ich kann Dir heut nur ein Wort schreiben:

Mein Wible ist gestorben!

Ich hab es verloren, ich und meine 5 Kinder.

Weint ihm nach mit mir. Ich hab meinen Schutzengel alles alles verloren. Weint, weint, weint mit eurem

trostlosen Freund

Franz Michel.

Die Diagnosen über die Todeskrankheit von Felders knapp dreißigjähriger Frau sind – entsprechend dem gering entwickelten Stand der damaligen medizinischen Kenntnisse – nicht ganz eindeutig: Bauchfellentzündung, Nervenfieber (Synomym für Typhus), und im Totenschein der Pfarre „Typhus"; es sind allerdings keine anderen Fälle dieser ansteckenden Krankheit in Schoppernau vermerkt. Moosbrugger fügte Felders Brief vom 31. August später folgende Randnotiz bei: „Dieser Brief konnte von Felder nicht mehr auf die Post gebracht werden, das arme Wible starb noch am nämlichen Tag und Nachts kam ein Bothe mit der Nachricht. Den folgenden Tag eilte ich mit ihm nach Schoppernau und traf das Felderhaus über und über schmerzerfüllt. Bei dem Begräbniß war ich an Felders Seite und als die Todtengräber die ersten Erdklumpen auf den eingesenkten Sarg kollern ließen, streckt Felder die Hand aus und sagt: Jz ist as us und mit mir ou. [Jetzt ist es aus und mit mir auch]. Sein Schmerz war herb, hart, unzugänglich. Ich half ihm noch zu einer braven Haushälterin, einer unserer Anverwandten, die im folgenden erwähnt wird und gleich in ihre neue Stellung eintrat." An Moosbrugger schrieb Felder später, am 24. September 1868, über die Reaktion seiner Gegner auf Nannis Tod: „Die Rüschersche Partei – deren einzelne Mitglieder jubelten, während meinem guten Wible die Sterbglocke geläutet wurde, verfällt immer mehr der Gemeinheit, die alle bändigt." Felders neue Haushälterin wurde Maria Anna Moosbrugger (1847–1875), genannt Mariann, eine Tochter von Kaspars Bruder Josef Anton aus erster Ehe.

Am 3. September begann Felder Tagebuch zu schreiben:

Am 3. September

Mein Wible ist fort. Ich höre nicht mehr der vollen Stimme Silberklang aus der Küche herüber. Fremde befehlen meinen Kindern, und nie nie mehr bettet Mutterliebe sie weich. Und ich? Am 9 Jäner 1860 began ich das Buch des Schmerzens und erzählte ihm alles, bis Nani kam und mich erhörte. Das war am 4 Februar 1861 an einem schönen Tag, so heiter, wie die, welche ihm folgten bis auf den letzten Montag, den 31 August 68.

Drum hab ich auch in der Zeit nicht ein Tagbuchblatt verschrieben.

Nun stehe ich wieder alein, alein für fünf liebe Kinder, für die ich so gern tun möchte, was ihre Mutter verdient hat. Jakob kam am 18 Juni 1862, Kaspar am 22 August 63, Maria Katharina am 29 März 1865, Hermann am 12 Juni 1866, Martin am 8 März 1868. Der liegt in der Wiege und weiß noch nicht, was alles er verlor, als dieses edle Herz zu schlagen aufhörte und ich neben ihr doppelten und vierfachen Tod ausstand. Heut soll noch eine Magd auf ihren Platz kommen, mir ist bang, wenn ich auch viel Gutes von dem Mädchen höre.

5 September

Der Himmel schickt heitere Tage. Da läßt sich mancher eingebildete Kummer verschwitzen, ein so herbes, tiefes Leid aber, wie es mich traf bringt man nicht weg, wie man auch den Körper anstrengt. An jeder Stelle muß ich neu von ihr Abschied nehmen, die, wenn mir auch nicht zur Seite, doch immer gegenwärtig war.

Wibles Stellvertreterin ist da. Es war eine Art Heldenthat von dem zarten Kinde, daß es her kam. Scheu aber war es, und doch zitterte in der Hand, die es mir zum Gruß reichte, die Absicht, einen Händedruck allenfalls nicht unerwiedert zu lassen. Wir besprachen uns länger hier in meinem Wingolf, und ich fand ein reiches Gemüt. Das Herz meiner Kinder und auch die Mutter hat Mariann sofort gewonnen.

Felder erhielt zahlreiche Beileidsbriefe von Freunden, Verehrern und Bekannten, der für ihn wichtigste war aber der von Rudolf Hildebrand vom 4. September, der ihm den Vorschlag machte, sich an die Ausarbeitung einer Autobiographie zu machen: „Du aber, liebster Freund, sei tapfer, und sorge vor allem für Deine eigne Gesundheit. Du hast mehr Hilfsquellen in Dir als tausend Andre – das wirst Du in diesem Falle auch empfinden. Sobald Du Dich und Deine Stimmung wieder hast, wie wärs wenn Du jetzt an die Ausarbeitung Deiner Biographie giengest? Du könntest ja abbrechen wenn Du möchtest, und es liegen lassen bis auf gelegene Fortsetzung. Aber Du würdest da recht dankbar und deutlich gewahr werden, wie wunderbar durch die schwersten, ausgesuchtesten Hindernisse hindurch Dich eine höhere Hand, ein höherer Beruf geführt hat, und zwar auf eine Höhe, die denn doch zumal bei Deinen Jahren schon eine ganz respectable ist. Muth, Felder Du mußt noch weiter. –“ Felder antwortete am 10. September: „Dein Vorschlag, eine Biografie zu schreiben, kommt mir wie eine höhere Eingebung. Das ließ Gott Dich denken. Schon heut hab ich mich oft an dem Gedanken erbaut. Etwas muß ich gleich nach dem Heuen anfangen, und zu künstlichen Geweben fehlt mir die gehörige Spannkraft.“

Hildebrand berichtete am 27. September, daß die Korrekturen zu „Reich und Arm“ abgeschlossen seien und daß eine französische Übersetzung der „Sonderlinge“ durch einen Professor Lévy, Schwager des seit 1868 mit ihm befreundeten französischen Linguisten Michel Bréal, in Vorbereitung sei, der außerdem in der Pariser Presse für Felder wirken wolle; zum Erscheinen dieser Übersetzung kam es allerdings nie.

FRANZ MICHAEL FELDER AN RUDOLF HILDEBRAND

Schoppernau den 1 Oktober

Lieber Freund

Ein Monat ist nun vorüber seit dem Traurigsten Tag, der traurigsten Zeit meines Lebens, das doch nicht arm war an innern und äußern Kämpfen. Es ist ein langer Monat gewesen Freund, aber doch nicht so, wie ichs mir hätte denken müssen, wenn ich überhaupt an so etwas einmal gedacht hätte. Aber das alles kam ja, wie ein Blitz aus heiterm Himmel, ungerechnet und unbegründet. Ja ich hätt einmal mit allem hadern, von allem weglaufen mögen. *Nani* starb so still weg, daß ichs lang nicht glauben konnte. Der Tod hatte ihr Gesicht so schnell entstellt daß man sie nicht mehr gekannt hätte nach wenigen Stunden und das war mir noch fast lieb. Ich schied leichter von ihrem Sarge.

Zur Beerdigung hatten sich trotz der drängenden Feldarbeit viele Theilnehmenden eingefunden. Es war einer jener tiefblauen Tage, denen die Selige so froh entgegenzujubeln pflegte. Während mehrere Priester in der Kirche sangen und Messen lasen für das Honorar von Reich und arm. (Nur wer unsere zusammen ausgestandene Noth kennt, kann sich diesen Gedankengang erklären.), über das Nanni sich so sehr gefreut hatte, standen ich und Moosbrugger auf dem frischen Grab und weinten. Ich mußte an den sauern Weg bitterster Entbehrung denken, den sie mir fröhlich und vertrauensvoll herauf klimmen half. O wie wenig hatte ich ihr zu biethen vermocht für den stolzen Glauben, die feste Hoffnung auf mich. Wol konnte ich mir nichts vorwerfen. Wir haben uns keine einzige böse Minute gemacht, aber immer wars der Sporn meines Strebens gewesen, einmal mit ihr aus düsterer nebliger Tiefe heraus zu kommen in liechtere Höhen. Nun fehlte mir alle Lust zum Leben und Schaffen, es fehlte mir alles, alles. Mehr als mein Schwager hat mich der Anblick meiner Kinder getröstet. Gleich nach dem Gottesdienst gieng ich mit den Angehörigen Nannis nach Au. Im Rößle aßen wir Mittag, dann suchte ich mit Moosbrugger Mariannen auf. Eine wohlgesetzte Anrede vermochte ich nicht zu halten an das Mädchen, aber es versprach zu kommen und ist nun da und ich danke Gott daß es da ist.

Mit Hirzels Artikel in der Zürcher Zeitung hat mir derselbe einen herzlichen Brief und Scheffels Ekkehard zugeschickt, den mir dann Mariann sofort vorlas. Nächstens – sobald wir mit Lessings Nathan fertig sind, gehen wir an Reich und Arm. Mit meinen Erinnerungen (Selbstbiografie) hab ich angefangen, und zwar recht gründlich. Wenn ich meine Entwickelung und Verwickelung durchweg so gebe, wirds wol ein so umfangreicher Band, wie Reich und Arm. Und doch glaub ich das zu sollen wenn ich überhaupt etwas geben will.

Übrigens geht die Arbeit doch etwas langsam, wenns mir schon gerade nicht an Zeit fehlt. Ich werde wol nicht in einem Zuge fertig machen, denn hundert Gestalten und Bilder drängen sich mir auf. Vergessene Freunde besuchen mich in meiner Einsamkeit und rufen allerlei wehmütige

Stimmungen in mir wach, denen ich Gestalt und Form geben möchte. Gern will ich hören, was unterdessen Du und Flügel erlebt. Ich hab Euch in Gedanken begleitet. Laß mir ihn und alle grüßen, die sich mir freundschaftlich erwiesen, besonders die Deinigen, das Hinterhaus von A bis Z und den Klub.

Kasinomitglied bin ich nicht und auch meine Freunde haben sich ganz nach meiner Weisung verhalten. Die Geschichte nimt hier überhaupt – wie es scheint – in kurzer Zeit ein schäbiges Ende. Ich denke das Ganze gelegenheitlich in einem politischen Tagblatt zu schildern. Die Grenzbothen würdens schwerlich aufnehmen, obwol der Kasinoschwindel gerade für euch da oben recht interessant sein müßte.

Daß ich mir so eine Versammlung selber bei Liechte besah, kannst Du Dir noch eher denken als das Aufsehen vorstellen welches mein Erscheinen machte. Pfarrer Birnbaumer, der Gründer sah mit Zähneknirschen, wie meine frühern, von ihm übertölpelten Freunde sich um mich versammelten und in ihrer Unschuld mich mit drin haben wollten um jeden Preis, daß es doch ein wenig Leben gebe. Ich aber will der Sache kein Leben geben und vermeide daher jede Opposition. Jetzt ist das überhaupt die Haltung der Freisinnigen bei uns. Auch die der Feldkircher Zeitung, die nun wieder einen besseren Leiter hat.

Wenn einmal dem Schillerverein gegenüber etwas geschieht, so sei so gut, es mir zu melden. Früher aber hoffe ich etwas von Deiner Zukunft zu hören. Vergnügungsreisende hielten die Unterstützung des Wörterbuchs für eine ausgemachte Sache. Schreib mir doch, wie es steht.

Es dunkelt, aber ich muß Dir doch noch sagen, daß – mich nun auch der Uhrenmacher verläßt. Er verdient hier nicht viel im Winter und zieht daher nächste Woche nach Alberschwende. Er ist Vater geworden und sein wenige

Tage nach Wibles Tod geborenes Kind heißt *Nanni.* Also wieder eine treue Seele weniger, dafür? aber zählt sich das Dökterle zu aller Erstaunen wieder zu meinen Freunden und begegnet mir wirklich in der herzlichsten Weise.

Seine Schritte gegen mich und den ins Kasino nennt es öffentlich Dummheiten eines gutmütigen Tröpfleins. Nun, das ist hier noch manchem so gegangen, aber das Dökterle hätte doch klüger sein sollen.

Dein letzter Brief sammt Beilage hat mich sehr gefreut. Ich will Dir Letztere bald übersenden. Könntest Du mir nicht meinen Grenzbothen-Artikel noch schaffen. Seyffertitz hat das letzte meiner Exemplare dem Minister Herbst gegeben, und sich einfach entschuldigt.

Mariann bittet, Dich grüßen zu lassen. Herzlichen Gruß auch von mir Dir, Deiner Frau und allen den unsern, Karl Lipold Lotze, Hirzel Thieme u a von Deinem

Franz M Felder.

Am 8. Oktober 1868 zeigte Salomon Hirzel Felder das Erscheinen von „Reich und Arm" an. Felder erhielt in dieser Zeit nicht nur zahlreiche Beileidsbekundungen, auch über sein weiteres Schicksal als Schriftsteller machte man sich Gedanken: Der Ministerialrat und Chef des Departements für Landwirtschaft (Ackerbauministerium) in Wien, Wilhelm Philipp von Hamm (1820–1880), Dr. phil. und selbst Verfasser einschlägiger Fachpublikationen und belletristischer Beiträge, hielt sich im Oktober im Bregenzerwald auf und nahm an der Generalversammlung des landwirtschaftlichen Vereins teil, wo er die Preisverteilung für Nutztiere und landwirtschaftliche Erzeugnisse vornahm. Mit Josef Feuerstein unterhielt er sich über Felder, worauf ihm dieser „Reich und Arm" übersandte. Hamm machte ihm den Vorschlag, gegen Bezahlung landwirtschaftliche Reformromane zu verfassen, Felder schilderte ihm seine

Notlage und wandte sich schließlich auf Anraten von Hamm und Josef Ritter von Bergmann an die Schillerstiftung um Unterstützung.

Franz Michael Felder an Philipp von Hamm [Entwurf]

[Schoppernau, 16. 10. 1868]

Verehrtester Herr Ministerialrath

Aufgemuntert durch die Theilnahme die E W den Bestrebungen meiner Heimat und den Verhältnissen ihrer fleißigen Bewohner zuwenden, wage ich es, Ihnen in beiliegender Erzählung ein Spiegelbild unserer socialen und wirthschaftlichen Zustände zu übersenden. Der Entschluß, es zu thun, stand fest, noch bevor mein verehrter Freund Feuerstein mich durch seine Mittheilungen aus einer mit Ihnen gehabten Unterredung erfreute. Nun aber erfasse ich um so schneller und mutiger die Hand, welche Sie dem schwer Geschlagenen Sorgenbelasteten gütigst reichen.

Noch bin ich nicht dreißig Jahre alt, aber ein Leben voll Kampf, voll blutsaurer Arbeit und bitterster Entbehrung liegt hinter mir, ein Leben, wie es wol schon halbe Jahrhunderte eines Menschenlebens ausfüllte und manches Haupt bleichte. Oft und oft hat die blasse Sorge liebere freundlichere Gestalten verscheucht die dem Einsamen in seinem Arbeitszimmer, seinem Wingolf erscheinen und mich dem Jammer des Alltagslebens entrücken wollten. Unverstanden, der Umgebung ein unheimliches gefürchtetes Räthsel, schloß ich mich um so inniger an die, deren Herz für mich schlug. Ein edles großes Weib ward mein ganz mein und eine Mutter umgab den Sonderling mit ihrer Liebe ihrer Sorge, ihrem Gebeth. Friedlich und froh bearbeiteten wir zusammen unser kleines überschuldetes Gut die freien Stunden aber, die ich mir abkargte oder auf

Unkosten der Meinigen gewann und die Nächte waren edlerer Beschäftigung, waren dem gewidmet, was immer meine Erhebung mein Trost meine Erbauung war. Was meine Landsleute mir dem Unverstandenen in den Weg legten, vermochte nicht mich zu verbittern. Mein Auge und mein Herz blieben offen für des Volkes leibliche und geistige Noth. Doch Sie wissen wol von meinem Freunde Feuerstein, wie ich bemüht war, hier den Vereinsgedanken zu verwirklichen. Es ist mir manches gelungen und das war mir immer ein Trost wenn häusliche Sorgen, für die erblindende Mutter, die siebzigjährige Witwe, meine Frau, die mir Auge und Hand, Hausmutter und Magd war, oder die unerzogenen fünf Kinder mich niederdrücken wollten.

Unter diesen Verhältnissen sind sowol die Sonderlinge als auch reich und arm entstanden und – ich möchte sagen – mit meinem Herzblute geschrieben, geschrieben unter tausend Sorgen und Kämpfen mit Schwielenbedeckter Hand.

Und nun, als ich einmal aufathmen wollte, da erkrankt meine Frau und stirbt.

Ich habe das wie einen furchtbaren Riß durch mein ganzes Wesen empfunden. Was man sagte, mich zu trösten, war vergebens. Wie ich früher im Hingeben ans Allgemeine alein überwinden konnte, was als Last sich auf mein Einzelleben legte, so vermochte auch jetzt nur das Hinausleben aus mir selbst meinem gebrochenen Wesen wieder einige Spannkraft zu geben. Als ich in der Zeitung las, das Vereine, dem von mir ähnlich, mit einem veranlaßten Preise bedacht werden sollen [Text bricht ab]

Am 24. Oktober fand in Bezau die erste Jahresversammlung des Käsevereins für den Inneren Bregenzerwald statt, dem damals 24 Sennereien angehörten. Bei dieser Versammlung wurde der Preis für die Wintermilch (18 1/2 Pf. per

Maß) festgelegt, ein laut Felders Aussage sehr günstiges Resultat. Es gelang erstmals, dem bisherigen Monopolisten Gallus Moosbrugger den Preis zu diktieren und ihm eine bedeutende Anzahl von Milchlieferanten abzuwerben.

Felder ging auf Einladung von Feuerstein Anfang November für einige Wochen nach Bezau und arbeitete dort an seiner Selbstbiographie. Mit Moosbrugger korrespondierte er vor allem über „Reich und Arm", dessen versöhnlicher Schluß Moosbrugger als „Lösung der sozialen Frage" in keiner Weise befriedigt hatte: der reiche Krämer als Vertreter des Kapitals geht freiwillig in den Tod, als er sein Enkelkind aus einem brennenden Haus, das er selbst angezündet hat, rettet; eine Doppelhochzeit löst alle sozialen Probleme, und „Reich und Arm" arbeiten fortan unter ausdrücklicher Billigung des Gemeindevorstehers in einer Art Genossenschaft zusammen. Schon am 4. November 1868 hatte Moosbrugger an Felder geschrieben: „Ich war wirklich gespannt auf Deine Lösung der socialen Frage u. habe theilweise mit derselben bereits gerechnet. Diese Lösung kann ich aber nicht als Lösung ansehen u. muß das Buch als für die bürgerlichen Leser u. Ästhetiker allerdings geeignet, nicht aber als dem armen Arbeitsmann sonderlich dienlich ansehen. Unsere Bourgeoisie /:die Krämer:/ hat die Staatseinrichtungen u. Gesetze für sich u. es kommt wohl nicht vor, daß das Gewissen sie ins Feuer treibt, wie Deinen Krämer. Die Weltgeschichte weist kein einziges Beispiel auf, daß eine privilegirte Klasse so freiwillig abgetreten ist." In einem Brief vom 6. Dezember hatte er diese Kritik mit einem Hinweis auf den Schauplatz Au, sein Heimatdorf, noch einmal unterstrichen, in dem im Jahre 1585 die Angehörigen einer Wiedertäufergemeinde teils hingerichtet, teils zur Auswanderung nach Mähren gezwungen wurden: „Welchen unerbittlichen Trotzes ein

Auer Proletarier fähig ist, weiß ich, wenn ich mich selbst anschaue, u. diese Proletarier können nicht bloß, sie müssen sich verschwören, wenn sie ihre Blutsauger kennen u. die Mittel, sie zu bewältigen; sie werden auch nicht lange warten, wenn sie den vom Dämon gepeitschen Krämer zum Brandstifter werden sehen, bis er in die Flamme springt, sondern werden ihn einfach hineinwerfen u. die Fähigkeit erweisen, Organe der rächenden Nemesis zu sein. Wenn man im Jahre 868 ein Buch schreibt ‚Reich u. Arm' u. die Handlung in die Au verlegt, so gebiethet der Ruf eine großartige Behandlung u. sollte keines Schillers bedürfen. –"

Franz Michael Felder an Kaspar Moosbrugger

Schoppernau den 11 Dezember [1868]

Lieber Freund!

Heut ist großer Briefschreibetag. Schon mehr als ein halbes Duzend liebe Menschen hab ich angeredet. Du kommst zuletzt, gerade wo das Plauderstündlein angeht. Mein Reich und Arm hast Du etwas mitgenommen. Ich muß mir das schon gefallen lassen, den Bücher werden geschrieben daß man sie lese und überlege. Sie sind daher schon nicht umsonst, wenn sie nur Material bringen und Fragen anregen. In der Beziehung tadelst Du mich nicht und hättest wol auch keinen Grund, denn es dürfte kaum ein Blatt ja wol keine einzige Seite sein, worauf der Titel nicht paßte. Auch menschliche Gerechtigkeit – die des Geschichtschreibers findest Du geübt indem Licht und Schatten ziemlich gleich auf beide Seiten vertheilt sind. Am grellsten hab ich die Mitte – d h die Kluft zwischen Reich und arm beleuchtet die Entsittlichung die der gesellschaftliche Gegensatz schon auf den einfachsten Menschen ausübt. Das hätte von Dir Erwägung verdient. Wenn Du das Ganze von diesem Gesichtspunct betrachtest könntest Du zugestehen: Es ist alles gesagt oder doch angedeutet.

Aber die Lösung ist Dir zu – ästhetisch? Du wolltest auch dort noch die Entartung des Menschen gezeigt, Du forderst jene höhere göttliche Gerechtigkeit, welche man dem Dichter zuspricht und mit Recht denn wenn sie nicht da ist, fehlt alles.

Ich hoffe und wünsche daher daß wir sie finden. Freilich suche ich mit dem Auge des Ästhetikers, aber laß mich jetzt machen.

Du giebst schon zu, daß in Wirklichkeit eine Verbesserung der socialen Ordnung in einem Kunstwerke nur innerhalb der sittlichen Weltordnung gezeigt und angestrebt werden kann. Diese Weltordnung beruht auf dem Satze: Was du nicht willst, thu andern nicht, auf den Pflichten gegen den Nächsten, und auf den Verbothen z B du sollst nicht tödten. Sage mir: Welchen Eindruck machte es, wenn das Volk sich rächte statt daß den Krämer die Furcht vor dem selbstgeschaffenen Gespenst ins Verderben treibt. Ich bleibe dabei das ist Arbeit des Dramatikers, das große Trauerspiel der Gegenwart zu schreiben. Heute würde das Pfaffentum auf dem Grabe jubeln. Ein Trauerspiel wärs noch trotz dem Jubel am Ausgang, aber *wer* gewinnt wenn man es schreibt? Die *Bourgeoisie.*

Wenn das Volk *mein* Buch läse, könnte es denn nichts daraus lernen als warten, bis ein Krämer ins Feuer springt? Dann wärs freilich umsonst, im Roman eine Frage zu bearbeiten. Ich denke, man sollte dem Volk nicht zu sehr voraus eilen. Und der Bourgeoisie und dem Pfaffentum möchte ich keine Waffen in die Hand geben. Ich schrieb auch das Kapitel „Im Wald“ aber ich stellte es nicht an den Schluß. Die Leidenschaft des Rachegefühls wecken wollte ich, sie auch befriedigen durfte ich nicht.

Unser Vetter Bruggmüller in Egg ist nun 2 Mal nach Amerika u 2 Mal zurück und ist noch immer groß vor dem Herrn, obwol er am Vater zum Mörder, an der Mutter zum Dieb wurde und Weib und Kind dem Schicksal preisgab.

Und der Kronenwirth in Bezau!

Aber ich will Dich verschonen mit unsern ungestraften Erbärmlichkeiten und auch zu Ende eilen mit meiner Selbstkritik obwol ich Dir noch vieles sagen möchte und nicht ungern meinen Roman dem Schweizerschen gegenüberstellte. Der reißt alles nieder und läßt am Schluß die Bourgeoisie obenauf, um im Leser das Gefühl der Rache zu wecken. Dabei zeigt er die Erbärmlichkeit der Bourgeoisie in ihrem gegenwärtigen Stadium. Das ist nicht ästhetisch und wirken thut es schon darum nicht, weil es nicht gelesen wird obwol der Preis auf ¼ herabgesetzt wurde. Schweizers Kapitalisten sind *nur* Unmenschen Narren, Wüstlinge und Wucherer, Menschen sind es nicht und der Roman will doch auch einige Menschlichkeit damit das Interesse erhalten bleibt. Der Krämer geht unter im Kampfe gegen das Menschliche in sich weil ihm die Umgebung noch nicht gewachsen ist. Hättest Du es gerechter gefunden, die Andern Mörder werden zu lassen daß denn ihre That böses gebärend fortwälze nicht nur in ihrem Leben und auf die Kinder, sondern *auch aus meinem Buche durch alle Blätter auf die Socialdemokratie.*

Vor 5 Wochen kündete Pfarrer Birnbaumer im Kasino für nächsten Sontag einen Vortrag über Reich und Arm an. An besagtem Sontag sagte er: Er müsse das Buch noch besser durchgehen in den nächsten 14 Tagen. Dann sagte er nach 14 Tagen. Er möchte nicht zu viel sagen auf keine Seite, man solle ihm noch 14 Tage Bedenkzeit gönnen. Endlich am letzten Sontag kam das Urtheilchen so zahm und lammfromm als ich, sonst niemand es erwartet hatte.

Meine Gedanken über die sociale Frage seien Perlen, Hiebe wären vom Verfasser der Sonderlinge zu erwarten. Das Buch bezeichne diesen gegenüber einen großen Fortschritt. Es stehe auf katholischem Boden und sei zwar gerade nicht zu empfehlen doch auch nicht zu verwerfen.

Birnbaumers Stellung in Au hat sich sehr verschlimert und man würde ihm noch einmal kränzen wenn er ginge. Daß ich an vielem Schuld sein soll versteht sich. Übrigens ist man gegen mich, wie Du siehst, sogar mehr als vorsichtig.

Ministerialrath Hamm hat mir einen freundschaftlichen Brief geschrieben der mich sehr freut und den ich Dir nächstens schicke mit einem Brief von Hirzel, den ich bisher schon in Deinen Händen wähnte.

Die Frau des Baron Seiffertiz schickt meinen Kindern Klausozüg und mir Bücher. Meine Selbstbiografie wächst und schon gewinne ich wieder Muth zu freiem dichterischem Gestalten.

Marian liest mir fleißig vor, thut die Arbeit und lernt mit mir und von mir. Die Kinder haben sie recht lieb und ich auch.

Schreibe bald wieder.

Es grüßt Dich mit Brudergruß und Handschlag Dein Freund

Felder

Die Bilder sind beliebig zu verwenden.

das Kapitel „Im Wald“: Hier kommt es zur Konfrontation zwischen dem blutsaugerischen Krämer und dem ehemaligen Soldaten Hansjörg, einem Vertreter der Entrechteten, dessen Liebesverhältnis mit seiner Tochter Zusel der Krämer zerstörte, indem er ihn zehn Jahre zu den Soldaten schickte, und der jetzt in seinen Diensten als Schmuggler arbeitet. Hansjörg könnte den Krämer aus Rache umbringen, tut es aber nicht.
dem Schweizerschen: dem Roman von Jean Baptiste von Schweitzer: „Lucinde oder Capital und Arbeit. Ein sozialpolitisches Zeitgemälde

aus der Gegenwart." Zürich, 1864. Ferdinand Lassalle gewidmet. Der Roman enthält ausführliche Schilderungen blutiger Barrikadenkämpfe, die auf Originalberichten über die Kämpfe in Paris im Juni 1848 und über die Niedermetzelung der aufständischen Arbeiter basieren, und endet mit dem Untergang der positiven Helden und dem Sieg des Verbrechens.
Klausozüg: Nikolauszeug – Geschenke zum Nikolaustag.

Von Ministerialrat von Hamm und Joseph Ritter von Bergmann dazu aufgefordert, richtete Felder schließlich ein Gesuch um Unterstützung an die Deutsche Schillerstiftung. Der Vorschlag Hamms, landwirtschaftliche Propagandaromane zu schreiben, erweckte seine Bedenken; so schrieb er am 21. Dezember an Moosbrugger: „Es hätte etwas Behagliches, ein von der Regierung bezahlter Schriftsteller zu sein, aber vor allem will ich mir freie Hand behalten. Es war nicht die Aussicht auf Gewinn, sondern die Macht des Gedankens, die Wärme der Empfindung, was mich zum Schriftsteller machte. Diesen beiden dient meine Feder. Das Übrige wird sich finden."

Franz Michael Felder an Rudolf Hildebrand

Schoppernau den 22/1 69.

Liebster Freund!

Gestern Abends spät hab ich Deinen Brief gelesen und mich gefreut, daß mein Juhei auch in Leipzig ein Widergeben zu Wege bringen konnte. Mariannens Abschrift hättest Du auch behalten können. Es hat das gute Kind recht gefreut diesen Brief abschreiben zu können. Ich war damahls recht fröhlich, während es sonst oft einen recht traurigen Arbeitgeber hat, so daß ich selbst es oft bedauern muß, ohne mir und ihm auch mit dem besten Willen helfen zu können.

Mit der Bevölkerung lebe ich nun ziemlich im Frieden. Zwar viele scheuen mich noch, aber der offene Kampf ist zu meinem Vortheil ausgegangen und Rüscher gilt für einen todten Mann. Der Kampf war nicht umsonst, er hat anregend und aufklärend im ganzen Ländchen gewirkt. Mir kommt man jetzt überall freundlich entgegen und hört auf mein Urtheil. Die Vereinssennerei in Bezau will den Vereinsstifter mit Überreichung einer schönen Taschenuhr beehren, deren Empfang ich Dir bald werde melden können. Von meinen Freunden im ganzen Ländchen wird die Sache absichtlich recht öffentlich und großartig gemacht, um meine Gegner zu ärgern.

Wenn ich so wochenlang eingesperrt lebe, kommt mir mein Dasein so zerrissen vor, daß ich allen Muth zusammen nehmen muß, um alles ertragen zu können, das Wible fehlt mir immer und überall. Es war mir Auge und Hand. Früher sagte man mir, die Zeit werde vieles heilen, ich hoffe das auch, aber bisher hab ich selbst alles thun müssen; die Zeit hat wenig erleichtert. In letzter Zeit war, damit alles fehle, mein Schreiner krank, der Uhrenmacher ist fort. Ich hatte nur Mariannen. Jetzt ist der Schreiner wieder zweg und wird uns bald besuchen können, wenns einmal nicht mehr gar so grimmig kalt ist. Schnee haben wir jetzt viel zu wenig so daß die meiste Winterarbeit noch ungethan ist. In Bezau draußen ist noch gar kein Schnee. Ich kam letzte Woche hinaus, denn auf meine und Anderer Anregung hin wird nun in Bezau eine Landesleihbibliothek errichtet, der ich auch die Unsere zu verschmelzen gedenke. Es wurden schon mehrere Versammlungen abgehalten. Etwas Geldmittel sind zusammengebracht und das gemeinnützige Unternehmen ist gesichert. Auch in Bludenz, Götzis, Dornbirn und Bregenz sollen solche Bibliotheken als Gegenmittel gegen die Kasinos errichtet werden. Ich kann meine Freude darüber nicht läugnen, daß wir Schoppernauer etwas voran waren, und gleichsam die ersten Lanzen für die Sache gebrochen haben.

Am letzten Montag hatten wir hier die größte Bauernhochzeit, die wir seit lange gesehen. Die Braut, ein nach hiesigen Begriffen reiches Mädchen ist von Au. Einer meiner Schulfreunde, Du lernst ihn aus meiner Selbstbiografie kennen, hat seit Jahren ein Verhältniß mit ihr, aber der fromme Vater wollte sie nicht in das gottlose Schoppernau lassen. Nun kannst Du Dir die Bedeutung dieses Festes denken. Alle Größen des Landes waren nach Schoppernau gekommen, um der Verlobung ihrer Base oder ihres Vetters beizuwohnen. (Ihre Freundschaft ist überall verzweigt). Abends trat ich vor 3 Geistlichen und 2 – 300 Zuhörern als Abdanker auf. Ich schreibe Dir das nur, um Dir in einem Bilde Sieg und Versöhnung zu zeigen. Vor einem Jahr wäre so ein Fest so unmöglich gewesen als seine Veranlassung. Als ich den Vater des Hochzeiters und den der Braut während meiner Rede beisammen sitzen sah, mußte ich unwillkürlich an Sepp und Barthle denken. Im Verkehr mit der Umgebung wird mir jetzt manche Freude, aber als giftiger Tropfen mischt sich immer der Gedanke ein: Du Armer kannst das nicht mehr mit Deinem guten Wible theilen, die doch auch mit darum gekämpft, geduldet und ausgestanden hat.

Noch arbeite ich an der Selbstbiografie, in der Du auch das Gewünschte von der Siegfriedssage finden wirst. Ich kann Dir allenfalls die ersten Kapitel mit der Sage schikken, wenn Du glaubst, daß sie mit Angabe der Quelle benützt werden könne. Ich denke den ersten Band und vorläufig das Ganze mit meiner Verehelichung abzuschließen, doch bin ich noch lange nicht so weit. Von einem Herren Birlinger in München weiß ich nicht mehr als den Nahmen und was Du mir geschrieben hast. Seine Bemerkungen können und müssen aus meinen Erzählungen sein. Molken kommt schon im Nümmamüller vor z B S 228.

Kurat Herzog bittet, ihm wo möglich die Zeichnung oder Beschreibung einer Fisharmonika zu schicken.

Ich schließe mit den herzlichsten Grüßen, auch von Mariannen und der Mutter, an Dich, Deine Frau und alle Freunde. Schreibe bald wieder Deinem einsamen Freund

F M Felder

mein Juhei: Felder hatte am 19. Dezember 1868 an Hildebrand mit „Jodeltönen“ über sein Ansuchen an die Schillerstiftung geschrieben und einen Brief von Dr. Hamm in einer Abschrift von Mariann beigelegt.

Widergeben: Echo. Hildebrand hatte ebenfalls Grund zur Freude, da er mit 1. Jänner 1869 zum außerordentlichen Professor für neuere deutsche Sprache und Literatur an der Universität Leipzig ernannt wurde.

zweg: wohlauf, gesund.

Landesleihbibliothek: Diese „Allgemeine Volksbibliothek“, ausdrücklich keine Dorfbibliothek, kam auf Betreiben von Felder, Feuerstein, Dr. Greber, dem Bezirksförster Koderle und anderen zustande. Felder integrierte die von ihm begründete Schoppernauer Handwerker-

Leihbibliothek in die Bezauer Bibliothek, die 1886 dem Brand des Schulhauses zum Opfer fiel.
Sepp und Barthle: die beiden verfeindeten Bauernväter aus den „Sonderlingen".

FRANZ MICHAEL FELDER AN KASPAR MOOSBRUGGER

Schoppernau den 17/2 69

Lieber Freund!

Also nun hättest Du mich als Vater ereilt, mögest Du auch glücklich weiter kommen. Ich wünsche Dir und Deinen Kindern, was ich so dachte und träumte, wenn ich Viertelstunden lang in der Wochenstube weilte. Freue Dich Deines häuslichen Glückes, aber vergiß auch nicht zu sehr der Vereinsamten, denen es *alles* war und die es nun entbehren müssen. Mir thut der Anblick meiner Kinder noch immer weh und ich hab unter ihnen schon manche Thräne geweint. Nur äußerste Anstrengung meiner Geisteskräfte muß mir Erholung sein, und wenn ich dann abgespannt werde, daß mir die Nerven sind wie Glas und die Gebeine wie Scherben, so gehe ich nach Bezau, wo ich überall gut aufgenommen bin. Dort kann ich recht heiter werden aber das Gleichgewicht findet mein Inneres nur am Schreibtisch. Auch nach Au komme ich viel, aber nur, um mich zu zerstreuen.

Kurz, ich weiß nur von federfuchsenden *Thaten* zu berichten. Meine Selbstbiografie langt bald bis zu meiner Verehlichung, womit ich dann den ersten Band und vorläufig das Ganze abschließe. Meinem Wible ist darin ein Denkmal gesetzt wie es noch selten einer Wälderin wurde. Ob ich die Arbeit sofort veröffentliche, weiß ich noch nicht. Ins reine geschrieben wird sie von einem Schreiber, für welchen Feurstein sorgt. Im nächsten Monat wirst Du die Arbeit erhalten. Ich habe bei derselben meine besten Kräfte allmählich wieder gefunden. Wenn man bangt, noch einen Schritt vorwärts zu gehen, ists Wohlthat und Kräftigung, die zurückgelegte Strecke zu übersehen. Ich fand manche Rose wieder und ein frischer duftiger Hauch wehte mich an. Ein aufmerksamer Leser meiner Arbeit freilich dürfte auch ahnen, wie manche Thräne dabei floß, aber schon meine Sonderlinge beweisen, daß nicht alles herb wird, was ich mit meinem Herzblut schreibe. Ich vermag mich gestaltend von allem Quälenden zu befreien und eben darum kann ich dann dabei wieder hell aufjubeln. Freilich laß ich mich oft zu frei gehen. Vielleicht wirst Du das nur zu oft finden, aber streichen kann ich immer noch.

Die holländische Übersetzung der Sonderlinge ist da. Sie ist mit Fleiß und Liebe gemacht, auch recht schön ausgestattet. Ich kann's ziemlich leicht lesen und es thut mir wohl, meine Gedanken in diesem Kleide zu sehen.

Von Wien hab ich gute Nachrichten doch noch nichts Bestimmtes. Bergmann schrieb mir, daß ein namhafter Betrag für mich bestimmt wird, jedoch erst in 6 Wochen bestimtes zu erfahren sei. Von anderer Seite höre ich, daß meine Schriften in Wien immer mehr gelesen werden. Grillparzer und Halm sollen sich sehr dafür und für mich interessieren. Ich bin darum freilich nicht mehr und nicht minder, aber einem armen Teufel darf man auch die Freude am Erfolg, z B an einem Brief des Ministerialraths nicht verübeln.

Du siehst mich immer thätig. Die Musen sind mir treu. Ich lerne meine Beschäftigung jetzt aufs neue lieben. „Die Welt in mir und ich in der Welt." Das hilft über viel hinaus und man braucht sich nicht jeden Abend vor dem Schlafen behaglich in eine fertige Rechnung für die Zukunft einzuwickeln, wie ich von früher her es nur zu sehr gewohnt bin. Ich habe Verlieren gelernt. Man besitzt manches was man nicht hat und kann etwas erst recht haben, wenn es verloren scheint. An meiner Nani war mir das menschlich Beste werth vor allem, aber das geht nie verloren. Ich habe viel verarbeiten müssen, kein Mensch ahnt wie viel, und ganz alein, den andere leben in andern Gedankenkreisen. Ich stehe äußerlich alein aber ich bin in der Welt und habe die Welt in mir, in mir hab ich sie mit blutsaurer Arbeit überwinden gelernt und seitdem ist sie mir erst lieb.

Was ich nun anfange, weiß ich nicht und es ist mir ordentlich wohl es nicht zu wissen. So hat man jeden Augenblick ganz, im andern Falle nur als Theil eines auszuführenden Gedankens. Von Feurstein erhalte ich die Zukunft von Jakobi zugeschickt, die sehr interessant sein kann. Sie hat auch mit der Arbeiterfrage zu thun und zwar nicht im Sinne Schulzes. Abends liest mir Mariann irgend etwas Schönes vor. Sie liest gern und ihr Vortrag gewinnt nach und nach einiges Leben. Daß das Mötele durch mich in Schaden kommt, glaub ich kaum. Es fordert 1 fl. 12 X Silber Wochenlohn. Ich zahle ohne Widerrede, weil ich das Mädchen behalten und nicht mit kleinlichen Nörgeleien plagen möchte. Ich glaube aber, daß man auch mich gehen lassen sollte. Ich bitte Dich aber, einstweilen keinen Schritt für mich zu thun, bis ich mit Dir gesprochen habe. Das müßige Geschwätz macht uns beide zum Paar, vielleicht wirkt das. Ich will wenigstens jetzt noch dem allein alles zuschreiben, was ich sonst recht gemein finden würde.

Ich hätte überhaupt manches mit Dir zu reden und komme vielleicht einmal ein Sprüngle hinauf. Wann? weiß ich noch nicht. Vielleicht unvermutet aber jedenfalls nicht, bevor Du die Biografie gelesen hast.

Grüße mir die Deinen, Gaßner Bickel und alle die sich um mich kümmern. Sag ihnen dabei was Du willst über mein Befinden.

Sei so gut, mir einmal die Zürcher Zeitung und Hildebrands Brief zu schicken; es hat aber nicht so Eile wie mit einer Antwort die ich erbitten möchte.

Mit Gruß und Handschlag
Dein Freund

F M Felder

als Vater ereilt: eingeholt. Moosbrugger hatte am 3. Februar die Geburt seines Sohnes Ferdinand Martin, seines 5. Kindes, gemeldet.
holländische Übersetzung der Sonderlinge: „Zonderlingen. Bregenzerwouder levensbeelden en karakterschetsen uit den laatsten tijd. Naar het Duitsch van Franz Michael Felder.“ 2 Bde. Alkmaar: P. Kluitman o. J. [1868]. Eine zweite Auflage erschien 1872.
Halm: Friedrich Halm (Pseudonym, 1806–1871), seit 1868 Generalintendant des Burgtheaters, vor allem als Dramatiker erfolgreich.
die Zukunft von Jakoby: Johann Jacoby (1805–1877), politischer Schriftsteller, radikaler Demokrat, mehrfach angeklagt wegen Hochverrat und Majestätsbeleidigung. Begründete die Zeitschrift „Zukunft“ mit dem Ziel: „Umgestaltung der bestehenden staatlichen und gesellschaftlichen Zustände im Sinne der Freiheit gegründet auf Gleichheit alles dessen, was Menschengesicht trägt“, 1872 Beitritt zur Sozialdemokratie.
12 X: 12 Kreuzer

Felder hielt sich in dieser Zeit häufig bei Feuerstein in Bezau auf, wo er für die Errichtung eines landwirtschaftlichen Zweigvereins tätig war und Anfang März einen Vortrag im Leseverein über „das Lesen, besonders über die Art, sg. schöne Werke mit Nutzen zu genießen“ hielt. Bei dieser Gelegenheit wurde ihm „sogar der Doktortitel beigelegt“, wie er am 18. März an Hildebrand schrieb. „Reich und Arm“ war inzwischen von Robert Byr in der „Vorarlberger Landeszeitung“, von Heinrich Hirzel in der „Neuen Zürcher Zeitung“ und von Elsensohn in der „Feldkircher Zeitung“ sehr günstig besprochen worden; allgemein hob man Felders Tendenz zur Versöhnung hervor. Am 14. März meldete Felder Moosbrugger aus Bezau den Abschluß der Selbstbiographie und schickte ihm das Manuskript.

Moosbrugger war von der Selbstbiographie menschlich wie künstlerisch tief beeindruckt, wie er am 21. März schrieb: „Bei Lesung der letzten Kapitel der Biografie kam ich aus der ruhigen Beschauung des schönen künstlerischen Gebildes u. konnte heftiger Rührung nicht mehr Meister werden. Nachdem ich derselben einen reichlichen Tribut gespendet, über den wohl niemand erstaunter war als mein Bart, der die Zeit einer Sündfluth gekommen wähnen mußte, will ich nun bei wiedererobertem Objektivismus die Gedanken niederschreiben, die sich sofort einstellten. – Die Erzählung bildet ein einheitliches, volles Ganzes u. wäre um jede Zeile schade, die man streichen wollte. Eines fließt aus dem andern u. ist das Frühere die Bedingung des Spätern. Die Sprache ist in merkwürdig hohem Grade seelisch u. reißt den hingebenden Leser mit Gewalt in all die Leiden u. Freuden des Sprechenden. Diese Meisterschaft der Sprache u. des Satzbaues ist in Deinen frühern Werken noch nicht vorhanden. Der Ton, der das Ganze durchzieht, ist ein elegischer. Trotz der milden u. versöhnlichen Stimmung wird doch den meisten Lesern diese gewaltig sich hinziehende Seelenmarter peinlich sein.“

Ende März klagte Felder über Unwohlsein, wie er es fast jedes Jahr um diese Zeit hatte.

JOSEF FEUERSTEIN AN FRANZ MICHAEL FELDER

Bezau d. 26 März 1869.

Lieber Felder!

Karl ist glücklich von Schoppernau angekommen u. sein Geldbrief hinten nach. Durch denselben habe ich leider dein Unwohlsein erfahren. Heute ging Karl zu Dr. Greber und erstattete ihm Bericht über dein Befinden. Er findet die Sache sehr ungefährlich, meint es sei nur ein Magencatarr gab ihm die Pulfer die hier mitfolgen, u. läßt dich grüßen, du sollest nur herauskommen, dich aber recht warm anziehen u. besonders den Hals gut schützen, dann schade es dir nichts – „gar nichts".

Nach meiner Ansicht mußt du deinen Zustand selbst beurtheilen u. dich hiernach richten, freuen würde es uns schon wenn du kämest. Hr. Elsensohn hat zu seinem Vortrage das Thema der Geschichte des Bregenzerwaldes gewählt.

Wie ich erfahren haben die Kapuziner bei Weißgärbers Bücheruntersuchung gehalten, u. haben gefunden, daß das Lesen von guten Büchern Legenden etc. viel besser wäre, sind aber abgewiesen worden.

Wie ich Gelegenheit habe zu bemerken, werden die Agitationen gegen den Leseverein beginnen.

Wir lesen jetzt dein Schwarzokaspale u. ich habe dich u. deine Selbstbiografie durch dasselbe wieder näher kennen gelernt. Dein Erstlingswerk gefällt mir übrigens ganz gut, und wird namentlich bei jenen, die das Leben des Bregenzerwälders gerne auch im Bilde wiedersehen mit Freude gelesen werden.

Mit vielen Grüßen

Dein Freund
Josef Feuerstein

Ende März erhielt Felder von der Deutschen Schiller-Stiftung, die damals eine Außenstelle, den sogenannten Vorort, in Wien hatte, die Summe von 150 Talern als Förderung.

FRANZ MICHAEL FELDER AN DEN VORORT DER DEUTSCHEN SCHILLERSTIFTUNG [ENTWURF]

Schoppernau den 30 März 1869.

Dem Vororte des Verwaltungsrathes der deutschen Schiller-Stiftung!

Indem ich den unterfertigten Quittungsbogen übersende, erlaube ich mir ein warmes tiefgefühltes Wort des Dankes beizufügen. Seit längerer Zeit auch körperlich leidend, hatte ich es noch gestern fast für unmöglich gehalten, einige Zeilen zu schreiben. Heut aber kann ich es, denn Freude ist die Beste Medicin, und ich muß schreiben um auszusprechen, daß der Beschluß des Verwaltungsrathes mich mit neuem Muth erfüllt und mit der Hoffnung, daß es meinem Fleiß und guten Willen nun, da ich doch einmal aufathmen kann, gelingen werde, sich das fernere gütige Wohlwollen des Vorstandes auch ferner zu erhalten

Maria Anna Simma an Franz Michael Felder

Au 1/4 69

Lieber Franzmichel!

Mit großen bedauern höre ich, daß Du unwohl Seiest. Habe nichts zu erleichterung Deiner leiden, als einwenig Gerstenschleim, zur Erleichterung deß Husten, wünsche ganz guten erfolg, eine baldige genesung, recht strake Auferstehung wünscht Dir Deine gut gemeinte Freundin

Maria Anna Simma.

Diese Hosen gehören dem Jakob.

Franz Michael Felder an Josef Feuerstein [Diktat]

Schoppernau, den 2. April 1869

Lieber Freund!

Mein Gesundheitszustand hat sich bisher nicht gebeßert, er gleicht wohl schon einem Krankheitszustand, wie Du schon daraus siehst, daß ich eine fremde Hand an Dich schreiben lassen muß.

Ich liege im engen dumpfen Gado, hustend, frierend,

schwitzend, raisonirend u dann wieder schwach zum Versinken.

Es soll mir an der Lunge fehlen, u das Dökterle will mich in kurzer Zeit wieder herstellen. Das ist gut, denn das Kranksein behagt Keinem, am wenigsten aber dem, dem schon gesund so viel fehlt und dem Unthätigkeit Verzweiflung wird.

Ich habe übrigens ziemlich guten Appetit, kann ungeduldig sein u glaube daher durchaus nicht, daß ich jetzt hier in diesem Loche den Geist aufgeben werde. Habt also keine Sorgen um mich.

Dein Bericht über die Versammlung vom letzten Montag war mir sehr interessant. Ob ich bei der nächsten Versammlung sein werde, ist mehr als zweifelhaft. Da müßt ihr euch schon anderweitig decken u. abwarten ob mir überhaupt das Glück eurer Gesellschaft so bald wieder gegönnt ist. Die erwähnte Sennerei f. d. Verein ist nun gesichert.

So – und jetzt habe ich recht genug dictirt. Es steckt nichts mehr in meinem wirbeligen Kopf, als ein Gruß an Deine Frau, u das Gefühl, daß ich in Hunger u Kummer, in Noth u Tod verbleibe

Dein treuer Freund
Franz Michael Felder

FRANZ MICHAEL FELDER AN KASPAR MOOSBRUGGER

[Diktat]

Schoppernau den Aprill [1869]

Lieber Freund!

Mein letzter Brief war überhaupt mein letzter seit dem liege ich im Gado lungenkrank darnieder.

H. D. Dünser machte mir den Antrag Herr D. Greber in Bezau beizuziehen, wenn ich nicht immer Besserung spürte trotz zunehmender Schwäche, so würde ich von demselben Gebrauch gemacht haben.

Mache Dir also keine Sorgen und hoffe das beste.

Wenn Du Dr. Hildebrand die Biografie schickst, so melde ihm mein unwohlsein von dem er natürlich nichts weißt.

Grüße an die Deinigen
Dein Freund

F M Felder.

FRANZ MICHAEL FELDER AN JOSEF FEUERSTEIN

Schoppernau, den 6. April 69

Lieber Freund!

Mein Befinden hat sich seit Deinem erfreulichen Besuche doch bedeutend gebessert. Der Sonntag war noch schlecht, die Nacht noch schlechter. Gestern begann mir das Athmen leichter zu werden; ich mußte auch nicht mehr so unmenschlich hoch unterm Kopfe haben – immer drei bis fünf Kissen übereinander – wie vorher. Jetzt hat sich auch der Husten so ziemlich gelöst u das mir so widerwärtige sang u klanglose Geräusch beginnt zu verstummen.

So standen die Sachen, als Dein Brief ankam. Nach dessen Lesung wollte ich noch auf den Besuch Dünsers warten um Dir dann auch seine Meinung mittheilen zu können.

Dünser ist eben fort. Er versicherte, daß er mit Vergnügen einen andern Arzt beiziehen würde, wenn er das nur noch so nothwendig als die letzte Woche fände. Es sei aber die Krankheit ganz sicher überstanden – soviel kenne er, – u wenn sich nichts Unberechenbares einstelle, so sei ich, wenn auch langsam, auf Besserung. Sobald etwas fehle, ein Zustand sich nicht in gewünschter Weise hebe u.d.gl., werde er Herrn Dr. Greber sofort einladen. Jetzt wäre das wahrlich überflüssig. Ich ließ mich um so eher von dem anfangs gefaßten Entschluß abbringen, weil Dünsern ein Wohlbehagen in mir, wie ich's lang nicht mehr empfand, dagegen reden half. Ich möchte dieses Gefühl fast Dankbarkeit nennen gegen den, der mir jedenfalls aus dem Ärgsten heraus geholfen zu haben scheint.

Übermorgen durch die Post wirst Du Weiteres erfahren. Sollte es irgendwie schlimm gehen, so wird Dünser gleich an Greber schreiben. Ich würde ihn allenfals dazu zwingen. Grüße mir alle Bekannten besonders Deine Frau, u vergesset nicht Eueren wieder ein wenig hoffnungsstärkeren, sonst aber unendlich schwachen, dürren

Freund
F. Michael Felder.

KASPAR MOOSBRUGGER AN RUDOLF HILDEBRAND [UV.]

Au, den 9. April 869

Sehr geehrter Herr!

Am 31. v. Ms., als ich Ihnen von Bludenz aus schrieb, habe ich von Freund Felder einen Brief erhalten, worin er unter Anderm sagte, daß er etwas leidend u. unpäßlich sei. Gestern morgens nun kam ein eigener Bothe nach Bludenz mit der Nachricht, Freund Felder habe einen Schlag bekommen u. lige sterbenskrank danieder. Ich eilte gestern noch über die Berge her u. bekam gleich vom behandelnden Arzt Dünser Auskunft über den sehr ernsten u. fast hofnungslosen Zustand unsres Freundes. Arzt Dünser u. der beigezogene Artzt Dr. Greber in Bezau hatten seit 7ten d. Ms. streng verfügt, daß Alles, was eine Aufregung erzeugen kann, vermieden werde, weßhalb ich mich gestern nur noch anmelden ließ u. erst heute früh unsern Freund besuchte. Er darf nicht reden u. kann es auch beinahe nicht, er schwebt beständig zwischen Leben u.

Tod. Ich ließ mir vom Arzt Dünser eine Krankengeschichte geben u. will sie Ihnen mittheilen, damit Sie u. die Freunde in Deutschland möglichst genau über den Hergang unterrichtet werden. Ich schreibe die Mittheilung des Dünser wörtlich ab:.

Grundleiden: Tuberculosis pulmonum, besonders infiltrirt ist die rechte Lunge, oberer und mittlerer Lappen. Den 1. d. Ms. kam er /:Felder:/ zur ärztlichen Behandlung. Es trat bald Besserung ein, wenigstens dem Schein nach. In der Nacht vom 6ten auf den 7ten d. Ms. trat ein apoplectischer Anfall auf. Erbrechen, Zunge gelähmt, daher Unvermögen zu sprechen, der rechte Arm gelähmt, Fuß nicht, das Empfindungsvermögen nirgends aufgehoben. Mit dem 8ten die Zunge noch mehr gelähmt, er ist unvermögend sie zu zeigen. Die übrigen Erscheinungen sind günstiger, der Arm beweglicher, das Allgemeinbefinden besser, Schmerzen keine, Bewußtsein vollkommen, Harn u. Stuhlentleerung normal. Puls den 9ten 82 Minute weich, vorher 96 spitz u. klein. Behandlung: (Aderlaß keinen, weil Puls u. Blutmenge ihn nicht forderten) Eisblase auf den Kopf, körperliche u. geistige Ruhe, kühlende Getränke, Citronen Wasser, auch liquor Haller. mit Syr.rub.id . Um die Herzaction zu mäßigen u. den Hustenreiz zu mildern Herb. digit. gr. 6 f. Infus. 4 Extr. hyosc. gr. 7 Rg Cuwar scrapulum i. L. alle 1 Stunde 1 Eßlöfel voll zu nehmen. Diät knapp, kuhwarme Milch u. etwa ein weichgesottenes Ei. – Am 7ten noch hat unser Freund gebeichtet u. das Abendmahl genommen. Freund Feuerstein von Bezau war an jenem Tag mit dem Arzt Greber gekommen u. ist die Theilnahme durchs ganze Land eine große. Der Schlaganfall ist nach Angabe der Ärzte lediglich eine Folge übermäßiger Geistesanstrengung. Die Tuberkelbildung hänge mit dem skrofulosen Zustand unsers Freundes zusammen u. habe dieselbe wohl schon vor Jahr

u. Tag begonnen. Ohne Illusion u. Selbsttäuschung gesprochen, ist u. bleibt unser Freund, wie er leibte u. lebte der Vergangenheit an u. wenn noch Heilung, insofern eine solche möglich ist, eintrit, wird er nur ein Schatten sein von dem, was er war.

Entschuldigen Sie die Rücksichtslosigkeit dieser traurigen Mittheilungen u. haben Sie die Güte dem dortigen Freundeskreise des Felder diese Sachlage bekannt zu geben. –

Verzeihen Sie, daß Sie durch Ihre Freundschaft Theilhaber unsers übergroßen Leids werden.

In vorzüglicher Hochachtung

Ihr ergebenster

Kaspar Moosbrugger

Am 31. v. Ms. bekam unser Freund von der Schillerstifung 100 Thlr. u. das Dankschreiben ist das Letzte was er geschrieben. –

Tuberculosis pulmonum: Lungentuberkulose.
apoplectischer Anfall: Schlaganfall.
Puls den 9ten 82 Minute weich: Die Krankengeschichte beschreibt den Tastbefund des Pulses; gegen den „spitzen Puls" vorher ist dies eine Besserung.
liquor Haller.: Liquor acidus Halleri, Haller'sches Sauer, eine Mischung aus 3 Teilen Weingeist mit 1 Teil konzentrierter Schwefelsäure. Als Refrigerans (abkühlendes, erfrischendes Mittel) bei Felder als Begleitbehandlung angewandt.
Syr.rub.id.: Syrupus Rubi Idaei, Himbeersaft (für besseren Geschmack).
Herb.digit.: Herba digitalis. Fingerhut, herzstärkendes Mittel.
f.Infus.: für Infus (Aufguß), d. h. der Fingerhut wurde wie ein Kräutertee mit kochendem Wasser aufgegossen.
Extr.hyosc.: Extractum Hyosciami, Bilsenkrautextrakt. Früher als Schmerz-, Rheuma- und krampflösendes Mittel in Verwendung.

KASPAR MOOSBRUGGER AN RUDOLF HILDEBRAND [UV.]

Schoppernau 15/4 869

Sehr geehrter Herr!

Es ist mir sehr angenehm Ihnen mittheilen zu können, daß Felder derart auf Besserung sich befindet, daß die Ärzte ihn als bereits außer unmittelbarer Gefahr stehend erklären. Man fährt mit kalten Umschlägen noch fort, doch kann man zeitweise aussetzen. Die Tuberkeln seien in der Rückbildung begriffen. Den rechten Arm kann er schon ziemlich heben u. das reden geht etwas besser. Heute erlaubte man ihm auch Kitzefleisch, das ihm ganz gut schmeckte. Er läßt sich auch ankommende Briefe vorlesen u. scheint das Gehirn alle Funktionen wieder aufnehmen zu wollen. Er ist sehr duldsam u. gefügig, ist sich vollkommen klar über seinen Zustand u. erträgt mit Würde u. Ernst sein Leiden. In einigen Tagen, wahrscheinlich am nächsten Sonntag werde ich wieder nach Bludenz gehen u. ist dafür gesorgt, daß unserm Freund Nichts abgeht. Vor einigen Tagen schickten einige Damen u. Herrn von Bregenz 40 fl. Ö. W. sobald sie hörten, daß Felder so ernst erkrankt ist. Auch anderwärts ist die Theilnahme sehr groß. Die Hoffnung kehrt wieder in unser Herz.

In vorzüglicher Hochachtung Ihr ergebenster

Kaspar Moosbrugger

40 fl. Ö. W.: 40 Gulden österr. Währung, die die Familien Byr, Froschauer, Begg und Kaiser von Bregenz sowie die Schwiegermutter des Lithographen Feuerstein schickten.

KASPAR MOOSBRUGGER AN RUDOLF HILDEBRAND [UV.]

Schoppernau 27/4 869

Sehr geehrter Herr!

Sie werden vom Arzt Dünser über den Krankheitsverlauf im Laufenden erhalten worden sein u. wird Ihnen daher die Nachricht, daß Felder gestorben, nicht überraschend sein. Gestern erhielt ich einen vom Arzt am 23. d. Ms. geschriebenen Brief u. machte mich gleich auf den Weg zu unserm Freund. In Oberganul /:Fontanella:/ erhielt ich aber schon die Todesnachricht. Gestern vormittag 10 Uhr ist er ruhig verschieden. Morgen früh 8 1/2 Uhr wird er begraben. Ich habe auf heute noch den Fotografen bestellt u. wird er hofentlich ein ordentliches Bild des Todten zu Stande bringen; auch wird er geöfnet werden. Die Freunde im Land Vorarlberg wurden verständigt u. wird das Leichenbegängniß sicher schön und erhebend. Gestern am Todestag war allgemeine Trauer unter der Bevölkerung u. ist dieselbe nach daigem Gebrauch massenhaft zu den Gebeten für den Verstorbenen zusammengeströmt. Ich habe auf längere Zeit vom Geschäft mich emancipirt u. werde in den Verlaß u. Waisensachen unsres Freundes Ordnung u. Regel zu besorgen haben. Daß mit seinen Büchern, Manuscripten, Briefen etc kein Mißbrauch getrieben werden kann u. auch dießfalls geziemend vorgegangen werde, werde ich im Verein mit seinen Freunden zu sorgen trachten. Da Ihr Rath u. Ihre Hülfe dabei nothwendig sein wird, erlaube ich im vorhinein um Ihre freundschaftliche Gewogenheit zu bitten. Die Mutter hält sich brav u. ist sehr ergeben. Mariann ist ganz charment.

In aller Hochachtung
Ihr ergebenster

Kaspar Moosbrugger

ULRIKE LÄNGLE

Nachwort

„Vor zwei Jahren, im April 1867, hatte ich die Ehre, bei der deutschen Lesewelt einen neu auftretenden Dichter anzumelden, der zu großen Hoffnungen berechtigte (Gartenlaube 1867, Nr. 15). Heute wird mir die Aufgabe, ihn schon wieder gleichsam abzumelden; er ist einem vorzeitigen Tode erlegen, am 26. April d. J., als ein noch nicht Dreißigjähriger. Ein kurzer Bericht von seinem merkwürdigen Leben, das lange vor seinem Höhepunkte abgebrochen ward, möge hier seiner Erinnerung gewidmet sein." Mit diesen Worten leitete der Leipziger Germanist und Herausgeber des Grimmschen Wörterbuches, Rudolf Hildebrand, der literarische Entdecker, Förderer und einer der Briefpartner von Franz Michael Felder, seinen Nachruf in der Leipziger „Illustrierten Zeitung" vom 12. Juni 1869 ein, in dem er auch auf Felders erstaunliche Entwicklung einging und auf seinen Briefstil zu sprechen kam: „Wie der Bauernknabe aus einer solchen Tiefe zu seiner geistigen Höhe hat emporkommen können in seinem kurzen Leben, das sieht auch bei bedeutendem Talent eigentlich einem Wunder gleich. Er hatte von Natur eine erstaunliche Gabe, Verhältnisse und Menschen rasch bei ihrem Kern zu erfassen und das übrige klar zu gruppieren und rücksichtslos scharf zu sichten in Wesentliches und Unwesentliches; es war ein Genuß, ihn reden zu hören, er sprach besser, als er schrieb, wie seine Briefe im Stil vollendeter sind als seine Bücher."

Dieses „merkwürdige Leben“ begann im Haus Nr. 55 in Schoppernau im Hinteren Bregenzerwald, wo Franz Michael Felder als zweites Kind des Jakob Felder, Bauer und Wagner (1804–1849), und der Maria Felder, geb. Moosbrugger (1799–1873) am 13. Mai 1839 geboren wurde. Ein älterer Bruder Josef war 1837 bald nach der Geburt gestorben, ein jüngerer gleichen Namens im Dezember 1840 ebenfalls, nachdem die Mutter wegen der Nachricht über die mißglückte Augenoperation Franz Michaels eine Frühgeburt erlitten hatte. Franz Michael Felders rechtes Auge war von Geburt an nicht in Ordnung; ein Arzt im Paznauntal, zu dem man ihn deshalb gebracht hatte, operierte ihm im September 1840 in betrunkenem Zustand das gesunde linke Auge und ruinierte so auch dieses. Felders Vater war zwar „nicht gerade arm,“ mußte aber „unermüdet arbeiten, sinnen und sorgen [...], daß es ein wenig vorwärts gehe und er für mich etwas zusammenbringe“, wie Felder in seinem Tagebuch „Rosen und Dornen“ schrieb. Er kaufte eine Hütte in Hinterhopfreben, eine Gehstunde oberhalb von Schoppernau, wo er das Recht hatte, im Sommer zehn Kühe auf die gemeinsam benützte Weide zu treiben. Felder besuchte die einklassige Volksschule in Schoppernau; seine Intelligenz fiel schon früh auf – er verfaßte als Knabe eine „Schoppernauer Schülerzeitung“ –, doch sein Bildungshunger, der Wunsch „Bibliothekari“ zu werden, wurde dadurch jäh gebremst, daß der Vater im Februar 1849 unerwartet am Schlagfluß starb. Fortan mußte Felder mit seiner Mutter allein das kleine Bauerngut bewirtschaften, von einem Studium riet auch der Pfarrer ab. Trotzdem besorgte er sich Lesestoff, wo er konnte, abonnierte als Vierzehnjähriger bereits den „Illustrierten Dorfbarbier“, den er als Einwickelpapier auf dem Markt kennengelernt hatte, bald darauf die „Gartenlaube“ und verschaffte sich Lektüre beim Pfarrer, beim

Lehrer und beim Arzt; seit 1854 bestellte er regelmäßig preiswerte Textausgaben, vor allem der Klassiker (Schiller, Wieland, Goethe) aus den Verlagen Meyer, Cotta, Göschen und Hempel in der Rieger'schen Buchhandlung von Johann Thomas Stettner in Lindau. Jedenfalls war er schon damals in dem ca. 500 Einwohner zählenden Schoppernau, wo beinahe die Hälfte der Einwohner in einem religiösen Verein eingeschrieben war, ein Außenseiter, der sich selbst als verstoßener „Sonderling" fühlte und dieses Gefühl auch äußerlich dadurch unterstrich, daß er sich im Juni 1857 bei einem Besuch in Bregenz einen städtischen Anzug kaufte, um ja nichts mit der Dorfbevölkerung gemein zu haben. Felder fiel auch später durch seine Kleider auf, und zwar durch seine geradezu legendären, vielfach geflickten Stallhosen, und unterschrieb seine Briefe zuweilen mit „In den Stallhosen Nr. 6" oder ähnlichem. Schon früh begann er Tagebuch zu schreiben, auch einzelne Gedichte sind erhalten. Ein Drama im Stil der Schillerschen „Räuber" über seinen Cousin Johann Josef Felder, genannt Seppel, hat er bei seiner Hochzeit verbrannt.

Am 6. Juni 1860 stürzte beim Auftrieb des Viehs in das Vorsäß Hopfreben eine Brücke unter ihm ein; erst dreiviertel Stunden später wurde er von seinem Freund Josef Wolfgang Oberhauser aus der Hochwasser führenden Bregenzerache gerettet, da ihn einige vorübergehende Bauern einfach seinem Schicksal überlassen hatten. Sein Lebensretter erhielt nur drei Viertel der normalen Belohnung, da Felder militärdienstuntauglich war und in der Habsburgermonarchie der Wert eines Menschenlebens offenbar genau feststand. Diese Katastrophe bewog aber die fast gleichaltrige Anna Katharina Moosbrugger (1838–1868), genannt Nanni, aus dem Nachbardorf Au, mit der er seit einigen Jahren ein Liebesverhältnis hatte, gegen den Willen ihrer Familie sich mit ihm zu verloben; die Heirat fand am 4. Februar 1861 statt. Bis zu diesem Punkt hat Felder sein Leben und seine Entwicklung selbst geschildert: in der kurz nach dem frühen Tod seiner Frau Nanni im Herbst 1868 begonnenen und kurz vor seinem eigenen Tod am 26. April 1869 vollendeten Autobiographie „Aus meinem Leben", die erstmals 1904 als Zweiter Band der Schriften des Literarischen Vereins in Wien erschienen ist.

Felder selbst hatte die Absicht, „Aus meinem Leben" einen zweiten Band folgen zu lassen; nach seinem Tod plante Rudolf Hildebrand ernsthaft, diesen zweiten Teil zu verfassen, was er aber nie getan hat. Damit trug er zur Verschleppung der Herausgabe von „Aus meinem Leben" bei, obwohl dieses Werk übereinstimmend für Felders reifstes und bestes Buch gehalten wurde. Schon Felders Schwager Kaspar Moosbrugger war der Ansicht, daß die Briefe, die zwischen Felder und ihm gewechselt worden waren, die beste Grundlage für die Fortsetzung der Biographie seien: „Wir korrespondirten seit dem Jahre 861 so lebendig und intim miteinander, daß ich dafür hielt, das sei trotz Allem, was man über Felder schrieb u. was er außerdem schrieb das beste Material zum 2ten Theil seiner Lebensgeschichte." (An Rudolf Hildebrand, 8. Juni 1869). Allerdings war er auch der Meinung, daß eine Veröffentlichung zum damaligen Zeitpunkt gefährlich sein könnte: „Unsere – Felders u. meine Correspondenz ist für sich eine in unserer Zeit recht unerhörte Anklage gegen eine Regierung." (An Rudolf Hildebrand, 25. Juni 1869) Seit dem Erscheinen der „Sämtlichen Werke" Felders (1969–1989) , herausgegeben vom Franz-Michael-Felder-Verein in Bregenz, liegen nun insgesamt fünf Briefbände sowie ein Kommentarband mit insgesamt 514 Briefen (200 von und an Moosbrugger, 100 von und an Rudolf Hildebrand, 214 von und an verschiedene Briefpartner) vor, dazu kam noch ein Fund von ca. 15 Briefen (vor allem an seinen

Cousin Johann Josef Felder und an Anna Katharina Felder), die nach Abschluß des letzten Briefbandes auftauchten, also ein höchst reichhaltiges und vielfältiges Material.

Wenn Felder selbst über „Aus meinem Leben" schrieb, dieses Buch diene nicht bloß müßiger Selbstbespiegelung, sondern sei „ein Spiegel unserer Zustände", so gilt dies in fast noch größerem Ausmaß für die Fortsetzung. Die Entstehung von Felders literarischen Werken, der Dorfgeschichte „Nümmamüllers und das Schwarzokaspale" (1863), der sozialen Romane „Sonderlinge" (1867) und „Reich und Arm" (1868) und der Erzählung „Liebeszeichen" (1867), und seine Aktivitäten als heftig umstrittener Sozialreformer, Politiker und Volksbildner fallen in die Jahre zwischen seiner Hochzeit und seinem Tod und werfen ein scharfes Schlaglicht auf die Verhältnisse in der Habsburgermonarchie in den rund zehn Jahren zwischen 1860 und 1869. In Vorarlberg dominierten zwischen 1861 und 1870 politisch die Liberalen, deren Stütze die Textilfabrikanten unter ihrem Führer Karl Ganahl waren, die bodenständige Landbevölkerung stand jedoch den Liberalen auch wegen des Bildungsdünkels mancher liberaler Führer und wegen der Bindung an die Industriellen fremd gegenüber und war einer intensiven Indoktrination durch die katholische Geistlichkeit ausgesetzt. Im heimischen Kulturkampf wurden die Fehden zwischen den traditionell antiklerikalen Liberalen und der katholischen Kirche lautstark und gehässig ausgefochten, was nicht nur Felder in Schoppernau zu spüren bekam: In den sechziger Jahren gehörten Predigten gegen Freimaurerei, Liberalismus oder Protestantismus zum festen Bestandteil der Predigtthemen des katholischen Klerus in ganz Europa; Felders Verfolgung durch den Pfarrer Rüscher wegen der Einrichtung einer Handwerkerleihbibliothek und der Propagierung der Lektüre von Zeitungen und Zeitschriften, die der Kirche nicht paßten, und seine Brandmarkung als „Ketzer", „Freimaurer", Verbreiter von „Hurrenbüchern" und „Antichrist" stellt vielleicht ein besonders krasses Beispiel dar. Dazu kam noch Felders Feindschaft gegen einen „Kapitalisten", wie er einem Roman von Balzac nicht drastischer entstiegen sein könnte, zu dem Käsgrafen Gallus Moosbrugger in Schnepfau, der den Käsehandel, von dem die Bauern im Bregenzerwald lebten, monopolistisch beherrschte und als berüchtigter Wucherer die bei ihm Verschuldeten in unausweichlicher Abhängigkeit hielt. Felders erfolgreicher Versuch, durch die Gründung von Vereinssennereien und einem Käsehandlungsverein diesem Monopol die Stirn zu bieten und die Bauern außerdem durch einen Viehversicherungsverein vor den katastrophalen Folgen von Seuchen und Unfällen besser zu schützen, außerdem die Heimstickerei durch Erschließung von Märkten in Norddeutschland unabhängiger zu machen, was aber nicht mehr gelang, machte ihn natürlich zum verhaßten Gegner derjenigen, die bis dahin das Wirtschaftsleben zu ihrem eigenen Vorteil beherrscht hatten. Der zweimalige Versuch, mit seinem Schwager, dem Juristen Kaspar Moosbrugger, und anderen 1867 und 1868 eine politische Partei zu gründen, die das Zünglein an der Waage zwischen Konservativen und Liberalen bilden sollte und sich als erste Partei in der Monarchie als Partei der arbeitenden Bevölkerung deklarierte, bezeichnet seinen politischen Standort, auch in der Differenz zu Kaspar Moosbrugger: Felder war ein Demokrat – und als solcher links von den Liberalen, von denen er sich trotz gewisser Sympathien deutlich distanzierte, dessen Genossenschaftsgründungen von Zeitgenossen wie dem Zürcher Pfarrer Heinrich Hirzel oder seinem ersten Biographen, dem Liberalen Hermann Sander, eindeutig als sozialistisch eingestuft wurden, obwohl er Erscheinungsformen des damaligen Sozialismus, wie sie sich etwa in der von Jean Baptiste von Schweitzer redigierten Zeitschrift „Der Social-Demokrat" zeigten, kritisch gegenüberstand und gewaltsame Veränderungen ablehnte. Kaspar Moosbrugger war eindeutig ein Ahnherr der Sozialdemokratie in Vorarlberg. Das erklärt zum Teil die Verfolgungen, denen Felder ausgesetzt war, aber daß der Kampf gegen ihn nicht nur zu Lebzeiten, sondern selbst Jahre nach seinem Tod noch fortgeführt wurde, daß die Aufstellung eines Felder-Denkmals auf dem Friedhof in Schoppernau 1874 fast zu bürgerkriegsähnlichen Auseinandersetzungen führte, daß die Feier zu seinem 50. Geburtstag 1889 nicht in Schoppernau, sondern im Nachbarort Au stattfinden mußte, weil der damalige Pfarrer Gschließer in einer Hetzpredigt dermaßen gegen Felder gewütet hatte, daß sich dessen Kinder zu einer Klage veranlaßt sahen, der auch stattgegeben wurde, daß noch bis zur Jahrhundertwende das Felder-Denkmal immer wieder mit Dreck beschmiert wurde, wie der Liberale Hans Nägele berichtet, das erstaunt doch wegen der Heftigkeit der Reaktionen. Anton E. Schönbach, der Grazer Germanist, der die erste Ausgabe von „Aus meinem Leben" 1904 besorgte, weigerte sich in seinem Vorwort, das dunkle Kapitel von Felders Verfolgung zu behandeln: „Borniertheit und Stumpfsinn haben sich seiner Lebensarbeit entgegengestellt, böswilliger Hochmut und knechtische Leidenschaft haben ihn bedräut und ihm die karg zugezählten Tage seines Wirkens versauern wollen, ja über den Tod hinaus sein Gedächtnis verfolgt. Dem Schreiber dieser Zeilen, der das Land Vorarlberg liebt, dort seit langen Jahren seine besten Stunden verbringt, widerstrebt es, und seinem konservativen Sinne ist es unerfreulich, diese dunklen Blätter aus der Geschichte des geistigen Lebens in dem Lande am jungen Rhein wieder aufzuschlagen und Leuten die Ehre der Fortdauer ihres Namens neben Felder zu erweisen, die nur dem Lichte, das von ihm ausging, überhaupt es zu verdanken haben, daß sie in ihrem Schatten für die Menschen sichtbar wurden. Felder ist damit nur widerfahren, was einem bedeutenden Manne geschieht, der aus einem Bannkreise selbstzufriedener, in sich verstockter und verfaulender Überlieferung zu reiner, hoher Luft des Lebens und der Tat emporstrebt: er hat Alles an sein Wirken gesetzt und, was er wollte, auch für uns reichlich gewonnen." Kaspar Moosbrugger hat kurz nach Felders Tod in einem Brief an Rudolf Hildebrand (8. Juni 1869) seine Gedanken über das Leben Felders als politisches Phänomen folgendermaßen zusammengefaßt: „Felder's Jugend fiehl in eine Zeit, in der der absolutistische /:romanistische:/ Druck von Kirche u. Staat im Bregenzerwälder Volksleben die düstersten Wirkungen gezeitigt hatte. Starrheit u. Verknöcherung auf allen Seiten, nirgends Nahrung für sein zartes, empfindsames Gemüth. Er flüchtet in die Welt der Bücher u. Mären. Diese nährt ihn bis zur Zeit, wo er Mann werden sollte. Da droht ihm wegen Mangel an Halt Untergang. Die Liebe u. der Anschluß an unsere Familie richten ihn auf. Er kommt zur Einkehr in sich u. Umschau in der reellen Welt. Diese entspricht nicht seinen inneren Bedürfnissen, trägt aber zur Entwicklung des Kernes bei. Er umfaßt die kleine Welt des Bregenzerwaldes *wie er ihn traf.* In dieser blib er u. als er *an meiner Hand* aus derselben in die große Welt treten wollte, trat ihm der verknöcherte Staat u. die verknöcherte Kirche u. die – verknöcherte Gesellschaft entgegen. Er ließ sich in die kleine Bregenzerwälderwelt zurückdrängen, raffte dort alles Lebensfähige zusammen u. suchte daran seinen Halt. Er fand keinen u. wurde von dem Ungethüm von Wagen, mit dem der große Menschentroß einherhumpelt überfahren. So naturreine u. zarte Menschengebilde, wie er eines war, werden tagtäglich in unserm Staats- und Gesellschaftsleben überfahren u. geknickt."

Felder war aber jedenfalls ein Schriftsteller, dem beim Schreiben oft „die Seele in die Finger fährt", wie er an Hildebrand schrieb, und der in seinen Briefen nicht nur ein zeitgeschichtlich, sondern auch ein literarisch bemerkenswertes Dokument hinterlassen hat. Schon Hildebrand hat die stilistische Meisterschaft von Felders Briefen erkannt, die in ihrer abrupten, oft komischen Mischung von politischen oder literarischen Diskussionen, Tatsachenberichten aus dem Bauernleben und persönlichen Äußerungen manchmal geradezu wie höchst moderne Kunstwerke wirken. Dazu kommt ein Humor, der gerade in den Briefen selbst bei der Schilderung schwieriger Lebenslagen fast nie versagt; umso berührender wirken dann die Briefe wie jene an Moosbrugger und Hildebrand zur Zeit von Nannis Tod. Eine Formulierung wie „und wenn ich dann abgespannt werde, daß mir die Nerven sind wie Glas und die Gebeine wie Scherben" (17. Februar 1869) ist schon für sich allein ein poetisches Kunstwerk; Kunstwerke sind etwa auch die Schilderungen von Dorffesten, wie der Shakespeare-Feier 1864, im Stile einer Dorfgeschichte.

Dieses Buch kann natürlich nicht einen zweiten Band von „Aus meinem Leben" ersetzen, es versteht sich höchstens als Fortsetzung mit anderen literarischen Mitteln. Meine Absicht war es, möglichst wenig von vornherein zu interpretieren, sondern die Briefe als Dokumente selbst in den Mittelpunkt zu stellen und in den Zwischentexten und Fußnoten lediglich die nötigen gerafften Hintergrundinformationen zu geben und so nach und nach ein Bild der Menschen und Verhältnisse entstehen zu lassen. Einen besonderen Reiz gewinnt die Zusammenstellung aber vor allem durch die „Stimmenvielfalt" – um einen Begriff des russischen Formalisten Michail Bachtin zu verwenden –

in diesem „Dorfroman mit brieflichen Mitteln“, die durch Felders Briefpartner gewährleistet wird: durch Kaspar Moosbrugger und Rudolf Hildebrand, vor allem aber auch durch seinen Cousin Johann Josef Felder, der ein höchst origineller Briefschreiber war und dessen politischer Einfluß auf Felder lange vor Moosbrugger nicht hoch genug eingeschätzt werden kann, durch seine Frau Nanni, deren Briefe zu den gefühlvollsten, feinsten und gleichzeitig praktischsten zählen, und seine Freunde aus Schoppernau, wie Kaspar Oberhauser und Josef Pius Moosbrugger, dessen Rechtschreibung sich wie eine Vorwegnahme von Ludwig Thomas „Jozef Filsers Briefwexel“ liest.

Und noch etwas möchte dieses Buch erreichen, nämlich das Interesse für Felders Romane wieder zu wecken. Anton Schönbach hat 1904 geschrieben: „Und nun noch Eines. Ich hätte die Herausgabe dieses biographischen Denkmales nicht übernommen, wenn ich nicht von der Bedeutung des Mannes durchdrungen wäre, der es sich gesetzt hat. Franz Michael Felder gilt mir als einer der hervorragendsten Vertreter der Kunst, aus dem Bauernleben zu erzählen. Seine Werke sind in böser Zeit erschienen: die Jahre zwischen 1859, 1864, 1866 und 1870 haben die Deutschen jenseits und diesseits der schwarzgelben Grenzpfähle wenig geneigt gefunden, den Dorfgeschichten aus einem abgelegenen Waldwinkel zu lauschen. Heute liegen die Dinge anders: ein neues Interesse an der Literatur ist im deutschen Volke emporgestiegen, es wird wohl auch dem Gedächtnis Felders zugute kommen.“ Dem ist nichts hinzuzufügen, höchstens die Bemerkung, daß Felder nicht nur die Kunst beherrscht, aus dem Bauernleben zu erzählen, sondern, wie jede ernstzunehmende Literatur, im Bauernleben aus dem Menschenleben, und daß er, dessen Gedächtnis auch aus dem Kanon der österreichischen Literatur fast völlig verdrängt war, hier wieder einen Platz als

Vertreter eines politisch wachen und literarisch ansprechenden Realismus finden möge.

Bregenz, im Juni 1994

EDITORISCHE NOTIZ

Die Ausgabe Franz Michael Felder, *Sämtliche Werke.* Hrsg. vom Franz-Michael-Felder-Verein. Bregenz: Kommissionsverlag H. Lingenhöle & Co., 1969–1989 (elf Bände) enthält fünf Bände Briefwechsel, von denen der Band 9: *Franz Michael Felder – Rudolf Hildebrand. Briefwechsel 1866–1869.* Hrsg. von Walther Methlagl, 1984, und die Bände 10 und 11: *Briefwechsel 1856–1869. 1. Teil und Briefwechsel 1856–1869. 2. Teil,* hrsg. von Walther Methlagl, 1981 bzw. 1989, für dieses Buch verwendet wurden. Die zwei Bände des Briefwechsels von Franz Michael Felder mit Kaspar Moosbrugger (Bd. 5 und 6), bearbeitet von Eugen Thurnher, konnten nicht herangezogen werden, da sie in modernisierter Orthographie wiedergegeben sind. Die Felder-Moosbrugger-Briefe wurden nach den Handschriften im Franz-Michael-Felder-Archiv, Bregenz, neu transkribiert, alle andern vorhandenen Briefe ebenfalls durchgesehen, Normalisierungen rückgängig gemacht und Fehler stillschweigend korrigiert.

Für den Abdruck der bisher unveröffentlichten Briefe an Johann Josef Felder, an Anna Katharina Felder und von Josef Zöckerth erteilten die Erben Felders dankenswerterweise die Druckerlaubnis; für die Briefe Kaspar Moosbruggers an Rudolf Hildebrand die Universitätsbibliothek Leipzig. Unveröffentlichte Briefe sind im Text mit [uv.] gekennzeichnet.

Grundlage für die Anmerkungen bildet der Band 7 der *Sämtlichen Werke:* W. Methlagl, *Franz Michael Felder – Kaspar Moosbrugger. Briefwechsel. Kommentar. Anmerkungen, Dokumente, Personen-, Werk- und Sachregister,* Bregenz 1975, ohne die das Buch in dieser Form nicht hätte geschrieben werden können. Für die Zwischentexte wurde die einschlägige Literatur über Felder herangezogen.

Orthographie und Zeichensetzung der Briefe folgen den Originalen. Da Felder selbst am 11. Jänner 1862 an Moosbrugger scherzhaft um „Verzeihung" für das „so zahlreiche Erscheinen" der „sämmtlichen Ortografischen Fehler dieses Briefes" bat, wurden lediglich in der Zeichensetzung kleine Korrekturen vorgenommen: Punkte am Satzende wurden gesetzt, geöffnete Klammern und Anführungszeichen geschlossen und fehlende Umlautzeichen ergänzt. Die Anrede „Du" usw. im Brief wurde immer groß geschrieben, da gerade in der Handschrift Felders großes und kleines D kaum zu unterscheiden sind. Mit der Rechtschreibung hielt man es damals ohnehin nicht so genau: „höher" gebildete Briefschreiber wie Moosbrugger und Hildebrand hielten sich an gewisse, noch nicht so streng wie heute fixierte Rechtschreibnormen, ansonsten schrieb man eher wie man sprach, setzte überraschende Groß- oder Kleinschreibungen zur Betonung oder Abschwächung und schrieb vor allem Fremdwörter nach dem Gehör. Ergänzungen der Herausgeberin stehen in eckigen Klammern, fehlende oder unleserliche Passagen wurden mit [...] gekennzeichnet.

Moosbrugger schreibt Klammern als /: :/, Jahreszahlen mit darübergesetztem Querstrich: $\overline{863}$ für 1863.

Bei der Transkription arbeiteten stud. phil. Petra Nachbaur, Innsbruck, und Günther Scheibenreif, Bregenz, mit. Mein besonderer Dank gilt auch den Kolleginnen und Kollegen vom Felder-Archiv und vom Vorarlberger Landesarchiv, Emmanuel Jacob, Karl Heinz Burmeister, Cornelia Albertani, Alois Niederstätter und Beatrice Edel, die in schwierigen Fällen immer hilfreich einsprangen.

Foto auf Seite 5 nach einer Aufnahme von Michael Rützler, Au, vermutlich November 1866, Vorarlberger Landesmuseum.